儒家管理哲学

黎红雷 ◎ 著

中山大学出版社
·广州·

版权所有　翻印必究

图书在版编目（CIP）数据

儒家管理哲学/黎红雷著.—广州：中山大学出版社，2020.11
（中山大学哲学精品教程）
ISBN 978－7－306－06945－0

Ⅰ.①儒… Ⅱ.①黎… Ⅲ.①儒家—管理研究—研究
Ⅳ.①B222.05 ②C93－092

中国版本图书馆 CIP 数据核字（2020）第 165160 号

出 版 人：	王天琪
策划编辑：	嵇春霞
责任编辑：	周明恩　罗梓鸿
封面设计：	曾　斌
责任校对：	陈　莹
责任技编：	何雅涛
出版发行：	中山大学出版社
电　　话：	编辑部 020－84110771，84110283，84111997，84110771
	发行部 020－84111998，84111981，84111160
地　　址：	广州市新港西路 135 号
邮　　编：	510275　传　真：020－84036565
网　　址：	http://www.zsup.com.cn　E-mail: zdcbs@mail.sysu.edu.cn
印 刷 者：	佛山家联印刷有限公司
规　　格：	787mm×1092mm　1/16　20.5 印张　347 千字
版次印次：	2020 年 11 月第 1 版　2020 年 11 月第 1 次印刷
定　　价：	76.00 元

如发现本书因印装质量影响阅读，请与出版社发行部联系调换

中山大学哲学精品教程

主　编　张　伟

副主编　沈榆平

编　委（按姓氏笔画排序）

　　　　马天俊　方向红　冯达文　朱　刚　吴重庆

　　　　陈少明　陈立胜　周春健　赵希顺　徐长福

　　　　黄　敏　龚　隽　鞠实儿

中山大学哲学精品教程

总　序

中山大学哲学系创办于 1924 年，是中山大学创建之初最早培植的学系之一。1952 年逢全国高校院系调整而撤销建制，1960 年复办至今。先后由黄希声、冯友兰、傅斯年、朱谦之、杨荣国、刘嵘、李锦全、胡景钊、林铭钧、章海山、黎红雷、鞠实儿、张伟等担任系主任。

早期的中山大学哲学系名家云集，奠立了极为深厚的学术根基。其中，冯友兰先生的中国哲学研究、吴康先生的西方哲学研究、朱谦之先生的比较哲学研究、李达先生与何思敬先生的马克思主义哲学研究、陈荣捷先生的朱子学研究、马采先生的美学研究等，均在学界产生了重要影响，也奠定了中山大学哲学系在全国的领先地位。

日月其迈，逝者如斯。迄于今岁，中山大学哲学系复办恰满一甲子。60 年来，哲学系同仁勠力同心、继往开来，各项事业蓬勃发展，取得了长足进步。目前，中山大学哲学系是教育部确定的全国哲学研究与人才培养基地之一，具有一级学科博士学位授予权，拥有国家重点学科 2 个、全国高校人文社会科学重点研究基地 2 个。2002 年教育部实行学科评估以来，稳居全国高校前列。2017 年，中山大学哲学学科成功入选国家"双一流"建设名单，我系迎来了跨越式发展的重要机遇。

近年来，在中山大学努力建设世界一流大学的号召和指引下，中山大学哲学学科的人才队伍不断壮大，且越来越呈现出年轻化、国际化的特色。哲学系各位同仁研精覃思、深造自得，在各自的研究领域均取得了丰硕的成果，不少著述产生了国际性影响，中山大学哲学系已逐渐发展成为全国哲学研究的重镇之一。

在发展过程中，中山大学哲学系极为重视教学工作，始终遵循"明德亲民"的"大学之道"，注重培养德才兼备、具有家国情怀的优秀人才。诸位同仁对待课堂教学，也积极参与，投入了大量的精力。长期以来，我系在本科生和研究生教学工作中重视中西方经典原著的研读以及学术前沿问题的讲授，已逐渐形成特色，学生从中获益良多。为了进一步提高教学质量，我系计划推出这套"中山大学哲学精品教程"，乃从我系同仁所撰教材中择优出版。这对于学科建设与人才培育而言，都具有十分重要的意义。

"中山大学哲学精品教程"的编撰与出版，是对我系教学工作的检验和促进。我们真诚地希望得到学界同仁的批评指正，使之更加完善。

"中山大学哲学精品教程"的出版，得到中山大学出版社的鼎力支持，在此谨致以诚挚谢意！

中山大学哲学系
2020 年 1 月 8 日

序　　一

儒家是中国传统文化中的一个重要流派，在先秦时已被称为显学。从汉唐到宋明，儒家思想的传播虽经历过一些曲折，但在漫长的封建社会中，基本上是居于统治地位。儒家思想的特点，司马谈在《论六家要旨》中称"其序君臣父子之礼，列夫妇长幼之别，不可易也"。即通过纲常伦理关系以维护社会的等级秩序，正是儒家思想在封建时代所体现出的社会功能，其目的有如司马谈所指出，是"务为治者也"，即为治理好国家而工作。

儒家对人生的价值取向，要求实践"内圣外王"之道，在《大学》中列有八目：格物、致知、诚意、正心、修身、齐家、治国、平天下。前五目是个人的身心修养，是内圣功夫；后三目则是应用到管理国家大事，是外王功业。孔子讲"修己以安人""修己以安百姓"，这就是儒家治国的根本目标。

但是，儒家尽管有延续几千年对社会管理的丰富经验，而过去却一般多从政治伦理哲学的角度对此加以总结和剖析。管理哲学作为一门独立的学科，是20世纪的产物。特别是在我国，对管理哲学的研究，则是在现代化管理过程中为提高管理水平而对理论研究提出新问题，是一门理论与实际相结合，并涉及多门科学的交叉学科。但是我们不能割断历史，对传统文化遗产如能遵循"取其精华，去其糟粕"的原则，对儒家的"治道"进行认真的分析、批判、改造和吸收，就能够把它转化成社会主义现代化管理事业的宝贵财富。当然，这是一项非常艰苦而带有开拓性的工作。

儒家的"治道"虽关系到社会的管理问题，但毕竟偏重在行政方面。至于经济管理、企业管理，儒家的"治道"在古代中国的农业宗法社会中难有用武之地，只有到近代发展资本主义企业时才能派上用场。而这方面的应用，日本走在中国的前面。如被称为"日本近代企业之父"的涩泽荣一（1840—1931），他一生创立近代企业六百多家，其工作及所属企业的"精神支柱"就是孔子思想。

涩泽荣一不是一个孤陋寡闻的人，他在1867—1868年间曾到欧洲各先进国家进行详细考察，深入了解西方近代资本主义文明，尤其是经济和企业方面的情况。但他从小也受到包括儒学在内的日本传统文化的熏陶，故他对西文近代文明的吸收是以深刻的国情认识为基础的。他认为实现近代化要消除两种思想障碍：一是日本传统的空谈修身养性、不讲物欲和经济利益的求义观，二是西方近代商业和企业活动中出现的尔虞我诈、不讲道德的求利观。针对前者，他对《论语》的义利观做了新的诠释，确立见利思义、义利合一的办企业方针；为纠正后者，他发挥三岛中洲的"道德经济合一"说，即"《论语》与算盘一致"的思想。

涩泽荣一除了以"一致"思想指导企业活动外，还注意培养能将儒家伦理思想与企业管理相结合的人才。他著有《论语讲义》并亲自向企业员工讲授，以此构成其企业文化的核心。

其实无论是管理一个国家还是一个企业，最关键的还是要处理好人际关系。日本著名企业家横山次亮就主张要贯彻孟子"爱人者人恒爱之，敬人者人恒敬之"的思想。他解释说，所谓爱人，即是保护在车间劳动的人不受事故伤害；所谓敬人，就是要注意做到与上司、同事和部下保持密切的关系，也不给顾客添麻烦。他还把终身就业制和年功序列制说成"礼"的思想体现，把企业内工会说成"和为贵"的思想体现。日本企业重视和谐，以整体利益为依归，通过各种方式途径调节人与人的关系，达到整体和谐，从而取得最佳经济效益。孔子的和谐哲学成为日本企业文化的基因。

日本应用儒家思想来管理近代企业，西方人对此也有所评议。如费兰克·吉布尼认为，东西合璧的"儒家资本主义"、以人为中心的"人力资本思想"、"和谐高于一切"的人际关系、"高产乃是为善"的劳动道德观，是日本经济发展不容忽视的因素。米切欧·莫里西则认为，儒教重视社会和谐与社会道德，强调社会成员之间秩序关系的形成。孔子在《论语》中描述了一种理想的社会机构，并规定每个阶层的作用与道德规范。从长远的历史角度看，儒家价值观念决定了日本资本主义制度中集体主义伦理道德体系的确立，而日本传统文化的集体主义则会导致"儒家资本主义社会。

我并不同意儒家思想文化可以产生出资本主义社会之说，但日本儒家文化的吸收对管理企业卓有成效，却是不争的事实。上面我之所以多谈点这方面的情况，为的是说明近代中国这方面的应用落后了。可能人们多注意到儒家思想中与近代工业文明抵触的一面，而没有看到儒学思想中某些成分经过改造和转换，不但能适应，甚至能促进工业文明的发展。

不过这里要着重指出，日本对儒家文化的吸收只是一种实用型的各取所需，而结合实际加以运用的多是企业家本人，至于能把它提到管理哲学高度来进行研究的却难以看到。正因为这样，黎红雷同志所写的《儒家管理哲学》，对儒家的管理思想进行全面、系统的理论研究，更属难能可贵，应该说这是一部带有开拓性的填补空白的著作。

黎红雷同志这些年来一直从事中国哲学的教学、研究工作，对于本门学科，他掌握了坚实宽广的基础理论和系统深入的专门知识。加上近几年来对现代管理科学也努力钻研，并开设过"管理哲学""企业文化学"等课程，出版了专著《企业文化概论》和译著《美国企业文化》。因此，他提出"儒家管理哲学"作为博士学位论文的选题，可以说是具备了写作的条件。而这篇论文完成后，在送交有关专家审议时都得到了肯定的评价。如武汉大学萧萐父教授认为这是一篇饶有新意的优秀博士学位论文，其特点是坚持以马克思主义为指导，以现代管理科学为参照，对原始儒学典籍中的管理哲学遗产进行了系统、深入的发掘和梳理，立论有据，诠释合度，详人之所略，发人之未发，可说是国内第一部阐释儒家管理哲学的学术专著。南开大学陈炳教授认为近些年来对管理问题的研究、探讨，主要侧重于管理方法和技术方面，而对管理活动中的理论、哲学方面，对管理系统的综合研究则较少，故红雷同志的论文在学术上是有重要意义的。华南师范大学张尚仁教授则指出该论文选题体现了学科发展的要求与现实社会要求的统一，既有理论意义，又有现实意义。复旦大学潘富恩教授更称赞该论文为进一步开拓中国哲学研究中的新领域做出了重要贡献。还有北京大学赵靖教授，还在原来评议论文的基础上为这部著作写了一篇序文，内容就不再详说了。

上面我摘引了几位专家的评议意见，大都做了肯定，但并不是说这部由论文扩写成的专著已经尽善尽美了。我只是想说明一点，像中国哲学这样古老的学科，我们过去多年来都在讲批判继承和古为今用，但都没有多少成效，反而停留在方法论上争论不休。至于日本人接受中国传统文化，多是采取简单的拿来主义，虽然在应用上取得成效，但在理论建树上并无多少创造。红雷同志这部著作之所以说是开拓性的，就是因为能在从来公认为政治伦理型的儒家思想之中导出自成体系的管理哲学，这就为中国传统文化走向现代化问题的研究开拓出一个新的领域,即为基础理论学科如何派生出应用学科探索出新路。

正是因为这个问题的研究带有探索性,所以当然不会完美无缺。如管理哲学如何界定、与儒家中一般哲学又如何区别等,这些问题有的似仍含糊不清,还有待于进一步研究。同时,这部论著的重点在于提示儒家管理哲学的理论内容,至于它如何应用于现代管理的具体实践,本书作者似乎因还缺乏这方面的经验,需要与企业家们合作,才能建立适合有中国特色的社会主义企业的新型管理科学体系。

李锦全

序　二

黎红雷博士的《儒家管理哲学》是一部很有特色的学术著作，值得一读。

我认为这本书主要有以下几个明显的特点和优点。

第一，运用马克思主义的立场、观点和方法，对新的学术领域勇敢地进行了开拓。

列宁曾说过，马克思主义有三个组成部分：科学、政治经济学和科学社会主义。这在当时确是如此。但是，不能把这句话理解为马克思主义永远只能有三个组成部分。马克思主义是科学的世界观和方法论，是适用于学术领域的研究和开拓的犀利理论武器。我们必须运用这一理论武器不断开拓新的学术领域，不断创立新的学科，并且在已有的马克思主义学科（例如哲学、政治经济学等）领域中不断进行拓展，才能更有力地促进马克思主义的发展和学术事业的繁荣。

管理科学是一个十分重要的学科门类，它对经济的发展和现代化有巨大的意义。但遗憾的是，我们迄今还没建立起马克思主义的管理科学。

哲学是马克思主义的重要组成部分之一，而管理哲学是哲学中的一个分支学科，它对实现马克思主义哲学的改造世界的使命至关重要。可是，我们迄今还没有马克思主义的管理哲学这样一门学科；在从事马克思主义哲学研究的人士中，还很少有人关注这一领域。

对这种情况我们能继续容忍吗？能够继续迁延不决吗？难道我们还不应抓紧时机在管理领域进行马克思主义的学术开拓吗？

现在，一个青年者勇敢地投入了这种开拓，而且已开始拿出了值得重视的学术成果，这是值得我们称庆的喜事。

第二，力图把现代科学的成就和中国传统文化的精髓结合起来，为建立中国自己的科学管理和管理科学服务。

由于受到原有的经济体制的束缚，我国当前的经济管理总体上还落后于发达资本主义国家。要迅速改变这种状况，就必须大力引进西方的科学管理，必须认真学习和研究西方的管理科学。但学习和引进不能是教条式的，不能机械地照搬，更不能搞"全盘西化"，而应在马克思主义指导下，结合中国的实际情况，有分析、有鉴别地学习、引进符合中国的国情和需要的东西。

中国的国情是历史地形成的。要深刻了解一国的国情，就绝不能割断历史，忽视一国历史遗产中最宝贵的、长期起作用的东西。必须把外来事物中的先进东西同本国传统文化的精髓结合起来，从两个方面参考、借鉴，古为今用，洋为中用，立足于中国当前实践的迫切需要，斟酌去取，才能正确地解决推陈出新，创建中国自己的科学管理和管理科学的历史课题。

儒家思想是在中国历史上长期居于支配地位的意识形态，是中国传统文化的主要组成部分。它像任何历史遗产一样，即有精华，也有糟粕。以马克思主义为指导，取其精华，弃其糟粕，并把它和特定领域（例如哲学、经济学、管理科学等）中的现代科学成就结合起来，就能把它的精华转化成有关领域中有巨大的新活力的宝贵财富。

儒家思想千头万绪，就其实用目标而言，不过是"修己安人"四个字。"修己"可说是管理者对自身管理素质的自我养成和对自身管理行为的自我约束；"安人"可说是管理者对被管理者的指导、管理和使用。因此，儒家哲学从一定意义上说也是管理哲学。

黎红雷博士抓住了儒家哲学的这一重要特点，站在现代哲学和现代管理科学的高度，以马克思主义为指导，深入发掘、整理、分析、鉴别，推陈出新，不但透辟地揭示了儒家管理哲学的各方面的基本内容，而且建立起以"儒家管理的哲学论"和"儒家哲学的管理观"为基本框架的理论体系，在自己的研究领域中成功地达到了把现代科学成就同传统文化精髓结合起来的要求。

第三，体现了把严谨和创新结合起来的优良学风。

科学研究必须坚持创新精神。一个从事科学研究工作的人，不管工作如何勤奋、读书怎样多、搜集的资料多么齐全，如果没有创新精神，只会人云亦云，踏着别人的足迹行走，也不越雷池一步，他在科学事业上也就断无成就。这样的人实际上不可能是一个合格的科学研究工作者。

但是，创新必须以勤奋刻苦的学习、研究为基础，不肯勤奋刻苦而希冀侥幸，想轻而易举地有所创新、有所发明，那只是想入非非，甚至会流于作伪、欺骗。

本书作者的治学态度是严谨认真的。他为研究此课题，查阅了大量文献，发掘了多方面的资料，研究、参照了古今中外学者的相关论述和研究成果。本课题是一个多学科互相交叉的课题，它广泛涉及哲学、经济学、管理科学、历史和古典文献等多种学科的内容。在写作一篇博士学位论文的有限的时间内，要评阅、钻研这么广泛的文献资料，是需要非常勤奋刻苦地工作的，是需要付出巨量的心血和精力的。

　　作者同时又表现了很强的创新精神。他多读书而不唯书，尊重历史遗产而不唯古，努力学习、吸取外国管理科学的成果而不唯洋，虚心研究、借鉴已有的研究成果而不囿于别人的成说。他敢于走自己的路，发现别人所未发，提出了一系列自己的新颖见解，并形成了自己的理论体系。尽管他的某些见解还可进一步推敲，他的体系在某些方面还有待进一步完善，但他把严谨和创新相结合的学风是值得称道的，他的著作在同类研究成果中是走在前列的。

　　本书原是黎红雷同志的博士学位论文。我国从20世纪80年代开始正规地培养博士学位研究生。自那时起，我除了指导自己的博士生外，还参加了许多博士生的论文答辩，参加了更多博士学位论文的评阅。我由此得到的总的印象是：水平不低！就以黎红雷的这篇论文来说，如果他没有较好的马克思主义理论功底，没有扎实的专业学术（哲学）基础，没有较好的传统文化素养，没有对现代管理科学的丰富知识，是写不出来这样水平的论文的。

　　事实表明，我国学术界、教育界确实已具备了自己培养博士研究生和硕士生的充分条件。近来国家决定对博士研究生和硕士生的培养都要立足于国内，我认为这是符合我国现实情况的一个有战略意义的决定。

　　但是，毋庸讳言，有些同志至今对这一点仍无足够认识。公开出版一些优秀的博士学位论文，对我们自己培养的博士生在各方面的成就、建树，如实地并及时地加以报道、宣传，对增进人们对这一有战略意义的问题的认识是有益的。在祝贺黎红雷的博士学位论文付梓之际，顺便谈谈这个问题，可以说是题外话，也可不算是题外话。

赵　靖

序　三

管理是有意识、有组织、有目标的规范和约束行为。但管理除其特定目标（如企业目标）外，尚有其一般性的目标。其一般性的目标，在于建立社会的秩序，发展文化的创造力和促进个人的自我实现。如何运用管理的一般性目标以达到管理的特定目标，是当前管理的重要课题；而如何运用管理的特定目标来实现管理的一般性目标，更是当代管理思想的重大问题。当代西方管理界所倡导的"目标管理"，旨在控制目标以控制方法，提高效率，但却未能深化目标，开创更深沉的（更一般性的）方法以达到特定的目标。这也是未能将管理哲学与管理科学及管理技术相互结合运用所致。但这又根本显示了西方管理科学缺乏一个对深化管理目标和方法的管理哲学向度的确切认知。由于此认知的缺失，西方（美国）企业管理出现了各种空前危机。我们可以列举三种危机来说明一个新的管理认知和一个管理哲学提出的需要。一是兼并化危机：为了垄断市场及扩充利益及财力影响，进行恶性及强行兼并，违背公平竞争及平衡发展的原则。二是机械化危机：科学化管理导致人事和人力资源运用的机械化。工作者为了谋生而工作，却不一定能认同公司；管理者除了牟利以外，没有更高的企业和生活目标，因而造成工作者心理闭塞和不稳定性，也因而形成人才的退化和流失。三是呆滞化危机：大型企业因过分成熟，变得庞大分散，无法灵活应对社会需求变迁，也未能充分吸收利用新的科技尽早改良革新，以致财务亏损，人事负担沉重，企业精神丧失殆尽，企业成为被淘汰的对象。当然，西方管理者能够运用诸如结构改组、财务重整、人事更换等手段来解决这些危机中的个别企业的问题。但从理论层次看，企业发展、企业用人、企业持续和转化等根本问题并未解决，因为西方管理者缺少了一套完整的管理哲学以及对此管理哲学所以构成的人和社会因素和潜力及其价值的充分理解。

西方现代企业管理重视下列三个因素：①专业知识和技术；②组织与推销能力；③功利性的企业目标。在一定条件下，这些因素主导了西方企业的发展，但同时也限制了西方企业的发展。前者是自明的，后者却是由对此三项因素的重视而导致对人性全面价值需求和人性一般潜力的忽视。我们可以说，这种西方现代的企业管理体系充分发挥了人的工具理性，并使理性演化为控制人性以获得利益的机制，因而也就形成了管理制度的机械化，使管理丧失了对内（人事）与对外（市场）适时应变的灵活能力，也使管理系统中的个人与群体的创造性和创造力丧失殆尽。这在美国20世纪90年代的多次企业的濒临崩溃中暴露无遗。这说明了上述企业的三个因素只是企业成长和成功的必要条件，而非充分条件，甚至这三个必要条件会阻碍企业的持续发展与全面提升：专业知识和技术不能保证实用性和适用性，组织与推销能力不能保证应变性与变通性，功利目标往往表现为企业的短视和短利以致缺乏韧性和革新精神。

相对于西方理性的企业精神，中国儒家以开拓人文和实现人性为重点的个人管理、社会管理和国家管理的思想自成一套卓然独立的人性主义的管理体系。在此体系中，人有人之为人的目标，人有极大的可塑性，能充分发挥自我修持、自我发展和自我实现的能力，且能在此自我发展和自我实现的过程中获得满足，也获得稳定。我们可名此为"人性论的管理哲学"。在此管理哲学之中，我们可以寻绎出下列与管理密切相关的要点：①顺应人性的自然关系的建立和调和（此处人性含理性、感性、情性和悟性）；②对领导身体力行和实践表率作用的重视；③层级性和推展性的追求目标的达成；④启发自内而外或内化的动力以实现目标；⑤从事恒常的学习和反省的教育；⑥建立互助、互信和忠诚的责任和德性；⑦结合利益与安和、愉乐以求生生不息；⑧从具体经验中求改善并锲而不舍。

儒家的人性论的管理哲学代表了一种对人性普遍潜能的自觉，并代表了对人性包含的层级性的普遍价值目标（个人、家庭、社会、国家、世界）的认知。再由此一自觉的认知发展出行为规范、制度规范、组织规范，以作为追求及达到目标的方法。事实上，我们把握了儒家人性论的中心理念和价值，就可以把相关思想看成一套完整的管理哲学体系，投射在现代管理功能、管理目标和管理方法的架构上，突显出其发挥人性、开拓人力管理的特色。此一特色也可以简述为对人生价值和社会价值的"目标管理"。所谓"管理"，即为自觉的自内而外、自外而内的同时约制及激发行为以达到价值目标。可见，儒家哲学无疑是具有普遍性的管理哲学，它不是专业知识和特定目标规定的管理科学，但它不妨碍专业知识和特定目标的管理科学的建立。

事实上，管理科学可以有两种发展的选择：一是基于人性论的管理哲学而建立完整的系统，二是完全独立于人性论的管理哲学而以其自身为最高标准。西方当代的管理体系显然是走后者的路，其严重的问题也就难以避免。相反，如果现代的管理科学能够辅以人性的管理哲学，如果现代西方的科学管理能够辅以人性论（如上述儒家哲学所示）的管理方法，则也就能够避免科学管理体系的缺失，而管理的有效性和管理的价值也就自然得以提升了。

儒家的人性管理哲学当然不是以促进及改良科学管理为终极目的，虽然日本企业确实从这个努力中获取了企业管理的莫大成功，也创造了企业的莫大的竞争力和效益，使日本成为经济大国。儒家的人性管理仍有其崇高及独立的人生和社会目标。它应该是转化企业活动以达至其目的的动力，也是以企业活动为达到其目标的方法，因此，它不应只为企业所应用，也应规范企业文化，提升企业伦理，以促进人性社会的实现。在此意义上，儒家管理哲学才显出其最高的价值。但对此课题，我们要进行深入的探索。德国社会学家韦伯指出，西方基督教新教伦理促成了资本主义精神和资本主义社会的兴起。当代中国学者也一再强调了"儒家伦理"对东亚经济和工业的现代化产生了点火和催化作用。比较管理学者也论证了日本式管理运用儒家伦理达到企业目标的成就。但必须指出的是，如何基于企业目标以及强化企业活动以成就儒家的理想，如何包含及基于管理以完成社会伦理达到理想社会，乃是非常重要但尚未被学者充分探讨的课题。此一课题即为基于伦理以达到管理，基于管理以达到伦理的"形上管理学"课题。这也许是发展现代中国管理模式的一个必要起点，也是发展前瞻性的世界理想管理模式的一个基础及发展方向。

黎红雷君从攻读研究生时期就关注儒家哲学作为管理哲学的价值和意义问题。他运用管理哲学的观点对儒家哲学观念和体系进行了探讨，并从儒家哲学的思考中对管理问题进行省察。要进行这两类探讨并把二者结合在一起，形成一个完整的儒家管理哲学体系，是需要对儒家哲学本身有深刻的理解和分析的，也需要对管理的本质和现代管理科学有正确认识和研究的。无疑，黎红雷君的研究成果充分显示出他这两方面的素养，因而才能写出这一部深入儒家哲学和管理哲学堂奥的博士学位论文，名之为"儒家管理哲学"。黎君这一研究还具有两个特色：①他能够超越社会和历史因素，对先秦儒家的人生管理、社会管理和国家管理的理念做了详尽的分析，并建构了"儒家管理的哲学论"和"儒家哲学的管理观"，也因此突显了儒家思想的现代管理本质和理论基础；②他能够对儒家伦理所包含的管理性和其管理体系的伦理性做出详尽的分析和综合，因之赋予了"儒家伦理"一个崭新的面貌，提高了吾人对儒家哲学及其现代意义的理解。目前，黎君这部杰出的论文即将出版，我觉得这是一本十分重要的和极具价值的好书，故乐为之序。

[美] 成中英

目　录

导论　管理哲学与中国儒家 …………………………………… 1
　　一、管理哲学的内涵 ……………………………………… 1
　　二、管理哲学的历史演进 ………………………………… 8
　　三、中国管理哲学概述 …………………………………… 13
　　四、儒家管理哲学的理论体系 …………………………… 20

上编　管理的哲学论

第一章　"唯人则天"的管理本体论 ………………………… 31
　　一、本体论与天人观 ……………………………………… 31
　　二、"则天说"与管理规范的本原 ……………………… 37
　　三、"事天说"与管理权力的本原 ……………………… 41
　　四、"应天说"与管理者的主体能动性 ………………… 47
第二章　"知治一致"的管理认识论 ………………………… 53
　　一、认识论与知行观 ……………………………………… 53
　　二、修身与治国 …………………………………………… 60
　　三、知行与管理 …………………………………………… 65
　　四、言行与用人 …………………………………………… 70
第三章　"执经达权"的管理方法论 ………………………… 77
　　一、方法论与经权观 ……………………………………… 77
　　二、管理中的"经" ……………………………………… 82
　　三、管理中的"权" ……………………………………… 88
　　四、管理中的"执经达权" ……………………………… 95
第四章　"义以生利"的管理价值论 ………………………… 102
　　一、价值观与义利观 ……………………………………… 102
　　二、"义"与管理者的道德要求 ………………………… 110
　　三、"利"与被管理的物质需要 ………………………… 117

四、"义以生利"与管理过程……………………………………123

下编　哲学的管理观

第五章　"劳心治人"的管理本质观……………………………135
　一、管理本质的探讨……………………………………………135
　二、"为政"与"治人"
　　　——从对象看管理本质……………………………………140
　三、"劳心"与"劳力"
　　　——从分工看管理本质……………………………………147
　四、"和为贵"
　　　——从协调功能看管理本质………………………………152

第六章　"人性可塑"的管理人性观……………………………158
　一、管理人性的探讨……………………………………………158
　二、"性善论"与管理……………………………………………161
　三、"性恶论"与管理……………………………………………167
　四、"人性可塑论"与管理………………………………………172

第七章　"能群善分"的管理组织观……………………………178
　一、管理组织的探讨……………………………………………178
　二、"群"与组织的功能…………………………………………182
　三、"分"与组织的结构…………………………………………187
　四、"伦"与组织的形态…………………………………………193

第八章　"无为而治"的管理行为观……………………………198
　一、管理行为的探讨……………………………………………198
　二、"为政以德"与象征性管理…………………………………201
　三、"任官得人"与分级管理……………………………………207
　四、"行其所无事"与自动化管理………………………………212

第九章　"道之以德"的管理控制观……………………………218
　一、管理控制的探讨……………………………………………218
　二、"道之以德"与内在控制……………………………………222
　三、"齐之以礼"与外在控制……………………………………226
　四、"法治"与"人治"…………………………………………232

第十章 "修己安人"的管理目标观 …… 240
  一、管理目标的探讨 …… 240
  二、"仁政"
    ——目标设计之一 …… 243
  三、"王制"
    ——目标设计之二 …… 249
  四、"大同"
    ——目标设计之三 …… 254
  五、"安人"
    ——管理的根本目标 …… 260

余论 儒家管理哲学的历史命运 …… 267
  一、农业社会的"治国之道":古代中国的回顾 …… 267
  二、工业社会的"企业精神":日本的经验 …… 272
  三、后工业社会的"救世药方":新加坡的实验 …… 278
  四、现代化管理的宝贵财富:当代中国的展望 …… 282

附录 儒家管理哲学研究概况 …… 288

参考文献 …… 297

后　记 …… 305

导论

管理哲学与中国儒家

管理，是人类最基本的社会活动之一。任何管理活动，总是受到一定管理理论的指导；而任何管理理论，又总是受到一定管理哲学的制约。中华文明，是人类历史上唯一没有中断过的古老文明，具有延续几千年的社会管理的丰富经验。以儒家为主体的中国古代管理哲学，在中国古代社会的管理活动中具有不可忽视的作用。总结这份遗产，对于丰富现代管理哲学，发展现代管理理论，指导现代管理实践，都具有十分重要的意义。

一、管理哲学的内涵

"管理哲学"，是在现代管理学发展的基础上形成的一个概念。其中的"管理"一词，法国人用 administration，美国人用 management。从字面上看，前者意为"行政管理"，后者意为"企业管理"。但无论是法国人还是美国人，都并不认为他们所说的"管理"只限于某一具体的门类。例如，法国古典管理学家法尔（H. Fayol）的名著《工业管理与一般管理》，法文题为 Administration Industrielle et Generale，英文则译为 General and Industrial Management。这里的"管理"，既指具体门类的管理，又指一般的管理。至于"哲学"（philosophy）一词，希腊文原意是"爱智慧"。现代西方人之所谓"哲学"，不仅指一门独立的学科，而且指某一门具体学科中最高层次的知识。

"管理哲学"既然是"管理"与"哲学"的复合概念，它也就内在地继承了二者的复杂内涵。作为一种最高层次的管理理论，管理哲学不仅涵盖了各种门类的管理，而且特别集中于一般管理原则的探讨；作为一种与管理学科密切联系的哲学理论，管理哲学吸收了管理学家们对于自身理论的哲学概括，并在此基础上抽象成具有普遍意义的理论体系。

目前，对于管理哲学的研究成为国内外哲学界和管理学界的一个热点，有关论著层出不穷、丰富多彩。但到底什么是"管理哲学"，迄今为止却没有一个统一的定义。论者众口异词、见仁见智,发表了不少富有启发意义的见解,就笔者所见,已达近二十种,现择其有代表性的六种(我国大陆、台湾地区以及国外各两种),列举如下:

(1)"管理哲学不是一般的世界观、认识论和方法论,而是管理中的世界观、认识论和方法论,是从思维和存在关系的角度,对管理的本质及其发展规律所作的哲学概括。"①

(2)"吸取和概括管理科学的成果,研究管理活动的性质、一般规律及其与自然和社会的本质关系的科学,就是管理哲学。"②

(3)"管理哲学为实践哲学之一,是自全体人生经验上,全部民族文化上,解释整个管理历程的意义与价值,评判整个管理活动的理论与实施;综合各管理科学及其他相关科学的知识,以研究管理上的根本假定、概念及本质,而推求其最高原理之学。""换句话说,管理哲学即以全部人生经验为背景,全部管理历程为对象,采取综合的观点、整个的见地,以研究管理之学。""简言之,管理哲学是对管理经验作反省的活动。"③

(4)"所谓'管理哲学'是指事业最高主管为人处世之基本信仰、观念、及价值偏好","从广义抽象层方面来说:它是激发企业家'信仰'、'观念'、'原则'、'价值'的动力;就狭义实务层来说:它是选择行为典型的成本,促进效益评估的决策体系"。④

(5)"管理是一种行动的哲学","管理哲学是对管理与组织的元价值——逻辑和理性的一般性理解"。⑤

(6)"管理哲学指管理者所选择的价值准则,它决定管理的手段,指导管理的行为,进而实现管理的目标。"⑥

管理哲学是哲学与管理学之间的交叉学科。而无论是对"哲学"还是对"管理",历来都有不同的理解。在不同的历史时代,人们有不同的理

---

① 齐振海主编:《管理哲学》,中国社会科学出版社1988年版,第10页。
② 肖明:《管理哲学纲要》,红旗出版社1987年版,第1页。
③ 曾仕强:《中国管理哲学》,东大图书有限公司1981年版,第29、30页。
④ 《企业管理百科全书》,哈佛企业管理顾问公司1980年版,第87、89页。
⑤ Christopher Hodgkingson, *Towards a Philosophy of Administered*, Basil Blackwell-Publisher Limited, 1983, p. 10.
⑥ Christopher Hodgkingson, *Towards a Philosophy of Administered*, Basil Blackwell-Publisher Limited, 1983, p. 10.

解；在同一个历史时代，有不同学派的理解；就是在同一个学派当中，不同的学者也有各自的理解。受个人哲学观和管理观的制约，上述学者们对于管理哲学的理解有所差异，甚至有所对立，也是必然的、正常的。在科学探讨的道路上，谁也不能宣称自己垄断了最终的真理。任何理论见解，只要持之有据、言之有理，就可以成一家之言，在人类认识真理的道路上，就可以留下一定的痕迹，就可能占有一定的地位。因此，"独此一家，别无分店"的想法是要不得的，只有"百家争鸣，百花齐放"才是繁荣学术的唯一途径。正是本着这种精神，笔者不避浅陋，在此也提出自己对于"管理哲学"的一孔之见。

笔者认为，所谓管理哲学，就是管理人的世界观的理论化和系统化。这一定义，看似简单，实际上包含着十分丰富的内涵。

首先，管理哲学是管理人的世界观，这里说的是管理哲学的本质属性。

所谓"管理人"，在广义上指构成并反映一定管理关系的人，包括管理者、被管理者以及管理的研究者。作为管理者，要考虑"我"在管理什么和如何进行管理；作为被管理者，要考虑"我"被管理什么和如何接受管理；作为管理的研究者，则要综合前两者的经验，考虑管理关系过去、现在和未来的发展。因此，三者都是管理关系的载体，都属于"管理人"。但是，在上述关系中，管理者显然处于主导的地位，他的思想观点、行为方式不但对被管理者有直接的影响，而且对管理的研究者也有间接的影响。被管理者服从于管理者，管理研究者则服务于管理者。因此，在狭义上说，"管理人"就是通常所说的管理者，管理哲学也可以说是管理者的哲学。

当然，管理者与被管理者之间的划分是相对的。在整个复杂的人类社会关系网络中，从个人到家庭，从家庭到国家，乃至各种社会政治、经济、文化组织，都存在着不同的管理关系。一个人既可能在"这一种"管理关系中成为管理者，也可能在"那一种"管理关系中成为被管理者。也就是说，对于某一个人来说，管理者与被管理者的"社会角色"是相对的、可变的。但是，在某一种特定的管理关系中，管理者与被管理者的"社会角色"又是固定的、绝对的。管理哲学就是管理者这一特定社会角色的世界观。

至于管理者与管理研究者之间的关系，一般地说，管理哲学是管理者世界观的总和；但是，这一世界观在管理者那里只是"自在的"存在，除个别人之外，实践中的管理者很少能自己总结管理经验，概括成管理的理论，并进而提炼出自己的管理哲学。因此，作为理论形态的管理学，一般都是由专门的研究者，对管理者的管理经验进行整理、加工、提高的产物；而作为理论形态的管理哲学，则是由专门的研究者对管理者的世界观进行进一步概括和抽象的产物，实际上也就是对管理者的管理经验进行哲学反思的结晶。无论是对于管理经验的整理，还是在此基础上所进行的哲学反思，都蕴涵着研究者本人的智慧。就此而言，研究者在管理学和管理哲学理论体系的形成中具有不可替代的作用。

其次，管理哲学是一门领域哲学。这里说的是管理哲学在哲学中的地位。

所谓"世界观的理论化和系统化"，指的就是哲学。但是，管理哲学却不是通常所说的一般哲学，而是一门"领域哲学"。所谓"领域哲学"，又叫"X哲学"，英文用"philosophy of X"来表示，指的是人们对于自然科学、社会科学和思维科学领域中各个具体学科一般本质和规律的抽象与概括。我们知道，哲学包含着整个人类的世界观。但是，现实中的人们总是生活在具体的世界即局部的世界之中，他们的"世界观"首先是对自己所处的"这一个"局部世界的认识。各个局部世界的认识，是整体世界认识的基础。只有对各个局部世界认识的总和加以进一步的抽象和概括，才有可能形成"整体的"世界观。——这就是"领域哲学"存在的理由。

当然，局部世界毕竟是整体世界的组成部分，处于局部世界中的人们的世界观，同其对于整体世界的世界观是密不可分的，前者只不过是站在特定角度对于整体世界的某种认识而已。哲学作为一般人的世界观，是对自然、社会和思维三大领域的认识和总结；而领域哲学作为某一"局部世界"中人的世界观，则是这一部分人对反映在其"局部世界"中的自然、社会和思维因素的总的看法。也就是说，人们对于局部世界的认识实际上是"全息"的，反映着整体世界的全部信息。——这就是"领域哲学"是"哲学"的理由。

如此看来，领域哲学对于自然、社会和思维领域各个具体学科的一般本质与规律的抽象概括，既反映了特定领域的特点，也反映了整个人类认识的特点；它是特定领域人们世界观的理论化与系统化，又同一般人类的世界观有着千丝万缕的联系。

时至今日，人们对于"领域哲学"的认识已经大大丰富，不少领域哲学学科正在或已经兴起。比如，自然领域的数学哲学、物理学哲学、化学哲学、天学哲学、地学哲学、生物学哲学、农学哲学、医学哲学、环境哲学；社会领域的历史哲学、法哲学、道德哲学、艺术哲学、政治哲学、经济哲学、文化哲学、军事哲学、社会哲学、教育哲学；思维领域的逻辑哲学、语言哲学、心理哲学等。管理哲学属于社会领域的哲学，它是对于"管理世界"的认识，是管理领域中的人们所特有的世界观。

再次，管理哲学是元管理学。这里说的是管理哲学在管理学中的地位。

进入20世纪，人类对于管理领域的认识越来越丰富，越来越具体。在此基础上，涌现出多姿多彩的管理理论，诞生了越来越多的管理科学学科。就体系而言，有人已经提出管理科学与自然科学、社会科学鼎足而立的"第三科学体系"的概念。据时人统计，一般性的管理学科有：管理学原理、管理社会学、管理心理学、比较管理学、领导科学等。职能性的管理学科有：经济管理学，包括国民经济、城市经济、工业经济、农业经济、商业经济、旅游经济、金融、财政、税收管理学等；企业管理学，包括工业企业、农业企业、商业企业、交通企业、建筑企业、银行、饭店管理学等；行政管理学，包括政府机关、文化事业、教育事业、卫生事业、体育事业、工商行政、军队、治安、城市管理学等。此外，还有图书馆管理学、家庭管理学以及正在酝酿中的科研管理学等。真是琳琅满目，令人目不暇接！

至于现代西方管理理论，更是呈现出百家争鸣的态势。属于"古典管理理论"的有：泰罗的"科学管理理论"、法约尔的"经营管理理论"、韦伯的"行政组织体系理论"，以及厄威克和古利克等人概括的管理组织和管理职能原则等。属于"行为科学管理理论"的有：梅奥的"人际关系理论"、马斯洛的"人类需要层次理论"、赫茨伯格的"激励机率模式理论"、麦格雷戈的"X—Y理论"、阿吉里斯的"不成熟—成熟理论"、卢因的"团体力学理论"、布雷德福的"敏感性训练理论"、坦南鲍姆和施米特的"领导方式连续统一体理论"、利克特的"支持关系理论"、斯托格弟和沙特尔等人的"双因素模式理论"、布莱克和穆顿的"管理方格理论"、莫尔斯和洛希的"超Y理论"、西蒙的"管理决策理论"、卡斯特和罗森茨韦克的"系统管理理论"和"权变理论"、德鲁克（一译杜拉克）的"经验主义管理理论"，乃至 20 世纪 80 年代涌现的"企业文化和组织文化理论"等。真是"江山时有才人出，各领风骚没几天"。难怪美国当代著名的管理学家孔茨（H. Koontz）要发出"管理理论丛林"的感叹！

综观如此众多的管理理论与管理学科，有着一个共同的特点，即它们都是人们在一定时期、一定角度、一定环境下对于管理（或一般管理学，或各个具体的管理领域）的认识。这种认识，无论其高低优劣、深浅长短，全都是以认识者特定的世界观、认识论、方法论和价值观为其理论前提的。也就是说，无一不受到认识者特定哲学观点的制约，只不过有些人自觉，有些人不自觉；有些人承认，有些人不承认罢了。

特定的哲学观点对于管理理论和管理学科（间接地，对于管理实践，下同）起着根本的指导作用，这就表明管理哲学在整个管理学体系中处于至高无上的地位。我们说管理哲学是"元管理学"，就是对这种地位和作用而言的。这里所谓"元"，是"起始""根本""最高""最终"的意思。所谓"元管理学"，就是指管理哲学是一切管理理论、管理学科的理论出发点，它对于任何管理理论和管理学科都具有不可替代的指导作用。当然，在现实中，人们有不同的哲学观点，对于管理也就有不同的指导作用。但是，任何管理理论和管理学科都要接受管理哲学的指导，不是接受这种管理哲学就是接受那种管理哲学的指导，这一点是毫无疑问的、必然的。管理哲学这一根本性的指导作用，古今中外，概莫能外（关于古代的情况我们在下文还要谈到）。

最后，管理哲学是哲学与管理的有机结合。管理哲学是管理人的世界观，管理哲学是一门领域哲学，管理哲学是元管理学——上述各点，就决定了管理哲学的内容既是"哲学的"又是"管理的"，当然，不是哲学与管理的简单相加，而是二者的有机结合。

我们说管理哲学是"哲学的"，是指它在理论内容、思维方式乃至表述方式上所具有的哲学的特点。它同样要对人的世界观做出抽象的概括，同样要采取反思的方式，同样要进行概念范畴的逻辑推演。它所要研究和回答的问题同一般哲学从根本上说是一致的，即包括："本体论"问题——包括世界的本质和人类的本质；"认识论"问题——人类改造世界的根本方法；"价值论"问题——人类和世界存在的意义；如此等等。当然，这种回答不是站在一般人的立场，而是站在管理人的立场；不是依据一般人的角度,而是依据管理人的角度;不是对于一般社会实践的反映,而是对于管理实践的反映。

我们说管理哲学是"管理的",不仅指它在回答一般性哲学问题时所持的"管理人"的立场和态度,更重要的是指它必须回答管理的一般性问题。这里所谓的"一般",是相对于管理领域而言的;相对于哲学领域,它们又是特殊的、个别的。管理哲学所必须回答的一般性管理问题有:作为管理活动载体的"人"的本质,作为管理形式的"组织"的本质,作为管理内容的"行为"的本质,作为管理手段的"控制"的本质,以及作为管理结果的"目标"的本质等。当然,这些回答不是就管理论管理,而是站在哲学的高度,把管理作为人类社会实践的组成部分,把管理观作为人类世界观的组成部分,从而对管理的一般问题做出提纲挈领式的抽象概括,使之对于管理理论及其实践具有最普遍、最一般的指导意义。

管理哲学对于一般哲学问题和一般管理问题的回答,逻辑地构成了它的理论体系。为简便起见,我们把前者当作"管理的哲学论",后者当作"哲学的管理观"。二者既有联系又有区别,既有相对的独立性,又有密切的融合性,共同构成管理哲学的有机整体。

这里顺便说说关于"管理哲学"的译名问题。在现代西方管理学中,对"管理哲学"有两种叫法,一是 the philosophy of administration(或:administrative philosophy);二是 the philosophy of management(或:management philosophy)。学术界一般认为,前一种叫法特指"行政管理哲学",后一种叫法特指"企业管理哲学",但二者都可以用来指称一般意义上的"管理哲学"。在使用习惯上,英法学者大多使用前者,美国学者大多使用后者。而在当代西方管理学界,也许是关于企业管理的研究比较活跃,或许是美国学者的研究比较突出,总之,management philosophy 的使用频率是越来越高。

至于中国古代的"管理哲学"译为外文时应该如何处理,笔者就此问题专门请教过台湾交通大学的曾仕强教授。曾教授在回信中说:"管理哲学的英译,恐怕仍以 management philosophy 为宜,但是儒家管理哲学,显然侧重行政方面,采用 administrative philosophy 应无不宜。不过,现代化儒家管理哲学,应该广泛应用,扩大影响,所以我都译为 management philosophy。"笔者认为,曾教授的考虑虽较为周全,但也不必强求一律,可以交替使用。本书上编"管理的哲学论",侧重于提示儒家管理哲学作为

"治国之道"的内在本质，故可译为 administrative philosophy；下编"哲学的管理观"，侧重于展现儒家管理哲学的现代意义，故可译为 philosophical management，敬请读者留意。

二、管理哲学的历史演进

"管理哲学"作为一门独立的学科，是 20 世纪的产物。但历史上的管理哲学思想作为人类社会管理思想的重要组成部分，却同管理活动本身乃至整个人类文明一样源远流长。

人类在原始社会就有管理活动，其形式笼统表现为氏族部落内部公共事务的管理。其时管理活动的痕迹，我们可以从出土的文物中窥见一斑，但其中包含的管理思想，由于当时尚未发明文字，因此我们只能从后人的记述中加以揣测。例如成书于我国周朝的《尚书·尧典》所载尧舜禅让的故事，范文澜先生认为"远古遗留下来的史实，大致可信"[1]。据记载，尧曾经提出"明明""扬侧陋"（选拔贤明的人担任管理者，而不论他的出身如何低贱）的原则，反映了当时对管理人才的看法。

在奴隶社会和封建社会，社会管理的主要形式为国家管理。其内容却相当庞杂。据《尚书·洪范》记载，周武王灭商以后，专门拜访商朝的大臣箕子，向其请教管理国家的方法，箕子对之以"洪范九畴"："初一曰五行，次二曰敬用五事，次三曰农用八政，次四曰协用五纪，次五曰建用皇极，次六曰乂用三德，次七曰明用稽疑，次八曰念用庶征，次九曰向用五福，威用六极。"[2] 据文中所载，所谓"五行"，指水、火、木、金、土这五种当时人们所概括的世界的基本物质；所谓"五事"，指态度、语言、观察、听闻、思考这五种管理者的表现；所谓"八政"，指农业、商业、祭祀、民政、教育、司法、礼宾、军务这八种国家管理的具体内容；所谓"五纪"，指年、月、日、星辰、历数这五种记时的方法；所谓"皇极"，指管理国家的最高原则；所谓"三德"，指纠正是非、以刚取胜、以柔取胜这三种治理臣民的办法；所谓"稽疑"，指卜筮占卦这样一种解决疑难的办法；所谓"庶征"，指体现国家治理好坏的各种征兆；所谓"五福"，指长寿、富贵、康宁、好德、善终这五种引导人民追求的幸福；所谓"六

---

[1] 范文澜：《中国通史简编（修订本第一编）》，人民出版社 1964 年版，第 93 页。
[2] 《十三经注疏》整理委员会整理：《尚书正义》，上海古籍出版社 2007 年版，第 765 页。

极",指早死、疾病、忧愁、贫穷、丑恶、懦弱这六种劝诫百姓避免的惩罚。——这涉及了当时国家管理的内容、形式、方法、手段、目标,从物质生活的管理到精神上的控制,无所不包,已经是一套相当完备的社会管理模式。

为了反映并指导当时的社会管理实践,中外历史上不少著名的思想家、哲学家都提出了自己的管理理论乃至管理哲学思想。在古希腊,苏格拉底作为一个哲学家,所关心的不是自然,而是人事,他所研究的有"什么是治国之本,什么是一个善于治人者的品质"等诸如此类管理哲学的课题。① 例如,他提出了关于管理普遍性的问题,认为"私事的管理和公事的管理只有量上的差别,在其他方面都是相同的。但是,最应注意的是,它们都是由人来管理的"②。柏拉图则提出管理者必须是哲学家的主张,他说道:"除非是哲学家们当上了王,或者是那些现今号称君主的人像真正的哲学家一样研究哲学,集权力和智慧于一身,让现在的那些只搞政治不研究哲学或者只研究哲学不搞政治的庸才统统靠边站,否则国家是永无宁日的,人类是永无宁日的。不那样,我们拟订的这套制度就永远不会实现。"③——这套制度就是柏拉图所提出的广为流传的"理想国"模式。亚里士多德是一位知识渊博的哲学大家。他的《政治学》一书,在研究150多个希腊城邦的组织体制和管理形式的基础上,提出了奴隶制国家管理的基本原则。而他的《形而上学》一书则提出了感觉和推理是可以了解现实的观点。"亚里士多德摈弃了神秘主义,从而成为科学方法之父,并且为文艺复兴和理性时代奠定了思想基础。这种科学的探索精神最终会为科学管理奠定基础。"④

在我国春秋战国时期,百家争鸣,其焦点其实都在对国家管理的理论及其哲学基础的探讨之上。正如司马谈所指出的:"'天下一致而百虑,同归而殊涂。'夫阴阳、儒、墨、名、法、道德,此务为治者也,直所从言

---

① 北京大学哲学系外国哲学史教研室编译:《西方哲学原著选读(上)》,商务印书馆1985年版,第61页。
② 转引自[美]克劳德·小乔治《管理思想史》,孙耀君译,商务印书馆1985年版,第23页。
③ 北京大学哲学系外国哲学史教研室编译:《西方哲学原著选读(上)》,商务印书馆1985年版,第118页。
④ [美]丹尼尔 A. 雷恩:《管理思想的演变》,孙耀君等译,中国社会科学出版社1986年版,第20页。

之异路，有省不省耳。"①（《史记·太史公自序》）丰富多彩的中国古代管理实践孕育了博大精深的中国古代管理哲学，实在是人类文明史上的一大奇观（关于中国管理哲学的概况，下节还要论及）。

人类进入资本主义社会以后，社会管理逐渐划分为经济管理（含企业管理）和行政管理两大领域（当代又酝酿划分出"科研管理"领域）。进入20世纪后，现代管理学逐步形成，并正在成为一门"显学"，各种具体的管理学科不断涌现，人类对于管理领域的认识的确是越来越丰富，越来越深入了。就在这样的氛围下，人们非但没有忽视管理哲学的研究，相反，由于管理研究对象的普遍化、学说内容的理论化、理论形式的抽象化，反而促使现代管理学的发展越来越呈现出"哲学化的趋势"。②

早在现代管理学的奠基之日，被誉为"现代管理理论之父"的泰罗（F. W. Taylor）在其代表作《科学管理原理》（1911）中就郑重声明："科学管理包括某种广泛的一般原则和可以应用于众多方面上的某种哲学。"③这种广泛应用的哲学到底是什么呢？书中并没有明确指出。但是通观全书以及泰罗本人的管理实践，他在"科学管理"中所执着追求的重视效率的管理原则，同当时弥漫在整个美国思想界的实用主义哲学，其基本精神与其是完全一致的。这就是："不看最初的事物、原则、范畴、设想的必然性，而看最后的事物、收获、后果、事实的态度。"④

1923年，第一本以《管理哲学》（*The Philosophy of Management*）命名的著作正式出版，作者是英国管理专家谢尔登（O. Sheldon）。该书的主旨是阐述管理的整体性及其在社会中的地位。正如他在书中所指出的："我之所以撰写本书，是由于认为管理对工业的指导作用主要在于一些科学原则和伦理原则，而这些原则的具体应用只起次要作用。因此，本书不是从事于阐述某一特殊的管理，而是试图阐明统治整个管理实践的目的、发展路线和原则。……因此，重要的是，在我们考虑工业中的管理时，在早期阶段就要坚持，无论管理是如何科学，管理力量的充分发挥是多么依

---

① 〔汉〕司马迁撰，〔宋〕裴骃集解，〔唐〕司马贞索隐，〔唐〕张守节正义：《史记》，中华书局1983年版，第3288页。
② 张尚仁：《管理·管理学·管理哲学》，云南人民出版社1987年版，第149-157页。
③ F. W. Taylor, *The Principles of Scientific Management*, W. Norton & Company, 1967, p. 32.
④ 〔美〕M. 怀特：《分析的时代》，杜任之译，商务印书馆1981年版，第164页。

赖于科学方法的应用,管理的首要职责却是有关社会和社区方面的职责。"① 有鉴于此,谢尔登在书中明确提出:"我们应该创立一种管理哲学,一套原则,一套科学地确定出来并被人们普遍接受的原则,由于它们是实现最终目标的基础,所以应该用它们来指导日常的职业实践。"② 这就为当时的管理指出了一个新的方向,初步显示了现代管理哲学对于管理理论和实践的指导作用。雷恩在《管理思想的演变》一书中指出:"根据谢尔登的哲学,服务的经济基础、对人员的效率和技术的效率的尊重以及管理部门保证实施社会正义的责任等因素将导致一种对各方都有利的工业管理科学。"③ 小乔治在《管理思想史》一书中也指出:"谢尔登对管理的进步做出了多项贡献。其中最重要的一项贡献是他的强调管理的社会责任的哲学。这种新的哲学把注意力放在上面提到的各种社会的方面,并最终导致重新确定管理思想的方向,以致现代的管理把社会责任放在优先考虑的地位。……他通过自己的著作和演讲所发展起来的真正的管理哲学清楚地指出,管理是工业中一种独立的、特殊的职能。它围绕着一些能加以分析和研究的原则而发挥作用。这样,谢尔登就提高了管理的地位,使它从物质的科学进一步发展为概念的科学。"④

自谢尔登以后,在很长一段时间里,人们没有对管理哲学做专门的研究。但我们从现代管理理论的演变中仍然可以看到管理哲学的发展。现代著名管理学家马奇(J. G. March)和西蒙(H. A. Simon),把现代管理理论的发展划分为"工具人""动机人"和"决策人"三个阶段。⑤ 这种划分不一定准确和全面,但其中蕴涵的"任何管理理论都必定有自己的人性假设"这一观点却是值得肯定的,由此,人们可以清楚地看到各种管理理论同人性假设之间的关系,诸如:"前科学管理理论"与"工具人","科学管理理论"与"经济人","行为科学管理理论"与"社会人","Y理论"与"自觉人","超Y理论"与"复杂人","Z理论"与"全面人"等等。——了解这一点是有意义的。因为"人性"的问题本身就是哲学问

---

① Oleve Sheldon, *The Philosophy of Management*, Isaac Pitman & Sons, 1923, pp. 14 – 15.
② Oleve Sheldon, *The Philosophy of Management*, Isaac Pitman & Sons, 1923, p. 283.
③ [美]丹尼尔·A. 雷恩:《管理思想的演变》,孙耀君等译,中国社会科学出版社1986年版,第211页。
④ [美]克劳德·小乔治:《管理思想史》,孙耀君译,商务印书馆1985年版,第158页。
⑤ J. G. March, H. A. Simon. *Organizations*. Wiley, 1958.

题，管理学家们自觉地把某种人性假设作为自己理论的出发点，正反映出管理哲学在现代管理学体系中具有不可替代的地位和作用。正是在这个意义上，我们也可以把诸如麦格雷戈（D. M. McGregor）的《企业的人性方面》（*The Human Side of Enterprise*，1960）之类的著作划入管理哲学的范围。

20世纪七八十年代以后，一些新的管理哲学专著纷纷问世，如克里斯托弗·霍金森（Christopher Hodgkinson）的《走向管理哲学》（*Towards a Philosophy of Administration*，1978）和《领导哲学》（*The Philosophy of Administration*，1983），保罗·希尔（Paul Hill）的《走向新的管理哲学——英国壳牌石油公司发展纲要》（*Towards a New Phiolosphy of Management—The Company Development Programme of Shell UK*，1976）。前者站在英美逻辑实证主义哲学的立场上，对管理以及管理者的世界观和方法论进行了逻辑和价值意义上的探讨；后者则以一个企业为实例，阐明了现代管理哲学在企业管理中的广泛应用。这些著作，体现了不同作者的不同哲学观点和写作风格，标志着现代管理哲学研究的深入。

正在奋力追赶现代化潮流的社会主义中国，在马克思主义的指导下，也掀起了管理哲学的研究热潮。1984年在江苏苏州召开的"全国改革与管理哲学讨论会"，正式提出将管理哲学作为一门独立学科，并对其开展全面、系统研究的建议，受到全国哲学界和管理学界的热烈响应。此后数年，出版的有关专著已达十余本。其中有：齐振海主编的《管理哲学》、肖明等著的《管理哲学纲要》、张尚仁著的《管理·管理学与管理哲学》、刘云柏等著的《管理哲学导论》、张龙治等著的《企业管理哲学》等。另外，管理哲学也开始登上大学的讲台，如笔者在中山大学开设了"管理哲学原理"与"中国管理哲学"两门课程，都受到了欢迎。

从上述简单的回顾中我们可以看到，在人类社会发展的历史上，管理实践、管理理论和管理哲学是相互依存、同时并进的。一方面，管理实践是产生管理理论的"土壤"，管理理论又是孕育管理哲学的"温床"；另一方面，管理哲学是管理理论的核心，管理理论又是管理实践的指南。现代管理实践和管理理论的发展，促进了"管理哲学"学科的形成。这就使我们有必要也有可能回顾、总结、挖掘和整理人类社会各个历史时期的管理哲学思想，从而为当代管理理论和管理实践的发展提供必要的借鉴。正如台湾《企业管理百科全书》在"管理哲学"词条释文中所指出的："管

导论 管理哲学与中国儒家

理哲学自有人类社会组织的最早时期便开始,经数千年的经验和教训,加以各民族文化的交流,互相观摩学习,检讨改进,再经各国民族的研究发展,将这一哲学思想,逐次化为行动。时至今日,人们从实际的经验中,体验到改进企业经营绩效的途径,高阶层应有管理哲学素养,中阶层应研究管理科学的方法,低阶层应具备企业经营技术,使知识传播累积所形成的管理哲学,凝聚成为企业高层的决策,而在公司中、小阶层形成管理的实务,以牵动管理的成效。"——这段话,除了后半段中的"企业管理"也可以换成一般管理(任何类型的管理活动)外,其基本精神是正确的。

三、中国管理哲学概述

中国管理哲学,是几千年中国传统社会国家管理的理论指南;而其基本形态,在春秋战国时期就已经形成了。这一时期,恰值中国古代社会形态经历重大的转变:旧的生产关系已经衰落,新的生产关系正在形成;旧的国家管理秩序已经崩溃,新的国家管理秩序亟待建立。躬逢其时,由于官学衰微,私人讲学兴起而形成的诸子百家学派,面对现实的需要,无一不提出自己治理天下的一套路线、方针、战略和策略,并为此进行了详尽的哲学论证和激烈的学术争鸣。这就是司马谈所说的"务为治者也"。[①]

春秋战国时期涌现的学派,号称"诸子百家",但究竟有多少家,前人说法不一。《史记》的作者司马迁记录其父司马谈的说法,提出"六家说",是为"阴阳、儒、墨、名、法、道德"。班固在《汉书·艺文志》中则提出:"诸子十家,其可观者九家而已。"所谓"九家",即为:儒家、道家、阴阳家、法家、名家、墨家、纵横家、杂家、农家,再加上"小说家",是为"十家"。

我们今天谈"中国管理哲学",恐怕还是应该以司马谈所谓"务为治者也"的六家为主。而在这六家之中,具有系统的管理哲学思想而又对后代产生较大影响的,却只有儒、道、法三家。"阴阳之术,大祥而众忌讳,使人拘而多所畏";"名家使人善失真"[②],且各家俱言之,故可从略。至

---

① 〔汉〕司马迁撰,〔宋〕裴骃集解,〔唐〕司马贞索隐,〔唐〕张守节正义:《史记》,中华书局1983年版,第3288—3289页。

② 〔汉〕司马迁撰,〔宋〕裴骃集解,〔唐〕司马贞索隐,〔唐〕张守节正义:《史记》,中华书局1983年版,第3289页。

于"墨家",虽自成系统,在先秦时期也曾与儒家并列,号称"显学",但秦汉以后却成绝响。直到19世纪末20世纪初,配合着当时的"西学东渐",才有过一段所谓"墨学的复兴"。总的看来,墨家对中国古代社会的实际管理活动影响不大,故亦可存而不论。此外,"兵家"虽不属于司马谈所说的"六家",也不列入班固所说的"十家",但《汉书·艺文志》(另看《兵书略》),专门记录了兵家的学说。兵家的思想对于中国历代统治者(管理者)具有重大的影响;而从今天的观点来看,兵家的所谓"治军之法"实与"治国之道"相通,对于管理、管理学和管理哲学都是有相当启发的。

综上所述,我们这里讲的"中国管理哲学",主要述及儒、道、法、兵四家。

1. 儒家

儒家思想的重要来源是周代以前的文物典章制度,所谓"尧舜禹汤文武周公之治,集于孔子,孔子之道,著于孟子"。这就表明,儒家哲学从一开始就与管理结下了不解之缘。先秦儒家的主要代表人物孔子、孟子、荀子均以"治国平天下"为己任,孔子本人还先后担任过诸如"委吏""司职吏""中都宰""司空""大司寇""摄相"等一系列大大小小的管理职务;他的门徒中也有不少出任各级官吏的(见《史记·孔子世家》及《仲尼弟子列传》)。因此,在先秦儒学的典籍中,有众多关于"闻政""问政""为政"的记录,也就丝毫不令人感到奇怪了。总的来说,儒家管理哲学的基本精神是以"人"为中心,讲"为政以德",讲"正己正人",在管理的载体、手段、途径方面提出了独到的见解。

关于管理的载体,我们知道,儒家哲学的中心概念是"仁"。《说文》:"仁,亲也,从人从二。"从汉字结构看,"仁"是"二人"的复合字。这就表明,儒家的哲学实际上是把人以及人际关系作为自己的理论出发点。这同样是儒家管理哲学的理论出发点。鲁哀公向孔子问政,孔子答曰:"为政在人,取人以身,修身以道,修道以仁。仁者人也,亲亲为大。"[①](《礼记·中庸》,又见《孔子家语·哀公问政》)这就明确把"人"作为管理的载体(包括管理的主体和管理的客体,即管理者和被管

---

① 〔汉〕郑玄注,〔唐〕孔颖达疏,龚抗云整理:《礼记正义》,北京大学出版社1999年版,第1440页。

理者)。在儒家那里，管理的本质是"治人"，管理的前提是"人性"（善恶），管理的组织原则是"人伦"，管理的最终目标是"安人"……总之，这一切都离不开"人"。

关于管理的手段，儒家强调"为政以德"，主张用道德教化的手段感化百姓，从而达到治理的目的。孔子说："道之以政，齐之以刑，民免而无耻；道之以德，齐之以礼，有耻且格。"① 在他看来，用道德教化感动人心，效果要比一味惩罚更好。与此同时，儒家并不否认法治的作用。所谓"政宽则民慢，慢则纠之以猛；猛则民残，残则施之以宽。宽以济猛，猛以济宽，政是以和。"② 即主张交替使用软硬两手来安定社会秩序。当然，以儒家的主旨来讲，即使是在施行法律手段的同时也念念不忘道德手段的配合使用。"民有小罪，必求其善，以赦其过；民有大罪，必原其故，以仁辅化；如有死罪，其使之生则善也。是以上下亲而不离，道化流而不蕴。故德者政之始也。"③

关于管理的途径，儒家讲"为政以德"，同时也就包含着管理者自身的德行。"为政以德，譬如北辰居其所而众星共之。"④ 管理者要想取得"众星共之"的效果，就要从自己做起，注意个人的道德修养。所谓"修身，齐家，治国，平天下"，从管理者的自我管理，再到家庭管理、国家管理和社会管理，层层推进，不可或缺，不能越过。在孔子看来，只有管理好自己，才能管理好别人："其身正，不令而行；其身不正，虽令不从。"⑤ "子帅以正，孰敢不正？"⑥ 只有管理好自己，才能管理好国家："修己以敬"，"修己以安人"，"修己以安百姓"。⑦

2. 道家

据《史记·老子韩非列传》，道家的创始人老子（李耳）曾为"周守藏室之史"，后"见周之衰，乃遂去"，当是一个从当时的统治阶层中急流勇退的人物。但通观《老子》全书，特别是其中大量关于"治人""治

---

① 程树德撰，程俊英、蒋见元点校：《论语集释》，中华书局1990年版，第68页。
② 杨伯峻：《春秋左传注》，中华书局1981年版，第1421页。
③ 杨朝明、宋立林主编：《孔子家语通解》，齐鲁书社2013年版，第259页。
④ 程树德撰，程俊英、蒋见元点校：《论语集释》，中华书局1990年版，第61页。
⑤ 程树德撰，程俊英、蒋见元点校：《论语集释》，中华书局1990年版，第901页。
⑥ 程树德撰，程俊英、蒋见元点校：《论语集释》，中华书局1990年版，第864页。
⑦ 程树德撰，程俊英、蒋见元点校：《论语集释》，中华书局1990年版，第1041页。

国"的论述,表明他并不是一个出世主义者。相反,老子从独特的角度对当时的国家政治和社会管理进行了积极的哲学反思,进而用正题反作的方式、嬉笑怒骂的态度,引出统治者所需要的权谋和治术。难怪后人把《老子》一书称为"君人南面之术"。总的来看,道家管理哲学的基本精神是以"道"为中心,讲"道法自然",讲"无为而治",讲"弱者道之用",其在管理的规律、方式和艺术方面提出了独特的见解。

关于管理的规律,老子提出"道法自然"。《老子》一书中的"道",含义比较复杂,一般区分为"实体"或"规律"两种。"人法地,地法天,天法道,道法自然"①,对于这么一个"人→地→天→自然"的循序渐进的公式,我们可以简化为"人→自然",即"人法自然"。也就是说,人们必须按照自然界的规律办事,以"自然"为法,而不要把自己的意志强加给自然界。从管理的角度讲,就要求管理者必须遵循社会管理的客观规律,一切都顺其自然,才能取得良好的管理效果。

关于管理方式。管理既然要按照"道"即客观规律办事,而"道常无为"②,所以管理者就要"处无为之事,行不言之教"③。老子强调"无为",本意当是反对统治者胡作非为、对人民盘剥太甚。正所谓"民之饥,以其上食税之多,是以饥;民之难治,以其上之有为,是以难治"④。但是,所谓"无为",并不真的就是要求管理者无所作为,放弃管理的职责,而是"为无为"⑤,行"无为之为"。所谓"治大国若烹小鲜"⑥,鱼还是要吃的,但煎鱼时不要胡乱翻动,否则只会把国家搞糟。用"无为"的手段达到"有为"的目的,这才是老子"无为"思想的精髓。因此,老子才谆谆告诫治国者:"我无为而民自化,我好静而民自正,我无事而民自富,我无欲而民自朴。"⑦ 由此,老子把管理者分成四等:"太上不知有之,其次亲而誉之,其次畏之,其次侮之。"⑧ 即最好的管理者,人民根

---

① 陈鼓应注译:《老子今注今译》,商务印书馆2006年版,第169页。
② 陈鼓应注译:《老子今注今译》,商务印书馆2006年版,第212页。
③ 陈鼓应注译:《老子今注今译》,商务印书馆2006年版,第80页。
④ 陈鼓应注译:《老子今注今译》,商务印书馆2006年版,第330页。
⑤ 陈鼓应注译:《老子今注今译》,商务印书馆2006年版,第86、298页。
⑥ 陈鼓应注译:《老子今注今译》,商务印书馆2006年版,第291页。
⑦ 陈鼓应注译:《老子今注今译》,商务印书馆2006年版,第280页。
⑧ 陈鼓应注译:《老子今注今译》,商务印书馆2006年版,第141页。

本没有感觉到他的存在；次一等的，人民亲近他，赞美他；再次一等的，人民畏惧他；最糟糕的，人民轻侮他，瞧不起他。因此，老子主张的是一种听其自然而不要过多干预下属的比较宽松的管理方式。

关于管理的艺术，老子指出："反者道之动，弱者道之用。"① 这里的前一句历来为人们所津津乐道，被当作《老子》辩证法思想的结晶，而后一句却不那么为人们所注意。其实，这两句话合起来看，正全面体现了老子管理艺术的辩证智慧。"反者道之动"，这里的"反"，一解为"相反"，即对立统一、相互转化的意思；另一解为"往返"，即循环往复、单方面变化的意思。细观《老子》全书，应该说这两种意思都有，但更注重的似乎还是"弱之胜强，柔之胜刚"②的转化。与此相联系，才有所谓"弱者道之用"。这里强调"弱"是"道"的最根本的属性，"守弱"才是保持事物符合于"道"的最妙手段，充分展现老子管理辩证法的精湛之处。这种"弱用"的管理艺术可以归纳为十种：静观待变、守弱用柔、知盈处虚、居上谦下、不争之争、见微知著、欲取先予、以曲求全、藏而不露、知足常乐等。

3. 法家

先秦法家的代表人物，从其创始人李悝起，乃至商鞅、申不害等人，都是当时各诸侯国的当权人物，他们既是管理的活动家，又是管理的理论家。至于法家的集大成者韩非，虽然一生不得志，未得以重用，其思想却为秦王政所全盘接受，成为其统一中国的理论武器。因此，在先秦诸子百家中，法家实际上是同现实的社会管理活动结合得最紧密的学派。总的来说，法家管理哲学以"法"为中心，讲"法、术、势"相结合，在管理的制度、技巧、权威方面提出了独特的见解。

关于管理的制度。就执法而言，法家主张"法治"，反对"人治"。韩非提出"上法而不上贤"③。他认为，历史上的贤君和暴君都是很少的，绝大多数君主都属于"中人"，即只具有中等水平的统治者。如果实行"法治"，靠这些"中人"就可以把国家管理好；如果实行"人治"，则非要等"千世一出"的圣贤不可，那是不现实的。退一步说，即使是由圣贤

---

① 陈鼓应注译：《老子今注今译》，商务印书馆2006年版，第226页。
② 陈鼓应注译：《老子今注今译》，商务印书馆2006年版，第339页。
③ 〔清〕王先慎撰，钟哲点校：《韩非子集解》，中华书局1996版，第466页。

来管理国家,也不能离开法律制度。正所谓"释法术而任心治,尧不能正一国;去规矩而妄意度,奚仲不能成一轮;废尺寸而差短长,王尔不能半中。使中主守法术,拙匠执规矩尺寸,则万不失矣"①。离开一定之规,一切圣贤明君、能工巧匠都无能为力;遵守法律制度,任何普普通通的人都能取得管理或事业上的成功。这就需要推行"法治"。当然,就立法而言,法家以君主为中心,说到底也是"人治"。

关于管理的技巧。法家所谓的"术"相当复杂。韩非指出:"术者,藏之于胸中,以偶众端,而潜御群臣者也。"② 他提出统治者所采用的"七术"有:"一曰众端参观,二曰必罚明威,三曰信赏尽能,四曰一听责下,五曰疑诏诡使,六曰挟知而问,七曰倒言反事。"③ 这里涉及的都是君主驾驭臣下的技巧,既有管理的技术,又有管理的艺术,更有管理权术。其中的管理权术,在道德上虽不可取,但在实际的管理活动中,却为中国历代的封建帝王所身体力行。至于其中所包含的五套用人制度和方法,从组织机构的建立,职位的设置,到人员的选拔、授权、监督、考查等诸如此类的"管理技术",对于任何时代任何类型的管理活动来说,都是适用的。

关于管理的权威。韩非认为,帝王之所以为帝王,关键在于有"势"。他指出:"势者,胜众之资也。"④ 又说:"万乘之主、千乘之君所以制天下而征诸侯者,以其威势也。威势者,人主之筋力也。"⑤ "势"又可区分为"自然之势"和"人为之势"。"自然之势"指在既成条件下管理者对于权力的运用,"人为之势"则指管理者创造条件强化自己的权威。韩非更重视"人为之势",特别强调管理者充分发挥自己的主体能动作用,以保证管理措施的积极推行。

4. 兵家

兵家的活动领域主要在于军事。但古人说过:"兵者刑也,刑者政事也。"战争是政治的继续,军事管理也政治管理的继续。即使作为一个单

---

① 〔清〕王先慎撰,钟哲点校:《韩非子集解》,中华书局1996版,第205页。
② 〔清〕王先慎撰,钟哲点校:《韩非子集解》,中华书局1996版,第380页。
③ 〔清〕王先慎撰,钟哲点校:《韩非子集解》,中华书局1996版,第466页。
④ 〔清〕王先慎撰,钟哲点校:《韩非子集解》,中华书局1996版,第466页。
⑤ 〔清〕王先慎撰,钟哲点校:《韩非子集解》,中华书局1996版,第466页。

独的领域，军事管理也是人类社会管理的一个组成部分。在人类社会组织中，军事组织是最具效率性的组织；在人类社会活动中，战争是最具竞争性的活动。军事的基本原则对于任何类型的社会组织和任何类型的社会管理活动都普遍适用。马克思曾经把企业中的"经理"和"工人"比作军队中的"军官"与"士兵"。① 现代也有人把"商场"比作"战场"。这些，都从不同的侧面表明了军事管理同一般管理的相似性。以孙子为代表的中国兵家思想十分丰富，它以"谋略"为中心，讲"谋攻庙算"，讲"因变制胜"，讲"令文齐武"，对于管理的战略、策略、方略均有一定的启发作用。

关于管理的战略，孙子指出："夫未战而庙算胜者，得算多也；未战而庙算不胜者，得算少也。"② "算"就是计算、筹划。古人在出战前一定要在宗庙祠堂里祭祀筹算。因此，所谓"庙算"，实际上就是对于战争全局的规划与指导，即所谓"运筹策帷帐之中，决胜于千里之外"。具体来说，"庙算"的内容是"经之以五事，校之以计而索其情：一曰道，二曰天，三曰地，四曰将，五曰法……曰：主孰有道？将孰有能？天地孰得？法令孰行？兵众孰强？士卒孰练？赏罚孰明？吾以此知胜负矣。"③ 孙子强调，优秀的战争指挥员应该靠计谋取胜，"故上兵伐谋，其次伐交，其次伐兵，下政攻城"；故曰："知己知彼，百战不殆；不知彼而知己，一胜一负；不知彼不知己，每战必败。"④ 这些重视战略筹划的思想，对于管理人员同样具有启迪作用。

关于管理的策略，孙子指出："水因地而制流，兵因敌而制胜。故兵无常势，水无常形；能因敌变化而取胜者，谓之神。"⑤ 这种"因变制胜"的策略思想，对于一般管理，特别是对于经济管理和企业管理，是有参考价值的。现代出版了不少诸如《商用孙子兵法》《孙子兵法与企业管理》《经营三十六计》之类的书籍，受到经济界的普遍欢迎，就是一个证明。

关于管理的方略，孙子提出了分级管理的原则："凡治众如治寡，分

---

① 中共中央马克思恩格斯列宁斯大林著作编译局编：《马克思恩格斯全集》第23卷，人民出版社1972年版，第368页。
② 李零译注：《孙子兵法注译》，巴蜀书社1991年版，第4页。
③ 李零译注：《孙子兵法注译》，巴蜀书社1991年版，第2–3页。
④ 李零译注：《孙子兵法注译》，巴蜀书社1991年版，第17页。
⑤ 李零译注：《孙子兵法注译》，巴蜀书社1991年版，第35页。

数是也。"① 要使管理多数人像管理少数人一样，就要依靠组织编制的作用。如何形成富有战斗力的组织呢？孙子又提出"令文齐武"的原则："故令之以文，齐以之武，是谓必取。令素行以教其民，则民服；令不素行以教其民，则民不服。令素信著者，与众相得也。"② 所谓"令之以文"，就是要用思想教育的手段，对部属晓之以理，动之以情。所谓"齐之以武"，就是要用制度控制的方法，严明纪律，严肃法度。所谓"令素行"，就是要首尾一贯，令行禁止。这一套方略，对于任何管理都是适用的。

必须指出，上述各家的管理哲学，是在春秋战国"百家争鸣"的形势下提出的。公元前221年，秦始皇统一中国，百家争鸣的时代宣告结束。此后，汉代前期几十年间对各家思想进行反复的试验、探索、比较、鉴别（有人称之为百家争鸣的"余波"）。直到公元前134年，汉武帝采纳董仲舒的建议，"罢黜百家，独尊儒术"，儒家管理哲学正式成为封建大一统国家的统治思想。而在实际的管理活动中，人们还不断吸收其他各家的观点，从而形成了以儒家为主，道、法、兵等各家为辅（后来还掺入印度传来的佛学）的中国管理哲学的基本格局，在中国古代社会的管理活动中发挥着重要的作用。

四、儒家管理哲学的理论体系

在尚未展开儒家管理哲学的理论体系讨论之前，有两个问题需要说明，一是本书所论及的"儒家"的范围，二是本书所采用的"管理哲学"的结构框架。

关于"儒家"，国内外学术界有两种不同的指称：一种是特指春秋战国时期的孔子学派，另一种是泛指整个中国古代社会中孔子学说的追随者。本书所研究的"儒家"，其范围与上述两说均有所不同。

笔者认为，公元前134年汉武帝采纳董仲舒的建议，"罢黜百家，独尊儒术"，是中国古代学术思想发展史上的分水岭，也是划分儒家历史发展阶段的重要依据。在此之前，儒家只是"诸子百家"中的一家，尚未成为统治整个社会的指导思想，也较少同其他各家融和与混杂，相对而言，

---

① 李零译注：《孙子兵法注译》，巴蜀书社1991年版，第27页。
② 李零译注：《孙子兵法注译》，巴蜀书社1991年版，第56页。

比较"纯粹"一些，我们可以称之为"经典儒家"。在此之后的儒家则是对前者的应用和发展，并且在此过程中还渗入了其他各家的思想。因此，我们研究"经典儒家"，搞清楚儒家的原生形态，也就把握了儒家的基本精神。有鉴于此，本书以下所论及的"儒家"，如无特别说明，则限于"经典儒家"，即专指先秦时期的孔、孟、荀及其弟子，以及汉初以《礼记》①为其代表的一批儒家学者的学说。

关于"管理哲学"的结构框架，台湾交通大学曾仕强教授在其专著《中国管理哲学》中提出，研究管理哲学的途径有三种。第一种以哲学与管理具有密切关系的各种根本问题，如心灵问题、人性问题、知识问题、道德问题、社会进步问题、艺术问题等为主，找出各派哲学对这些根本问题的解答，再加以评述其在管理上所产生的影响。第二种以各派哲学，如儒家、道家、墨家、名家、法家等为主，列述其对管理有关的各种根本问题，如"目的""本质""范围""对象""方法""价值""效能""活动"等的解答，然后评述各派哲学体系在管理上所产生的影响。第三种以管理自身的根本问题，如目的论、本质论、对象论、方法论、价值论、效能论等为主，找出与这些根本问题有关的各派哲学的解答，探究其对于管理的主张及其影响，然后就管理上的实际结果加以批评。②

按照上述的划分，本书基本采取第二种途径，即评述儒家对管理有关的各种根本问题的回答。只是对于所谓"与管理有关的根本问题"，笔者与曾教授的看法稍有不同。如第一节所述，笔者认为管理哲学自身是具有系统的结构框架的。这一框架，既包括"管理的哲学论"（管理本体论、管理认识论、管理方法论、管理价值论等），也包括"哲学的管理观"（管理本质观、管理人性观、管理组织观、管理行为观、管理控制观、管理目标观等）。研究任何管理哲学，都可以从这些问题入手。当然，古今中外不同的管理哲学，对于上述问题，有的回答得深一些；有的回答得浅一些；有的回答得多一些，有的回答得少一些；有的回答了全部问题，有

---

① 关于《礼记》的作者和年代，历来说法不一。任继愈主编的《中国哲学发展史（秦汉）》认为，"《礼记》的作者非一人，著作时代从战国延续至汉初，而以汉初儒家的作品比例最大"；"从总体上看，《礼记》是汉初封建宗法主义思潮的一部论文汇集"。（见该书第165页）就是这么一部主要产生于汉初的作品却成为后世儒家经典（"四书五经"）的重要组成部分，由此也可从一个侧面证明笔者所谓"经典儒家"（从先秦延至汉初）说之不虚。

② 曾仕强：《中国管理哲学》，东大图书有限公司1981年版，第38-39页。

的只回答了部分问题。但作为一个结构框架,我们在研究任何管理哲学时,都是不可缺少的。

即以儒家管理哲学而言,对于上述管理哲学各个方面的问题都有所涉及。儒家在回答这些问题时,贯穿着一个基本精神,这就是我们在第三节中已经指出的,儒家管理哲学以"人"为中心,以"道德教化"为导向,以"正己正人"为途径的精神。这一精神,正是儒家管理哲学结构框架的灵魂。这一精神的展开,就是儒家管理哲学的理论体系。

1. 管理本体论

哲学本体论包含两个方面,一个是对世界本质的探讨,另一个是对人类本质的研究。西方哲学对此分而论之,中国哲学则把二者结合起来,这就是所谓"天人合一"。儒家鼓吹"天人合一论"的目的在于为人间的社会秩序、道德行为和政治法律制度提供根本的论据,这就构成了社会管理的基石。孔子说过:"唯天为大,唯尧则之"①,所谓"唯人则天",就是儒家管理哲学的本体论。孔子所说的"天",既是"自然之天",又是"义理之天"。孟子的"天爵说"是对"义理之天"的发挥;荀子的"天论"则是对"自然之天"的阐述。"天爵说"告诫管理者要讲求仁义忠信,"以德配天";而"天论"则指出"天行有常",在同样的客观条件下,有的管理者成功了("尧存"),有的管理者却失败了("桀亡")。这就告诫人们必须自觉地按照自然和社会的客观规律实施正确的管理原则,"应之以治则吉,应之以乱则凶"②。这才是更深刻、更具积极意义的"唯人则天"。

2. 管理认识论

哲学认识论主要涉及主体与客体、认识与实践的关系。这些问题,在儒家那里,是以知行关系表现出来的。在知行关系中,儒家看重的是"行"。其所谓"行",主要内容是个人的道德践履。但按照儒家"正己安人"的基本精神,个人的道德修养同其管理实践有着十分密切的关系。孟子说过:"爱人不亲反其仁,治人不治反其智,礼人不答反其敬,行有不

---

① 程树德撰,程俊英、蒋见元点校:《论语集释》,中华书局1990年版,第549页。
② 〔清〕王先谦撰,沈啸寰、王星贤点校:《荀子集解》,中华书局1988年版,第307页。

得者,皆反求诸己,其身正而天下归之。"① 在他看来,正己之"行"与治人之"行"是互为表里、相互促进的。儒家所谓"知",就是"知道"。孔子主张:"多闻,择其善者而从之;多见而识之;知之次也。"② 对于管理者来说,只有广泛听取各方面的意见,才能得到正确的认识,做出正确的决策。儒家所讲的"知行一致""言行一致",对于管理中的用人问题具有启示意义。孔子提出"听其言而观其行"③ 的原则。荀子则根据言行是否一致的情况,把管理人才区分为"国宝""国器""国用""国妖"四种类型,提醒治国者"敬其宝,爱其器,任其用,除其妖"④。综合言之,儒家所谓"知行一致",在管理上就是"知治一致",这就是它的管理认识论。

3. 管理方法论

哲学方法论主要论述人们认识世界和改造世界的根本方法。管理活动的根本方法,在儒家那里就是"执经达权"。子张问:"十世可知也?"孔子回答:"殷因于夏礼,所损益,可知也。周因于殷礼,所损益,可知也。其或继周者,虽百世,可知也。"⑤ 颜渊问为邦,孔子回答:"行夏之时,乘殷之辂,服周之冕,乐则《韶》《舞》。"⑥ 在这里,"百世可知",就是孔子的"经";"适时变化",就是孔子的"权"。作为管理者,基本原则是不可动摇的,而具体的管理措施却要依据时间、地点和事情的态势而变化——这就是儒家管理哲学"执经达权"的管理方法论。孔子提出:"可与共学,未可与适道;可与适道,未可与立;可与立,未可与权。"⑦ 这就表明,他所追求的管理的最高境界是既要事事依道而行,又不拘于常规,能够随时通权达变而合于道。用荀子的话来说,就是"宗原应变,曲得其宜"⑧。

---

① 〔清〕焦循撰,沈文倬点校:《孟子正义》,中华书局1987年版,第492页。
② 〔清〕焦循撰,沈文倬点校:《孟子正义》,中华书局1987年版,第490页。
③ 程树德撰,程俊英、蒋见元点校:《论语集释》,中华书局1990年版,第313页。
④ 〔清〕王先谦撰,沈啸寰、王星贤点校:《荀子集解》,中华书局1988年版,第498页。
⑤ 程树德撰,程俊英、蒋见元点校:《论语集释》,中华书局1990年版,第127页。
⑥ 程树德撰,程俊英、蒋见元点校:《论语集释》,中华书局1990年版,第1077–1085页。
⑦ 程树德撰,程俊英、蒋见元点校:《论语集释》,中华书局1990年版,第626页。
⑧ 〔清〕王先谦撰,沈啸寰、王星贤点校:《荀子集解》,中华书局1988年版,第105页。

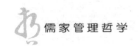

4. 管理价值论

哲学价值论是对世界以及人类自身存在的意义的认识。儒家管理哲学十分重视"义利之辨",即涉及管理的价值问题。孔子说:"富与贵,是人之所欲也;不以其道得之,不处也。"① 一方面,承认对物质利益的追求是合乎人情的;另一方面,又认为这一追求必须符合社会公认的道德准则,做到"取之有道",既合情又合理。因此,在儒家看来,管理者的职责就是要正确处理好"义"与"利"的关系,见利思义,以义求利,义而后利。所以孟子对梁惠王一见面就"问利"的行为很不以为然,答曰:"王!何必曰利?亦有仁义而已矣……苟为后义而先利,不夺不厌。未有仁而遗其亲者,未有义而后其君者也。"② 这就告诫统治者,不应以个人私利作为考虑问题的出发点,先利而后义,常常得不到;先义而后利,反而可以得到最终的利益。荀子讲得更为全面:"义与利者,人之所两有也。虽尧、舜不能去民之欲利,然而能使其欲利不克其好义也。虽桀、纣亦不能去民之好义,然而能使其好义不胜其欲利也。故义胜利者为治世,利克义者为乱世。"③ 好的管理者先义而后利,坏的管理者先利而后义。而"先义而后利者荣,先利而后义者辱"④,这的确是值得一切管理者三思而后行的。

5. 管理本质观

什么是管理?管理的本质是什么?不同的学派对此有不同的理解。儒家管理哲学对于管理本质的认识,集中体现在孟子的这句名言上:"劳心者治人,劳力者治于人。"⑤ 这里包含着两层意思,一是"治人"与"治于人"的区别,二是"劳心者"与"劳力者"的分工。首先,按照儒家的理解,所谓管理,就是"治人","人"是管理的载体,既包括管理的主体("治人者"),又包括管理的客体("治于人者")。任何管理活动都离不开人,都以人为中心。所谓管理,就是对人的管理。其次,按照儒家的观点,所谓管理,就是"劳心者"即脑力劳动者所进行的运用心智的组

---

① 程树德撰,程俊英、蒋见元点校:《论语集释》,中华书局1990年版,第232页。
② 〔清〕焦循撰,沈文倬点校:《孟子正义》,中华书局1987年版,第43页。
③ 〔清〕王先谦撰,沈啸寰、王星贤点校:《荀子集解》,中华书局1988年版,第502页。
④ 〔清〕王先谦撰,沈啸寰、王星贤点校:《荀子集解》,中华书局1988年版,第58页。
⑤ 〔清〕焦循撰,沈文倬点校:《孟子正义》,中华书局1987年版,第373页。

织活动。孔子说过"君子谋道不谋食"①。对于文明社会来说,脑力劳动与体力劳动之间的分工是十分必要的。正如荀子所说的:"故曰:'君子以德,小人以力。力者,德之役也。'百姓之力,待之而后功;百姓之群,待之而后和;百姓之财,待之而后聚;百姓之势,待之而后安;百姓之寿,待之而后长。"②这里比较详细地论证了"君子"的脑力劳动对于社会劳动、社会组织、社会财富和社会安宁的必要性。而所谓"君子"与"小人"的区别,在荀子看来,却是后天教育的结果,二者是可以转换的,"小人、君子者,未尝不可以相为也"③。这在认识上比孟子要全面一些。

6. 管理人性观

人性假设是任何管理的必要前提。儒家管理哲学对人性问题有比较丰富的论述。孔子主张"性相近也,习相远也"④,即认为一般人的人性是可以改变的。孔子主张通过仁义教化陶冶人性,认为这正是管理者("作君作师者")的根本任务。孟子和荀子都继承了孔子"人性可塑"的思想,但他们的出发点又有所不同。孟子主张"人性善",主要是抓住"人之所异于禽兽者",即人的社会属性作文章。他认为:"恻隐之心,人皆有之;羞恶之心,人皆有之;恭敬之心,人皆有之;是非之心,人皆有之。"⑤对这些仁义礼智的萌芽("端")加以扩充和发展,就可以化民而天下大治,即所谓"以不忍人之心,行不忍人之政,治天下可运之掌上"⑥。荀子主张"人性恶",则是抓住"生之所以然者谓之性",即人的自然属性作文章。他认为:"凡人有所一同:饥而欲食,寒而欲暖,劳而欲息,好利而恶害,是人之所生而有也,是无待而然者也。"⑦如果对此顺其自然,听之任之,势必天下大乱。因此,管理者要积极引导,导人为善(即所谓"伪")。"故必将有师法之化,礼义之道,然后出于辞让,合于文理,而归于治。"⑧《礼记·中庸》的作者进一步提出"天命之谓性"

---

① 程树德撰,程俊英、蒋见元点校:《论语集释》,中华书局1990年版,第1119页。
② 〔清〕王先谦撰,沈啸寰、王星贤点校:《荀子集解》,中华书局1988年版,第182页。
③ 〔清〕王先谦撰,沈啸寰、王星贤点校:《荀子集解》,中华书局1988年版,第443页。
④ 程树德撰,程俊英、蒋见元点校:《论语集释》,中华书局1990年版,第1177页。
⑤ 〔清〕焦循撰,沈文倬点校:《孟子正义》,中华书局1987年版,第757页。
⑥ 〔清〕焦循撰,沈文倬点校:《孟子正义》,中华书局1987年版,第232页。
⑦ 〔清〕王先谦撰,沈啸寰、王星贤点校:《荀子集解》,中华书局1988年版,第63页。
⑧ 〔清〕王先谦撰,沈啸寰、王星贤点校:《荀子集解》,中华书局1988年版,第435页。

的思想("率性"),也体现了荀子性恶论"化性起伪"的精神("修道"),是儒家管理人性论的综合。

7. 管理组织观

儒家管理哲学的组织观集中体现在荀子的"群论"中。他指出,"人生不能无群","人何以能群?曰:分。分何以能行?曰:义。故义以分则和,和则一,一则多力,多力则强,强则胜物"。① 这里把人类社会组织的必要性及其原则说得很清楚了。其中十分强调的是"分",即组织的结构。用更地道的儒家语言来说,就是"人伦"。孟子说:"(舜)使契为司徒,教以人伦——父子有亲,君臣有义,夫妇有别,长幼有叙,朋友有信。"② 这里所描述的社会组织形态主要立足于宗法血缘关系。荀子的"人伦",其含义则要广一些,他把社会组织划分为"大儒""小儒""众人"三个层次:"大儒者,天子三公也,小儒者,诸侯大夫士也;众人者,工农商贾也。礼者,人主之所以为群臣寸尺寻丈检式也。人伦尽矣。"③ 这里已经有了一般社会组织的含义。

8. 管理行为观

司马谈在《论六家要旨》中说,道家"指约而易操,事少而功多";而儒家则不然,"以为人主,天下之仪表也。君倡而臣和,主先而臣随。如此则主劳而臣逸。"④ 据此,他指责儒家"博而寡要,劳而少功"⑤。其实,司马谈只看到儒家主张"有为"的一面,而没有看到儒家主张"无为"的一面。孔子就说过:"无为而治者其舜也与?夫何为哉?恭己正南面而已矣。"⑥ 由此可见,"无为而治"也是儒家心目中理想的管理行为方式。所谓"无为而治",在管理行为论中就是"最小—最大"原则,即用最小的行为取得最大的管理效果。在这一点上,儒、道的认识是一致的。关键在于什么是"最小",两家的理解不同,道家主张"道法自然",无为无所

---

① 〔清〕王先谦撰,沈啸寰、王星贤点校:《荀子集解》,中华书局1988年版,第164页。
② 〔清〕焦循撰,沈文倬点校:《孟子正义》,中华书局1987年版,第386页。
③ 〔清〕王先谦撰,沈啸寰、王星贤点校:《荀子集解》,中华书局1988年版,第145–146页。
④ 〔汉〕司马迁撰,〔宋〕裴骃集解,〔唐〕司马贞索隐,〔唐〕张守节正义:《史记》,中华书局1959年版,第3289页。
⑤ 〔汉〕司马迁撰,〔宋〕裴骃集解,〔唐〕司马贞索隐,〔唐〕张守节正义:《史记》,中华书局1959年版,第3290页。
⑥ 程树德撰,程俊英、蒋见元点校:《论语集释》,中华书局2010年版,第1062页。

不为，儒家则主张"为政以备"，有所为有所不为。后者的"所为"指的是管理者必须在道德修养上下功夫。这样，相对于道家，儒家的领导者的确是要"劳"一些，"主劳而臣逸"——在这一点上，司马谈的指责有一定道理。但是，这里的"劳"，不是具体管理事务中的"劳"，而是道德修养上的"劳"。"君倡而臣和，主先而臣随"——这里所倡导的，所先行的，不是具体的管理事务，而是仁义道德。用今人的话来说，就是价值导向、精神指引。在儒家看来，领导者只要做好个人的道德修养和对下属的道德教化，就可以一以驭百，逸以待劳，即如孔子所说的那样："为政以德，譬如北辰居其所而众星共之。"①

9. 管理控制观

控制有外在控制与内在控制之分。外在控制指规章制度上的控制，内在控制指思想感情上的控制。孔子说："道之以政，齐之以刑，民免而无耻；道之以德，齐之以礼，有耻且格。"②《礼记·缁衣》对此解释道："君民者，子以爱之，则民亲之；信以结之，则民不倍；恭以莅之，则民有逊心。"③如此看来，儒家所谓"德治"，就是要求管理者以自己模范的道德行为对被管理者实行教化，使之心悦诚服。季康子问政于孔子，孔子对曰："子为政，焉用杀？子欲善而民善矣。君子之德风，小人之德草。草上之风，必偃。"④当然，除了道德感化之外，儒家也不排除规章制度的外在控制。所谓"齐之以礼"，就是主张用"礼制"来规范人们的行为。荀子更进一步主张礼法刑赏并举。他说："听政之大分，以善至者待之以礼，以不善至者待之以刑，两者分别，则贤不肖不杂，是非不乱。贤不肖不杂则英杰至，是非不乱则国家治。"⑤

10. 管理目标观

儒家管理哲学的最高理想是"安人"。在孔子看来，一个成功的管理者，其标志是"修己以敬""修己以安人""修己以安百姓"。⑥然而，通

---

① 程树德撰，程俊英、蒋见元点校：《论语集释》，中华书局1990年版，第61页。
② 程树德撰，程俊英、蒋见元点校：《论语集释》，中华书局1990年版，第68页。
③ 《十三经注疏》整理委员会整理：《礼记正义》，北京大学出版社1999年版，第1502页。
④ 程树德撰，程俊英、蒋见元点校：《论语集释》，中华书局1990年版，第866页。
⑤ 〔清〕王先谦撰，沈啸寰、王星贤点校：《荀子集解》，中华书局1988年版，第149页。
⑥ 程树德撰，程俊英、蒋见元点校：《论语集释》，中华书局1990年版，第1041页。

过修养自己来使所有的老百姓都安乐，就连尧、舜这样的圣人都难以完全做到，但作为最高的管理目标，却是任何管理者都应当为之而奋斗的。根据所处的社会历史条件，儒家代表人物设计了不少"安人"的具体模式，诸如孟子的"仁政"，荀子的"王制"，乃至《礼记·礼运》中提出的"天下为公"的"大同"社会，等等。随着时代的变迁，这些具体的模式也许会过时，但其中所蕴含的"安人"的最高理想，却对于任何时代、任何形式的管理活动都具有普遍的意义。

上 编

管理的哲学论

第一章

"唯人则天"的管理本体论

人类社会管理的依据何在、规范何从、权威何出、规律何寻、行为何据？儒家管理哲学在"天人合一"的基础上回答了上述问题。孔子提出"则天说"，孟子提出"事天说"，荀子提出"应天说"，从不同的角度论证了人类社会管理活动的哲学本体论基础。概而言之，"唯人则天"，就是儒家管理哲学的本体论。

一、本体论与天人观

本体论，是关于世界本质（本原、本性）的哲学学说。这一概念来自拉丁文 Ontologia，其中，logia 是词尾，通常指某种学说；Onto 是词根，意思相当于汉语"有、在、存、是"等。如此看来，Ontologia 应该是关于"万有""存在"的本质的学说（即"万有之有""存在的存在""最高的存在"）。因此，把这个词译为"万有本体论"或"存在本体论"似乎更准确和合理一些。

世界的"存在"（"万有"），从人类的视角来看，可以区分为自然界的存在和人类自身的存在。因此，哲学本体论对于世界本质的认识，就包含着对自然本质的认识和人类自身本质的认识。这两个方面及其相互关系的研究，构成了中西哲学本体论发展的不同特色。

对于自然存在的本质的认识，一度是西方哲学的主流。古希腊第一个哲学家泰勒斯提出"水是万物的本原"，开创了"自然哲学"研究的先河。巴门尼德在其著作《论自然》中，提出"存在者存在"的命题，建立了西方哲学史上第一个用纯粹概念表示的本体论体系。亚里士多德把自己的本体论称为"第一哲学"，即在自然哲学的基础上加以概括和总结的最高哲学。后人据此把他在这方面的论著编纂在一起，冠以书名 *Metaphysics*，即"在物理学（自然哲学）之后"（中译名为《形而上学》），即恰如其分地表达了亚氏本体论的"自然"性。在中世纪，经院哲学家托马斯

·阿奎那把亚里士多德哲学与基督教教义相结合，阐述"自然之光"与"神灵之光"的一致性，为上帝的存在寻找"本体论的论证"。在近代，为了适应新兴资产阶级"征服自然"的需要，"唯理论"和"经验论"哲学的主要旨趣在于认识论，而在本体论方面却没有多少建树。倒是笛卡尔的"我思故我在"和休谟的"怀疑论"，为后来康德实现的"本体论转换"提供了必要的认识论基础。18世纪法国一些启蒙学者和19世纪德国唯物主义者费尔巴哈等人的"人论"，企图用自然的本质说明人类的本质，因此，从"本质"上说，仍然属于自然的本体论。

与此同时，对于人的社会存在的本质的认识，也是西方哲学的一个重要传统。早在古希腊时期，智者派普罗泰戈拉等人就针对巴门尼德的"自然哲学"的"存在本体论"，提出一个针锋相对的命题："人是万物的尺度，是存在者存在的尺度，也是不存在者不存在的尺度。"苏格拉底则干脆认为"自然哲学"不能为人类提供任何真理，他把"认识你自己"当作哲学研究的根本任务，并把精神性的"善"作为哲学的最高本体。在此基础上，柏拉图建立起以反映人类社会存在诸形态为主的"理念论"的本体论。到了近代，康德提出"重建形而上学"的课题，努力为人的社会存在寻找本体论的基础。他区分了"自然"与"自由"两大领域，确立了自然本体论与人类本体论的区别和联系。沿着这一思路，黑格尔把"绝对精神"当作哲学的最高本体，使其逻辑学、自然哲学和精神哲学连为一体。马克思则从人的社会存在本身说明人的本质，并在"实践"的基础上，实现了自然存在与人类社会存在的有机统一，从而建立起"实践的唯物主义"，即辩证唯物主义和历史唯物主义的哲学体系，既超越了黑格尔和康德，又超越了西方哲学史上一切传统的本体论。

中国古代哲学对于世界本质的认识，集中体现在它的天人观上。张立文教授指出："中国哲学范畴系统中，在把天（道）作为宇宙的根本或自然的总体，把人（道）作为人本身或社会总体来思考的同时，亦把天（道）与人（道）作为对立统一的整体来考虑。"① 中国哲人并不孤立地探索"天"，也不单独地考虑"人"，而是把"天"与"人"作为对立统一的整体来研究。这就是所谓"天人合一"。依笔者所见，中国古代哲学对于天人合一本体论的研究，经历了酝酿、奠基、展开和总结四个阶段。

---

① 张立文：《中国哲学范畴发展史（天道篇）》，中国人民大学出版社1988年版，第63页。

"天"字和"人"字早在商代的甲骨文中就已经出现。近代学者王国维说:"古文天字,本象人形,是天本谓人颠顶。"① 因此,从文字的构造上看,天是人的模拟,天与人本来就有一种内在的联系。但是,自觉地把"天"与"人"作为一对相互联系的概念范畴,则是周代以后的事。最早把"天"与"人"对举的,当推西周初年的政治家周公姬旦。他说:"天亦惟休于前宁人。"② 这里的"人"特指周朝的先辈文王,也可以泛指整个周朝的统治者;这里的"天"则是一个人格化的至上神,主宰着人间的休咎祸福。春秋时期的政治家子产则提出:"天道远,人道迩。"③ 这里的"天",本指天象(星象),推而广之,也可以泛指整个自然现象。"天道"与"人道"的关系即自然界运行规律与人类社会运行规律的关系。以上为中国传统天人观的酝酿阶段。

春秋战国时期,百家争鸣,其中对哲学本体论最有建树的当推道家和儒家。道家的创始人老子,其哲学的最高范畴是"道","人法地,地法天,天法道,道法自然"④,即以自然为基础,建立起涵盖天、地、人在内的"道论"的本体论。儒家的创始人孔子,其哲学的最高范畴是"仁","仁也者,人也。合而言之,道也"⑤,即以人及其社会关系为基础,建立起以伦理道德为基本内容的"仁学"的本体论。老子的"道论",孔子的"仁学",再加上墨子的"天志说",即奠定了此后中国传统哲学天人合一本体的根基。在这个基础上,展现出丰富多彩的各种天人关系说。择其要者,计有六种。

一曰天人相通。孟子把天和人的心性相互联系起来。在他看来,天的根本德行,即含于人的心性之中。天之性德,乃是人伦道德之根源;人伦道德,乃是天之性德之体现。天具有道德的意义,人通过禀受天之道德而形成自己的性德,因而人之心性与天之道德相互连通。此即所谓"诚者,天之道也;思诚者,人之道也"⑥。

二曰天人相分。荀子并不否认人是天的产物,但更强调的是"明于天

---

① 王国维著,黄爱梅点校:《王国维手订观堂集林》,浙江教育出版社2014年版,第239页。
② 《十三经注疏》整理委员会整理:《尚书正义》,上海古籍出版社2007年版。
③ 《十三经注疏》整理委员会整理:《春秋左传正义》,北京大学出版社1999年版,第1373页。
④ 陈鼓应注译:《老子今注今译》,商务印书馆2006年版,第169页。
⑤ 〔清〕焦循撰,沈文倬点校:《孟子正义》,中华书局1987年版,第977页。
⑥ 〔清〕焦循撰,沈文倬点校:《孟子正义》,中华书局1987年版,第509页。

人之分",即从职责上把人类与自然区分开来。天有天的职分,人有人的职分,二者不可混淆;天人各司其职,才能实现自然与社会的和谐发展。此即所谓"天有其时,地有其财,人有其治,夫是之谓能参"①。

三曰天人相循。《易经》在承认天人感通的基础上,特别强调人的积极作用,指出:"夫大人者,与天地合其德,与日月合其明,与四时合其序,与鬼神合其凶。先天而天弗违,后天而奉天时。天且弗违,而况于人乎!"② 人类既不能违背自然界的运行规律,又必须对自然界加以积极的引导。这里表现了一种天与人相互因循的思想。

四曰天人相类。汉代董仲舒以"王道"作为天地人三者的最高本体,并从文字结构上加以说明,他说:"古之造文者,三画而连其中谓之王。三画者,天地与人也。而连其中者,通其道也。"③ 在此基础上,通过"人副天数""同类相动"等环节,董仲舒建立起一个"天人感应"的理论模式,即所谓"以类合之,天人一也"④。

五曰天人相异。王充继承荀子的"天人相分"思想,反对董仲舒的"天人感应说"。他指出:"人不能以行感天,天亦不随行而应人。"⑤ 在他看来,"天与人异体","夫天者,体也,与地同。天有列宿,地有宅舍,宅舍附地之体,列宿着天之形"⑥。上天,就是日月星宿组成的苍苍之体,有着自己运动变化的固有规律,与人事变化毫不相干。"天道当然,人事不能却也"。

六曰天人相胜。唐代刘禹锡在柳宗元"天人不相预"的观点基础上,进一步发展出"天人交相胜"的思想。他在《天论(上)》中说:"天之能,人固不能也;人之能,天亦有所不能也。故余曰:天与人交相胜耳。"天与人虽各有所能,却可以交互作用,人类通过认识天之所能,就能够为我之所用。"天之所能者,生万物也;人之所能者,治万物也。"

到了宋明时期,中国哲学史上的天人本体论进入总结阶段。张载首先明确提出"天人合一"的命题。他说:"儒者因明致诚,因诚致明,故天

---

① 〔清〕王先谦撰,沈啸寰、王星贤点校:《荀子集解》,中华书局1988年版,第308页。
② 黄寿祺、张善文:《周易译注》(修订本),上海古籍出版社2001年版,第21页。
③ 〔清〕苏舆撰,钟哲点校:《春秋繁露义证》,中华书局1992年版,第328-329页。
④ 〔清〕苏舆著,钟哲点校:《春秋繁露义证》,中华书局1992年版,第341页。
⑤ 黄晖撰:《论衡校释(附刘盼遂集解)》,中华书局1990年版,665页。
⑥ 黄晖撰:《论衡校释(附刘盼遂集解)》,中华书局1990年版,1047页。

人合一，致学而可以成圣，得天而未始遗人。"① 二程则不讲"合"，只讲"一"，主张"天人本无二，不必言合"。朱熹继承张程，即认为天人有分，《朱子语类》卷六十四中说："天人所为各自有分。人做得底，却有天做不得底。"王夫之从对立统一的辩证观点，解释了张载"天人合一"的命题，他说："惟其本一，故能合；惟其异，故必相须以成而有合。"② 尤其耐人寻味的是，王夫之把"天人合一"当作中国学术的主流。他说："圣学所以天人合一，而非异端之所可混也。"③

从以上概况中我们可以看出，中国哲学天人本体论的根本特点，就在于它的整体性。中国哲人既不像古希腊的自然哲学家那样专注于自然本质的探索，也不像苏格拉底那样仅限于人类本质的追究；他们既研究自然的本质和规律，也研究人类社会的本质和规律。而且，这种研究不是分而述之，而是合而论之。论天离不开论人，论人离不开论天。论天是为了完整地论人，论人是为了圆满地论天，以"道"为最高本体者如老子，提出"道大，天大，地大，人亦大"④。以"仁"为最高本体者如孔子，提出"知我者，其天乎？"⑤ 以天人关系而论，荀子主张"天人分"，董仲舒主张"天人一"，刘禹锡主张"天人交"，他们的立论虽有所不同，但其思维模式却是一致的，即都是天人并举，天人合论。在这个意义上，他们都是"天人合"论者，张载和王夫之的"天人合一"命题，正恰如其分地概括了中国哲学史上的各种天人观，既看到天人有"分"，也看到天人有"合"，还看到天人有"交"，正所谓分中有合，合中有分；交中有离，离中有交，用一"合"字足以概之。王夫之说："道一也，在天则为天道，在人则为人道。"⑥ 自然存在的本质（"天道"）与人类社会存在的本质（"人道"）相一致，共同构成世界存在的最高本质（"道"）——这就是

---

① 〔宋〕张载著，张锡琛点校：《张载集》，中华书局1978年版，第65页。
② 〔宋〕张载著，张锡琛点校：《张载集》，中华书局1978年版，第89页。
③ 〔宋〕张载著，张锡琛点校：《张载集》，中华书局1978年版，第92页。
④ 陈鼓应注译：《老子今注今译》，商务印书馆2006年版，第169页。
⑤ 程树德撰，程俊英、蒋见元点校：《论语集释》，中华书局1990年版，第1019页。
⑥ 〔宋〕张载著，张锡琛点校：《张载集》，中华书局1978年版，第　页。

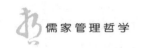

天人合一本体论的完整表述。①

天人合一的本体论,对于中国哲学乃至于整个中国文化都发挥着深刻的影响。以中国哲学而论,儒家哲学从本体论上的"天人合一"进而推出认识论上的"知行合一",方法论上的"经权合一",价值论上的"义利合一",等等。而在中国文化诸领域中,中国史学追究"天人之际"的规律,中国文学探究"情景交融"的韵味,中医研究"阴阳交感"的影响,中国画讲究"物我一片"的境界……无不以"天人合一"为其理论基础。美国夏威夷大学成中英教授指出:"中国文化中所蕴藏的最根本的力量是中国自古以来把握的天人合德的宇宙本体哲学。其为最根本的力量。乃是由于所有中国文化之创造活动皆发源于并得力于此种哲学。"② 在这个意义上,我们可以说,没有"天人合一"的本体论,就没有中国哲学和中国文化;离开"天人合一"的本体论,就无法理解中国哲学与中国文化。

即以管理领域而论,"天人合一"的本体论也是中国管理哲学,特别是儒家管理哲学的基础。孔子说,"唯天为大,唯尧则之"③;孟子讲,"存其心,养其性,所以事天也"④;荀子论,"天行有常,不为尧存,不为桀亡。应之以治则吉,应之以乱则凶"⑤。无论是孔子的"则天",孟子的"事天",还是荀子的"应天",都从不同的角度论述了社会管理者所必须具备的"天人合一"的本体论观点。

---

① 用"天人合一"概括中国哲学史上的天人观,20 世纪三四十年代就有学者如唐君毅先生等提出,当今海外学者更是普遍采用,但国内有些学者颇不以为然,有人还做了专门的驳难。其主要理由是中国古代哲学家中既有人主"合"(如董仲舒),也有人主"分"(如荀子),单用一"合"字,不足以概括。笔者认为,对"天人合一"中的"合"字,不可做形而上学的机械式理解。从辩证的角度看,"合"是把对立的双方结合起来,其前提即是"分";"分"则是从统一体中把对立的双方区别开来,其前提即是"合"。这就是说,"合"离不开经分","分"也离不开"合"。因此,从理论上讲,对于中国传统哲学天人观的概括,既可以用"天人合一",也可以用"天人分二",或者别的类似提法。但是,比较起来,用"天人合一"的提法更能体现出中国哲学强调自然界与人类社会相和谐的特点(对此,就是主张"天人分"的荀子和主张"天人交"的刘禹锡都是无异议的)。再加上从张载、王夫之开始,已经把"天人合一"当作中国学术的主流("圣学"),并从辩证法的角度做了比较全面的解释,所以,笔者还是采用"天人合一"的提法。又,这一问题同我国哲学界 20 世纪 60 年代"一分为二"和"合二而一"的争论一样,还是辩证地理解为好。

② 〔美〕成中英:《中国文化的现代化与世界化》,中国和平出版社 1988 年版,第 45 页。
③ 程树德撰,程俊英、蒋见元点校:《论语集释》,中华书局 1990 年版,第 549 页。
④ 〔清〕焦循撰,沈文倬点校:《孟子正义》,中华书局 1987 年版,第 878 页。
⑤ 〔清〕王先谦撰,沈啸寰、王星贤点校:《荀子集解》,中华书局 1988 年版,第 306 - 307 页。

二、"则天说"与管理规范的本原

人类社会的管理规范所从何出？孔子的回答是来自"天"。在孔子看来，"天"是最高最大的，而只有像尧这样的管理者才能效法"天"。换句话说，"天"是人类社会管理规范的本原；人世间的管理者，只有遵循"天"的旨意，按照"天"所显示的客观规律办事，才能取得管理上的成功。

所谓"则"，本义指"等量的分割物"，《说文》："则，等划物也，从刀从贝，贝，古之货物也。"《诗·国风·伐柯》："伐柯伐柯，其则不远。"进一步引伸，"则"可解作"规律""法规"，《诗·大雅·丞民》："天生丞民，有物有则。"可解作"规章""法度"，《周礼·天官·大宰》："以八则治都鄙。"① 可解作"楷模""准则"，《诗·大雅·抑》："敬慎威仪，为民作则。"当作动词讲，"则"是"仿效、效法"的意思，《诗·小雅·鹿鸣》："君子是则是效。"《易·系辞传》："河出图，洛出书，圣人则之。"② 总结上述各种涵义，孔子所谓"唯天为大，唯尧则之"，就是要求管理者效法天，以天为"则"，即把天当作管理规范（准则、规则、法则）的来源。

关于尧之"则天"，后人有两处演绎。一处是东汉桓谭《新论》，认为："尧能则天者，贵其能臣舜二圣"。据《尚书·尧典》记载，尧在位七十年后，向四方诸侯的领袖征询继位者，大家一致推荐舜。尧便把自己的两个女儿嫁给他，并放手让他处理政务。舜把一切都治理得井井有条，经过三年的实际考察，尧向舜正式禅让了管理天下的职位。舜在位期间，放手任用禹、稷、契、皋陶、伯益等人，政绩斐然，后来又仿效尧的做法，把管理的职位禅让给了禹。桓谭所谓"尧能臣舜禹二圣"，与上述记载略有出入（实际上是尧臣舜，舜臣禹），但其基本精神却是一致的——作为一个社会组织的最高管理者，必须积极选拔和大胆任用优秀的管理人才。桓谭认为，这是"则天"的表现。

另一处演绎是《后汉书·逸民列传》，谓："是以尧称则天，不屈颍阳之高"，注："颍阳谓巢、许也。"据古代传说，在尧统治期间，有一位

---

① 〔清〕王先谦撰，沈啸寰、王星贤点校：《荀子集解》，中华书局1988年版，第　页。
② 黄寿祺、张善文：《周易译注》（修订本），上海古籍出版社2001年版，第556页。

名叫巢父的人，自认为居住的地方不应与世人争利，就以树为巢，在树上生活。尧闻其大名，要把天下让给他，但他不接受，依然我行我素。又有一位名叫许由的人，隐居在沛泽湖泊之中，听说尧要把天下让给他，就再迁居到颖水之滨。尧佩服他，又要任命他为九州的管理者，许由连听都不想听，甚至觉得这一消息弄脏了自己的耳朵，就跑到颖水里把耳朵洗干净……看来，巢父和许由都是放荡不羁的治外之民，不愿意纳入尧的统治范围。但尧却对此放任自流，听其自然，实行"不管之管"。《后汉书》的作者认为，这也是"则天"的表现。

以上两种演绎，尽管不是尧之"则天"的全部内容，倒也大致符合孔子的原意。孔子说："大哉尧之为君也！巍巍乎！唯天为大，唯尧则之。荡荡乎！民无能名焉。巍巍乎其有成功也，焕乎其有文章！"① 又说："舜有臣五人而天下治。"② 又说："禹，吾无间然矣。菲饮食而致孝乎鬼神，恶衣服而致美乎黻冕，卑宫室而尽力乎沟洫。禹，吾无间然矣。"③ 不扰民，举贤才，以身作则，等等，看来都是孔子所谓"则天"的题中应有之义。

那么，孔子在这里要求人类社会的管理者要效法的"天"到底指什么呢？"天"在儒家哲学中是一个重要的范畴，也是一个最模糊的概念。孔子本人就没有说清楚。他的学生子贡说："夫子之文章，可得而闻也。夫子之言性与天道，不可得而闻也。"④ 直到南宋，朱熹对此专门做了解答："要人自看得分晓。也有说苍苍者，也有主宰者，也有单训理时。"所谓"苍苍者"，即自然之天（青天）；所谓"主宰者"，即主宰之天或意志之天；所谓"单训理时"，即义理之天或道德之天。孔子所说的"天"，大致离不开朱熹所概括的这三种内涵。孔子说："天何言哉？四时行焉，百物生焉，天何言哉？"⑤ 这里的"天"，大致指"自然之天"。孔子说："天生德于予，桓魋其如予何？"⑥ 这里的"天"，大致指"义理之天"。《论语·尧曰》记载说："尧曰：'咨！尔舜！天之历数在尔躬，允执其

---

① 程树德撰，程俊英、蒋见元点校：《论语集释》，中华书局1990年版，第549－551页。
② 程树德撰，程俊英、蒋见元点校：《论语集释》，中华书局1990年版，第552页。
③ 程树德撰，程俊英、蒋见元点校：《论语集释》，中华书局1990年版，第561页。
④ 程树德撰，程俊英、蒋见元点校：《论语集释》，中华书局1990年版，第318页。
⑤ 程树德撰，程俊英、蒋见元点校：《论语集释》，中华书局1990年版，第1227页。
⑥ 程树德撰，程俊英、蒋见元点校：《论语集释》，中华书局1990年版，第484页。

中。四海困穷。天禄永终。'"① 这里的"天",既指"主宰之天",又指"义理之天"。无论是哪一种含义,"天"对于人类社会的管理者来说,都是必须效仿的对象。

从天是"自然之天"这一含义来看,天是"苍苍者",即人们头顶上的青天,它无言无语,以自己固有的规律运行。管理者可以从中得到启示,使自己的管理活动合乎规律性。据《礼记·哀公问》记载,鲁哀公问孔子,君子为什么要贵重天道?孔子回答说:"贵其不已。如日月东西相从而不已也,是天道也;不闭其久,是天道也;无为而物成,是天道也;已成而明,是天道也。"② 管理者从相继不已的天地运行规律中,理解和把握自然界和人类社会的客体发展规律,从而"为法于天下",即制定出合乎规律的管理规范。

与孔子同处一个时代的越国大夫范蠡协助越王勾践灭吴的故事,就是一个生动的案例。据《国语·越语》记载,越王勾践即位之初,就要讨伐吴国,受到范蠡的劝阻,其理由是"天时不作,弗为人客;人事不起,弗为之始";如果"逆于天而不和于人",就会给国家带来危害。勾践先是不听范蠡的劝告,吃了败仗之后,才心悦诚服地拜范蠡为师。经过十年的休养生息,越国日益强盛,上下团结。与此同时,吴国的统治者淫乐无度,君臣背离。勾践据此打算出兵,范蠡却不同意,说道:"人事条件是成熟了,但天时没有配合,大王您还是等等吧。"过了一年,吴国遭受了自然灾害,"稻蟹不遗种",勾践再议出兵,范蠡还是不答应,说道:"现在天时是到了,但人事条件又没有配合,大王你还是等等吧。"这下勾践生气了,说:"我同你说人事你对我以天时,现在天时到了,你又对我以人事,这到底是怎么回事呢?"范蠡不慌不忙地回答:"大王请不要见怪,人事一定要与天时相配合,然后才可以取得成功。"最后,范蠡依据"天时"与"人事"相结合的原则,选择最好的时机,帮助勾践一举消灭了对手吴国。

范蠡的经验,集中到一点,就是按照自然界和人类社会本身所固有的客观规律办事(即所谓"天时"与"人事")。在范蠡看来,自然界和人类社会的运行都是有其固有的规律的,"时不至,不可强生;事不究,不

---

① 程树德撰,程俊英、蒋见元点校:《论语集释》,中华书局1990年版,第1345页。
② 《十三经注疏》整理委员会整理:《礼记正义》,北京大学出版社2000年版,第1380页。

可强成"，管理者必须顺应自然，切不可轻举妄动，而这一切又都是来自天体运行的启示。用范蠡的话来说，就是："天道皇皇，日月以为常，明者以为法，微者则是行。"这就是效法"自然之天"而取得管理成功的一个例子。

从天是"主宰之天"和"义理之天"的含义来看，天有意志，又与人的道德相通，可以直接为人类社会立法。据《礼记·礼运》记载，孔子向言偃解释礼的起源，说："是故夫礼，必本于天，淆于地，列于鬼神，达于丧、祭、射、御、冠、昏、朝、聘。故圣人以礼示之，故天下国家可得而正也。"[①] 按照儒家的看法，人类社会的管理秩序是天地秩序的缩影，人类社会的管理规范直接出自"天"。

对此，孔子的同代人有过较为详细的论述。据《左传》记载，郑国大夫子大叔（名吉）在向赵简子解释礼的起源时指出："吉也闻诸先大夫子产曰：'夫礼，天之经也，地之义也，民之行也。'天地之经，而民实则之。则天之明，因地之性，生其六气，用其五行。气为五味，发为五色，章为五声。淫则昏乱，民失其性，是故为礼以奉之。为六畜、五牲、三牺、以奉五味。为九文、六采、五章，以奉五色。为九歌、八风、七音、六律，以奉五声。为君臣上下，以则地义。为夫妇外内，以经二物。为父子、兄弟、姑姐、甥舅、昏媾、姻亚，以象天明。为政事庸力行务，以从四时。为刑罚威狱，使民畏忌，以类其震曜杀戮。为温慈事和，以效天之生殖长育。民有好恶喜怒哀乐，生于六气。是故审则宜类，以制六志。哀有哭泣，乐有歌舞，喜有施舍，怒有战斗。喜生于好，怒生于恶。是故审行信令，祸福赏罚，以制死生。生，好物也；死，恶物也。好物，乐也；恶物，哀也。哀乐不失，乃能协于天地之性，是以长久。"[②]

这里，把人类社会的管理规范（礼仪制度等）看作"则天"的产物，是效法"天地之经"而制定出来的。君臣上下之礼，是效法天地高卑的区分；夫妇外内之礼，是效法阴阳二物的划别；人类社会的法律刑罚，是效法自然界的雷霆震怒；仁义道德，则是效法自然界的养育之恩；甚至连人们的饮食、服装、文饰、音乐、图画等，也无一不是来自自然的模仿。

---

① 《十三经注疏》整理委员会整理：《礼记正义》，北京大学出版社2000年版，第662页。
② 《十三经注疏》整理委员会整理：《春秋左传正义》，北京大学出版社1999年，第1447－1448页。

"天地之经,民实则之",便是为人类社会的管理规范提供了"本体论的论证"。

综观"唯人则天"这一命题,其中的"人"属于主体,是主观的存在;而"天",无论是"自然之天""主宰之天"还是"义理之天",却都属于客体,是客观的存在。"唯人则天",就是主体效法客体,主观服从客观。"自然之天"为人类社会管理者所提示的固然是客观规律,而"主宰之天""义理之天"所提示的,也不能说就是管理者主观的产物。后者对于管理者来说,同样具有某种"客体的必然性"。天地为人间立法,这在今人看来,是相当幼稚可笑的,但其中所包含的人类社会运行的"自然原理",却也不容轻易否定。即使是在今天,人类为自己立法,也不能"逆于天而不于人",同样必须顺应自然界和人类社会运动的客观规律。就此而言,孔子的"则天"思想对于当今人类社会的管理者来说,依然是有启发的。

三、"事天说"与管理权力的本原

人类社会的管理权力所本何据?孟子的回答是"天"。他提出"天爵"与"人爵"的概念,认为人间的管理职位是上天赋予的。"天"不仅为人类社会确立管理的秩序,制定管理的规则,也为人类社会的组织选择合适的管理者。人世间的管理者,要想获得和保持管理的资格,就必须加强自己的道德修养,以同上天保持一致。因此,孟子说:"尽其心者,知其性也。知其性,则知天矣。存其心,养其性,所以事天也。"① 这就是所谓"事天说"。

先说说"天爵"与"人爵","爵"本义是一种祭器,《礼记·礼器》:"宗庙之祭,贵者献以爵。"② 这里的"贵者"即"贵贱有等"之"贵",献祭之人既为"贵者",自身当有一定的职位,并有不同的秩序等级。故"爵"亦可引申作"爵位",《礼记·王制》:"王者之制禄爵,公、侯、伯、子、男,凡五等。"③

在孟子看来,上述这些爵位,只不过是人世间的等级秩序("人

---

① 〔清〕焦循撰,沈文倬点校:《孟子正义》,中华书局1987年版,第878页。
② 《十三经注疏》整理委员会整理:《礼记正义》,北京大学出版社1999年版,第729页。
③ 《十三经注疏》整理委员会整理:《礼记正义》,北京大学出版社1999年版,第330页。

爵")。从表面上看,它们为人类社会的最高管理者"王"所制定;而从本质上说,却是为人类社会的最高本质"天"所赋予。当然,所谓"天爵",不是说上天另有一套与人间社会不同的爵位等级和名称,而是说人间爵位的获取和保持最终要由"天"来决定。说得更确切一点,最终要由"天"所具有的道德准则来决定。孟子说:"有天爵者,有人爵者。仁义忠信,乐善不倦,此天爵也;公卿大夫,此人爵也。古之人爵,而弃其天爵,则惑之甚者也,终亦必亡而已矣。"① 在孟子看来,所谓"天爵",即作为自然爵位的"仁义忠信",所谓"人爵",即作为社会爵位的"公卿大夫"。对于人世间的管理者来说,如果孜孜不倦于道德修养,社会的爵位"自然"而至;如果朝思暮想于官爵职位,放弃道德修养,结果连到手的社会爵位也会丢掉。这里,孟子实际上是借助于"天"的权威,把道德修养当作管理者获得和保持权力的根本途径。

孟子所谓"天爵",与《论语》中所谓"天禄",其意思是相通的。本来,"爵"与"禄"就有密切关系。据《孟子·万章下》记载,北宫锜问:"周室班爵禄也,如之何?"孟子在回答中指出,天子、公侯伯子男、君卿士大夫之爵,其"禄足以代其耕也"。② 这就是说,所谓"爵",即爵位、官位、管理者的职位,"禄"则是俸禄、薪禄、管理者的报酬,二者是互为表里,不可分离的。有爵必有禄,有禄必有爵。故人们常以"禄爵"(或"爵禄")并称,如上所引"王者之制禄爵""周室班爵禄也"等。

而"天爵"与"天禄"的相通之处,更在于它们都是以上天所具有的仁义道德为依据的。据《论语·尧曰》记载:"尧曰:'咨!尔舜!天之历数在尔躬,允执其中。四海困穷,天禄永终。'舜亦以命禹。"③ 今本《古文尚书·大禹谟》据此发挥:"慎乃有位,敬修其可愿;四海困穷,天禄永终。"这里,在天赋道德之"善"的基础上把"位"(爵位)和"禄"联结起来,表明了"天爵"与"天禄"的相通性。

宋儒朱熹注《孟子》"天爵"章,谓"天爵者,德义可尊,自然之贵

---

① 〔清〕焦循撰,沈文倬点校:《孟子正义》,中华书局1987年版,第796页。
② 〔清〕焦循撰,沈文倬点校:《孟子正义》,中华书局1987年版,第675页。
③ 程树德撰,程俊英、蒋见元点校:《论语集释》,中华书局1990年版,第1345—1349页。

也";①"修其天爵,以为吾分之所当然者耳。人爵从之,盖不待求之而自至也。"② 此说可谓深得孟子之精义。既然"天"是管理权力的本原,那么"修其天爵"就必然是管理者的本分。"修天爵",用孟子更加哲理化的语言来说,就是"事天"。

所谓"事",本义指"官职""职位",《说文》:"事,职也。"《书·立政》:"任人、准夫、牧,作三事。"王引之《经义述闻·尚书上》:"三事,三职也,为任人、准夫、牧夫之职,故曰'作三事'。"引申为"职守",《荀子·大略》:"主道识人,臣道知事。"杨京注:"事,谓职守。"引申为"专意从事",《论语·颜渊》:"回虽不敏,请事斯语矣。"③ 再引申为"侍奉",《增韵》:"事,奉也。"在《论语》或《孟子》《大学》《中庸》诸篇中,举凡"事君""事上""事父母""事兄弟""事人""事鬼",乃至"事秦""事楚",其中的"事"指的都是"侍奉"的意思。孟子所说的"事天"之"事",也即含此意。另,《老子·五十九章》有"治人事天"④;《孔子家语·大婚解》:"仁人之事亲也,如事天,事天如事亲。"⑤ 综合以上各层含义,所谓"事天",就是专心致志地侍奉上天,并以此作为自己的本分。

孟子所谓"天",同孔子一样,也有三层含义。所谓"天油然作云,沛然下雨,则苗浡然兴之矣"⑥,这里的"天",乃"自然之天";所谓"若夫成功,则天也"⑦,这里的"天",乃"命运主宰之天";所谓"仁,天之尊爵也"⑧,这里的"天",则是"道德义理之天"。不过,细观孟子本意,他的"事天说"所要求管理者专心侍奉的"天",应该是有意志、有道德的,即为"主宰之天"和"义理之天"。

本来,西周初年的统治者已经明确提出"敬德保民,祈天永命"的思想。据《尚书·康诰》记载,周公在委派自己的弟弟康叔前往殷墟统治商

---

① 〔宋〕朱熹撰:《四书章句集注》,中华书局1983年版,第336页。
② 〔宋〕朱熹撰:《四书章句集注》,中华书局1983年版,第336页。
③ 程树德撰,程俊英、蒋见元点校:《论语集释》,中华书局1990年版,第821页。
④ 陈鼓应注译:《老子今注今译》,商务印书馆2006年版,第288页。
⑤ 杨朝明、宋立林主编:《孔子家语通解》,齐鲁书社2013年版,第33页。
⑥ 〔清〕焦循撰,沈文倬点校:《孟子正义》,中华书局1987年版,第72页。
⑦ 〔清〕焦循撰,沈文倬点校:《孟子正义》,中华书局1987年版,第162页。
⑧ 〔清〕焦循撰,沈文倬点校:《孟子正义》,中华书局1987年版,第239页。

朝的遗民时，作了以下训词："惟乃丕显考文王，克明德慎罚，不敢侮鳏寡，庸庸，祗祗，威威，显民。用肇造我区夏，越我一二邦，以修我西土。惟时怙冒，闻于上帝，帝休，天乃大命文王，殪戎殷，诞受厥命越邦厥民。"这段话的大意是：周文王敬德保民，尊敬神灵，才得到上天的赏识，因而代替殷商接受了管理天下的大命。这就表明，西周初年的统治者已经意识到上天对于人间统治权力的赋予不是一成不变的，它完全以统治者自身的德行为转移；而统治者自身的德行，又与他们对被统治者（"民"）的态度有极大关系。"天—德—民"三位一体，这就是周公的统治哲学。

孟子继承和发扬了周公的思想，并从理论上加以深化，由"义理之天"（"道德之天"）而论述"人心（性）"与"天心（性）"的关系；由"主宰之天"（"意志之天"）而论述"民意"与"天意"的关系。这就是孟子"事天说"的主要内容。

关于"人心（性）"与"天心（性）"。在中国哲学史上孟子第一次以心性来解释"天"。他说："仁义礼智，非由外铄我也，我固有之也，弗思耳矣。故曰，'求则得之，舍则失之。'或相倍蓰而无算者，不能尽其才者也。《诗》曰：'天生蒸民，有物有则。民之秉夷，好是懿德。'孔子曰：'为此诗者，其知道乎！故有物必有则；民之秉夷也，故好是懿德。'"① 仁义礼智这些道德品性，不是从外面输进来的，而是人们生来就具有的，是人人都必须遵循的"天则"。

为什么这样说呢？孟子解释道，从人的天生资质来看，人心是纯洁的，人性是善良的："恻隐之心，人皆有之；羞恶之心，人皆有之；恭敬之心，人皆有之；是非之心，人皆有之。恻隐之心，仁也；羞恶之主，义也；恭敬之心，礼也；是非之心，智也。"② 恻隐之心、羞恶之心、恭敬之心、是非之心，都是上天赋予人们的禀赋，是每一个人生来就具有的"善端"，对此外而化之，推而广之，就是人之"善性"——仁、义、礼、智。因此，人之德性，来自上天的禀赋；天之德性，即含于人之心性之中。自然性德，乃是人类道德之本原；人类道德，乃是自然性德之外化。在这个意义上，可以说，天心即人心，天性即人性，天德即人德。

---

① 〔清〕焦循撰，沈文倬点校：《孟子正义》，中华书局1987年版，第757–758页。
② 〔清〕焦循撰，沈文倬点校：《孟子正义》，中华书局1987年版，第757页。

从理论上说，每个人秉承了天之性德，都应该是"有德之人"。但在现实生活中，为什么有的人有德，有的人无德；有的管理者以德配天而获得管理的资格，有的管理者却缺德背天而丧失管理的权力呢？孟子的回答是"求则得之，舍则失之"①。在他看来，上天赋予每个人的只是道德的素质（"善端"），至于人们在现实生活中的表现是否有德，则完全取决于自己的修养（"善行"）。只有发挥"善端"，推广"善行"，才真正具有"善性"。

孟子提出，讲道德修养，对于一般人来说，要区分"大体"和"小体"，即精神追求与物质享受；对于管理者来说，则要区分"天爵"与"人爵"依存于"天爵"，这才是"事天"的正道。为此，孟子批评当时的统治者："今国家闲暇，及是时，般乐怠敖，是自求祸也。祸福无不自己求之者。《诗》云：'永言配命，自求多福。'《太甲》曰：'天作孽，犹可违；自作孽，不可活。'此之谓也。"②

关于"民意"和"天意"。如果说周公体会到"敬德保民，以德配天"的重要性，只是着眼于殷周之间兴亡盛衰的经验教训，那么孟子的"事天"思想，要深刻和普遍得多。对于管理者权力的更迭，孟子认为不是由管理者个人的意志所决定的，而是由上天的意志决定的；而上天的意志又是由人民的意志左右的。

下面这段对话集中反映了孟子"天意即民意"的观点：

> 万章曰："尧以天下与舜，有诸？"孟子曰："否。天子不能以天下与人。""然则舜有天下也，孰与之？"曰："天与之。""天与之者，谆谆然命之乎？"曰："否。天不言，以行与事示之而已矣。"曰："以行与事示者，如之何？"曰："天子能荐人于天，不能使天与之天下；诸侯能荐人于天子，不能使天子与之诸侯；大夫能荐人于诸侯，不能使诸侯与之大夫。昔者尧荐舜于天而天受之，暴之于民而民受之，故曰天不言，以行与事示之而已矣。"曰："敢问荐之于天而天受之。暴之于民而民受之，如何？"曰："使之主祭而百神享之。是天受之，使之主事而事治，百姓安之，是民受之也。天与之，人与之，故

---

① 〔清〕焦循撰，沈文倬点校：《孟子正义》，中华书局1987年版，第757页。
② 〔清〕焦循撰，沈文倬点校：《孟子正义》，中华书局1987年版，第225页。

曰天子不能以天下与人。舜相尧二十有八载，非人之所能为也，天也。尧崩，三年之丧毕，舜避尧之子于南河之南，天下诸侯朝觐者不之尧之子而之舜，故曰天也。夫然后之中国，践天子位焉。而居尧之宫，逼尧之子，是篡也，非天与也。《泰誓》曰：'天视自我民视，天听自我民听'，此之谓也。"①

这里，对于原始社会后期氏族部落联盟管理职位的禅让制度，孟子当然不会从由生产力和生产关系的发展水平所决定这一角度去分析。但是，他敏锐地看到，禅让制度所以能够推行，有着历史发展的某种必然性——对此，孟子用"天"或"天意"来表述："天与贤则与贤，天与子则与子。"② 尧禅让给舜，这是"与贤"；禹传位给启，这是"与子"。而无论是"与贤"还是"与子"，都不以统治者个人的意志为转移，而以"天"的意志为转移。"唐虞禅，夏后、殷、周继，其义一也。"③ 这里前后一致的"义"，就是历史发展的必然性——"天意"。

对于孟子那个时代来说，能够透过繁杂的社会现象认识到历史发展有必然性，这已经很了不起。但更了不起的是，孟子把这种历史发展必然性（"天意"）的本质归于人民大众（"民意"）。"天视自我民视，天听自我民听"。在孟子看来，"天意"是概括"民意"而形成的，"民意"通过"天意"而表达；"天意"即"民意"，"民意"即"天意"，一而二，二而一，从本质上看，二者是一致的。

这就导出了孟子著名的"民本"思想。他说："民为贵，社稷次之，君为轻。是故得乎丘民而为天子，得乎天子为诸侯，得乎诸侯为大夫。"④ 这里把管理者权力的本原直接归于人民群众，在一定程度上突破了"天命论"的框架。但细究其思想的发展线索，"民本"思想实在是"天意即民意"思想逻辑推演的必然，亦即孟子"事天"思想逻辑推演的必然。

综观孟子的"事天说"，他把"天"人格化，说成能够主宰人间祸福的"意志之天"，与人类相互感通的"道德之天"，这同孔子一样，在今

---

① 〔清〕焦循撰，沈文倬点校：《孟子正义》，中华书局1987年版，第643-646页。
② 〔清〕焦循撰，沈文倬点校：《孟子正义》，中华书局1987年版，第647页。
③ 〔清〕焦循撰，沈文倬点校：《孟子正义》，中华书局1987年版，第652页。
④ 〔清〕焦循撰，沈文倬点校：《孟子正义》，中华书局1987年版，第973-974页。

人看来，都是幼稚可笑的，但其中不乏合理的因素。孟子在"道德之天"的外壳下强调，管理者只有加强自己的道德修养，才能取得管理的资格；孟子在"意志之天"的外壳下强调，管理者只有遵从人民的意志，才不会丧失管理的权力。这些观点，就是在今天看来，也不能说完全没有道理。特别是孟子所提出的"民本"思想，更是中国古代思想的精华之一，经过改造，可以为现代化的民主管理提供一定的思想养料。

四、"应天说"与管理者的主体能动性

在天人本体论中，"人"具有主体的意义，"天"则具有客体的意义。对于人来说，天是客观存在的，具有不以人们的意志为转移的客观规律，但是，作为主体的"人"，在表现为客体必然性的"天"面前，绝不是无能为力的。儒家承认"天"的权威，但最终的着眼点还是落在人事上。强调人的主体能动性，这在孔子、孟子那里已经十分明显，而以荀子更为突出。荀子指出："天行有常，不为尧存，不为桀亡。应之以治则吉，应之以乱则凶。"① 这就是所谓"应天说"。

所谓"应"，本义为"应答"，《集韵》："应，答也。"《孟子·公孙丑下》："不应，隐几而卧。"② 引申为"响应"，《广韵》："应，物相应也。"《易·乾·文言》："同声相应，同气相求。"再引申为"应付"，《庄子·齐物论》："枢始得其环中，以应无穷。"③ 又，"应"常与"顺"连用并可互换，《易·革·象传》："汤武革命，顺乎天而应乎人。"④《汉书·叙传》作"革命创制，三章是纪，应天顺民，五星同晷"。从汉字结构上看，"应"字的繁体以"心"为其偏旁，表示这是人类使用心智的活动，含有主体能动性的意思，即可以理解为人们对于外界事物的"反应"。《荀子·王制》中谓"举措应变而不穷"，就是指人们对于事物变化的积极反应。综合上述各层意思，荀子的"应天说"，即是主张人们对于"天"应该做出必要的应答、应付、响应、顺应，乃至积极的反应。

至于荀子所说的"天"，与孔孟之见既有联系又有区别。在荀子的言

---

① 〔清〕王先谦撰，沈啸寰、王星贤点校：《荀子集解》，中华书局1988年版，306–307页。
② 〔清〕焦循撰，沈文倬点校：《孟子正义》，中华书局1987年版，第303页。
③ 〔清〕郭庆藩撰，王孝鱼点校：《庄子集释》，中华书局1985年版，第63页。
④ 黄寿祺、张善文：《周易译注》（修订本），上海古籍出版社2001年版，第406页。

论中，既有"主宰之天"（"意志之天"）的痕迹，如"天生蒸民，有所以取之"①，也有"义理之天"（"道德之天"）的影子，如"天地为大矣，不诚则不能化万物"②。但是，荀子谈得最多且最为肯定的还是"自然之天"。他说："列星随旋，日月递炤，四时代御，阴阳大化，风雨博施，万物各得其和以生，各得其养以成，不见其事而见其功，夫是之谓神。皆知其所以成，莫知其无形，夫是之谓天。"③与孔子的"天何言哉？四时行焉，百物生焉"④，孟子的"天油然作云，沛然下雨"相比，荀子所论的"自然之天"，更加具体、全面、彻底。他甚至把人也看作天的产物，天地自然的一部分。他说："天职既立，天功既成，形具而神生，好恶、喜怒、哀乐臧焉，夫是之谓天情。耳目鼻口形能，各有接而不相能也，夫是之谓天官。心居中虚以治五官，夫是之谓天君。财非其类，以养其类，夫是之谓天养。顺其类者谓之福，逆其类者谓之祸，夫是之谓天政。"⑤人类的身体器官、思想感情乃至行为活动，都是自然而然的，故可以冠之以"天官""天情""天君""天养""天政"等。

荀子认为，在天地所生育的自然万物中，人是最宝贵的。他说："水火有气而无生，草木有生而无知，禽兽有知而无义，人有气、有生、有知，亦且有义，故最为天下贵也。"⑥人为万物之灵，源于自然而又高于自然。因此，在"自然之天"面前，人们不是"听其自然"，任它摆布，而是顺应自然，"与天地参"。荀子说："天有其时，地有其财，人有其治，夫是之谓能参。"⑦所谓"能参"，就是指人类对于自然界的积极回应，顺天之时，应地之财，为人之用，充分表现了人类的主体能动性。

在荀子看来，能与天地参的人不是一般人，而是"圣人""君子"，即人类社会的管理者。他说："天地者，生之始也；礼义者，治之始也；君子者，礼义之始也。为之，贯之，积重之，致好之者，君子之始也。故

---

① 〔清〕王先谦撰，沈啸寰、王星贤点校：《荀子集解》，中华书局1988年版，第59页。
② 〔清〕王先谦撰，沈啸寰、王星贤点校：《荀子集解》，中华书局1988年版，第48页。
③ 〔清〕王先谦撰，沈啸寰、王星贤点校：《荀子集解》，中华书局1988年版，第308−309页。
④ 程树德撰，程俊英、蒋见元点校：《论语集释》，中华书局1990年版，第1227页。
⑤ 〔清〕王先谦撰，沈啸寰、王星贤点校：《荀子集解》，中华书局1988年版，第309−310页。
⑥ 〔清〕王先谦撰，沈啸寰、王星贤点校：《荀子集解》，中华书局1988年版，第164页。
⑦ 〔清〕王先谦撰，沈啸寰、王星贤点校：《荀子集解》，中华书局1988年版，第308页。

天地生君子，君子理天地；君子者，天地之参也，万物之总也，民之父母也。"① 天地生万物，礼义治万物，君子制礼义。所谓"礼义"，即人类社会的管理者，同时也是天地万物的管理者。管理者为天地所生，而天地为管理者所治。因此，管理者即是天地的参与者，万物的统领者，百姓的"父母官"。

据此，荀子提出"天生人成"的思想。他说："故曰：天地合而万物生，阴阳接而变化起，性伪合而天下治。天能生物，不能辨物也；地能载人，不能治人也；宇中万物、生人之属，待圣人然后分也。"② 天的功能在于生育万物，圣人的功能则在于分辨万物；地的功能在于养育人类，圣人的功能则在于管理人类社会。概而言之，就是"天地生之，圣人成之"③。

这一"天生人成"的思想，必然导致对人自身责任的加强，以及应该由人直接承担祸福兴亡的信念。据《孔子家语·五仪解》记载，鲁哀公问孔子，国家的存亡祸福，究竟是由天命，还是由人来决定的。孔子回答道："存亡祸福皆己而已，天灾地妖不能加也。"④ 并举例加以说明：

> 昔者殷王帝辛之世，有雀生大鸟于城隅焉。占之曰："凡以小生大，则国家必王而名必昌。"于是帝辛介雀之德，不修国政，亢暴无极，朝臣莫救，外寇乃至，殷国以亡。此即以己逆天时，诡福反为祸者也。又其先世殷王太戊之时，道缺法圮，以致妖孽，桑谷于朝，七日大拱。占之者曰："桑谷野木而不合生朝，意者国亡乎？"太戊恐骇，侧身修行，思先王之政，明养民之道。三年之后，远方慕义，重译至者，十有六国。此即以己逆天时，得祸为福者也。

在这两个例子中，帝辛以己逆天，转福为祸；太戊以己逆天，却转祸为福。这就表明，祸福取决于人而不取决于天。"故天灾地妖，所以儆人主者也；寤梦征怪，所以儆人臣者也。灾妖不胜善政，寤梦不胜善行。能

---

① 〔清〕王先谦撰，沈啸寰、王星贤点校：《荀子集解》，中华书局 1988 年版，第 163 页。
② 〔清〕王先谦撰，沈啸寰、王星贤点校：《荀子集解》，中华书局 1988 年版，第 366 页。
③ 〔清〕王先谦撰，沈啸寰、王星贤点校：《荀子集解》，中华书局 1988 年版，第 182 页。
④ 杨朝明、宋立林主编：《孔子家语通解》，齐鲁书社 2013 年版，第 68 页。

知此者，至治之极也。"① 管理者懂得其中的道理，施善政，行善行，则任何天灾地妖都不怕，自己就能够把握住人间祸福、国家兴亡的命运。

按《孔子家语》一书，后人多疑为三国时期王肃所杜撰。但因该书杂采秦汉诸书所载儒家的遗文轶事综合以成篇，故仍有一定参考价值。上文所引的那段话，与《论语》中孔子对天命的看法颇不合拍，故一定不是孔子的思想。而其基本精神，与荀子倒颇为一致。荀子在《天论》中写道："星队、木鸣、国人皆恐。曰：是何也？曰：无何也，是天地之变，阴阳之化，物之罕至者也。怪之可也，而畏之非也。夫日月之有蚀，风雨之不时，怪星之党见，是无世而不常有之。上明而政平，则是虽并世起，无伤也；上暗而政险，则是虽无一至者，无益也。"② 这里表述的就是"祸福由人不由天"的思想。

在承认"天生人成"的基础上，强调管理者必须发挥自己的主体能动性，正是荀子"应天说"的中心内容，整篇《天论》就是围绕这一中心而展开论述的。

首先，治乱不取决于天。荀子说："强本而节用，则天不能贫，养备而动时，则天不能病；修道而不贰，则天不能祸。故水旱不能使之饥渴，寒暑不能使之疾，祆怪不能使之凶。本荒而用侈，则天不能使之富；养略而动罕，则天不能使之全；倍道而妄行，则天不能使之吉。故水旱未至而饥，寒暑未薄而疾，祆怪未至而凶。受时与治世同，而殃祸与治世异，不可以怨天，其道然也。"③ "天"是自然界的总体，它展现于人们眼前的，只是一些具有客观必然性的自然现象，诸如寒暑、水旱、四时变化等。"治乱"则是人类社会特有的现象，是人类社会管理活动的结果，与自然界没有必然的联系。

其次，治乱取决于人。荀子说："治乱天邪？曰：日月、星辰、瑞历，是禹、桀之所同也，禹以治，桀以乱，治乱非天也。时邪？曰：繁启蕃长于春夏，畜积收藏于秋冬，是又禹、桀之所同也，禹以治，桀以乱，治乱非时也。地邪？曰：得地则生，失地则死，是又禹、桀之所同也。禹以

---

① 杨朝明、宋立林主编：《孔子家语通解》，齐鲁书社2013年版，第68页。
② 〔清〕王先谦撰，沈啸寰、王星贤点校：《荀子集解》，中华书局1988年版，第313页。
③ 〔清〕王先谦撰，沈啸寰、王星贤点校：《荀子集解》，中华书局1988年版，第307-308页。

治,桀以乱,治乱非地也。"① 禹是夏朝的创始人,桀则是夏朝最后一位统治者。在整个夏朝统治期间,日月星辰没有变,四时运转没有变,地理环境没有变,禹取得管理上的成功("治"),桀却遭受管理上的失败("乱")。这足可证明,治乱取决于人,而绝非取决于天。

再次,应之以乱则凶。荀子说:"物之已至者,人祅则可畏也。楛耕伤稼,耘耨失岁,政险失民,田岁稼恶,籴贵民饥,道路有死人,夫是之谓人祅。政令不明,举错不时,本事不理,夫是之谓人祅。礼义不修,内外无别,男女淫乱,父子相疑,上下乖离,寇难并至,夫是之谓人祅。祅是生于乱,三者错,无安国。"② 政险失民,政令不明,礼义不修,这些错误的管理行为,违背了天地自然和人类社会发展的客观规律。对于管理者来说,就是"暗其天君,乱其天官,弃其天养,逆其天政,背其天情,以丧天功,夫是之谓大凶"③。违背客观规律的管理行为,只能给人类社会带来祸害。

复次,应之以治则吉。荀子说:"百王之无变,足以为道贯。一废一起,应之以贯,理贯不乱。不知贯,不知应变,贯之大体未尝亡也。乱生其差,治尽其详……故道无不明,外内异表,隐显有常,民陷乃去。"④ 优秀的管理者始终如一地按照自然界和人类社会发展的客观规律办事,就可以避免灾祸,取得管理上的成功。这就是所谓的"圣人清其天君,正其天官,备其天养,顺其天政,养其天情,以全其天功"⑤。顺应客观规律的管理行为,就会给人类社会带来幸福。

最后,荀子逻辑地得出结论:作为人类社会的管理者,既要承认自然规律的客观存在,更要把握这一规律,为我所用。他说:"大天而思之,孰与物畜而制之?从天而颂之,孰与制天命而用之?望时而待之,孰与应时而使之?因物而多之,孰与骋能而化之?思物而物之,孰与理物而勿失之也?愿于物之所生,孰与有物之所成?"⑥ "制天命而用之"这一光辉命题,即是对于"天生人成"思想的高度概括,更是对于人的主体能动性的

---

① 〔清〕王先谦撰,沈啸寰、王星贤点校:《荀子集解》,中华书局1988年版,第311页。
② 〔清〕王先谦撰,沈啸寰、王星贤点校:《荀子集解》,中华书局1988年版,第314页。
③ 〔清〕王先谦撰,沈啸寰、王星贤点校:《荀子集解》,中华书局1988年版,第310页。
④ 〔清〕王先谦撰,沈啸寰、王星贤点校:《荀子集解》,中华书局1988年版,第318-319页。
⑤ 〔清〕王先谦撰,沈啸寰、王星贤点校:《荀子集解》,中华书局1988年版,第310页。
⑥ 〔清〕王先谦撰,沈啸寰、王星贤点校:《荀子集解》,中华书局1988年版,第317页。

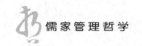

淋漓尽致的发挥！

在儒家管理哲学的本体论中，孔子的"则天说"、孟子的"事天说"和荀子的"应天说"，虽然各自的侧重点有所不同，但有一点却是一致的，这就是"重人"。在他们的思想体系中，"天"不过是外在的规定，必要的假设；"人"才是问题的核心，立论的中心。只有人才能"则天"，只有人才能"事天"，也只有人才能"应天"。以"人"为中心，认识自然，理解自然，把握自然，按照自然界与人类社会的客观规律实施管理，从而达到人与自然的高度和谐，这就是儒家管理哲学"唯人则天"本体论的真谛。

第二章

"知治一致"的管理认识论

哲学认识是关于人类认识的起源、本质、发展过程及其规律的学说。中国古代哲学的认识论即其知行观,具有德(伦理道德)事(客观事物)并举、知行合一、力行实践的特点。这些特点,体现在儒家管理哲学中,就是熔认识、道德、管理于一炉,使修身与治国相结合,知行与管理相一致,言行与用人相统一,从而形成"知治一致"的管理认识论。

一、认识论与知行观

在西方哲学史上,对于认识论的专门研究,是近代以后的事。在英文中,古典认识论称为 gnosiology,指一种精神活动,包括知识性和非知识性的认识活动。由于 19 世纪实证主义思潮的影响,现代认识论则仅限于知识性的活动,英文称为 epistemology,又称为 theory of knowledge,指"关于知识的理论",故又称"知识论"。它研究的主要内容包括认识(即知识,下同)的前提、基础、本质和结构,认识发生、发展的过程及其规律,认识的真理性标准,等等。

中国古代哲学的知行观既包括知识性的,也包括非知识性的认识和实践,因此,严格地说,它是一种古典认识论。但它也同样涉及认识的来源、认识的过程、求知的方法以及检验认识真伪的标准等现代认识所包含的几乎所有问题。因此,即使是从现代认识论(知识论)的角度来看,知行观也不失为一种认识论。

"行",其本义为道路,读为 hāng,《尔雅·释宫》:"行,道也。"引申为行走,读 xíng,《说文》:"行,人之步趋也。"引申为行动,《商君书·更法》有"疑行无成,疑事无功";引申为行为,《墨子·经上》有"行,为也",《礼记·乐记》:"政以一其行";引申为行事,《礼记·坊记》有"民犹贵禄而贱行",郑玄注:"行,犹事也,言务得其禄,不务其事";引申为德行,《周礼·地官·师氏》有"敏德以为行本",郑玄

注:"德行,内外之称,在心为德,施之为行。"概而言之,"行"含有行走、行动、行事、德行等意思。

"知",《说文》:"知,词也。"段玉裁注:"'词也'之上当有'识'字。"据此,"知"的本义即为知识,《论语·子罕》有"吾有知乎哉?无知也"[①];或为认识,《礼记·大学》有"故好而知其恶";或为知道,《尚书·皋陶谟》有"知人则哲";或引申为知觉,《荀子·王制》有"草木有生而无知";引申为智慧,读为 zhī,徐灏《说文解字注笺》:"知,智慧,即知识之引申。"《荀子·富国》有"以养其知",杨倞注:"知读为智"。概而言之,"知"字含有认识、知识、知道、知觉、智慧的意思。

据现今掌握的资料,最早把"知"和"行"联系起来、作为一对哲学范畴的,当推《左传·昭公十年》中:"非知之实难,将在行之。"另,《古文尚书·说命中》中有"知之非艰,行之惟艰",据说是殷高宗时代大臣傅说的话;但清代学者已考证《古文尚书》乃东晋时人梅赜所作,不足为据。我们今天可以肯定的是,至少在春秋战国时期,对于"知"和"行"及其相互关系的论述,就已经为当时的思想家所注意,此后并成为中国古代认识论的基本内容,贯穿中国哲学发展的始终。

概括起来,知行观作为中国哲学特别是儒家哲学的认识论,具有三个特点:一曰德事并举,二曰知行合一,三曰力行实践,即从认识对象、认识途径、认识目的等方面分别展现出自己的特色。

首先,从认识对象看,中国哲学特别是儒家哲学主张"德事并举"。这里所谓"德",指人们内心的道德修养,"事"指外界存在的客观事物。中国古代知行观作为认识论的最大特点,就是它的不纯粹性,它既是对人们内心道德修养的认识,也是对外界客观事物的认识,是道德认识论与一般认识论的混合体。

本来,在古希腊哲学中,苏格拉底也曾经提出"善即知识"的命题。但是,对于自然万物本质的探讨,一直是后来西方哲学本体论的主流。与此相联系,西方哲学的认识论比较"纯粹",即主要是对于外界客观存在事物的认识。而中国哲学的本体论是"天人合一",既探讨世界的本原,也研究人类的本质。与此相联系,中国哲学的认识论就不那么"纯粹",它既要认识客观存在的外界事物,也要研究人类自身的道德行为——这二

---

① 程树德撰,程俊英、蒋见元点校:《论语集释》,中华书局1990年版,第585页。

者之间的联系与区别,用《礼记·中庸》上的话来说,就是"道问学"与"尊德性";用北宋哲学家张载的话来说,就是"见闻之知"与"德性之知"。而在德与事、尊德性与道问学、德性之知与见闻之知、道德认识论与一般认识论之间,不同的哲学家虽有所侧重,但并无截然的分野。即以先秦儒家诸子而言,在孔子的认识论中,二者混为一体,孟子侧重于对道德修养的认识,荀子侧重于对外界客观事物的认识。但他们都是主张德事并举的。

孔子提出:"生而知之者上也,学而知之者次也;困而学之,又其次也;困而不学,民斯为下矣。"① 他自称是"学而知之者",十分强调学习的重要性。孔子首倡私人讲学的风气。从他的教学内容看,"子以四教:文、行、忠、信"②。四教之中,后三者都属于道德修养的范围。"文"则指古代的文化典籍,包括《诗》《书》《礼》《乐》《易》《春秋》等。其中既有对客观外界事物的认识,又有对人们道德修养的启示。以《诗》为例,学生们既可以从中了解当时各国的风土人情、花鸟虫鱼等社会知识与自然知识,又可以从中陶冶自己的道德情操。故孔子说:"小子何莫学夫《诗》?《诗》可以兴,可以观,可以群,可以怨。迩之事父,远之事君;多识于鸟兽草木之名。"③ 由此可见,在孔子的认识论中,对于道德修养的认识和对于外界事物的认识是混杂在一起的。

孟子在认识来源方面,极力发挥了孔子"生而知之"的思想;而在认识对象方面,则着重探讨人们内心的道德修养。他说:"人之所不学而能者,其良能也。所不虑而知者,其良知也。孩提之童,无不知爱其亲者;及其长也,无不知敬其兄也。亲亲,仁也。敬长,义也。无他,达之天下也。"④ 孟子认为人的道德观念是先天就具有的,所谓认识,就是对内心道德意识的体验。因此,他极力抬高"心之官"的作用,称之为"大体";而贬低"耳目之官"的功能,称之为"小体"。⑤ 但是,在谈到一般认识的时候,孟子却又承认:"圣人既竭目力焉,继之以规矩准绳,以为方员平直,不可胜用也。既竭耳力焉,继之以六律正五音,不可胜用也。

---

① 程树德撰,程俊英、蒋见元点校:《论语集释》,中华书局1990年版,第1158-1159页。
② 程树德撰,程俊英、蒋见元点校:《论语集释》,中华书局1990年版,第486页。
③ 程树德撰,程俊英、蒋见元点校:《论语集释》,中华书局1990年版,第1212页。
④ 〔清〕焦循撰,沈文倬点校:《孟子正义》,中华书局1987年版,第897-899页。
⑤ 〔清〕焦循撰,沈文倬点校:《孟子正义》,中华书局1987年版,第792页。

既竭心思焉，继之以不忍人之政，而仁覆天下矣。"① 这就把"耳目"对于外界事物的认识，同"心"对于道德观念的认识，提到同等重要的位置。

荀子从孔子的"学而知之"出发，着重论述了人类对于外界客观事物的认识。他说："凡以知，人之性也；可以知，物之理也。"② 在荀子看来，认识是人的感觉器官同外界事物接触的结果。他说："心有征知。征知则缘耳而知声可也，缘目而知形可也，然而征知必将待天官之当簿其类然后可也。"③ 这里，荀子所论述的是一般认识论。而另一方面，荀子又指出："正义而为谓之行。所以知之在人者谓之知。"④ 这里所谓"知之在人者"，即上述所谓"凡以知，人之性"；所谓"正义之行"，即道德品行。这就表明，荀子认识论的归结点依然落在道德修养上。荀子说："礼义者，圣人之所生也；人之所学而能，所事而成者也。"⑤ 这里把一般人的道德观念说成圣人的产物，就表现出同孟子一样的迷误，即不懂得从人类社会生活的实践本身来说明道德的起源。这也是中国道德认识论的共同缺陷。

其次，从认识途径看，中国哲学特别是儒家哲学主张"知行合一"。

"知行合一"本来是明代哲学家王守仁所极力宣扬的思想。他在《传习录》中指出："知是行的主意，行是知的功夫；知是行之始，行是知之成。"一方面，王守仁看到"真知即所以为行，不行不足谓之知"，主张知行并进，具有一定的辩证因素。另一方面，王守仁却又主张"知行本体即是良知、良能"，强调"一念发动处，即便是行了"，这就把"行"等同于"知"，走向形而上学的唯心论。正如王夫之所批语的那样："其所谓知者非知，而行者非行也。知者非知，然而犹有其知也，亦惝然有所见也；行者非行，则确乎非其行，而以其所知为行也。"

但是，"知行合一"命题又并不是王守仁个人的"专利"，在王守仁之前，明代理学家谢复就明确提出："知行合一，学之要也。"在王守仁之后，陈确也指出："不知必不可为行，而不行必不可为知，知行何能分

---

① 〔清〕焦循撰，沈文倬点校：《孟子正义》，中华书局1987年版，第485页。
② 〔清〕王先谦撰，沈啸寰、王星贤点校：《荀子集解》，中华书局1988年版，第406页。
③ 〔清〕王先谦撰，沈啸寰、王星贤点校：《荀子集解》，中华书局1988年版，第417页。
④ 〔清〕王先谦撰，沈啸寰、王星贤点校：《荀子集解》，中华书局1988年版，第413页。
⑤ 〔清〕王先谦撰，沈啸寰、王星贤点校：《荀子集解》，中华书局1988年版，第435页。

得。……言不行由不明,不明由不行,是知行合一之证也。"这里从知行相须并进、相互依赖、相互联系的角度论证了"知行合一"命题,比王守仁有更多的合理性。

此外,据说王守仁的"知行合一"说是批评程朱的。但程颐本人却说过:"人既能知,岂有不能行。"黄宗羲据此做出断语:"伊川先生已有知行合一之言矣。"至于朱熹,则提出"知行常相须"的命题,认为"知之愈明,则行之愈笃,则知之益明"。这也就包含了"知行合一"的意思。

王夫之批评王守仁的"知行合一"说,指出其"销行于知"的谬误,确实打中要害;但王夫之并不因此而抛弃"知行合一"命题中的合理因素。他说:"知行相资以为用。唯其各有致功,而亦各有其效,故相资以互用;则于其相互,益知其必分矣。同者不相为用;资于异者,乃和同而起功,此定理也。不知其各有功效而相资,于是而姚江王氏知行合一之说得借口以惑世。"王守仁所说的"知行合一",只看到知行的统一,没有看到知行的对立,这实际上是把二者等同了。如果既看到统一,又看到对立,像王夫之那样用"知行相资"来解释,那么,就是用"知行合一"的提法也未尝不可。

在我们今天看来,所谓"和行合一""知行相须""知行相资",在本质上都是一致的,即都是关于知行之间对立统一关系的不同表述。相比之下,"知行合一"的提法更明快一些。因此,我们把"知行合一"作为贯穿中国哲学认识论发展始终的基本特点。当然,这样说并不排除在"知行合一"的命题中同样存在着唯物主义与唯心主义、辩证法与形而上学的区别。[①]

即以先秦儒家诸子而论。孔子主张"学而知之",其所谓"学",实兼知行二义,"行有余力,则以学文"。[②] 学习的过程就是修身的过程,修身的过程也就是认识的过程。孟子发挥"生而知之",主张"仁义礼智,非由外铄我也,我固有之也,弗思耳矣。故曰求则得之,舍得失之"[③]。在他看来,上天所赋予的只是道德的素质("善端"),人们只有加强道德

[①] 毛泽东在《实践论》中,把马克思主义哲学关于认识与实践相统一的理论称之为"辩证唯物主义的知行统一观",这是对中国哲学史上各种知行统一观的积极扬弃。
[②] 程树德撰,程俊英、蒋见元点校:《论语集释》,中华书局1990年版,第27页。
[③] 〔清〕焦循撰,沈文倬点校:《孟子正义》,中华书局1987年版,第757页。

修养（"善行"），才能真正成为有德之人。这就是道德观念（知）与道德修养（行）的统一。荀子在孔子"学而知之"思想的基础上，较全面地论述了知和行的相互关系。他说："君子博学而日参省乎己，则知明而行无过矣。"① 这里，"博学"是求知，"参省乎己"是践行，知行相互促进，共同进步，就可以做到"知明而行无过矣"。相对而言，荀子的"知行合一"观以"行"为基础，具有唯物主义的倾向；孟子的"知行合一"观以"知"为基础，具有唯心主义倾向。而无论是孔子、孟子还是荀子，他们都主张知行并进，知不离行，行不离知，因而都具有某些辩证法的因素。

最后，从认识目的看，中国哲学特别是儒家哲学强调"力行实践"。

中国哲学的传统从来就不是坐而论道，而是躬行实践。哲人们不是为认识而认识，而是为人生而认识；不是就知识论知识，而是就现实论知识。因此，在知行关系中，中国哲学更看重行，特别是人的道德行为。南宋哲学家朱熹讲过一段很有意思的话，其大意是：论知行，功夫全在行上。如果不去躬行实践，只是说说而已，那么，孔门弟子就没有必要多年不离开老师了。因为孔子的知识，"只用两日说便尽"，但真正实行起来，一辈子也不一定做得到。这说明孔子的教育是"讲说时少，践履时多"。这就是儒家强调"力行实践"的特点。

事实正是如此。孔子主张："弟子入则孝，出则悌，谨而信，泛爱众而亲仁。行有余力，则以学文。"② 这里强调道德行为是认识的基础，把道德修养看得比读书学习更为重要。"贤贤易色；事父母，能竭其力；事君，能致其身；与朋友交，言而有信。虽曰未学，吾必谓之学矣。"③ 这里更直接地把道德践履等同于知识学习。行在学先，行就是学，学包括行，学好的标准即在于行——由此可见孔子对于行的重视。

孟子在学生问自己有什么特长时，回答道："我知言，我善养吾浩然之气。"④ 在这里，对于别人的认识了解和对于自己的道德修养，是相提并论的。孟子认为，上天赋予仁、义、礼、智四种道德观念的萌芽，即所

---

① 〔清〕王先谦撰，沈啸寰、王星贤点校：《荀子集解》，中华书局1988年版，第2页。
② 程树德撰，程俊英、蒋见元点校：《论语集释》，中华书局1990年版，第27页。
③ 程树德撰，程俊英、蒋见元点校：《论语集释》，中华书局2010年版，第30页。
④ 〔清〕焦循撰，沈文倬点校：《孟子正义》，中华书局1987年版，第199页。

谓"四端"：恻隐之心，羞恶之心，辞让之心，是非之心。"凡有四端于我者，知皆扩而充之矣，若火之始然，泉之始达。苟能充之，足以保四海；苟不充之，不足以事父母。"① 这就是说，要把道德的可能性变为道德的现实性，全靠个人的力行实践。因此，孟子主张"强恕而行，求仁义莫近焉"②，特别强调"行"在道德认识论中的作用。

荀子的侧重点在一般认识论，在这一方面，他同样把"行"放在十分突出的地位。荀子指出："不闻不若闻之，闻之不若见之，见之不若知之，知之不若行之，学至于行之而止矣。行之，明也。明之为圣人。圣人也者，本仁义，当是非，齐言行，不失毫厘，无它道焉，已乎行之矣。故闻之而不见，虽博必谬；见之而不知，虽识必妄；知之而不行，虽敦必困。"③ 在荀子看来，"行之"是认识的最高阶段，如果不去实行，即使知道再多，也会陷入困境。这就在全面论述知行关系的基础上，适当突出了行在认识中的地位和作用。

中国哲学特别是儒家哲学认识论的上述特点，对于管理哲学带来深刻的影响。在认识对象方面，儒家讲"德事并举"，所谓"修身"，实际上是"治国"的基本方法，其道德认识与管理认识论有十分密切的联系。在认识途径和认识目的方面，儒家主张"知行合一"，重视"力行实践"，对于管理实践具有十分重要的意义。这一点，直到今天也不容忽视。成中英教授认为："'知行合一'的关系若用于现代管理科学，其意义乃十分重大：管理决策不仅是知的作用，也是行的作用。如果没有行的承担，所谓决策也只是纸上谈兵而已，因而缺乏意志的执行力。如果没有知的指引，所谓决策也就变成瞎子摸象，因而缺乏理知的确定性了。杜鲁克（引者按：又译德鲁克，现代美国管理哲学家）分析管理决策因素即是就'知行合一'的精神立言的。"④

在儒家管理哲学中，德事并举、知行合一、力行实践的认识论特点，反映在管理实践上，就是"知治一致"的管理认识论。

---

① 〔清〕焦循撰，沈文倬点校：《孟子正义》，中华书局1987年版，第235页。
② 〔清〕焦循撰，沈文倬点校：《孟子正义》，中华书局1987年版，第882—883页。
③ 〔清〕王先谦撰，沈啸寰、王星贤点校：《荀子集解》，中华书局1988年版，第142页。
④ 〔美〕成中英：《文化·伦理与管理》，贵州人民出版社1991年版，第233—234页。

二、修身与治国

"修身"与"治国",是儒家管理哲学的重要课题。孔子提出:"苟正其身矣,于从政乎何有?不能正其身,如正人何?"① 孟子进一步发挥道:"人有恒言,皆曰天下国家。天下之本在国,国之本在家,家之本在身。"② 又说:"君子之守,修其身而天下平。"③ 荀子专门写了一篇题为《修身》的文章,并且论证了修身是治国的根本。他说:"请问为国?曰:闻修身,未尝闻为国也。君者仪也,民者景也,仪正而景正。君者盘也,民者水也,盘圆则水圆。"④ 总之,在先秦儒家诸子的思想中,修身与治国,道德哲学与管理哲学是密不可分的。

《礼记·中庸》进一步把修身、治国同儒家哲学的知行观联系起来,形成一套独具特色的"道德—管理认识论"。文中指出:"天下之达道五,所以行之者三,曰君臣也、父子也、夫妇也、昆弟也、朋友之交也。五者,天下之达道也。知、仁、勇三者,天下之达德也。所以行之者一也。或生而知之,或学而知之。或困而知之,及其知之,一也,或安而行之,或利而行之,或勉强而行之,及其成功,一也。子曰:'好学近乎知,力行近乎仁,知耻近乎勇。知斯三者,则知所以修身;知所以修身,则知所以治人;知所以治人,则知所以治天下国家矣'。"⑤ 在这里,认识上的"知",道德上的"行",管理中的"治",三者是相互一致的。

《礼记·大学》则提出一个融修身、治国与知行于一体的简明公式,即所谓"三纲领、八条目"。三纲领:"大学之道,在明明德,在亲民,在止于至善。"八条目:"古之欲明明德于天下者,先治其国。欲治其国者,先齐其家。欲齐其家者,先修其身。欲修其身者,先正其心。欲正其心者,先诚其意。欲诚其意者,先致其知。致知在格物。"

"八条目"是独具特色的中国式类推逻辑结构。从起点看,由格物而后致知,致知而后诚意,诚意而后正心,正心而后修身,修身而后齐家,齐家而后治国,治国而后平天下。从终点看,欲平天下而先治国,治国而

---

① 程树德撰,程俊英、蒋见元点校:《论语集释》,中华书局1990年版,第911页。
② 〔清〕焦循撰,沈文倬点校:《孟子正义》,中华书局1987年版,第493页。
③ 〔清〕焦循撰,沈文倬点校:《孟子正义》,中华书局1987年版,第1011页。
④ 〔清〕王先谦撰,沈啸寰、王星贤点校:《荀子集解》,中华书局1988年版,第234页。
⑤ 《十三经注疏》整理委员会整理:《礼记正义》,北京大学出版社1999年版,第1441页。

先齐家,齐家而先修身,修身而先正心,正心而先诚意,诚意而先致知,致知而先格物。在形式上,好比一串链条,环环相扣,节节相连,先后相应,首尾相顾。在内容上,好比一块合金,熔认识论、道德观、管理学于一炉。就知与行的关系而言,寓知于行,寓行于知;就德与治的关系而言,寓德于治,寓治于德;就知行与德治的关系而言,寓知行于德治,寓德治于知行。这八个条目及其相互关系,历来颇引起人们的兴趣,但以往人们多从认识论或道德观的角度论述,现在我们着重从管理的角度分析。

关于"格物""致知",《大学》本身并没有进一步说明。东汉郑玄解释道:"知,谓知善恶吉凶之所终始也。格,来也,物,犹事也。其知于善深,则来善物;其知于恶深,则来恶物。"[①] 这里把认识上的得失与道德上的善恶相提并论,比较符合《大学》的本意。《大学》指出:"《康诰》曰:'惟命不于常。'道善则得之,不善则失之矣。""是故君子有大道,必忠信以得之,骄泰以失之。""小人之使国家,灾害并至,虽有善者,亦无如之何矣。"这就进一步把认识的得失、道德的善恶同国家的治乱密切联系起来。按照《大学》的思想,作为管理者,应该根据管理活动的需要,随时调整自己的道德行为和管理行为;并充分意识和积极发挥自己的道德行为对于被管理者的深刻影响。因此,讲"格物致知",从管理者的角度看,那就要通过各种实例认识道德与管理者的关系,体会各种客观道德准则的意义和作用,从而提高修身与治国的自觉性。

关于"诚意",《大学》指出:"所谓诚其意者,毋自欺也。"诚意就是不要自己欺骗自己,以保持意志的纯洁专一。人们的品行修养,既然是一种道德自觉,就要诚心诚意,不要三心二意,更不要虚心假意。"小人闲居为不善,无所不至,见君子而后厌然,掩其不善,而著其善。"小人所谓的"善",是装出来的,他们当面一套,背后一套,满口仁义道德,满肚子男盗女娼。这当然为君子所不齿。正人君子就应该做到表里如一,口实兼至,特别是注重"慎独"的功夫,做到"不欺于暗室"。"此谓诚于中,形于外,故君子必慎其独也。"因此,讲"诚意",管理者就要自觉地把客观的道德准则变成个人发自内心的道德行为。

关于"正心",《大学》指出:"所谓修身在正其心者,身有所忿懥,则不得其正;有所恐惧,则不得其正;有所好乐,则不得其正;有所忧

---

① 《十三经注疏》整理委员会整理:《礼记正义》,北京大学出版社1999年版,第1592页。

患，则不得其正。"朱熹注："盖是四者，皆心之用，而人所不能无者。然一有之而不能察，则欲动情胜，而其用之所行，或不能不失其正矣。"愤怒、恐惧、快乐、忧虑，都是人之常情，但是，如果任其放纵而不加以控制，就会使管理者失去判断事物是非的能力，是为"不正"，亦为"失其心"。"心不在焉，视而不见，听而不闻，食而不知其味。"因此，讲"正心"，管理者就要注意克制自己的情绪，始终不偏离正确的道德准则和管理目标。

关于"修身"，《大学》指出："所谓齐其家在修其身者，人之其所亲爱而辟焉，之其所贱恶而辟焉，之其所畏敬而辟焉，之其所哀矜而辟焉，之其所敖惰而辟焉。故好而知其恶，恶而知其美者，天下鲜矣！故谚有之曰：'人莫知其子之恶，莫知其苗之硕。'此谓身不修，不可以齐其家。"这里的"辟"即为"僻"，意思如上段所谓"不正"，即"偏"。如果说"正心"中的"偏"是由自然的感情流露而引起的，那么，"修身"中的"僻"在很大程度上却是人们主观价值取向的产物。"莫知其子之恶"是为溺爱，"莫知其苗之硕"是为贪婪。溺爱者不明，贪婪者无厌，这就是"僻"的危害。凡事皆有个度，亦皆有正反两个方面，人们要做到不偏不倚，"好而知其恶，恶而知其美"，的确不容易。因此，讲"修身"，管理者就要站得正，坐得稳，走得直，真正以身作则，成为部下的表率。

关于"齐家"，《大学》指出："所谓治国必先齐其家者，其家不可教而能教人者，无之。故君子不出家而成教于国。孝者，所以事君也；弟者，所以事长也；慈者，所以使众也。"我们知道，儒家哲学的背景是以宗法血缘关系为基础的社会制度。适应这一背景，儒学把"家"作为社会组织中的基本单位，也是培养国家管理者的重要课堂。人们在家庭中所接受的道德教育，可以直接用来管理国家，这就是所谓"君子不出家而成教于国"。现代社会的管理者，当然不可能直接从家庭中培养出来；但不可否认，良好的家庭教育对于个人（包括社会管理者）的成长确实是十分重要的。此外，所谓"齐家"也可以理解为对家庭的管理。作为人类社会的一种管理活动，毫无疑问，家庭管理同其他社会组织（包括国家）的管理有着某些共同点。儒家过分夸大这一共同点是不正确的，但完全否认这一共同点也是不明智的。

关于"治国平天下"，《大学》指出："所谓平天下在治其国者，上老老而民兴孝，上长长而民兴弟，上恤孤而民不倍，是以君子絜矩之道也。"

这里所谓"絜矩之道",其实就是孔子所一贯主张的"己欲立而立人,己欲达而达人"①,"己所不欲,勿施于人"②的推己及人的"忠恕之道"。其具体内容就是《大学》所说的:"所恶于上,毋以使下;所恶于下,毋以事上;所恶于前,毋以先后,所恶于后,毋以从前;所恶于右,毋以交于左;所恶于左,毋以交于右:此之谓'絜矩之道'。"按"絜矩"本来是尺度的意思。所谓"君子有絜矩之道",就是要求管理者自觉地接受伦理道德的约束,并以这种约束作为自己的管理行为尺度。"是故君子先慎乎德。有德此有人,有人此有土,有土此有财,有财此有用。"管理者只有搞好道德修养,以身作则,才能达到治国平天下的目的。

以上八个环节,层层紧扣,不可或缺;但又不是平起平坐,相互并列的。在这个前后一贯的逻辑体系中,"修身"处于主导地位,"治国"是最终目的,而"知行"则是联结其中的基本线索。

首先,"修身"是八条目的核心。《大学》指出:"自天子以至于庶人,壹是皆以修身为本,其本乱而末治者否矣。其所厚者薄,而其所薄者厚,未之有也。"修身是格物、致知、诚意、正心之"本",因为后四者只是修身的方法,应该从属于修身的目的;如果离开这一目的,所有方法就会产生偏向而失去意义。修身又是齐家、治国、平天下之"本",尽管三者是修身的理想,但为了实现这些理想,则又必须从修身做起。《中庸》上说:"知所以修身,则知所以治人。"③只有知道怎样修养自己,才能知道怎样管理别人。治人、治国、治天下都是"治己",即修身的外化与扩大。

以修身为本,这一思想同先秦儒家是相通的。据《论语·宪问》记载:"子路问君子。子曰:'修己以敬'。曰:'如斯而已乎?'曰:'修己以安人。'曰:'如斯而已乎?'曰:'修己以安百姓。修己以安百姓,尧舜其犹病诸?'"④子路和孔子的回答,层层推进,孔子认为,管理者应该以个人的道德修养为基础,进一步扩展到处理好管理阶层内部的关系,再进一步扩展到处理好管理者与被管理者之间的关系;要想把后一种关系处

---

① 程树德撰,程俊英、蒋见元点校:《论语集释》,中华书局1990年版,第428页。
② 程树德撰,程俊英、蒋见元点校:《论语集释》,中华书局1990年版,第824页。
③ 《十三经注疏》整理委员会整理:《礼记正义》,北京大学出版社1999年版,第1442页。
④ 程树德撰,程俊英、蒋见元点校:《论语集释》,中华书局1990年版,第1041页。

理好，连尧那样的圣人也很难做到。因此，管理者应该时刻不忘记个人的道德修养——"修身"。

其次，"治国"是八条目的宗旨。在《大学》中，"八条目"是"三纲领"的具体化，而所谓"三纲领"，实际上就是治国平天下的施政大纲。所谓"明明德"，《大学》说："《康诰》曰'克明德'，《太甲》曰'顾諟天之明命'，《帝典》曰'克明峻德'，皆自明也。"朱熹注："天之明命，即天之所以与我，而我之所以为德者也。""结所引书，皆言自明己德之意。"这就是说，治国者必须明确自己的"天赋使命"，加强道德修养，以更好地治理国家。所谓"亲民"，即"新民"，《大学》说："汤之《盘铭》曰：'苟日新，日日新，又日新。'《康诰》曰：'作新民。'《诗》曰：'周虽旧邦，其命惟新。'是故君子无所不用其极。"这就要求治国者千方百计提高自己的道德素质，"能新其德以及于民"，使个人、民众、国家、社会与日俱进，不断更新。所谓"止于至善"，《大学》说："为人君止于仁，为人臣止于敬，为人子止于孝，为人父止于慈，与国人交止于信。"这就明确规定了管理者与被管理者善行的标准，目的在于巩固和安定国家的统治秩序。总之，"三纲领"无一不是治国的大纲。"八条目"把"三纲领"具体化，而又以修身为核心，实际上就是让修身服务于治国的根本目的。①

修身以治国为宗旨，这一思想同先秦儒家诸子也是相通的。荀子在《富国》篇中指出："仁人之用国，将修志意，正身行，伉隆高，致忠信，期文理。"在修身的基础上，广泛使用人才，积极发展生产，努力讲求仁义，这样就可以做到"为名者否，为利者否，为忿者否，则国安于盘石，寿于旗、翼。人皆乱，我独治；人皆危，我独安；人皆失丧之，我案起而制之。故仁人之用国，非特将持其有而已也，又将兼人。诗曰：'淑人君子，其仪不忒，正是四国。'此之谓也。"② 在儒家看来，淑人君子之修身，从来就不仅仅是"独善其身"，而是"兼济天下"。管理者的道德水平提高了，就可以作为人民的表率，把国家治理好。

最后，知行观是联结八条目的基本线索。明儒来知德在其所著的《大

---

① 本节《大学》引文参见《十三经注疏》整理委员会整理《礼记正义》，北京大学出版社1999年版，第1592－1613页。
② 〔清〕王先谦撰，沈啸寰、王星贤点校：《荀子集解》，中华书局1988年版，第196－199页。

学古本序》中说:"大学之道,修身尽之矣。修身之要,格物尽之矣。"孙中山先生也指出:"这种正心、诚意、修身、齐家的道理,本属于道德范围,今天要把他放在知识范围内来讲,才是适当。"① 实际上,大学之道,即是修身之道,又是治国之道,而同时又是认识之道。它所讲的修身与治国的道理,是在人们的认识程序中展现出来的。"格物→致知→诚意→正心→修身→齐家→治国→平天下",这一程序即是从认识的来源说到认识的实践。虽然所直接论及的是人们对于道德的知与行,以及治国的知与行,但同儒家的整个知行观又有千丝万缕的联系。

把修身、治国与知行连为一体,这一思想同先秦儒家诸子也是相通的。孟子论知行,主要讲个人的道德践履,但同治国的认识和实践也有十分密切关系。他说:"爱人不亲反其仁,治人不治反其智;礼人不答反其敬,行有不得者,皆反求诸己,其身正而天下归之。"② 在孟子看来,正己之行即所谓"修身"与治人之行即所谓"治国"是互为表里,互相促进的。其连接点就是修身治国的知(认识)和行(实践)。正是在这个意义上,我们才肯定儒家关于"修身"与"治国"的论述是一种管理认识论。

三、知行与管理

儒家的管理认识论,内容比较复杂,既有从道德认识的角度论述修身与治国的联系,也有从一般认识的角度论述知行与管理的关系。关于前一个方面,我们已在第二节分析过了,这一节我们着重论述后一个方面。

早在春秋末年,郑国大夫子叔向子产请教治国的方法,子产回答说:"政如农功,日夜思之,思其始而成其终,朝夕而行之。行无越思,如农之有畔,其过鲜矣。"③ 这里把管理比作农夫种田,对于种什么,怎么种,种下去以后将会得到什么收获,都要心中有数,反复考虑,全盘计划,使管理的行为就像精心耕耘的农田那样,井井有条。这样,管理者就会不犯或少犯错误。

---

① 中国社会科学院近代史研究所中华民国史研究室、广东省社会科学院历史研究室、中山大学历史系孙中山研究室合编:《孙中山全集》第9卷,中华书局1986年版,第247页。
② 〔清〕焦循撰,沈文倬点校:《孟子正义》,中华书局1987年版,第492页。
③ 《十三经注疏》整理委员会整理:《春秋左传正义》,北京大学出版社1999年,第1028页。

如果说，子产强调的是认识的方法——"思"的重要性，那么，孔子更强调的是认识的途径——"学"的必要性。孔子认为，认识有三种途径："生而知之者上也，学而知之者次也；困而学之，又其次也……"① 但孔子郑重声明："我非生而知之者，好古，敏以求之者也。"② 因此，孔子特别强调学习的重要性。他首开私人讲学的风气，广招学生，号称"弟子三千，贤人七十"。所谓"仕而优则学，学而优则仕"③，就是把治国之事与治国之学结合起来，培养知治一致的，适应当时社会需要的各方面人才。

这里有一个具体案例。子羔是孔子最年轻的学生，对"治国之道"的学习还没有入门，子路就提拔他当费邑的邑宰。子羔经验不足，弄得费邑不治，人心惶惶，纷争不绝。对此，孔子提醒子路说："用人要适得其所，叫一个对于管理的知识和经验都不足的人去当邑宰，这岂不是害了他？"子路不以为然，应声回答："既然有一个必须管理的地方，又有必须被管理的民众，为此而全力以赴，本身不正是学习吗？子羔到头来一定能学会治国治民的大道理，不给他机会，他又怎么能够成为一个管理者呢？"对于子路的诡辩，孔子非常生气，说："所以我特别讨厌那些犟嘴利舌的人。"④ 这里孔子对子路的批评，正反映了他对管理之"知"的重视，是"学而优则仕"的一个注脚。

但是，孔子也并不是那种提倡"死读书"的迂夫子。另外一个例子则说明了他对管理之"行"的重视。据《论语·公冶长》记载，孔子十分赞赏他的学生宓子贱，说道："君子哉若人！鲁无君子者，斯焉取斯？"⑤ 宓子贱为什么得到孔子这么高的评价呢？据刘向《说苑·政理》记载，宓子贱和孔蔑都是孔子的学生，并一起当官从政。有一次，孔子问他们："自从你们从政以后，觉得有什么收获什么损失呢？"孔蔑回答："公事繁忙，原来跟老师您所学习的东西根本无法温习，所以知识无法发明，这是一大损失。"宓子贱则回答："从政以后，原来跟老师学习的东西，现在可以付诸实践，这就使知识得以发明。这实在是一大收获。"孔子听了后称

---

① 程树德撰，程俊英、蒋见元点校：《论语集释》，中华书局1990年版，第1158页。
② 程树德撰，程俊英、蒋见元点校：《论语集释》，中华书局1990年版，第480页。
③ 程树德撰，程俊英、蒋见元点校：《论语集释》，中华书局1990年版，第1324页。
④ 程树德撰，程俊英、蒋见元点校：《论语集释》，中华书局1990年版，第794－796页。
⑤ 程树德撰，程俊英、蒋见元点校：《论语集释》，中华书局1990年版，第290页。

赞宓子贱，连声说道："这个人真是君子啊，这个人真是君子啊！如果鲁国没有君子，这个人从哪里得到这种好品德呢？"在这个案例中，孔蔑把管理实践同知识学习对立起来，认为管理事务繁忙，作为管理者根本没有时间去学习，"以是学不得明也"。与此相反，宓子贱把管理实践与知识学习结合起来，把在老师那里学到的知识，在管理的具体实践中认真实行，"是学日益明也"。如此看来，孔子之所以称赞宓子贱，正是肯定他这种学以致用，力行实践的精神。又，据《孔子家语·子路初见》记载，孔蔑问"行己之道"，孔子对之以"知而弗为，莫如弗知"，也是告诫他要把知与行结合起来，即要把管理知识的学习与管理活动的实践结合起来。

荀子继承了孔子这种知行相互作用，相互发明的思想，进一步指出："不闻不若闻之，闻之不若见之，见之不若知之，知之不若行之。学至于行之而止矣。行之明也。明之为圣人。"① 对于管理者来说，只有见闻广博，才能取得正确的知识；而任何管理知识，都必须运用于管理实践，才算得上是明白事理，才能成为优秀的管理者。

在此基础上，荀子着重探讨了管理认识的方法问题，他指出："故治之要在于知道。人何以知道？曰：心。心何以知？曰：虚壹而静。心未尝不臧也，然后有所谓虚；心未尝不满（引者按：当为两）也，然而有所谓一；心未尝不动也，然而有所谓静。人生而有知，知而有志。志也者，臧也，然而有所谓虚，不以所已臧害所将受谓之虚。心生而有知，知而有异，异也者，同时兼知之。同时兼知之，两也，然而有所谓一，不以夫一害此一谓之壹。心，卧则梦，偷则自行，使之则谋。故心未尝不动也，然而有所谓静，不以梦剧乱知谓之静。未得道而求道者，谓之虚壹而静。作之，则将须道者之虚则人，将事道者之壹则尽，尽将思道者静则察。知道察，知道行，体道者也。虚壹而静，谓之大清明。万物莫形而不见，莫见而不论，莫论而失位。坐于室而见四海，处于今而论久远，疏观万物而知其情，参稽治乱而通其度，经纬天地而材官万物，制割大理，而宇宙里矣。恢恢广广，孰知其极！睪睪广广，孰知其德！涫涫纷纷，孰知其形！明参日月，大满八极，夫是之谓大人。夫恶有蔽矣哉！"②

---

① 〔清〕王先谦撰，沈啸寰、王星贤点校：《荀子集解》，中华书局1988年版，第142页。
② 〔清〕王先谦撰，沈啸寰、王星贤点校：《荀子集解》，中华书局1988年版，第395–397页。

这段话比较长，其中心论题却只有四个字，曰："虚壹而静"。在荀子看来，管理的首要问题在于"知道"，即认识管理的客观规律。而管理者对于管理规律的认识，又必然受到各种主客观条件的限制，这就是所谓"蔽"。何为蔽？"欲为蔽，恶为蔽，始为蔽，终为蔽，远为蔽，近为蔽，博为蔽，浅为蔽，古为蔽，今为蔽。凡万物异则莫不相为蔽，此心术之公患也。"① 因此，管理认识的根本问题就是"解蔽"——清除各种偏见。"圣人知心术之患，见蔽塞之祸，故无欲无恶，无始无终，无近无远，无博无浅，无古无今，兼陈万物而中县（悬）衡焉。"② 这里的"衡"即标准，而标准又只能来自客观事物及其规律本身。所以"解蔽""悬蔽"的总理最终还是落实到"知道"。"人何以知道？曰：心。心何以知？曰：虚壹而静。"——就引出了荀子管理认识论的中心命题——"虚壹而静"。

所谓"虚"，指管理认识的包容性。在荀子看来，人的思维器官是"心"（现代科学则证明是"大脑"），而"心未尝不臧也，然而有所谓虚"。人生来就有知觉，有意志，这就是所谓"臧"，但不能以主观的感觉歪曲客观事物，而应不断提高认识水平。荀子指出："心者，形之君也，而神明之主也，出令而无所受令。自禁也，自使也，自夺也，自取也，自行也，自止也。故口可劫而使墨云，形可劫而使诎申，心不可劫而使易意，是之则受，非之则辞。故曰：心容其择也，无禁必自见，其物也杂博，其情之至也不贰。"③ 心作为认识思维的器官，具有自在、自由的特点，是是、非非的能力。它对于外界事物的认识极其广博，而又专心致志，不至于疑惑不定。"心"的这种包容性决定了人类认识的包容性。

所谓"壹"，指管理认识的专一性。荀子指出，"心未尝不满（两）也，然而有所谓一"。人心生来就有知觉，可以认识不同的事物；但不能以对这一事物的认识而妨碍对另一事物的认识，这样就所谓"壹"。"将事道者之壹，则尽"。在荀子看来，对于"道"即客观事物总体规律的认识最能体现认识的专一性。他说："身尽其故则美。类不可两也，故知者择一而壹焉。农精于田而不可以为田师，贾精于市而不可以为贾师，工精于器而不可以为器师。有人也，不能此三技而可使治三官，曰：精于道者

---

① 〔清〕王先谦撰，沈啸寰、王星贤点校：《荀子集解》，中华书局1988年版，第388页。
② 〔清〕王先谦撰，沈啸寰、王星贤点校：《荀子集解》，中华书局1988年版，第394页。
③ 〔清〕王先谦撰，沈啸寰、王星贤点校：《荀子集解》，中华书局1988年版，第397–398页。

也,精于物者也。精于物者以物物,精于道者兼物物。故君子壹于道而以赞稽物。"① 这里特别强调管理知识的专门性。农民有种田的知识却不可以当"田师",商人有买卖的知识却不可以当"市师",工匠有制造器物的知识却不可以当"器师"。作为各个专业领域的管理者,即所谓"田师""贾师""器师",除了专业的知识以外,还需要掌握管理的知识,这就是"道"——对于自然和社会一般规律的认识。在荀子看来,管理者只要专心致志于认识和把握管理之道,就能够担当起社会管理的责任。

所谓"静",指管理认识的稳定性。荀子指出,"心未尝不动也,然而有所谓静"。人心一刻也不会停止活动,有意使用它的时候,就是正常思考,无意使用它的时候会胡思乱想,甚至人们在睡觉的时候还会做梦,而做梦也就是"心动"的表现(现代科学则证明,人的大脑细胞在睡眠时也在活动)。因此,"心未尝不动也"。但是,正常的人决不会让梦想和幻觉干扰自己的认识,这就是所谓"静"。荀子指出:"凡观物有疑,中心不定,则外物不清,吾虑不清,则未可定然否也。"② 例如,汉代名将李广一次在黑夜中行走,看见横卧的石头却以为是老虎,看见树木却以为是站立的人,这就是因为酒精扰乱了他的神经。用手按住眼睛,本来是一个东西却看成两个东西;用手掩着耳朵,本来没有声音却听成有声音,这是因为外力影响了他的感觉器官。因此,人们一般都不会把幻觉当成正确的认识,而做出正常的决定。从山上往下看,牛就像羊一样小,但人们不会因此下山去牵"羊";从山下往上看,树木就像筷子一样细,但人们不会由此上山去折"筷子";水面映着景物的倒影,但人们不会据此而评价景物美不美;盲人仰视天空看不到星星,但人们不会据此而确定星星有没有。这是因为:"以此时定物,则世之愚者也。彼愚者之定物,以疑决疑,决必不当。夫苟不当,安能无过乎?"③ 因此,管理者也决不会在情况不明、心神不定的形势下做出决定,而要保持心中的平静,即维持管理认识的稳定性与准确性。

荀子认为,管理者一旦做到"虚壹而静",就进入了"大清明"的境界。在这种境界中,管理者对于万物的一切形象都能够进行辨别,一切能

---

① 〔清〕王先谦撰,沈啸寰、王星贤点校:《荀子集解》,中华书局1988年版,第399页。
② 〔清〕王先谦撰,沈啸寰、王星贤点校:《荀子集解》,中华书局1988年版,第404页。
③ 〔清〕王先谦撰,沈啸寰、王星贤点校:《荀子集解》,中华书局1988年版,第405页。

够辨别得清楚的，都能够加以归类，一切能够归类的，都不会搞错它们本来的位置。这样，管理者坐在家中就可以了解天下，处于当下而可以论述往古来今，通观万物而掌握它们的实际情况，考察社会的治乱而通晓它的法则，治理天地而利用万物，掌握自然和社会的普遍规律，从而使整个世界都得到治理——一句话，即获得了对于管理之道的正确认识。

四、言行与用人

言行关系是儒家管理认识论的重要内容。在儒家哲学中，"言行"往往是同"知行"相互联系而又相互发明的。

"言"的本义即为说话，《说文》："直言曰言，论难曰语。"所谓"言"，即为直截了当地表达个人内心想法，扬雄《法言·问神》："言，心声也"。这大概就是汉语成语"言为心声"的出处。"言"是思维认识器官"心"的声音，这样，"言"就同"知"发生了联系。用我们今天的话来说，语言是思维的外壳，而认识则是思维的内容。内容是离不开形式的。心中有知，发之为言，故言与知即为表里关系，二者密不可分。墨子说："言必有三表。"[①] 他所说的"言"，就是在"知"的意义上使用的。荀子说："言而当，知也。"[②] 刘向《说苑》引孔子的话说："故君子知之为知之，不知为不知，言之要也；能之为能之，不能为不能，行之至也。言要则知，行要则仁；既知且仁，夫何有加矣哉？"这里也把"言"和"知"的意思混合起来使用。如此看来，言行关系实质上也就等于知行关系。

先秦儒家诸子十分重视言行关系。孔子讲"知行"都是分开来说的；而讲"言行"，却常常对而举之。例如，"君子欲讷于言而敏于行"[③]；"先行其言而后从之"[④]；"听其言而观其行"[⑤]。孟子把"知言"作为自己的长处。[⑥] 荀子更是借用孔子和鲁哀公对话的形式，把"知""言""行"三者合而论之，指出："是故知不务多，务审其所知；言不务多，务审其

---

① 〔清〕孙诒让撰，孙启治点校：《墨子间诂》，中华书局2001年版，第266页。
② 〔清〕王先谦撰，沈啸寰、王星贤点校：《荀子集解》，中华书局1988年版，第97页。
③ 程树德撰，程俊英、蒋见元点校：《论语集释》，中华书局1990年版，第278页。
④ 程树德撰，程俊英、蒋见元点校：《论语集释》，中华书局1990年版，第97页。
⑤ 程树德撰，程俊英、蒋见元点校：《论语集释》，中华书局1990年版，第313页。
⑥ 〔清〕焦循撰，沈文倬点校：《孟子正义》，中华书局1987年版，第199页。

所谓；行不务多，务审其所由。"① 这即是以"所知""所谓""所由"的客观事物及其规律为共同基础，把知与言、言与行、知与行都统一起来。

儒家把言行一致作为对管理者的一项基本要求。儒家提倡"人治"，主张"为政在人"②，因此，对于管理者自身的素质的要求就特别高。《礼记》专门有一篇《表记》，说的就是管理者如何成为被管理者的表率。其中指出："是故君子服其服，则文以君子之容；有其容，则文以君子之辞；遂其辞，则实以君子之德。是故君子耻服其服而无其容，耻有其容而无其辞，耻有其辞而无其德，耻有其德而无其行。"这里把管理者的服饰、仪表、言论、德行联系在一起，认为它们必须相互般配，才称得一个合格的管理者；否则，就应该以之为耻。孔子说："古者言之不出，耻躬之不逮也。"③ 孟子说："故声闻过情，君子耻之。"④《礼记·杂记下》也指出："居其位无其言，君子耻之；有其言无其行，君子耻之。"这里说的都是同一个意思，即管理者必须做到言行一致。

儒家对于管理者之"言"的重视，特别反映在《礼记·缁衣》这段话中："王言如丝，其出如纶；王言如纶，其出如綍。故大人不倡游言。可言也，不可行，君子弗言也；可行也，不可言，君子弗行也。则民言不危行，而行不危言矣。"如果管理者的话像一根线，它的影响就像一根绳；如果管理者的话像一根绳，它的影响就像一条大索。因此，这就要求作为居于上位的管理者，讲话一定要十分慎重，绝对不可以戏言，更不能倡浮夸之言。这就要求管理者凡说得到而做不到的，就不要说；做得到而说不出的，就不要做。这就是所谓"言行一致"。

在管理实践中，如何做到"言行一致"呢？儒家提出两个建议。一个是少说多做，孔子说："君子欲讷于言而敏于行。"⑤《礼记·缁衣》指出："言从而行之，则言不可饰也；行从而言之，则行不可饰也。故君子寡言而行，以成其信。"管理者对人许诺得少，而实现得多，就容易取得威信。

---

① 〔清〕王先谦撰，沈啸寰、王星贤点校：《荀子集解》，中华书局1988年版，第540页。
② 〔东汉〕郑玄注，〔唐〕孔颖达疏，龚抗云整理，王文锦审定：《礼记正义》，北京大学出版社2000年版，第1440页。
③ 程树德撰，程俊英、蒋见元点校：《论语集释》，中华书局1990年版，第276页。
④ 〔清〕焦循撰，沈文倬点校：《孟子正义》，中华书局1987年版，第567页。
⑤ 程树德撰，程俊英、蒋见元点校：《论语集释》，中华书局1990年版，第278页。

另一个是说到做到，孔子主张"先行，其言而后从之"①，做不到的就不要说，说了的就一定要做到。《礼记·表记》指出："君子不以口誉人，则民作忠。故君子问人之寒则衣之，问人之饥则食之，称人之善则爵之。"管理就是对自己的一言一行都必须十分谨慎，时刻不忘记以自己的言行作为被管理者的表率。"君子道人以言，而禁人以行。故言必虑其所终，而行必稽其所敝，则民谨于言而慎于行。"② 管理者与被管理者都按照言行一致的原则去做，言必信，行必果，上下齐心，就无往而不胜。

既然"言行一致"如此重要，那么，它就必然成为儒家考察、辨别和选择、使用管理人才的重要标准。儒家十分重视管理人才的选拔。孔子首先提出"举贤才"的思想。据《论语·子路》记载："仲弓为季氏宰，问政。子曰：'先有司，赦小过，举贤才。'曰：'焉知贤才而举之？'子曰：'举尔所知；尔所不知，人其舍诸？'"③ 这里特别强调要提拔你所了解的人才。也就是说，"举才"的关键在于"知才"。因此，孔子说："不患人之不己知，患不知人也。"④《大戴礼记·王言》指出："仁者莫大于爱人，知者莫大于知贤，政者莫大于官贤。"《尚书·皋陶谟》也指出："知人则哲，能官人。"⑤ 总之，"举才"就要"知才"，"官贤"就要"知贤"，"官人"就在"知人"。

那么，如何"知人"呢？儒家采用的是"言行一致"的标准。首先是"知言"，孔子说："不知言，无以知人也。"⑥

关于"知言"，孟子有一段很精彩的论述。他的学生公孙丑问他有什么特长，孟子回答说："我知言，我善养吾浩然之气。"那么，什么叫"知言"呢？孟子接着解释道："诐辞知其所蔽，淫辞知其所陷，邪辞知其所离，遁辞知其所穷。"⑦ 他的意思是说，和别人说话时要洗耳恭听，如果对方说的是些偏颇的言辞，就知道他是一个无法看清事物整体的人；如果对方说的是那些荒唐的言辞，就知道他是一个偏离道理的人；如果对

---

① 程树德撰，程俊英、蒋见元点校：《论语集释》，中华书局1990年版，第97页。
② 《十三经注疏》整理委员会整理：《礼记正义》，北京大学出版社1999年版，第1505页。
③ 程树德撰，程俊英、蒋见元点校：《论语集释》，中华书局1990年版，第882—883页。
④ 程树德撰，程俊英、蒋见元点校：《论语集释》，中华书局1990年版，第58页。
⑤ 《十三经注疏》整理委员会整理：《尚书正义》，上海古籍出版社2007年版，第583页。
⑥ 程树德撰，程俊英、蒋见元点校：《论语集释》，中华书局1990年版，第1379页。
⑦ 〔清〕焦循撰，沈文倬点校：《孟子正义》，中华书局1987年版，第209页。

方说的是些邪恶的言辞，就知道他是一个不合道理的人；如果对方说的是些吞吞吐吐的言辞，就知道他是一个陷入困境的人。总之，由言知人，这就是孟子的高明之处。

孟子的"知言"，还是一个颇具独创性的做法，那就是在听人说话时注意观察对方的眼睛。他说："存乎人者，莫良于眸子。眸子不能掩饰其恶。胸中正，则眸子瞭焉。胸中不正，则眸子眊焉。听其言也，观其眸子，人焉廋哉！"① 眼睛是心灵的窗户。一个人的心理状态，往往通过眼神表现出来。心正，眼睛就清澈明亮；心不正，眼睛就污浊昏暗。听对方讲话的同时，注意观察他的眼睛，那么，这个人的善恶又能往哪里隐藏呢？

从一句话就能判断一个人的好坏，从一个眼神就能了解一个人的善恶，这种"察言观色"的方法固然不错，但大概只有像孟子那样的"圣人"才能够做到。孟子为了实现他的政治理想，到处奔波，游说诸侯，屡遭挫折，因而才培养出比较敏锐的观察力。因此，他才自称"知言"而"知人"，仅仅听对方之"言"，又观察对方之"眼"，就可以了解一个人。但是，对于普通人来说，要毫无差错地使用孟子的方法，恐怕就不那么容易了。因此，对于一般的管理者来说，儒家"知人"的另一个方法——"观行"，似乎更有实用价值。

关于"观行"，孔子有过一段十分著名的话，他说："始吾于人也，听其言而信其行；今吾于人也，听其言而观其行。于予与改是。"② 从上下文看，这段话是针对"宰予昼寝"而说的，但对于一般的"知人"的方法却具有普遍意义。宰予是孔子的一个学生，人很聪明，口齿伶俐，但就是不爱学习，有一次竟然在课堂上呼呼睡觉。于是，这才引出孔夫子的一段感慨。又据《史记·仲尼弟子列传》记载，孔子说过："吾以言取人，失之宰予；以貌取人，失之子羽。"子羽即澹台灭明，也是孔子的一个学生。其人相貌生得相当丑陋。他本来打算师从孔子，孔子却认为他资质不行，恐怕成不了什么气候。勉强受业以后，子羽离开孔子独自修行，到长江一带讲学，随从的弟子有三百人，在各诸侯国都颇有名气。就是对子羽这么一个长相不好却颇有内秀的学生，孔子起初还不想当他的老师，

---

① 〔清〕焦循撰，沈文倬点校：《孟子正义》，中华书局1987年版，第518－519页。
② 程树德撰，程俊英、蒋见元点校：《论语集释》，中华书局1990年版，第313页。

这是以貌取人所造成的失误。而对宰予这么一个说的是一套而做的又是另一套的学生，孔子最初却颇为信任，这是以言取人所造成的失误。正反两方面的对比，使孔子认识到，既不能以貌取人，也不能以言取人，而要看对方的实际行为。"听其言而观其行"，才是正确的知人之道。

那么，具体来说，如何"观其行"呢？孔子提出了三条原则："视其所以，观其所由，察其所安。人焉廋哉？"① 在孔子看来，考察一个人的行为，观察他这样做的方法，了解他这样做的动机，就可以知道对方是什么样的人了。行为比言论更重要，方法比行为更重要，动机又比方法更重要。一个人的言行是这样，观察一个人的言行更应当如此。孔子举例道："论笃是与，君子者乎？色庄者乎？"② 意思是说：人们总是推许言行笃实的人，但这种人究竟是真正的君子呢，还是只在神情上伪装庄重的人呢？这就要全面考察其言论、行为、方法和动机。

这里有一个案例，正是孔子"观其行"的原则在管理活动中的具体运用。法家的创始人之一李克（别名李悝），本来是子夏的学生，也就是孔子的再传弟子。据《史记·魏世家》记载，魏文侯准备任命宰相，当时有两个人选，一个是魏成子，一个是翟璜，两个人各有千秋，不相上下。究竟选拔谁好呢？魏文侯举棋不定，便请教李克，李克并不正面回答，只是提出了选拔人才的五条基本原则："居视其所亲，富视其所与，达视其所举，穷视其所不为，贫视其所不取，五者以定之矣。"魏文侯据此确定了以魏成子为相。

李克这里所提出的五条原则，其实正是孔子上述三条原则的继承和发展。所谓"居视其所亲"，就是观察一个人在无官无职的时候都亲近些什么人；"富视其所与"，就是观察一个人在富裕时都施予些什么人；"达视其所举"，就是观察一个人在处于高位时都举荐些什么人；"穷视其所不为"，就是观察一个人在不发达的时候是否不做不正确的行为；"贫视其所不取"，就是观察一个人在贫困的时候是否不贪心索取。——这些，的确都是考察一个人特别是管理人才的重要角度。比如，"达视其所举"，魏成子和翟璜都位居高官，也都向魏文侯推荐人才。但魏成子所推荐的是文侯可以拜之为师的一类人才，而翟璜所推荐的却只是一些可以为将的人才。

---

① 程树德撰，程俊英、蒋见元点校：《论语集释》，中华书局1990年版，第92页。
② 程树德撰，程俊英、蒋见元点校：《论语集释》，中华书局1990年版，第786页。

这其中的水平高低自然也就可以看出来了。

"知其言""观其行",就能知人;而知人就要用人。对管理人才的考察和辨别,其目的还是在于选拔和使用。儒家要求治国者言行一致,这在用人问题上也是如此。荀子说:"人主之患,不在乎不言用贤,而在乎不诚必用贤。夫言用贤者口也,却贤者行也,口行相反而欲贤者之至,不肖者之退也,不亦难乎!"① 他以捕蝉的例子来比喻。捕蝉者以火把照蝉,蝉见火反投,因而捕之。那么,要想捕到蝉,火把就要明亮。如果火把不明亮,只是摇动大树,蝉也不会自己飞来。"今人主有能明其德者,则天下归之,若蝉之归明火也。"② 要想得到管理人才,治国者光打雷不下雨是不行的,关键的是要拿出爱人、用才的实际行动。

那么,治理国家要使用什么样的人才呢?儒家所依据的也是言行一致的标准。荀子借用孔子与鲁哀公论"治国之士"的形式,指出:"所谓士者,虽不能尽道术,必有率也;虽不能遍美善,必有处也。是故知不务多,务审其所知;言不务多,务审其所谓;行不务多,务审其所由。故知既已知之矣,言既已谓之矣,行既已由之矣,则若性命肌肤之不可易也。"③ 现实中的管理人才不可能是十全十美的。他不一定完全精通治国的原则和方法,但必定有所遵循;不一定要做到尽美尽善,但必定有所坚持。因此,对于管理人才的要求是:知识不在于多少,而要审察所认识的是否正确;言论不在于多少,而要审察所说的是否在理;行动不在于多少,而要审察所做的是否适当。知、言、行三者都审查清楚了,那就要像保护自己的生命和体肤一样,不可轻易改变。

由此,荀子进一步分辨了四种不同的管理人才。他指出:"口能言之,身能行之,国宝也。口不能言之,身能行之,国器也。口能言之,身不能行,国用也。口言善,身行恶,国妖也。治国者敬其宝,爱其器,任其用,除其妖。"④ 既能说又会做,说到做到的管理人才最高一等,可以担当治国的大任,他们是国家的宝贵财富。会做不会说的管理人才次一等,可以从事具体的管理事务,就像专门的器物一样。会说不会做的管理人才

---

① 〔清〕王先谦撰,沈啸寰、王星贤点校:《荀子集解》,中华书局1988年版,第261页。
② 〔清〕王先谦撰,沈啸寰、王星贤点校:《荀子集解》,中华书局1988年版,第262页。
③ 〔清〕王先谦撰,沈啸寰、王星贤点校:《荀子集解》,中华书局1988年版,第539–540页。
④ 〔清〕王先谦撰,沈啸寰、王星贤点校:《荀子集解》,中华书局1988年版,第498页。

又次一等，也可以根据他们的特长，在管理中发挥某种作用。而那些嘴上说好话，实际上干坏事的人，则像妖魔鬼怪一样，只能给国家带来灾难。因此，治国就要区别不同情况，量材录用，"敬其宝，爱其器，任其用，除其妖"，使之各得其所。

总之，在儒家看来，"言行一致"是管理者的基本准则，在管理用人中更要遵循这一准则。言行一致，知行一致，知治一致，这就是儒家管理哲学的认识论。

第三章

"执经达权"的管理方法论

广义的方法论包括认识方法与实践方法，狭义的方法论则专指实践方法。中国古代哲学中的《经权观》，就是一种十分重要的实践方法论。在管理活动中，"经"指基本的管理原则，"权"指随时应变的管理技巧。儒家管理哲学的方法讲究"执经达权"，要求管理者一方面要把握永恒不变的基本原则；另一方面又要因应瞬息万变的内外环境，因地制宜，因时制宜，因人制宜，左右逢源，无往而不通。这就把管理活动提升到一种艺术的境界。

一、方法论与经权观

方法论，英文为 methodology，指关于认识世界和改造世界的方法的理论。人们认识和改造世界，必然要进行一系列的思维活动和实践活动。这些活动所采用的各种方式，统称为方法；关于这些方法的理论，则统称为方法论。从广义上看，方法包括认识方法与实践方法；但人们往往把认识方法与认识活动本身相联系，把认识方法归于认识论。因此，狭义上的方法主要指实践的方法，方法论主要指实践的方法论。

中国哲学重行而不重知。这一特点反映在方法论上，那就是关于"行"即实践的方法十分丰富；而即使是关于"知"即认识的方法论（如荀子的"虚壹而静"），也打上了力行实践的烙印。"经权观"则是中国哲学十分重要的一种实践方法论。

"经"，本义指织物的纵线，与"纬"相对。《说文》："经，织纵丝也。纬，织横丝也。"经与纬，纵横交错，即成织物。"经"又引申为"常"，《礼记·中庸》："凡为天下国家有九经。"朱熹注："经，常也。"如此，"经"用来指常行不变的原则、义理、法则等。"权"，本义指一种树木。《说文》："权，黄华木；一曰反常。"假借为"权衡"的"权"，即秤锤，《庄子·胠箧》："为之权衡以称之。"称东西的时候，秤杆上的准量刻度是不变的,而秤锤却移来移去,因此,"权",即为变,变即为"反常"。又,段玉裁在注《说文》"经"字之"纵"义时指出:"古谓横直曰衡,字本不作纵,后人妄以代之。织之纵线谓之经,必先有经而后有纬。"从织东西的角度看,"经"即为纵线,也可以称作"衡";而从称东西的角度看,衡(秤杆)与权(秤锤)相互垂直,则类似于织物的经纬相交。这也许可以作为"经"与"权"的相互联系的文字学根据。

把"权"作为一个哲学范畴,最早是孔子提出来的。他说:"可与共学,未可以适道;可以适道,未可与立;可与立,未可与权。"① 这里把"权"作为最高的哲学方法论范畴。后来,孟子提出:"男女授受不亲,礼也。嫂溺,援之以手者,权也。"② 这里,所谓"礼"亦即封建社会中常行不变的"经",孟子把"礼"与"权"对举,也就含有"经权"范畴的意义。但是,最明确地提出"经权"相偶范畴的,则是《春秋公羊传》,其中指出:"权者何?权者反于经,然后有善者也。"从此,"经权"作为一对哲学方法论的范畴,就正式流行了。

与"经权"相关的一对范畴是"常变"。《玉篇》:"常,恒也。"《正韵》:"常,久也。"均有恒常、经常、不变的意思。"变"的本义即为变更。《说文》:"变,更也。"变更就是改常、易常。《诗·七月》孔颖达疏:"变者,改常之名。""常变"的观念,在中国哲学史上出现较早,《诗·大雅·文王》有:"天命靡常",靡常即无常,即为变。老子把"常"作为一个哲学范畴,提出"知常曰明"③。孙子开始把"常变"对举,提出"兵无常势,水无常形;能因敌变化而取胜者,谓之神"④。荀子进一步明确把"常变"当作一对相偶的哲学范畴,指出:"夫道者,体常而尽变,一隅不足以举之。"⑤

"常变"范畴与"经权"范畴有所不同。在内容上,常变范畴所涵盖的要广泛一些,包括整个自然界和人类社会中一切常住性与变动性的现象;而经权范畴则主要是人类社会中的守常与变更。在方法上,常变范畴是对自然与社会客观规律的描述,侧重于认识的方法;而经权范畴则主要

---

① 程树德撰,程俊英、蒋见元点校:《论语集释》,中华书局1990年版,第626页。
② 〔清〕焦循撰,沈文倬点校:《孟子正义》,中华书局1987年版,第521页。
③ 陈鼓应译注:《老子今注今译》,商务印书馆2006年版,第134页。
④ 李零译注:《孙子兵法注译》,巴蜀书社1991年版,第35页。
⑤ 〔清〕王先谦撰,沈啸寰、王星贤点校:《荀子集解》,中华书局1988年版,第393页。

是人们的主观选择，侧重于实践的方法论。但是，常变范畴与经权范畴在本质上又是一致的。"经"可以引申为"常"，所谓"经"，就是不变之"常"；"权"可以引申为"变"，所谓"权"，就是改常之"变"。正如汉代韩婴所指出的："常谓之经，变谓之权。"① 在这个意义上，经权与常变往往可以互相交换，乃至互相取代。事实上，人们在实际使用的过程中也常常把二者联系在一起，很难截然区分开来。例如，由经与常合成的"经常"一词、由权与变合成的"权变"一词，都已经成为现代的通用词语。有鉴于此，我们在下文的论述中，即把经权范畴作为人类社会中常变现象的客观描述及其主观选择的概念。

  关于常变、经权的思想，可以追溯到中国哲学的原典《易经》。这里的"易"，原来就是变化的意思。甲骨文的卜辞中，"易"大多以"易日""不易日"的形式出现。清代孙诒让对此解释道："易日犹言更日。盖皆吉则不易日，不吉则易日也。"所谓"易日"，就是改期，"不易日"，就是不改期。对于预先卜卦算定的日期，如果到时遇到各种因素的阻碍，则不妨改期，另择"吉日"实施，这就是"变"的观念。《易经》既然以"易"命名，其中就含有变易的意思。从形式上看，六十四卦中的任何一卦，只要变动其中一爻，便由此卦变为彼卦。因此，变的观念实际上是《易经》的核心。对此，《易传》的作者心领神会，指出："《易》之为书也不可远，为道也屡迁，变动不居，周流六虚，上下无常，刚柔相易，不可为典要，唯变所适。"② 这就把变动当作《易》的本质。与此同时，《易传》的作者也指出："动静有常，刚柔断矣。"尽管一切都是变动不居的，但变中却有不变之常，因为所谓变是有规律而不可乱的。"圣人有以见天下之赜，而拟诸其形容，象其物宜……圣人有以见天下之动，而观其会通，以行其典礼……言天下之至赜而不可恶也，言天下之至动而不可乱也。"③ 就变动而言，天下是繁杂的（即所谓"赜"）；就变动之有常不乱而言，天下又是至简的，"易简而天下之理得矣"。东汉郑玄综合各家意思，提出"易有三义"，他在《周易赞》中说："易一名而含三义；易简一也，变易为权。"简易则是对经权关系的总体把握。

---

① 〔清〕王先慎撰，钟哲点校：《韩非子集解》，中华书局1996年版，第490页。
② 黄寿祺、张善文：《周易译注》（修订本），上海古籍出版社2001年版，第596页。
③ 黄寿祺、张善文：《周易译注》（修订本），上海古籍出版社2001年版，第543页。

中国哲学史上的经权观，可以概括为四种观点：一曰"反经合道"，二曰"权即是经"，三曰"经权相对"，四曰"经权不离"。

关于"反经合道"说，《春秋公羊传》指出："权者何？权者反于经，然后有善者也。权之所设，舍死亡无所设。行权有道，自贬损以行权，不害人以行权。杀人以自生，亡人以自存，君子不为也。"这里包含着两层意思，一是"权者反于经"，权与经是对立的，但又是相反相成的。二是"行权有道"，权之施行是有条件的，不能违反道。例如，行权可以贬损自己，却不能危害别人，更不能"杀人以自生，亡人以自存"。这就是"道"，爱人之善道。

"反经合道"说强调权合于道，其落脚点还是强调权的合理性。成书于南北朝时期的《刘子·明权》篇指出："权者，反于经合于道，反于义而后有善。"进一步强调了经与权相反相成的对立统一关系。北宋时期，李觏、王安石等人从改革派的立场出发，特别强调行权的必要性。李觏指出："常者，道之纪也。道不以权，弗能济矣。是故权者，反常者也。"王安石则以孔孟为例，强调行权的重要性。他在《答王深甫书》中说："孔子见南子为礼，则孔子何不告子路曰'是礼也'，而曰'天厌之'乎？孟子曰：'男女授受不亲，礼也；嫂溺援之以手，权也。'若有礼而无权，则何以以为孔子？天下之理，固不可一言尽。君子有时而用礼，故孟子见诸侯；有时而用权，故孔子见南子也。"

关于"权即是经"说，汉儒董仲舒指出："夫权虽反经，亦必在可以然之域。不在可以然之域，故虽死亡，终弗为也。"① 在他看来，反经之权，有些是合于道的，有些是不合于道的。董仲舒所主张的是前者，即合于经之权；而特别反对后者，即"离经叛道"之权。这里，就已经包含了"权即是经"的思想萌芽。

宋代以后，中国封建社会由盛转衰。程朱等人从维护封建统治出发，唯恐后世借"反经合道"说以自饰、肆意践踏封建伦理纲常，因此，他们极力攻击《春秋公羊传》中所指出的权说，而企图把权纳入经的范围之中。程颐提出"权即是经"的观点，朱熹在《朱子四书语类》中评论道："伊川见汉儒只管言'反经是权'，恐后世无忌惮者，皆得借权以自饰，因有此论耳。"所谓"权即是经"，依宋人赵顺孙《论语纂证》的解释，

---

① 〔清〕苏舆撰，钟哲点校：《春秋繁露义证》，中华书局1992年版，第79页。

就是:"天下天理,惟其当然而已。当经而经,当然也;当权而权,亦当然也。则权虽异于经,而以其当然,则亦只是经。此程子之说然也。"这里的"当然"也就是董仲舒的"可以然之域"。既然权不能超出经的允许范围,那么,权"当然"也就是经了。

关于"经权相对"说。在反对《春秋公羊传》"反经合道"说这一点上,朱熹与程颐是一致的。但他看到:"然经毕竟是常,权毕竟是变",二者还是有所区别的,不宜混为一谈。于是,朱熹于《朱子四书语类》中提出"常则守经,变则行权"的思想。他说:"经是万世常行之道,权是不得已而用之,须是合义也。如汤放桀、武王伐纣、伊尹放太甲,此是权也;若日日时时用之,则成甚世界了?"这就是说,所谓经是常行的道理,而所谓权则是那常理行不得处,不得已而有所变通的道理。朱熹的高足陈淳在《北溪字义·经权》中进一步发挥说:"经与权相对,经是日常行道理,权也是正当道理,但非可以常行,与日用常行底异。公羊谓'反经而合道',说误了。既是反经,焉能合道?权只是济经之所不及者也。"

关于"经权不离"说。明代学者高拱《问辩录》中指出:"夫权者何也?秤锤也。称之为物,有衡有权。衡也者,为铢、为两、为斤、为钧、为石,其体无弗具也;然不能自为用也。权也者,铢则为之铢,两则为之两,斤则为之斤,钧则为之钧,石则为之石,往来取中,至于千亿而不穷其用。无弗周也;然必有衡而后可用也。故谓衡即是权,权即是衡不可也。然使衡离于权,权离于衡亦不可也。盖衡以权为用,权非用于衡,无所用之;分之则二物,而合之则一事也。"又说:"经也者,立本者也,犹之衡也;权也者,趋时者也。经以权为用,权非用于经无所用之者也。故谓权不离经也。"这里,回到经与权的本义,即"衡"(秤杆)与"权"(秤锤)的关系。秤杆上有关于斤两的准量刻度,但没有秤锤,则"不能自为用";秤锤移来移去,可以使用千万次以至无穷,但"必有衡而后可用也"。俗话说"称不离砣",秤杆离不开秤锤,秤锤也离不开秤杆,二者相互为用。同理,经不离权,权不离经,"分之则二物,而合之则一事也"。清代学者戴震、焦循、毛奇龄等人也有类似看法。

综观以上反经合道、权即是经、经权相对、经权不离四种观点,各自的论述角度不同,立场各异,甚至有尖锐对立。但它们有一点是一致的,这就是都主张"经权合一"(统一)。讲经权合一,持"反经合道""权即是经""经权不离"论者自不必说,就是朱熹虽主张"经权相对",但他也同时看到经与权"须是合义也",也不反对经权合一。我们今天用对立统一的辩证观点看经权,就可以用"经权合一"的命题把历史上不同的经权观统一起来,一如我们在辩证的意义上使用"天人合一""知行合一"一样。它们在本质上是一致的,都是中国哲学重视"合一"理念的表现。成中英教授指出:"表现'合一'的另一个要例是:经权互通。经是常道,权是变道,但经中有权,权不变经,因为在宇宙变化现象中,变中有不变之道,不变之道却又是变动不居的。基于此一了解,变通、变易、变化、变革等观念也都具备了宇宙论及实践论的三重'合一'意义,理解中变与常的合一,实践中变与常的合一,以及理解与实践的相合为一。"①

中国哲学中"经权合一"的方法论对其管理哲学带来了深刻的影响。台湾交通大学曾仕强教授和台湾师范大学刘君政教授把中国管理直接称之为"经权管理"。他们指出,中国管理,一方面把握永恒不变的原则,另一方面因应瞬息万变的内外环境,苟能"权不离经",则一切变化自然越变越好,越变越通。管理者了悟"经权"之道,便可永远适合时代的需要,所以中国管理以及中国管理现代化,都是以"经权"为主要精神,都可以正名为"中国的经权管理"。

儒家管理哲学的方法论,就是以"执经达权"为其根本特征的。

二、管理中的"经"

与"权"字相对的"经"字,在先秦儒家著作中较少提及。在《论语》与《荀子》中,"经"是"缢"的借用,指上吊自杀的意思,如"自经于沟渎而莫之知也"②,"救经而引其足也"③。《孟子》中的"经"字虽有常则的意思,如"君子反经而已矣"④,却也未与"权"相对举。但是,如果不拘泥于具体文字,而把"经"作为一种恒常不变的原则,那么,先秦儒家诸子的论述还是相当丰富的。孔子所说的"道"与"权",孟子所说的"礼"与"权",都从不同角度表述着经权关系的内容。

那么,具体来说,儒家管理哲学中的"经"指什么呢?所谓"经",

---

① [美]成中英:《文化·伦理与管理:中国现代化的哲学省思》,贵州人民出版社1991年版,第233页。
② 程树德撰,程俊英、蒋见元点校:《论语集释》,中华书局1990年版,第992页。
③ [清]王先谦撰,沈啸寰、王星贤点校:《荀子集解》,中华书局1988年版,第113页。
④ [清]焦循撰,沈文倬点校:《孟子正义》,中华书局1987年版,第1033页。

就是常住不变，一以贯之的意思。据《论语·里仁》记载："子曰：'参乎！吾道一以贯之。'曾子曰：'唯。'子出，门人问曰：'何谓也？'曾子曰：'夫子之道，忠恕而已矣。'"① 这里，孔子认为自己的学说贯穿着一个基本观念，所谓"一以贯之"，就是不变之"经"。这一贯穿孔子整个思想的"经"，曾参概括为"忠恕之道"。这种概括，应该说是基本符合孔子本意的。

孔子说过："富与贵，是人之所欲也；不以其道得之，不处也。贫与贱，是人之所恶也；不以其道得之，不去也。君子去仁，恶乎成名？君子无终食之间违仁，造次必于是，颠沛必于是。"② 在这段话中，前半段强调君子安身立命，只是以"道"为准则，而后半段紧接着便说"仁"。由此可见，孔子所说的道，与仁有着密切的联系。人生的富贵贫贱，要"以其道得之"，也就是依照仁来决定取舍。仁，就是不可须臾离的正道。

关于"仁"，孔子有多处解释。其中有一处："仲弓问仁。子曰：'出门如见大宾，使民如承大祭。己所不欲，勿施于人。'"③ 孔子的回答，前两句"出门如见大宾，使民如承大祭"，要求管理者待人要恭慎诚敬，乃是尽己之心，这就是"忠"。后两句"己所不欲，勿施于人"，本来就是孔子对于"恕"的解释——"其恕乎！己所不欲！勿施于人。"④ 合起来看，孔子对于仲弓之问"仁"，实际上即答之以"忠恕"二字。孔子还说过："夫仁者，己欲立而立人，己欲达而达人。"⑤ 如果"己所不欲，勿施于人"是从消极意义上说，那么"己欲立而立人，己欲达而达人"则是从积极意义上说的。它们所说的都是"忠恕之道"，即为"仁"的一种含义。上面已经说过，在孔子那里，"仁"是不可须臾离的正道。因此，曾参用"忠恕之道"来概括"一以贯之"的夫子之道，应该说是不错的。

所谓"忠恕之道"，也就是《礼记·大学》所详述的"絜矩之道"："所恶于上，毋以使下；所恶于下，毋以事上；所恶于前，毋以先后；所恶于后，毋以从前；所恶于右，毋以交于左；所恶于左，毋以交于右：此之谓絜矩之道。"《大学》提出"格物、致知、诚意、正心、修身、齐家、

---

① 程树德撰，程俊英、蒋见元点校：《论语集释》，中华书局1990年版，第257–263页。
② 程树德撰，程俊英、蒋见元点校：《论语集释》，中华书局2010年版，第232–235页。
③ 程树德撰，程俊英、蒋见元点校：《论语集释》，中华书局1990年版，第824页。
④ 程树德撰，程俊英、蒋见元点校：《论语集释》，中华书局1990年版，第1106页。
⑤ 程树德撰，程俊英、蒋见元点校：《论语集释》，中华书局2010年版，第428页。

治国、平天下"的正己安人之道,把认识过程、道德修养与管理活动融为一体。大学之道,既是认识之道,道德之道,也是管理之道。而"絜矩之道"即为大学之道的灵魂。《大学》指出:"尧舜帅天下以仁,而民从之;桀纣帅天下以暴,而民从之;其所令反其所好,而民不从。是故君子有诸己而后求诸人,无诸己而后非诸人。所藏乎身不恕,而能喻诸人者,未之有也。"朱熹注:"有善于己,然后可以责人之善;无恶者,无恶于己,然后可以正人之恶。皆推己以及人,所谓恕也。"这就把"推己及人"的忠恕之道同"正己安人"的管理之道结合起来了。《大学》又说:"所谓平天下在治其国者:上老老而民兴孝,上长长而民兴弟,上恤孤而民不倍,是以君子有絜矩之道也。"① 这就更直接把管理之道说成以己度人、推己及人的絜矩之道(即忠恕之道)。

其实,忠恕之道与正己安人的管理之道的关系,孔子本人就说得很清楚。据《论语·颜渊》记载,仲弓问什么是"仁",孔子对之以"己所不欲,勿施于人。在邦无怨,在家无怨"②。在这里,"己所不欲,勿施于人"即为"忠恕","在邦无怨,在家无怨"即为"安人"。忠恕为了安人,安人必须忠恕,二者密不可分。又据《论语·雍也》记载,子贡问:"如有博施于民而能济众,何如?可谓仁乎?"孔子回答:"何事于仁!必也圣乎!尧舜其犹病诸!夫仁者,己欲立而立人,己欲达而达人。能近取譬,可谓仁之方也已。"③ 这里,"博施于民而能济众"的安人措施,即"己欲立而立人,己欲达而达人"的忠恕之道的施行方法,二者是密不可分的。

综上所述,儒家推己及人的忠恕之道,体现在治国实践中,即为正己安人的管理之道。忠恕之道在儒家哲学中的"一以贯之"的基本原则;在儒家管理哲学中,也就是恒常不变的基本规定。推己及人、正己安人、修身治国,正是儒家管理哲学的根本精神,也就是管理中的"经"。

《礼记·中庸》的作者对此心领神会,他把正己安人的管理之道细分为九项具体的内容,称之为"九经"。他指出:"凡为天下国家有九经,

---

① 参见《十三经注疏》整理委员会整理:《礼记正义》,北京大学出版社1999年版,第1592-1613页。
② 程树德撰,程俊英、蒋见元点校:《论语集释》,中华书局1990年版,第824页。
③ 程树德撰,程俊英、蒋见元点校:《论语集释》,中华书局1990年版,第427-428页。

曰：修身也，尊贤也，亲亲也，敬大臣也，体群臣也，子庶民也，来百工也，柔远人也，怀诸侯也。修身则道立，尊贤则不惑，亲亲则诸父昆弟不怨，敬大臣则不眩，体群臣则士之报礼重，子庶民则百姓劝，来百工则财用足，柔远人则四方归之，怀诸侯则天下畏之。齐明盛服，非礼不动，所以修身也；去谗远色，贱货而贵德，所以劝贤也。尊其位，重其禄，同其好恶，所以劝亲亲也。官盛任使，所以劝大臣也。忠信重禄，所以劝士也。时使薄敛，所以劝百姓也。日省月试，既禀称事，所以劝百工也。送往迎来，嘉善而矜不能，所以柔远人也。继绝世，举废国，治乱持危，朝聘以时，厚往而薄来，所以怀诸侯也。"①

所谓"九经"，就是治理国家的九条基本原则。朱熹在《四书章句集注》中引用别人的注释，认为"九经"实在是《大学》"修齐治平"思想的具体化，指出："天下国家之本在身，故修身为九经之本。然必亲师取友，然后修身之道进，故尊贤次之。道之所进，莫先其家，故亲亲次之。由家以及朝廷，故敬大臣、体群臣次之。由朝廷以及其国，故子庶民、来百工次之。由其国以及天下，故柔远人、怀诸侯次之。此九经之序也。"这就是说，所谓"九经"，即是以修身治国、正己安人为主线，具体列举出治理天下国家的九个基本原则的条目、作用和内容。

所谓"修身"，就是强调管理者的道德修养，具体内容是"齐明盛服，非礼不动"。"非礼不动"中的"礼"，指以传统社会的典章制度和道德规范为依归。这就是孔子所说的"非礼勿视，非礼勿听，非礼勿言，非礼勿动"②。至于"齐明盛服"，《礼记·缁衣》上说："长民者，衣服不贰，从容有常，以齐其民，则民德壹。《诗》云：'彼都人士，狐裘黄黄。其容不改，出言有章。行归于周，万民所望。'"③ 在儒家看来，管理者要处处注意自己的道德修养和行为举止，甚至连穿衣服这类"小事"都不应该随随便便，因为它是直接关系到管理者形象的"大问题"。如果说"非礼不动"是从大处着眼，那么"齐明盛服"就是从小处着手。管理者对这些大事小事都注意到了，就可以说是道德修养到家了。这就是所谓"修

---

① 《十三经注疏》整理委员会整理：《礼记正义》，北京大学出版社1999年版，第1442—1444页。
② 程树德撰，程俊英、蒋见元点校：《论语集释》，中华书局1990年版，第821页。
③ 《十三经注疏》整理委员会整理：《礼记正义》，北京大学出版社1999年版，第1506页。

身则道立"。

所谓"尊贤",就是强调管理者要尊重人才,具体内容是"去谗远色,贱货而贵德"。儒家十分强调管理人才的重要性,孔子首先提出"举贤才"的主张。① 据《韩诗外传八》记载,孔子的学生宓子贱治理单父很成功,孔子问他有什么经验。子贱在回答中提到,他招揽了大批管理上的参谋人才,"所父事者三人,所兄事者五人,所友者十有二人,所师者一人"。孔子听后很高兴,评论道:"所父事者三人,足以教,孝矣;所兄事者五人,足以教弟矣;所友者十有二人,足以祛壅蔽矣;所师者一人,足以虑无失策,举无败功矣。"这就表明,儒家所强调的"尊贤",不仅仅是"举贤才",即提拔和任用有才能的管理人才,更重要的是强调管理者要善于听取各方面的意见,去谗远色,以祛壅蔽,保证管理决策的成功。这就是所谓"尊贤则不惑"。

所谓"亲亲",其内容有两个方面。一方面是主张管理者要提携自己的亲属,"尊其位,重其禄,同其好恶",以保证"诸父昆弟不怨"。这种主张,适应了宗法血缘社会的需要,却成为后来中国传统社会管理中的一大公害——"裙带风"的理论依据。但在另一方面,所谓"亲亲",也就是"齐家"。《大学》指出:"所谓治国必先齐其家者,其家不可教而能教人者,无之";"宜其家人,而后可以教国人";"宜兄宜弟,而后可以教国人";"其为父子兄弟足法,而后民法之也"。② 这里强调管理者要教育好自己的亲属;所谓正己正人,就要从自己的身边做起。这一主张就是在今天来看,恐怕不能说没有可取之处。当然,还必须有制度上的保证,而不能光靠道德说教。

所谓"敬大臣",就是要求最高管理者充分信任和放手任用直属管理人员,其内容是"官盛任使"。朱熹注:"谓官属众盛,足任使令也",也就是要健全管理机构,充实管理人员,并委以全权的意思。《论语·泰伯》上说:"舜有臣五人而天下治。"朱熹注:"五人,禹、稷、契、皋陶、伯益也。"③ 其中,禹担任"司空"的职务,治理水土,并主持政务,率领

---

① 程树德撰,程俊英、蒋见元点校:《论语集释》,中华书局1990年版,第882-883页。
② 《十三经注疏》整理委员会整理:《礼记正义》,北京大学出版社1999年版,第1599-1600页。
③ 程树德撰,程俊英、蒋见元点校:《论语集释》,中华书局1990年版,第553页。

百官；弃担任"后稷"的职务，教导人民种植庄稼；契担任"司徒"的职务，教化人民遵守道德伦常；皋陶担任"士"（法官）的职务，掌管刑律法制；伯益担任"虞官"的职务，管理山林川泽。由于舜放手让这些人各司其职，把天下管理得井井有条。这就是所谓"敬大臣则不眩"。

所谓"体群臣"，就是要求最高管理者要体贴各级管理人员，其内容是"忠信重禄"。儒家理想的君臣关系是相互对应的。孔子指出："君使臣以礼，臣事君以忠。"① 孟子则从正反两方面指出："君之视臣如手足，则臣视君如腹心；君之视臣如犬马，则臣视君如国人；君之视臣如土芥，则臣礼君如寇仇。"② 国君真正以群臣为"体"，把臣下当作自己的手足，设身处地为臣下着想，工作上言听计从，生活上待遇优厚，臣下就会报之以忠诚，为国君服务。这就是所谓"体群臣则士之报礼重"。

所谓"子庶民"，就是要求治国者"为民父母"，像对待自己的子女一样关心和爱护老百姓，其内容是"时使薄敛"。孔子指出："道千乘之国，敬事而信，节用而爱人，使民以时。"③ 这就要求国家的统治者不能盘剥和骚扰老百姓。例如孔子的学生冉求当了季氏的管理，他不听从孔子关于对老百姓要"施取其厚，事举其中，敛从其薄"的劝告，拼命为季氏搜刮百姓的钱财，孔子对此很生气，说道："非吾徒也。小子鸣鼓而攻之，可也。"④

所谓"来百工"，就是要求当时的国家管理者扶持和发展手工业生产，以保证人民的衣食住行，这就是所谓"来百工则财用足"。

所谓"柔远人"，就是要求治国者对四方百姓采取怀柔的政策以争取他们的归附。其内容是"嘉善而矜不能"。此语本出于《论语·子张》，意思是说，治国者既要尊敬贤人，也要接纳普通人；既鼓励能人，也可怜没有能力的人。只有这样，才能广招天下百姓，巩固国家的统治基础。这就是所谓的"柔远人则四方归之"。

所谓"怀诸侯"，就是要国家的最高管理者搞好与地方管理者的关系。所谓"诸侯"，原本指封建领主制度下分封各地的大小领主，后来也泛指

---

① 程树德撰，程俊英、蒋见元点校：《论语集释》，中华书局1990年版，第197页。
② 〔清〕焦循撰，沈文倬点校：《孟子正义》，中华书局1987年版，第546页。
③ 程树德撰，程俊英、蒋见元点校：《论语集释》，中华书局1990年版，第21页。
④ 程树德撰，程俊英、蒋见元点校：《论语集释》，中华书局1990年版，第774页。

中央集权制度下各地的封疆大吏。从国家管理的角度看，中央和地方的关系当然是十分重要的。儒家主张中央君主对地方诸侯应采取怀柔政策，"朝聘以时，厚往而薄来"，从而使他们畏服，这就是所谓"怀诸侯而天下畏之"。

上述"九经"即九条基本的治国原则，比较鲜明地反映了以宗法血缘制度为基础的中国传统社会国家管理的特色，具有明显的时代性，现代社会当然不可能全盘照搬。但是，其中所蕴含的"正己安人"的基本精神，乃至某些具体做法，经过改造，也可以为现代社会的管理实践所吸收。

即使是在传统社会的管理活动中，这些基本原则也不是一成不变的。它们在实际施行过程中还要因时、因地、因人而制宜，这就是儒家所说的"权"。在国家管理的实际活动中，"经"作为基本原则，要经过"权"的手段技巧才能得到真正的贯彻落实。

三、管理中的"权"

儒家十分重视管理中的"权"。孔子指出："可与共学，未可与适道；可与适道，未可与立；可与立，未可与权。"① 可以同他一起学习的人，未必可以同他依道而行；可以同他依道而行的人，未必可以同他一起通权达变。由此可见，"权"是孔子所追求的人生行为的理想境界。因此，"子绝四：毋意，毋必，毋固，毋我。"② 不凭空揣测，不绝对肯定，不拘泥固执，不唯我独是，这就是一种通权达变的态度。

为什么儒家如此重视"权"呢？我们可以从孟子的这段对话中找到答案。孟子说："杨子取为我，拔一毛而利天下，不为也。墨子兼爱，摩顶放踵利天下，为之。子莫执中。执中为近之。执中无权，犹执一也。所恶执一者，为其贼道也，举一而废百也。"③

站在儒家的立场上，孟子对于杨子和墨子主张都是激烈反对的。他说："杨氏为我，是无君也；墨氏兼爱，是无父也。无父无君，是禽兽也。……杨墨之道不息，孔子之道不著，是邪说诬民，充塞仁义也。"④

---

① 程树德撰，程俊英、蒋见元点校：《论语集释》，中华书局1990年版，第626页。
② 程树德撰，程俊英、蒋见元点校：《论语集释》，中华书局1990年版，第573页。
③ 〔清〕焦循撰，沈文倬点校：《孟子正义》，中华书局1987年版，第915-919页。
④ 〔清〕焦循撰，沈文倬点校：《孟子正义》，中华书局1987年版，第456-457页。

按说，子莫既非杨也非墨，而是"执中"，执中则接近儒家所主张的仁义之道。但是，孟子却依旧不以子莫为然，为什么呢？原来，子莫的毛病就在于"执中无权"。执中无权，所执着的只是一个固定的中。这在方法论上看，同杨墨一样，都是"执一"。执一者必然害道。杨子执一，主张"为我"，自私自利，有害于"仁"；墨子执一，主张"兼爱"，亲疏无别，有害于"义"；子莫执一无权，不懂变化，同样有害于儒家的仁义之道。

在孟子看来，儒家的仁义之道是正确的，是治国的基本原则，即所谓"经"，对此必须始终坚持。但是，如果在坚持原则的同时，不依据实际情况适当变通，那就是"执一"，那就会有害于管理之"经"的贯彻。"所恶执一者，为其贼道也，举一而废百也。"为什么反对只执着于一点呢？因为它损害了仁义之道，只是拿起了一点而废弃了其余。执经而无权，损害了道，也就无法真正搞好管理。因此，"权"对于管理之道来说，同样是十分重要的。

先秦儒家诸子对于"权"的重视，具体反映在他们的言论和行动中。"正己安人""修齐治平"是儒家管理哲学的"经"，也是先秦儒家诸子终身为之奋斗的政治理想。他们对此倾注了满腔热情，坚持不渝。但是，对于实现这一理想的具体措施和具体方法，他们却又表现出相当的灵活性，北宋学者李觏曾经专门收集了一批孔子行权的案例，他在《复说》中指出："子见南子似不正。昭公知礼似不直。将之荆，先之以子夏，申之以冉有，不欲速贫，似不廉。文王既没，用我者其为东周，似不让；诛少正卯，似不仁。诺阳货曰'将仕'，似不信。应时迁徙，各得其所。礼所以制乎中，义所以谓之宜也。"下面，我们就来具体分析这些孔子行权的案例。

"子见南子"见于《论语·雍也》，① 又见《史记·孔子世家》。南子是卫灵公的夫人，她把持朝政，而且有不正当的行为，名声很不好。而孔子为了得到灵公的重用，却去拜见南子。这就有点"走夫人路线"的嫌疑，是为"不正"。但是，在孔子看来，为了在卫国实现自己的政治理想，却又非得过南子这道"关"不可。"不得已而见之"，这就是行权。

"昭公知礼"见于《论语·述而》。② 昭公是鲁国的君主，鲁国和吴国

---

① 程树德撰，程俊英、蒋见元点校：《论语集释》，中华书局1990年版，第419页。
② 程树德撰，程俊英、蒋见元点校：《论语集释》，中华书局1990年版，第495–497页。

的国君都姓姬，本来不得通婚，但鲁昭公却娶了吴国一位同姓女子为夫人。这从"同姓不婚"的宗法血缘制度来看，是违反了礼制的。孔子在回答陈司败的提问时，却说昭公"知礼"，这就有歪曲事物真相的嫌疑，是为"不直"。但鲁昭公是孔子的君主，臣为君讳，这又是封建礼制的大节。孔子在别人面前只能说自己的君主知礼，又是不得已而言之。这也是行权。（按：孔子事后也承认自己当时说错了。）

"文王既没"见于《论语·子罕》。① 孔子周游列国时，被匡地的群众拘禁，便说道："周文王死了以后，一切文化遗产不都在我这里吗？天若是要消灭这种文化，那我也不会掌握它了；天若是不要消灭这一文化，那匡人又能把我怎么样呢？"这种口气的确有点大言不惭，是为"不让"。但孔子为了实现自己的政治理想，知其不可而为之，为了自勉，只能这样说。

"诛少正卯"见于《史记·孔子世家》。孔子五十六岁那年，成为鲁国代理宰相，一上台刚七天就把"鲁大夫乱政者"少正卯给杀了。本来，孔子提倡"仁"，讲"仁者爱人"，因此，是反对"为政用杀"的。据《论语·颜渊》记载，季康子向孔子请教政治，问道："假如杀掉坏人来亲近好人，怎么样？"孔子回答说："您治理国家，为什么要杀人呢？您想把国家搞好，百姓就会好起来。"② 但是孔子自己上台刚七天就大开杀戒，这到底是怎么一回事呢？历来的儒家学者对此感到迷惑不解。他们或者根本否认此事，或者费尽心机为孔子开脱。李觏在这里的解释是孔子行权的结果。

"诺阳货曰将仕"见于《论语·阳货》。③ 阳货是季氏的家臣，当时把持着季氏的大权，从而也就把持着鲁国的政治。他极力拉拢孔子，要求孔子出来做官，为他装点门面。孔子尽管心里极不愿意，但碍于情面，只好在口头上答应。实际上，在阳货当权之时，孔子一直未仕。因此，"诺阳货曰将仕"是为"不信"。但孔子不愿与当权者同流合污，只是在口头上敷衍了事，这也是行权的表现。

李觏认为上述各例都是孔子行权的结果，"应时迁徙，各得其所"，很

---

① 程树德撰，程俊英、蒋见元点校：《论语集释》，中华书局1990年版，第578－579页。
② 程树德撰，程俊英、蒋见元点校：《论语集释》，中华书局1990年版，第866页。
③ 程树德撰，程俊英、蒋见元点校：《论语集释》，中华书局1990年版，第1174－1176页。

有点为儒家圣人涂脂抹粉，委曲周全的味道。但其中所表述的"即使是圣人也要随机应变"的思想却是颇为可取的。正如王安石《答王深甫书》所说："若有礼而无权，则何以为孔子？天下之理，固不可一言尽。君子有时而用礼，故孟子不见诸侯；有时而用权，故孔子见南子也。"

儒家如此强调"权"，却从来未因此忽视"经"。恰恰相反，儒家权论的根本特点就在于主张权不离经，只有通经才能行权。唐代柳宗元《断刑论》指出："经也者，常也；权也者，达经也。"宋代陈淳《北溪字义·经权》也指出："经所不及，须用权以通之；然用权须是地位高方可，非理明义精便差，却到合用权处亦看不出。权虽经之所不及，实与经不相悖，经穷则须用权以通之。"这里强调，用权是一种高深的学问，必须是对于经心领神会、理明义精者才能正确行权。用权的高明之处就在于处处合于经，时时不离经，使人们根本看不出来，达到"随心所欲不逾矩"的境界。

这种境界，就像曾仕强教授所描述的那样："管理者的智慧，真正表现在他持有自己的'常数'，而能够'有所不为、有所不变'，然后才能面对若干'变数'，适当调整自己的脚步而'有所为、有所变'。这种秉持正道（经）以求适应（权）的态度，即是'持经达权'，如果能够'权不离经'，那就不致'离经叛道'。'经'是常数（常道），'权'为变数（权变），经权相辅相成，才是正道。"①

如此看来，儒家的权论，打个比方说，就是把"经"当作一根主轴，"权"则围绕着这根主轴而上下波动。作为主轴的"经"是不变的，波动的"权"虽有变化，但其变化却是围绕着"经"这根主轴而起伏的。这就是说，儒家所谓的"权"，即"用经之权""变经之权""反经之权"。

关于"用经之权"，如上节所述，儒家认为治理天下国家有九条基本原则，包括"修身""尊贤""亲亲""敬大臣""体群臣""子庶民""来百工""柔远人""怀诸侯"，统称为"九经"。在儒家看来，作为治理国家的基本原则，这"九经"缺一不可；但在具体应用的过程中，却应该根据具体情况而有所侧重，这就是所谓"用经之权"。根据《后汉书》记载，东汉崔寔指出："故圣人执权，遭时定制，步骤之差，各有云设。……盖孔子对叶公以来远，哀公以临人，景公以节礼，非其不同，所

---

① 曾仕强：《中国的经营理念》，联经出版公司1985年版，第4-5页。

急异务也。"

"三公问政"之事,详见《韩非子·难三》:"叶公子高问政于仲尼,仲尼曰:'政在悦近而来远。'哀公问政于仲尼,仲尼曰:'政在选贤。'齐景公问政于仲尼,仲尼曰:'政在节财。'"三公出,子贡问曰:"'三公问夫子政一也。夫子对之不同,何也?'仲尼曰:'叶都大而国小,民有背心,故曰"政在悦近而来远"。鲁哀公有大臣三人,外障距诸侯四邻之士,内比周而以愚其君,使宇庙不扫除,社稷不血食者,必是三臣也,故曰"政在先贤"。齐景公筑雍门,为路寝,一朝而以三百乘之家赐者三,故曰"政在节财"。'"① 又,伏生《尚书大传·略说》、刘向《说苑·政理》也有类似记载。

孔子作为教育家,主张对学生要"因材施教";而当他作为"君王之师"的时候,所坚持的也是同一原则。在上述案例中,教育君主的基本内容不变,都属于治理国家的"九经",但孔子根据不同国家及其管理者的实际情况而分别有所侧重。叶国割据势力强大,人心不齐,所以孔子特别强调"政在悦近而来远",即"柔远人"的原则。鲁国有孟孙、叔孙、季孙三人专政,使得国君与贤人隔绝,所以孔子特别强调"政在选贤",即"尊贤"的原则。齐景公挥霍无度,浪费钱财,所以孔子特别强调"政在节财",要求统治者克制自己的欲望,即强调"修身"的原则。并不是因为管理国家的原则有什么不同,而是"所急异务也"。

《史记·孔子世家》记载:"景公问政于孔子,孔子曰:'君君,臣臣,父父,子子。'……他日又复问政于孔子,孔子曰:'政在节财'。"这就说明,对于治理国家的基本原则,不但可以根据不同国家、不同管理者的具体情况而有所侧重,就是对于同一个国家、同一个管理者,也可以根据不同的情形(包括时间、地点、条件等)而有所侧重。这就是"用经之权"。

关于"变经之权",儒家认为,管理国家的基本原则之"经"。乃是一定之规,不可轻易变动;但是,贯彻这一原则的具体措施和方法却又可以随时随地变化。因此,所谓"变经之权",不是指改变"经"本身,而是指在贯彻"经"的过程中,按照以往的方法去推行而行不通的时候,那就要变。这就是所谓"经穷则变"。《易传》指出:"易穷则变,变则通,

---

① 〔清〕王先慎撰,钟哲点校:《韩非子集解》,中华书局1996版,第373-374页。

通则久。"① 宋代陈淳《北溪字义·经权》则指出:"经穷则须用权以通之。"

儒家在这方面典型的例子是"汤武革命"。本来,商汤是夏桀的臣子,周武王是商纣的臣子,按照儒家的治国之"经",乃"君君,臣臣、父父、子子",臣下不能背叛君主,更不用说要他的命了。但汤武革命,却"须乎天而应乎人",为什么呢?按照孟子的解释,桀、纣反君之道而行暴政,虽尸居君位而实为独夫民贼,故"闻诛一夫纣矣,未闻弑君也"②。从经权理论来看,桀纣行不道,君臣之义已失,这就是"经穷",须用"权"才能通之。汤武革命就是通权。如此看来,"经穷则变",这就是儒家对于变经之权的一般性解释。

实际上,管理即是对于自然与社会的治理,使之有条理;而自然与社会却无时不在变,无处不在变。《易传》上说:"日新之谓盛德,生生之谓易。"宇宙是一个生生不已、变动不居的大潮流,只有变化,才能生存。"变动不居,周流六虚,上下无常,刚柔相易,不可为典要,唯变所适。"③ 由此,在所谓一定不变的"经"之中,本身就包含着"变"的内涵。正因为这样,权之于经才如同影之随形一样,不可须臾分离。

据《论语·为政》记载,孔子的学生子张问道:"今后十代的礼仪制度可以预先知道吗?"孔子回答道:"殷朝沿袭夏朝的礼仪制度,所废除和所增加的,是可以知道的;周朝沿袭殷朝的礼仪制度,所废除和所增加的,也是可以知道的。那么,假如有人继承周朝而当政,就是往后一百代,其礼仪制度也是可以预先知道的。"("殷因于夏礼,所损益,可知也。周因于殷礼,所损益,可知也。其或继周者,虽百世,可知也。"④)这里,礼仪制度就是孔子的"经",有所损益就是孔子的"权"。礼本身就有损益,只有损益,礼才能延续。经本身就是变,变本身就是经。明白于此,治国者就完全可以心安理得地"行夏之时,乘殷之辂,服周之冕,乐则《韶》《舞》"⑤,而不被认为是"离经叛道"。如此看来,所谓"变经之权",也可以理解为适应"经"之变化规律而做出的主观选择。

---

① 黄寿祺、张善文译注:《周易译注》,上海古籍出版社2001年版,第572页。
② 〔清〕焦循撰,沈文倬点校:《孟子正义》,中华书局1987年版,第145页。
③ 黄寿祺、张善文译注:《周易译注》,上海古籍出版社2001年版,第596页。
④ 程树德撰,程俊英、蒋见元点校:《论语集释》,中华书局1990年版,第127页。
⑤ 程树德撰,程俊英、蒋见元点校:《论语集释》,中华书局1990年版,第1077—1085页。

关于"反经之权",《春秋公羊传》指出:"权者何?权者反于经,然后有善者也。"这里的"反"字,历来有两种解释:一为"相反",即对立的意思;二为"复返",即回归的意思。按前一种解释,权相对于经,而又相反相成;按后一种解释,权复返于经,仍是相反相成。故两种解释都可以说得通。

其实,这里涉及中国古代辩证法的某些特点。张岱年先生指出:"中国哲学中所谓反复,与西洋哲学中所谓辩证法,颇有相似之点。西洋哲学的辩证法,讲凡事物必归于否定,而在质变之前有量变。中国哲学所谓反复,亦讲凡事物必终于反,而且必积而后反,在质的反转之前必有量的迁化,而量的改变必终于引起质的反转。但西洋哲学中辩证法所谓否定之否定,为表面上复返于初,而实则前进一级。故西洋哲学所讲之辩证历程为无穷的演进历程。中国哲学所谓复,则讲真实的复初,故中国哲学所讲反复,实有循环的意味。"① 按此,中国哲学之"反"略相当于西方哲学之"否定",中国哲学之"复"略相当于西方哲学的"否定之否定",中国哲学讲"反复",即包含着西方哲学辩证法对立统一、质变量变、否定之否定的内容。但是,西方哲学讲"否定"纯粹是两个对立面的转化,讲"否定之否定",实质上是前进一级,而中国哲学讲"反",还包含向对立面复归的意思;"复"则是原原本本的复初,即回到原始状态。

因此,所谓"权者反于经"中的"反",既是对立统一,也是复归合一,两种意思都不可缺。但是,无论是从中国哲学的特色,还是从儒家经权观的本质来看,我们更要注意其中所包含的"权复返于经"的意义。《春秋公羊传》讲"行权有道",《刘子·明权》主张"权者,反经合于道",董仲舒强调"夫权虽反经,亦必在可以然之域",他们都把"权"限定在一个相应的领域之内,只能在其中往返变化。

对于权"复返"于经的一面,孟子说得很清楚:"君子反经而已矣。经正则庶民兴,庶民兴,斯无邪慝矣。"② 在孟子看来,管理者需要行权,无权则"举一而废百";但行权的目的是使一切事物都回到经常的正道上来。经常的正道不被歪曲,老百姓就会积极振作;老百姓积极振作,那就没有邪恶了。这就是"反经之权"的结果。

---

① 张岱年:《中国哲学大纲》,中国社会科学出版社1982年版,第107–108页。
② 〔清〕焦循著,沈文倬点校:《孟子正义》,中华书局1987年版,第1033页。

四、管理中的"执经达权"

儒家管理哲学的方法论,十分重视管理中的基本原则,即所谓"经";更强调实际的管理活动要根据时间、地点、条件的变化而变化,即所谓"权";二者相结合,就是所谓"执经达权"。这里的"执"本义是"拿着",引申为"坚持,遵循",《礼记·中庸》:"诚之者,择善而固执之者也。"这里的"达",是"通达事理"的意思,《论语·雍也》:"赐也达,于从政乎何有?"① 如此看来,所谓"执经",就是坚持管理的基本原则,所谓"达权",就是通晓变化的道理。儒家认为,只有"执经"与"达权"相结合,才是一个优秀的管理者。

具体来说,执经达权的基本原则有四条,这就是:适其时,取其中,得其宜,合其道。

关于"适其时",这里的"时"指时势,是时间、地点、条件诸要素的合成。儒家认为,管理者要适应实际的时势,而采取不同的管理方法。《易经》上说:"时止则止,时行则行,动静不失其时,其道光明。"② 荀子也提出:"故君子时诎则诎,时伸则伸也。"③ 这就要求管理者必须根据现实的时势而做出正确的决策。或动或静,或行或止,或进或退,一切都要"适其时"。正如孔子所打的比方:好比堆土成山,只要再加一筐便可以了,但如果应该停止,我便停止;又好比在平地上堆土,尽管是刚刚倒下一筐,但如果应该继续下去,我便继续下去。④

孟子对孔子这种适时应变的态度十分赞赏,指出:"孔子,圣之时者也。"⑤ 这里把孔子当作识时务者为俊杰的"圣人",是有事实根据的。孟子指出,孔子的行为原则是"可以速而速,可以久而久,可以处而处,可以仕而仕"⑥。孔子离开齐国,不等把米淘完,说走就走;而离开鲁国,却说:"让我们慢慢走吧,这就是离开父母之邦啊!"——这就叫作"可

---

① 程树德撰,程俊英、蒋见元点校:《论语集释》,中华书局1990年版,第379页。
② 黄寿祺、张善文:《周易译注》,上海古籍出版社2001年版,第431页。
③ 〔清〕王先谦撰,沈啸寰、王星贤点校:《荀子集解》,中华书局1988年版,第113页。
④ 参见程树德撰,程俊英、蒋见元点校《论语集释》,中华书局1990年版,第61页。
⑤ 《孟子·万章下》,〔清〕焦循撰,沈文倬点校:《孟子正义》,中华书局1987年版,第672页。
⑥ 〔清〕焦循著,沈文倬点校:《孟子正义》,中华书局1987年版,第672页。

以速而速，可以久而久"。又，孔子本来主张"天下有道则见，无道则隐"①，认为君子出来做官（"出仕"）是为了推行自己的政治理想（"行道"）。但实际上，孔子既有因可以行道而做官，如对于鲁国的季恒子，也有因为君主的供养而做官，如对卫孝公。——这就叫作"可以处而处，可以仕而仕"。也就是说，孔子对于"出仕"与"行道"的关系，看法是相当灵活的，采取了一种通权达变的态度。

通权达变，就是反对固守原则而不变。北宋学者李觏《易论八》指出："常者，道之纪也。道不以权，弗能济矣。是故权者，反常者也。事变矣，势异矣，而一本于常，犹胶柱而鼓瑟也。"这里的"瑟"是古代的一种乐器，它在弹奏前，需由乐手转动弦柱以调节声音之高低；如果把弦柱胶粘住了，则无从调音。因此，所谓"胶柱而鼓瑟"，就是比喻拘泥而不知变通的意思。这一成语出自《史记·廉颇蔺相如列传》。据记载，赵国名将赵奢的儿子赵括从小就饱读兵书，满腹经纶，颇有名声。因此，当秦国派兵攻打赵国的时候，赵王打算起用赵括取代廉颇为统帅。蔺相如劝阻道："赵括只是读了他父亲留下的兵书，没有带兵打仗的实际经验，更不懂得通权达变，这就好比'胶柱而鼓瑟'。大王您只凭虚名而重用赵括，恐怕是不妥当的。"但赵王不听蔺相如的劝告，坚持以赵括为统帅。结果，在著名的"长平之役"中，赵军中了秦军的诡计，全军覆没，赵括本人也丧了命，给后人留下了"纸上谈兵"的笑柄。这就是死读经书，不知权变的结果。

关于"取其中"，这里的"中"，即儒家所说的"中庸"原则。孔子说："中庸之为德也，其至矣乎！民鲜久矣。"② 这里把"中庸"当作道德的最高原则。后代儒家学者（《史记》上说是孔子之孙子思）据此写了一篇很有名的文章，这就是《礼记·中庸》。其中指出："中也者，天下之大本也；和也者，天下之达道也。致中和，天地位焉，万物育焉。"③ 更进一步把"中和"（即"中庸"）视为万物的最高原则。又据《论语·尧曰》记载，尧舜禹世代相传的治国之道是"允执其中"④。今本《古文尚

---

① 程树德撰，程俊英、蒋见元点校：《论语集释》，中华书局1990年版，第540页。
② 程树德撰，程俊英、蒋见元点校：《论语集释》，中华书局1990年版，第425页。
③ 《十三经注疏》整理委员会整理：《礼记正义》，北京大学出版社1999年版，第1422页。
④ 程树德撰，程俊英、蒋见元点校：《论语集释》，中华书局1990年版，第1345页。

书·大禹谟》进一步扩展为"人心惟危,道心惟微,惟精惟一,允执厥中"。这样,在儒家看来,"中庸"也是管理的最高原则。

中庸作为一种思维方法,就是孔子所说的"叩其两端"。他说:"吾有知乎哉?无知也。有鄙夫问于我,空空如也。我叩其两端而竭焉。"①中庸作为一种行为准则,就是孔子所提倡的"无过无不及"。"子贡问:'师与商也孰贤?'子曰:'师也过,商也不及。'曰:'然则师愈与?'子曰:'过犹不及。'"②"叩其两端""无过无不及",就是儒家"中庸"说的基本内涵。

"叩其两端",即对于一件事来说,首为一端,尾为另一端;"无过无不及",即对于一个人来说,"过"为一端,"不及"为另一端——总之,无论是事物还是人的行为,都必定有"端"。由于这种思维惯性的影响,人们也往往把"叩其两端""无过无不及"之"中",也看成应该固守的"一端"。其实,这种理解,并不符合儒家的本意。

实际上,儒家所谓"中庸",是既没有"两端"也没有"中间"的。各执一端是一孔之见,专执其中则是一偏之见,这都是儒家所极力反对的。由此看来,要真正做到"中庸",非得有"权变"不可。关于这二者的关系,南宋陈淳《北溪字义·经权》说得好:"权,只是时措之宜。'君子而时中',时中便是权。天地之常经是经,故今之通义是权,问权与中何别?曰:知中然后能权,由权然后得中。中者,理所当然而无过不及者也。权者,所以度事理而取其当然,无过不及者也。""中"是客观存在的道理,"权"是主体采取的行为。二者的本质都是"无过无不及",因而互为表里,互为发明。

在管理中执经达权而取其中,对于管理者来说,就既要坚持中正之道,又要敢于打破常规。孟子说:"汤执中,立贤无方。"郑玄注:"方,常也。"焦循《正义》云:"惟贤则立,而无常法,乃申上执中之有权"。③所谓"立贤无方",也就是孟子所列举的例子:"舜发于畎亩之中,傅说举于版筑之间,胶鬲举于鱼盐之中,管夷吾举于士,孙叔敖举于海,百里

---

① 程树德撰,程俊英、蒋见元点校:《论语集释》,中华书局1990年版,第585页。
② 程树德撰,程俊英、蒋见元点校:《论语集释》,中华书局1990年版,第772页。
③ 〔清〕焦循撰,沈文倬点校:《孟子正义》,中华书局1987年版,第569页。

奚举于市。"① 这些历史上名扬一时的治国干才，有的本来是农夫，有的本来是泥水匠，有的本来是鱼盐贩子，有的本来是犯人……根本没有什么固定的成长模式。管理者懂得这个道理，"惟推而广之，而无常法"，不拘一格选拔任用人才，就能治理好天下。推而广之，这其中所包含的"执中有权"的中正之道，对于任何管理活动都是适用的。

关于"得其宜"，这里所谓"宜"，是恰当、合理的意思。而在儒家看来，所谓"恰当合理"就是"义"。《礼记·中庸》上说："义者，宜也"。"义"与"宜"经常互为说明，互相发挥。孔子说："君子之于天下也，无适也，无莫也，义之与比。"② 他的意思是说，管理者对于治理天下的事情，没规定要怎样做。孟子甚至还主张："大人者，言不必信，行不必果，惟义所在。"③

关于孟子的"言不必信"，后人多有曲解。其实，它的前提是"惟义所在"。《淮南子·氾论训》上说："言而必信，期而必当，天下之高行也。直躬，其父攘羊而子证之。尾生，与妇人期而死之。直而证父，信而溺死，虽有直、信，孰能贵之！"这里所提到的有关"抱信柱"的故事至今家喻户晓。相传古代有一个人，名叫尾生，他与情人相约于某时在一座桥下见面。到了那天，河水暴涨，姑娘没有如约前来，而尾生信守诺言，抱住桥柱坚持等待，结果被不断上涨的河水淹没而亡，这种"信而溺死"的做法违反了"义"，即违反合理恰当的原则，实在不宜提倡。

因此，要做到"义之与比""惟义所在"，就一定要"执经达权"。或者反过来说，要"执经达权"，其基本前提就在于合理，恰当之"义"。荀子指出："宗原应变，曲得其宜。"④ "宗原"即是"执经"，"应变"即为"达权"。宗原应变，执经达权的目的，只在于"得其宜"，即合于义。《文中子》上说"权义举而皇极立"，说的是"权"必须以"义"为依归。陈淳认为，这里说得还不够透彻。他指出："权固义精者然后用得不差，然经亦无义不得。盖合当用经时须用经，当用权时须用权，度此得宜便是义，便是二者都不可无义。"这里把"义"（得宜）贯穿于整个经权的始

---

① 〔清〕焦循撰，沈文倬点校：《孟子正义》，中华书局1987年版，第864页。
② 程树德撰，程俊英、蒋见元点校：《论语集释》，中华书局1990年版，第247页。
③ 〔清〕焦循撰，沈文倬点校：《孟子正义》，中华书局1987年版，第555页。
④ 〔清〕王先谦撰，沈啸寰、王星贤点校：《荀子集解》，中华书局1988年版，第105页。

终，无论是"执经"，还是"达权"，都不可无义。王夫之《读四书大全说》卷五指出："以吾之所以处事物者言之，则在经曰'宜'，在变曰'权'，权亦宜也。"坚持管理原则的行为是"得其宜"，而根据管理态势的变化采取合适的行为，更是"得其宜"。既然无论是执经还是达权，其目的都是"得其宜"，在实际的管理活动中，就要把二者结合起来，服从于合理恰当的目的。

这里有一个执经而不得宜的例子，便是"宋襄之仁"。宋襄公是春秋时代宋国的国君。有一次宋国与楚国作战，宋兵已经排列成阵，而楚兵正在渡河，宋国有一位将军认为楚兵多宋兵少，主张利用楚兵渡河未毕的时机出击。但宋襄公说："不可，因为君子不乘别人困难的时候去攻打人家。"楚兵渡河以后，还未排列成阵，宋国将军又请求出击，宋襄公又说："不可，因为君子不攻击不成阵势的队伍。"一直等到楚军准备好了以后，宋襄公才下令出击。结果宋军大败，宋襄公自己也受了伤。这里宋襄公讲"仁"而不合时宜，执经而不知权变，违背了"战争就是消灭敌人保存自己"这一最大的"义"，必然遭到失败。

这里又有一个通权达变而得其宜的例子，便是"弦高犒师"。弦高是春秋时代郑国的商人。有一次，秦国军队企图偷偷袭击郑国，在路上被正做买卖的弦高遇见了。他马上向秦军献上四张熟牛皮，又送去十二头牛，说道："我们郑国国君听说你们的军队将经过敝国，特派我来慰劳你们。"与此同时，弦高又派人火速报告郑国国君，让国内做好战斗准备。秦国的将军们知道阴谋已经败露，不指望能再打胜仗了，只好收兵回国。弦高犒劳敌军，按常理是为不义，但正是这种通权达变的行为使敌军的阴谋破产，从而保卫了自己的国家，这才是最大的"义"，因而受到人们的赞颂。

关于"合其道"。"道"的本义是道路。在儒家哲学用语中，道具有方法、技艺、规律、事理、学说、道德等多种含义，笼而统之，可用"道理"一词加以概括。所谓"合其道"，就是要求人们的所作所为合乎一定的道理。孟子说："君子深造之以道，欲其自得之也。自得之则居之安，居之安则资之深，资之深则取之左右逢其原，故君子欲其自得之也。"[①]这里把"道"当作君子深造的依据，左右逢源的根基，也就是执经达权的保证。

---

① 〔清〕焦循撰，沈文倬点校：《孟子正义》，中华书局1987年版，第558−559页。

因此,"道"与儒家的经权说有相当密切的关系。孔子说:"天下有道则见,无道则隐"(《论语·泰伯》),说的就是个人进退上的经权与道的关系。① 孟子对此进一步发挥说:"天下有道,以道殉身;天下无道,以身殉道;未闻以道殉乎人者也。"② 天下清明,君子得志,道因之得以施行;天下昏暗,君子守道,不惜为道而死;无论如何,都不能以牺牲道来迁就王侯。

在儒家看来,无论是"有道则见",还是"无道则隐",君子所坚持的都只是同一个道。"禹稷当平世,三过其门而不入,孔子贤之。颜子当乱世,居于陋巷,一箪食,一瓢饮,人不堪其忧,颜子不改其乐,孔子贤之。孟子曰:'禹稷颜回同道,禹思天下有溺者,由己溺之也。稷思天下有饥者,由己饥之也。是以如是其急也。禹稷颜子,易地则皆然。'"③ 禹、稷处在政治清明的时代,为了帮助百姓,三过家门而不入。颜回处在政治昏暗的时代,住在狭窄的巷子里,过着艰难的生活,却自得其乐。在孔孟看来,他们的处世态度虽有所不同,但其中的道理却是一样的。如果相互交换位置,颜回也会挺身救天下而三过家门而不入,禹、稷也会默默隐居而自得其乐。其中的权衡进退,都是以同一个道为准则的。

从总体上看,道是贯穿经权的基本原则;而在具体的行为中,即使是某些"反经"的权变行为也仍然合乎其道。据《春秋》记载,郑庄公有两个儿子,长子名忽,庶子名突。庄公死后,按照立长黜庶的宗法原则,理应拥立忽为继承人。但庶子突的母亲原来本是宋国人,拥立突对宋国有利。于是,宋国就设法把郑国当时的宰相祭仲抓了起来,要求拥立突为郑国的国君。如果祭仲不服从,宋国就要派兵消灭郑国。在这种情况下,祭仲只好接受宋国的要求,拥立突为国君。对此,《春秋公羊传》肯定了祭仲的权变行为,指出:"古人之有权者,祭仲之权是也。权者何?权者反于经,然后有善者也。权之所设,舍死亡无所设。行权有道:自贬损以行权,不害人以行权。杀人以自生,亡人以自存,君子不为也。"这里,无论是"反经合道",还是"行权有道",都是明确要求经权必须合乎一定的道理。

---

① 程树德撰,程俊英、蒋见元点校:《论语集释》,中华书局1990年版,第540页。
② 〔清〕焦循撰,沈文倬点校:《孟子正义》,中华书局1987年版,第946页。
③ 〔清〕焦循撰,沈文倬点校:《孟子正义》,中华书局1987年版,第597页。

在现实的管理活动中,"时、中、宜、道"四者都是相互联系的。李觏指出:"应时迁徙,各得其所。礼所以制乎中,义所以谓之宜也。"根据时势的变化而各得其所,这就是"时中";各种原则及其变化都要合理、恰当,这就是"合乎时宜";而无论是"时中"还是"时宜",都要以一定的道理为依据,这就是左右逢源之"道"。所谓管理,就是要"管得合理"。适其时,取其中,得其宜,合其道,执经而达权,这就是儒家管理方法论的精髓。

第四章

"义以生利"的管理价值论

义利观是中国古代哲学的价值论。先秦儒家诸子一方面承认对于物质利益的追求乃人之常情,另一方面又更加强调这一追求必须符合社会公认的道德准则。这种"义利合一"的观念,表现在管理过程中,便是孔子所说的"义以生利,利以平民"。在儒家看来,"义"主要是对于管理者的道德要求,"利"主要指被管理者的物质需要,而整个管理活动便是"义以生利",即精神价值创造物质价值而又制约物质价值的过程。

一、价值论与义利观

哲学价值论指研究价值的性质、构成、标准和评价的理论。英文 axiology,即 theory of value,亦即关于价值的理论。其中 value,拉丁文本义是"掩盖、保护、加固",引申为"尊敬、敬仰、喜爱"的意思。由此看来,"价值"就是指值得珍贵、尊重和重视的东西。它主要是从肯定意义上立论。

在近代,价值一词最初用来指定某种物体的价值,主要指经济上的交换价值,18世纪资产阶级政治经济学亚当·斯密(Adam Smith)的著作中即有此提法。马克思在《资本论》中,则用"价值"和"使用价值"范畴来表述商品的二重性。后来,价值一词的使用逐渐扩展到各个领域,包括经济价值、政治价值、文化价值、认识价值、道德价值、审美价值、社会价值、历史价值、人的价值等。19世纪末20世纪初,哲学家们开始提出一般价值论,即哲学价值论,企图对以往各种各样的价值问题提供统一的研究。一般价值论,主要从主体与客体关系的角度探讨价值的普遍本质。这一理论认为,所谓价值,指的是客体的属性与功能满足主体需要而产生的某种效应。由此可以把价值区分为物质价值、精神价值和人的价值三大部类。

在中国古代哲学中,哲人们在探讨人生理想和人类行为的评价标准时，围绕着义与利、理与欲、志与功的关系所进行的争论，同价值问题密切相关，并在不同方面表现出他们的价值观。以"义利观"来说，所谓"义"，即相当于精神价值（道德价值）；所谓"利"，即相当于物质价值（含经济价值），义与利的关系即是非曲直精神价值与物质价值的关系。而中国古代哲学家们认为，明于"义利之辨"即充分体现了人的价值。在这个意义上，我们可以说，中国古代哲学的义利观涵盖了现代价值论的基本内容；或者说，义利观就是中国古代哲学的价值论。

先秦时期是中国古代义利之辨的第一个高潮。诸子百家对于义与利的关系纷纷提出了自己的看法。其主要观点，概括起来有儒家的"以义制利"、法家的"以利制义"、墨家的"以公利义"、道家的"以私利为义"等。

关于"以义制利"。孔子提出："富与贵，是人之所欲也；不以其道得之，不处也。贫与贱，是人之所恶也；不以其道得之，不去也。君子去仁，恶乎成名？君子无终食之间违仁，造次必于是，颠沛必于是。"① 发大财做大官，这是人人都盼望的；但如果不用正当的方法去得到它，君子就不接受。贫困和下贱，这是人人都厌恶的；但如果不用正当的方法去抛弃它，君子就不摆脱。所谓正当的方法（道），也就是"义"。孔子主张，物质利益的得失取舍，应该以"义"为准则。"不义而富且贵，于我如浮云。"② 所谓"义"，也就是"仁"，准确地说，是"仁义之道"，它是物质利益取舍的唯一依据。所以孔子指出：君子抛弃了仁义，就不能成就自己的名声。因此，君子每时每刻都不能离开仁义，无论所处的生活状况如何，都始终与仁义同在。

孟子进一步发挥道："非其道，则一箪食不可受于人；如其道，则舜受尧之天下，不以为泰。"③ 如果合于仁义之道，就像舜接受尧的天下，都不以为过分。一切以仁义为准。如果没有仁义之道的约束，则家将不成为其家，国将不成为其国，导致天下大乱。

荀子更加明确提出"以义制利"④ 的命题。他说："义与利者，人之

---

① 程树德撰，程俊英、蒋见元点校：《论语集释》，中华书局2010年版，第232-235页。
② 程树德撰，程俊英、蒋见元点校：《论语集释》，中华书局1990年版，第465页。
③ 〔清〕焦循撰，沈文倬点校：《孟子正义》，中华书局1987年版，第427页。
④ 〔清〕王先谦撰，沈啸寰、王星贤点校：《荀子集解》，中华书局1988年版，第332页。

所两有也。虽尧舜不能去民之欲利,然而能使其欲利不克其好义也。"①义与利之间,存在着谁制约谁,谁战胜谁的问题。"利"是人们不可缺少的物质需要,"义"也是人们不可缺少的精神追求,只有"以义制事,则知所利矣"②。

关于"以利制义",法家明确主张自私自利是人的本性。在《商君书》中,商鞅公开宣称:"民之欲富贵也,共阖棺而后止";"民之于利也,若水于下也,四旁无择也"。这就是说,人们对富贵的追求是至死方休的;只要有利可图,无论去哪里,无论干什么,人们都在所不辞。因此,在法家看来,"义"也必须服从于"利",受制约于"利"。韩非说:"夫君臣非有骨肉之亲,正直之道可以得利,则臣尽力以事主;正直之道不可以得安,则臣行私以干上。"③法家认为,利有公私之分,"霸王者,人主之大利也。……富贵者,人臣之大利也"④,君主之利为公利,人臣之利为私利。义也有公私之别,"夫令必行,禁必止,人主之公义也。必行其私,信于朋友,不可为赏劝,不可为罚沮,人臣之私义也"⑤。韩非提出"以计合"的对策。他说:"君臣之交,计也。害身而利国,臣弗为也;害国而利臣,君不为也。臣之情,害身无利;君之情,害国无亲。君臣也者,以计合者也。"⑥ 这里,韩非把君主当作国家利益的代表,把君主的私利当作最大的公义;与此同时,他也并不否认人臣私利的合理性,只是强调这种私利必须服从于君主,即国家的"公义"。君臣之间,各自绞尽脑汁,相互算计,做到既利君又利臣,既利国又利己,从而在承认利益冲突的基础上,达到相互一致的和谐,这就是法家"以利制义"论的目的。

关于"以公利为义",墨家十分重视"义"的价值。《墨子》专门有《贵义》篇,其中指出:"万事莫贵于义。"而义之所以可贵,就在于利。

---

① 〔清〕王先谦撰,沈啸寰、王星贤点校:《荀子集解》,中华书局1988年版,第502页。
② 〔清〕王先谦撰,沈啸寰、王星贤点校:《荀子集解》,中华书局1988年版,第452页。
③ 〔清〕王先慎撰,钟哲点校:《韩非子集解》,中华书局1996版,第100页。
④ 〔清〕王先慎撰,钟哲点校:《韩非子集解》,中华书局1996版,第417页。
⑤ 〔清〕王先慎撰,钟哲点校:《韩非子集解》,中华书局1996版,第128页。
⑥ 〔清〕王先慎撰,钟哲点校:《韩非子集解》,中华书局1996版,第128页。

"义，利也"①；"义，志以天下为芬，而能能利之，不必用"。② 这就是说，义即为利人之公利，要立志为天下人服务，把天下一切事务当作自己的分内之事，而不必考虑为个人所用。这就表明，墨家实际上是把公利当作义的代名词。墨子指出："仁人之事者，必务求兴天下之利，除天下之害。将以为法乎天下，利人乎即为，不利人乎即止。"③ 据《墨子·公输》篇记载，当楚国准备派兵攻打宋国的时候，墨子挺身而出，一方面派出自己的学生义务协助宋人守城，另一方面又千里跋涉，风尘仆仆，赶到楚国，说服楚王不要出兵，从而为宋国立下了汗马功劳。但是，当墨子从楚国赶回宋国的时候，正好遇上大雨，他想找个洞躲躲雨，遭到宋人的拒绝，如果不是以天下之公利为义，就很难理解墨子这种"毫不利己，专门利人"的精神。墨子指出："今用义为政于国家，人民必众，刑政必治，社稷必安。所为贵良宝者，可以利民也，而义可以利人，故曰：义，天下之良宝也。"④ 正是在"利人""利民"的基础上，墨子把义与利统一起来了。

关于"以私利为义"，道家提倡法自然。老子主张："绝圣弃智，民利百倍；绝仁弃义，民复孝慈；绝巧弃利，盗贼无有。"⑤ 对于现实社会中的义与利，老子都一概反对，他心目中的理想社会则是所谓"小国寡民。使有什伯之器而不用，使民复结绳而用之。甘其食，美其服，安其居，乐其俗。邻国相望，鸡犬之声相闻，民至老死，不相往来"⑥。这实际上是要求人们返回到无力无知因而无欲无私的原始社会状态，人人自利而无为，以此来消除当时由于社会进步而带来的贫富分化、阶级对立和思想混乱、道德堕落等现象。

杨朱进一步提出了自利为我的主张。孟子指出："杨子取为我，拔一毛而利天下，不为也。"⑦ 韩非则描述"轻物重生"的杨朱之徒，"义不入

---

① 〔清〕孙诒让撰，孙启治点校：《墨子间诂》，中华书局2001年版，第310页。
② 〔清〕孙诒让撰，孙启治点校：《墨子间诂》，中华书局2001年版，第334页。
③ 〔清〕孙诒让撰，孙启治点校：《墨子间诂》，中华书局2001年版，第113–114页。
④ 〔清〕孙诒让撰，孙启治点校：《墨子间诂》，中华书局2001年版，第430页。
⑤ 陈鼓应注译：《老子今注今译》，商务印书馆2006年版，第147页。
⑥ 陈鼓应注译：《老子今注今译》，商务印书馆2006年版，第345页。
⑦ 〔清〕焦循撰，沈文倬点校：《孟子正义》，中华书局1987年版，第915页。

危城，不处军旅，不以天下大利易其胫一毛"。① 即使是只拔掉小腿上的一根汗毛，就可以有利于天下或者换得天下之大利，他们都不愿意干。为什么呢？解释道："积一毛以成肌肤，积肌肤以成一节。一毛固一体万分之一物，奈何轻之乎？"就是说，一根汗毛尽管很细微，却也是自己身体的一个组成部分，所以绝对不能轻视。这种绝对利己主义，正是他们所谓的"义"，保生全身之义。

汉代董仲舒以儒家思想为基础，综合了上述各家的义利观。董仲舒承认道家关于养生之利的观点，但强调养心重于养身，因而突出儒家的"义重于利"思想。他说："天之生人也，使人生义与利。利以养其体，义以养其心。心不得义不能乐，体不得利不能安。义者心之养也，利者体之养也。体莫贵于心，故养莫贵于义。义之养生人大于利。"② 董仲舒肯定法家关于民之欲利如水的观点，但强调对此要加以提防，因而突出儒家的"以义制利"思想。他说："夫乃民之从利也，如水之走下，不能教化提防之，不能止也。"董仲舒吸收了墨家的博爱利民思想，但强调只有儒家的"以义制利"，才是真正的博爱利民。他说："圣人法天而立道，亦溥爱而亡私，布德施仁以厚之，设谊（义）立礼以导之。"综合上述思想观点，董仲舒提出"正其道不谋其利，修其理不急于其功"的著名命题。③《汉书·董仲舒传》的作者班固把这句话改为"正其谊不谋其利，明其道不计其功"，更加突出道义而贬抑功利，对后世产生了广泛的影响。

到了宋代，中国古代义利之辨掀起了第二个高潮。其中较为著名的，一是北宋时期李觏与程颐关于孟子"非利"的是非之争，另一则是南宋时期朱熹与陈亮、叶适的"王霸义利之辨"。

李觏认为，孔孟重义而轻利，只是一种偏激的说法。在《李觏集》卷二十九中，他说："孟子谓'何必曰利'，激也，焉有仁义而不利者乎？"其实，孔孟也讲利欲的。李觏指出：孟子"其书数称汤武将以七十里百里而王天下，利岂小哉！孔子以七十，所欲不逾矩，非无欲也。于《诗》则道男女之时，容貌之美，悲感念望，以见一国之风，其顺人也至矣。"程颐则指出，孔孟实际上是"以义为利"。《湖南程氏遗书》中说："天下只

---

① 〔清〕王先慎撰，钟哲点校：《韩非子集解》，中华书局1996版，第459页。
② 〔清〕苏舆著，钟哲点校：《春秋繁露义证》，中华书局1992年版，第263页。
③ 〔清〕苏舆著，钟哲点校：《春秋繁露义证》，中华书局1992年版，第268页。

有一个利，孟子与《周易》所言一般。只为后人趋著利便有弊，故孟子拔本塞源，不肯言利。其不信孟子者，却道不合非利，李觏是也。其信者，又直道不得近利。人无利，直是生不得，安得无利？"程颐举例道：譬如一把椅子，人坐得很舒服，这就是"利"。但人有了椅子之后，又贪心不足，还想再加上褥子，以求温暖；为达到目的，无所不为，乃至相互争夺，这就是趋利之弊了。孔孟所主张的义，正是为了避免这种"趋利之弊"，而不是否认人们必要的利。李觏与程颐两人的争论，其实没有超出传统儒家论述的范围，只不过前者侧重于"利"，后者侧重于"义"罢了。

朱熹把义利之辨说成天理人欲之争。他说："义者，天理之所宜。利者，人情之所欲。"① 朱熹继续阐发孔孟"以义制利"的思想，指出："义者，心之制，事之宜也。"并说："循天理，则不求利而自无不利；殉人欲，则求利未得而害己随之。"② 由此出发，朱熹进一步片面强调"义"，抬高"天理"的作用，乃至取消了"利"，泯灭了"人欲"。他说："人之一心，天理存则人欲亡，人欲胜则天理灭，未有天理人欲夹杂者。"因此，朱熹强调："学者须是革尽人欲，复尽天理，方始是学。"③ 这种"存天理，灭人欲"的提法，根本违反了人类本性和起码的常识，理所当然地受到了陈亮、叶适等人的反对。

陈亮在《问答七》中指出："耳之于声也，目之于色也，鼻之于臭也，口之于味也，四肢之于安佚也，性也，有命焉。出于性，则人之所同欲也；委于命，则必有制之者而不可违也。"这等于说，人欲就是天理，是人人共有，不可违抗的。至于义利，陈亮主张二者并重。他在《又甲辰秋书》中列举大量历史事实后指出："诸儒自处者曰义曰王，汉唐做得成者曰利曰霸。一头自如此说，一头自如彼做；说得虽甚好，做得亦不恶。如此却是义利双行，王霸并用。"叶适于《习学记言》中也以同样的语气说道："正义不谋利，明道不计功，初看极好，细看全疏阔。古人以利与人，而不自居其功，故道义光明。既无功利，则道义乃无用之虚语耳。"这就是说，谋利而不自私其利，计功而不自居其功，这才是道义。道义就

---

① 〔宋〕朱熹：《四书章句集注》，中华书局1983年版，第73页。
② 〔宋〕朱熹：《四书章句集注》，中华书局1983年版，第235页。
③ 〔宋〕朱熹：《四书章句集注》，中华书局1983年版，第235页。

在功利之中；如果离开功利，道义不过是一句空话而已。这一批评，的确是切中要害的。

明清之际，中国古代义利之辨进入总结阶段。当时的思想家大多批驳程朱学派"存天理，灭人欲"的荒谬说法，而极力恢复和发扬前人义利观中的合理因素。高拱《问辩录》指出："义者利之和，而义固未尝不利也。义利之分，惟在公私之判。苟出乎义，则利皆义也；苟出乎利，则义亦利也。而徒以不言利为高，使人不可以为国，是亦以名为利耳，而岂所谓义哉？"这就是说，"义"并不离开"利"的空洞概念，而是公共利益的总和。如果是为公而不是为私，那么，"利"即是"义"，"义"也即是"利"，二者是统一的。宋儒"徒以不言利为高"，是误人误国，沽名钓誉之谈，实际上也是为他们自己谋利！

对于程朱的天理人欲论，戴震《孟子字义疏证》一针见血地斥之为"以理杀人"，即所谓"理欲之辨，适成忍而残杀之具"。王夫之《读四书大全》则指出："礼虽纯为天理之节文，而必寓于人欲以见……故终不离人而别有天，终不离欲而别有理也。"正是站在"人"而不是站在"天"的立场上，王夫之重新规定了"义利"的概念，他在《尚书引义》中说："立人之道曰义，生人之用曰利，出义入利，人道不立；出利入害，人用不生。"对于人来说，义和利都是不可缺少的。义是立人之本，利是生人之用，二者不可分割。

颜元把义利统一观当作圣人的真传。他在《四书正误》中说："以义为利，圣贤平正道理也。尧、舜'利用'，《尚书》明与'正德'、'厚生'并为'三事'。'利贞'、'利用安身'、'利用刑人'、'无不利'、'利者义之和也'；《易》之言'利'更多。孟子极驳'利'字，恶夫掊克聚敛者耳；其实，义中之利，君子所贵也。后儒乃云'正其谊不谋其利'，过矣。宋人喜道之，以文其空疏无用之学。予尝矫其偏，改云：'正其谊以谋其利，明其道而计其功。'"他认为义中有利，才是经典儒家的本意；董仲舒和宋儒所鼓吹的"正其谊不谋其利"的说法，不过是用以掩饰他们学说的空疏无用而已。颜元反其道而行之，提出"正其谊以谋其利，明其道而计其功"，把"正义""明道"落实到功利之上。这是一种较全面的义利统一观。

综合上述中国哲学史上的义利观，其共同特点可以概括为"义利合一"。我国古代哲学的原典《易经》六十四卦，卦卦言利。《易经》对此解释道："利者义之和也。""利物是以和义。"这就已经表现出一种"义利合一"的倾向。此后，各家言义利，无不受此影响。历代的思想家，尽管他们的侧重点或许有所不同，但共同的目的却又只有一个，这就是企图解决"义"与"利"，即精神价值与物质价值之间的矛盾。一般地说，讲义者都忘不了谈利，谈利者也忘不了讲义。其共同的努力方向都是把义与利融合起来，统一起来。即使是像董仲舒那样，大谈"正其谊不谋其利"，但他同时也承认"天之生人也，使人生义与利"①；或者像朱熹那样，高唱"存天理，灭人欲"，但他同时也承认"义者，天理之所宜；利者，人情之所欲"②。他们在突出义的同时，并不否认人们也有追求利欲的一面，并不否认义利的统一性；只不过在他们看来，义利统一的基础在于义罢了。其他的思想家就更不用说了。因此，用"义利合一"的命题来概括中国哲学史上义利观的特点，还是合适的。

有人认为，孔子所说的"君子喻于义，小人喻于利"③，是把义与利绝对对立起来，割裂开来，而赞美君子的高尚，谴责小人的卑劣。其实，这是一种误解。孔子的这种说法，不过是对当时社会状况的客观描述，并在这一描述的基础上，对社会的管理者与被管理者提出的不同要求罢了。具体来说，所谓"君子喻于义"，是在承认当时社会统治者已有的物质利益的基础上，对他们提出更高的道德要求。所谓"小人喻于利"，则是强调只有满足被统治者的基本物质需求，才能对他们进行必要的精神指导。因此，君子之义中含有利，而小人之利中则含有义。在这里，义和利依然是对立统一的。

儒家的这种义利合一观，体现在管理活动中，就是"义以生利"，据《左传·成公二年》记载，孔子曾说过："礼以行义，义以生利，利以平民，政之大节也。"管理者的职责就在于循礼而行义，只有行义，才能创造出物质利益，从而满足人民的需要，这就是为政的真谛。

对于孔子的这段话，历来人们都不太注意。其实，所谓"义以生利"，正是孔子乃至整个经典儒家义利观的核心。这从管理价值论的角度来看，就会更加清楚一些。

---

① 参见〔清〕苏舆撰，钟哲点校《春秋繁露义证》，中华书局1992年版，第263页。
② 〔宋〕朱熹撰：《四书章句集注》，中华书局1983年版，第73页。
③ 程树德撰，程俊英、蒋见元点校：《论语集释》，中华书局1990年版，第267页。

二、"义"与管理者的道德要求

儒家所谓"义",主要是对"君子"说的。所谓"君子",本来专指社会的统治者。而在儒家看来,"君子"既指统治者,如"君子之德风"①,又泛指有道德的人,如"人不知,而不愠,不亦君子乎?"② 先秦儒家诸子,特别是孔子,多次把"君子"与"小人"对举,二者之间既有高尚与卑劣的道德品质之别,也有统治与被统治的地位之分。即使是作为有德之人的"君子",实际上也是社会统治者的后备队,因为在儒家心目中的君子应该是"穷则独善其身,达则兼济天下"的。所谓"独善其身",指个人的道德修养,"兼济天下"就要出仕当官。在这个意义上,我们可以把"君子"笼统看作同一般老百姓相区别的社会管理层。所谓"君子喻于义",就是要求君子们"义以为上"③、"义以为质"④,强调君子要通晓仁义,崇尚仁义,以仁义作为自己的本质,这都是儒家对社会管理者提出的道德要求。

为什么要对社会管理者提出特殊的道德要求呢?这就要从儒家的忧患意识谈起。在孔子那个时代,作为社会管理者的"君子"阶层,应该说在个人生活方面没有什么值得忧虑的了。以孔子本人为例,他"食不厌精,脍不厌细";穿的也很讲究:"缁衣,羔裘;素衣,麑裘;黄衣,狐裘"⑤;出门还必定要坐车:"以吾从大夫之后,不可徒行也。"⑥ 至于那些身居高位的王公大人,其生活上的奢侈程度就更不用说了。这就表明,在当时的社会政治制度下,依照"按权分配"的原则,君子们已经拥有大量的社会财富,过着比劳动人民富裕的物质生活。因此,诸如衣食住行这类老百姓要为之日夜操劳的事情,早就不被列入君子们所顾及的范围。他们即使不考虑,也不会出现物质利益匮乏的问题。所谓"君子谋道不谋食""忧道不忧贫",⑦ 实在是因为君子们根本不需要谋食,不需要忧贫,所以才得

---

① 程树德撰,程俊英、蒋见元点校:《论语集释》,中华书局1990年版,第866页。
② 程树德撰,程俊英、蒋见元点校:《论语集释》,中华书局1990年版,第8页。
③ 程树德撰,程俊英、蒋见元点校:《论语集释》,中华书局1990年版,第1241页。
④ 程树德撰,程俊英、蒋见元点校:《论语集释》,中华书局1990年版,第1100页。
⑤ 程树德撰,程俊英、蒋见元点校:《论语集释》,中华书局1990年版,第670页。
⑥ 程树德撰,程俊英、蒋见元点校:《论语集释》,中华书局1990年版,第753页。
⑦ 程树德撰,程俊英、蒋见元点校:《论语集释》,中华书局1990年版,第1119页。

以从从容容地高谈阔论,"谋道""忧道"罢了。

在这种情况下,作为当时君子阶层思想代表的先秦儒家诸子,他们所朝思暮想、忧心忡忡的问题到底是什么呢?孔子的回答是:"德之不修,学之不讲,闻义不能徙,不善不能改,是吾忧也。"①当时的统治者们,只沉醉于物质生活的享受,不培养品德,不讲求学问。听说义的道理,却不能亲身实践,有缺点又不改正,如此等等,正是孔子所感到忧虑的地方,更严重的是由于不注重道德修养,君子们的私心逐渐膨胀,"人心不足蛇吞象"。他们一方面对老百姓横征暴敛,层层盘剥;另一方面又在君子阶层内部勾心斗角,尔虞我诈,这一切都是为了追求更多更大的物质利益。例如,鲁国的季孙氏,"富于周公"却还要"聚敛而附益之";②并且还打算攻打颛臾,以扩大自己的地盘。对此,孔子评论道:"丘也闻有国有家者,不患寡而患不均,不患贫而患不安。盖均无贫,和无寡,安无倾。……吾恐季孙之忧,不在颛臾,而在萧墙之内也。"③在儒家看来,如果统治者们贪得无厌,就必然会造成人民贫困破产,社会动乱难安,最终导致统治者的私利也面临岌岌可危的两败局面。总之,当时的君子们"放于利而行,多怨"④,这就是孔子及其学派的忧患所在。

针对上述情况,儒家反其道而行之,这就是少讲利而多讲义。孔子"罕言利"⑤,而主张"君子义以为质"⑥"君子义以为上"⑦。孟子说:"王何必曰利。亦有仁义而已矣。"⑧荀子则主张:"君子之求利也略,其远害也早"⑨汉代史学家司马迁曾在《史记·孟子荀卿列传》中感叹地说过:"余读《孟子》书,至梁惠王问'何以利吾国',未尝不废书而叹也,曰:嗟乎,利诚乱之始也!夫子'罕言利'者,常防其原也。"既然儒家把君子之谋利看成社会动乱的根源,那么,他们就必然把"义"作为对君子即统治者的道德约束。所谓"君子喻于义",其中包含着十分丰富的内容。

---

① 程树德撰,程俊英、蒋见元点校:《论语集释》,中华书局1990年版,第439页。
② 程树德撰,程俊英、蒋见元点校:《论语集释》,中华书局1990年版,第774页。
③ 程树德撰,程俊英、蒋见元点校:《论语集释》,中华书局1990年版,第1137−1139页。
④ 程树德撰,程俊英、蒋见元点校:《论语集释》,中华书局1990年版,第253页。
⑤ 程树德撰,程俊英、蒋见元点校:《论语集释》,中华书局2010年版,第565页。
⑥ 程树德撰,程俊英、蒋见元点校:《论语集释》,中华书局1990年版,第1100页。
⑦ 程树德撰,程俊英、蒋见元点校:《论语集释》,中华书局1990年版,第1241页。
⑧ 〔清〕焦循撰,沈文倬点校:《孟子正义》,中华书局1987年版,第36页。
⑨ 〔清〕王先谦撰,沈啸寰、王星贤点校:《荀子集解》,中华书局1988年版,第35页。

首先，统治者必须克制个人的私欲。孔子赞美舜禹不为个人谋私利的高尚精神。他说："巍巍乎！舜禹之有天下也而不与焉。"① 这里的"与"，据杨伯峻先生解释，本义是"参与、关联"，但也含有"私有、享受"的意思。舜禹贵为天子，富有四海，却整天为老百姓操劳，一点也不为自己着想，真是儒家心目中的"圣人"，也是一切社会管理者的楷模。

但是，这种无私无欲的"圣人"标准，对于一般统治者来说实在难以做到。因此，儒家又提出克制私欲的起码要求。荀子指出："君子贫穷而志广，隆仁也。富贵而体恭，杀势也。安燕而血气不惰，柬理也。劳倦而容貌不枯，好文也。怒不过夺，喜不过予，是法胜私也。《书》曰：'无有作好，遵王之道。无有作恶，遵王之路。'此言君子之能以公义胜私欲也。"这里的"隆仁"指重视仁爱之心，"杀势"指消减个人权势，"柬理"指选择合理的事情去做，"好文"指注意礼节，"法胜私""以公义胜私欲"，则都是克制个人私欲和利益的意思。

据《国语·鲁语》记载，季文子历任鲁宣公、鲁成公两朝宰相，生活却非常节俭。他不给妻妾穿丝绸衣服，不用粮食喂马。仲孙它对此感到不可理解，对季文子说："你贵为鲁国上卿，对妻妾和马匹却这样苛刻，别人会说你太吝啬，而且对鲁国的形象也不太好吧？"季文子回答说："我也想把自己的妻妾打扮得漂亮一些，让自己的马匹长得肥壮一点；但看到鲁国的老百姓大多数还食不果腹，衣不暖身，我怎么敢奢侈呢！并且，我听说国家的形象是以道德为荣耀，而不是靠宰相的妻妾和马匹来装点门面的。"季文子可以算得上是统治者克制个人私欲的典型。

其次，统治者对人民不能横征暴敛。儒家看到人民是国家的根本，荀子引孔子的话说："君者，舟也；庶人者，水也。水则载舟，水则覆舟。"人民和统治者之间的关系是水和船的关系，水能行船，也能翻船；其中的关键，取决于统治者对待人民的态度。因此，儒家在经济政策上主张统治者对人民的剥削应该适可而止，不能竭泽而渔。

据《论语·颜渊》篇记载，鲁哀公向孔子的弟子有若问道："年成不好，国家用度不够，应该怎么办呢？"有若回答道："那您为什么不实行十分抽一的税率呢？"鲁哀公道："十分抽二，我尚且不够，怎么能十分抽一呢？"有若接着答道："如果老百姓的用度够，您怎么会不够？如果老百姓

---

① 程树德撰，程俊英、蒋见元点校：《论语集释》，中华书局1990年版，第547页。

的用度不够,您又怎么会够?"("百姓足,君孰与不足?百姓不足,君孰与足?"①)另据《说苑·政理》篇记载,孔子也向鲁哀公表达了同样的意思。鲁哀公向孔子问国家的施政方针。孔子回答道:"为政就要使人民富有而且长寿。"鲁哀公问道:"怎么样才能做到呢?"孔子回答道:"减少赋税则人民富有,人民生活好了就不会犯罪,不会犯罪就能长寿。"鲁哀公说:"这样说得好:讲究礼义的君子,乃是人民的父母。既然如此,子女富有而父母贫穷,这是没有的事。"("《诗》云:'凯悌君子,民之父母',未见其子富有而父母贫者也。")

由此,儒家特别反对统治者对人民的过分盘剥。据《左传·哀公十一年》记载:鲁国的田税原来以丘计算,抽取十分之一的赋税。鲁国执政大夫季孙氏,打算改变方式,按田亩计算,以十分之二的比例征税。于是派冉有去征求孔子的意见。孔子说:"我不懂得这个。"问了三次,孔子始终不做正式答复,却私底下以老师的身份对冉有说:"君子办事情,要根据礼来衡量,对老百姓施舍要力求丰厚,事情要做得适中,赋敛要尽量微薄。如果这样,那么像原来那样按丘征税也就够了。如果不根据礼来衡量而贪婪无度,那么,即使是按田亩征税,也还是不够的。"冉有又名冉求,本来是孔子的学生,但他不听从孔子的劝告,继续我行我素,为虎作伥,帮助季孙氏搜刮人民的财富。孔子对此十分生气,向学生们宣布道:"冉有再也不是我的学生了,你们大家可以大张旗鼓地去攻击他。"(《论语·先进》:"季氏富于周公,而求也为之聚敛而附益之。子曰:'非吾徒也。小子鸣鼓而攻之,可也。'"②)对于助纣为虐的冉有,孔子尚且不惜与他断绝师生关系,由此可见,孔子对于统治者横征暴敛的行为,的确是深恶痛绝的。

再次,统治者不能与民争利。儒家是从社会分工的角度理解统治者与被统治者之间的职责的。孟子说:"尧舜之治天下,岂无所用其心哉?亦不用于耕耳。"③ 统治者的职责在于管理天下,而不在于从事生产劳动。至于他们的物质生活需要,则由俸禄来保证,"禄足以代其耕也"④。因

---

① 程树德撰,程俊英、蒋见元点校:《论语集释》,中华书局1990年版,第851页。
② 程树德撰,程俊英、蒋见元点校:《论语集释》,中华书局1990年版,第774页。
③ 〔清〕焦循撰,沈文倬点校:《孟子正义》,中华书局1987年版,第391—392页。
④ 〔清〕焦循撰,沈文倬点校:《孟子正义》,中华书局1987年版,第687页。

此，社会的管理者就没有必要直接从事创造物质利益的生产活动。荀子提出："故天子不言多少，诸侯不言利害，大夫不言得丧，士不通货财，有国之君不息牛羊，错质之臣不息鸡豚，冢卿不修币，大夫不为场园，从士以上皆羞利而不与民争业，乐分施而耻积臧。"①统治者既已经得到了由于社会分工而赋予的那部分利益，就不应当再去与民争业、与民争利。《礼记·坊记》也指出："子云：'君子不尽利，以遗民。'《诗》云：'彼有遗秉，此有不敛，伊寡妇之利。'故君子仕则不稼，田则不渔，食时不力珍。大夫不坐羊，士不坐犬。"②天地生人，各有所利，统治者不应该也不可能穷尽天下之利，这同农民不捡收割时遗落的麦穗，而把它留给没有劳动力的寡妇人家，其中道理是一样的。

汉代董仲舒十分欣赏春秋时期的鲁国宰相公仪休不与民争利的行为。据说，公仪休回家看见妻子织帛，"怒而出其妻"，吃饭时吃到自己家种的葵菜，"愠而拔其葵"；并且说："吾已食禄，又夺园夫红女利乎？"董仲舒也指出："故受禄之家，食禄而已，不与民争业，然后利可均布产而民可家足。"据《史记·儒林列传》记载，董仲舒治学时专心致志，"三看法观于舍园，其精如此"；辞官回家后，"至卒，终不治产业，以修学著书为事"。董仲舒和公仪休一样，都用自己的行动实践了君子不与争利的原则。

儒家反对统治者与民争利，还有一个重要原因，那就是考虑到"上有所好，下必甚矣"。荀子指出："上好羞，则民暗饰矣；上好富，则民死利矣。二者，乱之衢也。民语曰：'欲富乎？忍耻矣，倾绝矣，绝故旧矣，与义分背矣。'上好富，则人民之行如此，安得不乱？"③在儒家看来，君子是人民的表率，位居高位而争相逐利，就会给下属带来恶劣的影响，竞相效仿，就会天下大乱。据《国语·周语上》记载，周厉王宠幸善于谋利的荣夷公，周大夫芮良夫评论道："看来周王室就要衰败了，因为荣公喜欢专利而不知大难临头。须知所谓利是百物所生，天地所载，属于天下人所共有。如果君主本身企图垄断天下之利，就会给国家带来祸害。"果然，由于厉王重用荣公，企图专天下之利；各路诸侯也起而效仿，各专其利。

---

① 〔清〕王先谦撰，沈啸寰、王星贤点校：《荀子集解》，中华书局1988年版，第502页。
② 《十三经注疏》整理委员会整理：《礼记正义》，北京大学出版社1999年版，第1416页。
③ 〔清〕王先谦撰，沈啸寰、王星贤点校：《荀子集解》，中华书局1988年版，第503页。

他们不但再也不向周王室纳贡，而且还把厉王流放到边远的地方，周王朝就从此衰败了。这正是统治者专利造成的恶果。

最后，统治者要以义为利。孔子的学生子路说："君子之仕也，行其义也。"① 统治者的职责在于推行仁义。孔子本人则说："上好礼，则民莫敢不敬；上好义，则民莫敢不服；上好信，则民莫敢不用情。夫如是，则四方之民襁负其子而至矣。"② 统治者推行仁义，老百姓就会从四面八方前来投奔，统治就有了基础。这对于统治者来说，才是最大的利。由此可见，儒家并不是不讲利，只是不讲小利，而要讲治国平天下的大利。孔子的学生子夏要去莒父邑当邑宰，向孔子请教治理的方法。孔子回答道："无欲速，无见小利。欲速则不达，见小利则大事不成。"③ 这里的"大事""大利"其实就是"义"。因此，统治者应以义（国家大利）为利，而不应以利（个人私利）为利。《礼记·大学》说："仁者以财发身，不仁者以身发财。未有上好仁而下不好义者也，未有好义其事不终者也，未有府库财非其财者也。孟献子曰：'畜马乘，不察于鸡豚。伐冰之家，不畜牛羊，百乘之家，不畜聚敛之臣。与其有聚敛之臣，宁有盗臣。'此谓国不以利为利，以义为利也。"④ 如果国家的统治者整天去追逐鸡豚牛羊这样的小人之利，甚至重用聚敛之臣，那就会大祸临头；如果以义为利，就能得到天下治理的大利。

从国家利益来考虑，要以义为利；而即使是从统治者的个人利益利益来考虑，也要以义为利。因为从根本上看，统治者的利益同国家的利益是一致的。统治者的个人私利就在国家公利（即"义"）之中。据《三国志·李严传》记载，蜀汉开国君主刘备死后，诸葛亮受遗命辅政，"事无世细，悉决于亮"。李严劝他乘机进爵为王，加"九锡"。诸葛亮给李严回了一封信，信中说："吾本东方下士，误用于先帝，位极人臣，禄赐百亿。今讨贼（指曹魏）未效，知己（指刘备）未答，而方崇齐晋，坐自贵大，非其义也。若灭魏斩叡（曹叡），帝（刘禅）还故居，与诸子并升。虽十命可受，况于九耶？"诸葛亮把个人的名利寓于国家的大利（公义）之

---

① 程树德撰，程俊英、蒋见元点校：《论语集释》，中华书局1990年版，第1277页。
② 程树德撰，程俊英、蒋见元点校：《论语集释》，中华书局1990年版，第897—898页。
③ 程树德撰，程俊英、蒋见元点校：《论语集释》，中华书局1990年版，第921页。
④ 《十三经注疏》整理委员会整理：《礼记正义》，北京大学出版社1999年版，第1603页。

中，说得上是贯彻儒家"以义为利"思想的一个榜样。

无论是以义为利还是以利为利，最终都将得到利。但其中的道德境界是大不相同的，据刘向《新序》记载，孔子对他的学生曾子说过："君子不以利害义，则耻辱安从生哉？"曾子对此心领神会，他开导自己的儿子道："鱼藏深渊，鸟宿山林，它们被人抓住，那都是由于饵料的诱惑。如果君子能够做到不因贪利而害义，那么，耻辱也就不会到来了。"（《荀子·法行》引曾子曰："……故君子苟能无以利害义，则耻辱亦无由至矣。"①）儒家把是否以义为利当作关系社会管理者荣辱是非的大问题，以义为利者荣，以利为利者辱——做这样的价值评判，其目的无非是要求管理者把义从外在的道德要求变成发自内心的道德自觉。

儒家把"义"作为对社会管理者的道德要求，用意原本不错，但在剥削制度存在的条件下，作为社会的管理者同时也是剥削者、统治者，一般来说，他们不可能不考虑个人私利。正如春秋时郑国大夫子产所说："无欲实难。皆得其欲，以从其事，而要其成。"② 企图让统治者完全排除个人私欲固然是不可能的；甚至是稍微克制一下个人私欲，对于很多统治者来说，也很难做到。就此而言，儒家所讲的"义"的确只能是"君子"之义，是"防君子而不防小人"的。它只能通行于社会管理阶层中的有德之人；而对于那些毫无道德良知的统治者，只凭借道德说教去感化他们，其收效是微乎的。

与此同时，我们也必须看到，儒家把义视为对社会管理者的根本道德要求，这就好比树立起了一面旗帜，"高山仰止，景行行之。虽不能至，然心向往之"。它吸引着一代又一代的志士仁人，其中包括一些身居最高位的统治者，为了提升自己的道德修养，"义以为质"，"义以为上"，从而涌现出可歌可泣的光辉榜样。例如，诸葛亮"鞠躬尽瘁，死而后已"的精神，范仲淹"先天下之忧而忧，后天下之乐而乐"的气度，乃至文天祥"人生自古谁无死，留取丹心照汗青"的铮铮铁骨，如此等等，这些都是中华民族传统中弥足珍贵的精神财富。当代西方管理哲学家霍金森在他的《领导哲学》一书中这样评述儒家管理价值观："领导者珍视传统的伦理、文化或秩序，他力图借助组织的工作，而使得有教养的伦理标准与具有历

---

① 〔清〕王先谦撰，沈啸寰、王星贤点校：《荀子集解》，中华书局1988年版。
② 《十三经注疏》整理委员会整理：《春秋左传正义》，北京大学出版社1999年，第1122页。

史连续性的人类尊严永存不朽。"① 反观儒家关于"君子义以为上"的教导以及历代志士仁人的范例，应该说，霍金森的这段评述确是颇有见地。

三、"利"与被管理者的物质需要

儒家主张"小人喻于利"②。其中的"小人"一词，本来没有褒贬意义。它专指劳动人民，即与社会统治阶层（"君子"）相对应的被统治阶层，亦即老百姓。如《尚书·无逸》有："先知稼穑之艰难，则知小人之依。"到了儒家那里，"小人"既指老百姓，如"小人之德草"③，又指无德之人，如"小人比而不周"④。因此，儒家所谓"小人喻于利"，一方面带有某些褒贬的意义，另一方面则是对当时社会劳动人民满足物质生活需要的客观描述。

孔子曾经反复申说"君子怀德，小人怀土"⑤。既然小人们要专门从事生产劳动以获取必需的生活资料，他们就不能不关心首要的生产资料（即土地），以求其利。小人们的求利，一方面固然是满足自己的基本物质生活需要，另一方面又是在为社会创造财富，这是整个社会得以生存的基础。因此，为了国家的安定和整个社会生活的正常运转，明智的统治者（社会管理者）对于小人们的求利行为，不但不应该制止，反而应当予以鼓励，还要提供必要的条件以促其实现。这就是孔子所说的"因民之所利而利之"⑥。"利民"，正是社会管理者不可推卸的责任，也是社会管理活动题中应有之义。

孔子明确提出"富民"思想，据《论语·子路》篇记载："子适卫，冉有仆。……（冉有）曰：'既富矣，又何加焉？'（子）曰：'教之。'"⑦人民是国家实力的基础。孔子认为，一个国家实力的标志，首先是人民的众多，其次是人民的富有，最后是人民的教养。其中，"富民"最为关键。

---

① Christopher Hodgkingson, *The Philosophy of Leadership*, Oxford: Basil Blackwell-Publisher Limited, 1983, p. 229.
② 程树德撰，程俊英、蒋见元点校：《论语集释》，中华书局1990年版，第267页。
③ 程树德撰，程俊英、蒋见元点校：《论语集释》，中华书局1990年版，第866页。
④ 程树德撰，程俊英、蒋见元点校：《论语集释》，中华书局1990年版，第100页。
⑤ 程树德撰，程俊英、蒋见元点校：《论语集释》，中华书局1990年版，第250页。
⑥ 程树德撰，程俊英、蒋见元点校：《论语集释》，中华书局1990年版，第1371页。
⑦ 程树德撰，程俊英、蒋见元点校：《论语集释》，中华书局1990年版，第905页。

《管子·治国》篇上说:"凡治国之道,必先富民。"老百姓财用丰富,安居乐业,人口才会繁衍众多,在这个意义上,没有"富之"也就没有"庶矣"。至于"教之",《管子·牧民》篇上又说:"仓廪实而知礼节,衣食足而知荣辱。"物质文明是精神文明的基础。如果老百姓吃不饱、穿不暖,只好铤而走险,为盗作乱,那么,所谓道德、教养又从何谈起呢?所以,在儒家所谓"庶矣—富之—教之"的三部曲中,"富民"处于承前启后的核心地位。

孔子之所以主张"富民",是由于他看到并承认"富与贵,是人之所欲也"①,对物质利益的追求是人的正常欲望,这里的人既包括统治者,也包括老百姓。但儒家认为,对于统治者的人个利欲应该加以必要的限制,因为他们凭借其地位已经获得了必要的物质生活条件,他们的任务主要是治理好国家,寻求国家的大利(公义)。而利民乃是利国的基础。据《孔子家语·弟子行》记载,子贡向卫国将军文子介绍孔子的学生澹台灭明时说:"贵之不喜,贱之不怒,苟利于民矣,廉于行己。其事上也,以佑其下,是澹台灭明之行也。孔子曰:'独富独贵,君子耻之,夫也中之矣。'"君子欲富贵,老百姓也欲富贵。因此,担负着社会管理责任的君子们就不能"独富贵",而应该克制私欲,利国利民。

在孔子看来,要富民、利民,统治者对人民的剥削就要适度,他说:"君子之行也,度于礼:施取其厚,事举其中,敛从其薄。"②"薄敛",是孔子的一贯主张。据《论语·颜渊》篇记载:"子贡问政。子曰:'足食,足兵,民信之矣。'子贡曰:'必不得已而去,于斯三者何先?'曰:'去兵。'子贡曰:'必不得已而去,于斯二者何先?'曰:'去食。自古皆有死,民无信不立。'"③ 这里的大意是说,治理国家的基本原则有三条:充实税收,充实军赋,树立人民对政府的信任。在不能兼顾的情况下,首先可以减免军赋,其次可以去掉税收,而人民对政府的信任却是绝对不可以丧失的。

对孔子这段话的"足食"一语,传统的解释是让人民吃饱肚子,引者也多从这个角度来肯定孔子的富民思想。但是,如果把"足食"中的

---

① 程树德撰,程俊英、蒋见元点校:《论语集释》,中华书局1990年版,第232页。
② 《十三经注疏》整理委员会整理:《春秋左传正义》,北京大学出版社1999年,第1662页。
③ 程树德撰,程俊英、蒋见元点校:《论语集释》,中华书局1990年版,第836-837页。

"食"理解为吃饭,那下文中的"去食"岂不是要让老百姓饿肚子吗?汉代的王充就是这样理解的,他并以此来指责孔子,说:"使治国无食,民饿,弃礼义,信安所立?"① 实际上,把"食"理解为吃饭,无论是从"足食"的积极意义上看,还是从"去食"的消极意义上看,都是对孔子的一种误解。孔子所谓"足食"中的"食",不能仅仅从字面意义上理解为"吃饭",而应该理解为赖以维持政府开支及其官员衣食住行的财政来源——税收。《汉书·刑法志》指出:"税以足食,赋以足兵。"无论是"足食",还是"足兵",都是从政府收入的角度上讲的。按照这个思路,孔子的本意是说,治理国家要有足够的税收,这就是"足食";但在某些迫不得已的情况下(如灾荒等),为了取信于民,也可以减免政府的税收,这就是"去食"。"去食"所减少的是政府的税收,所增加的却是人民的收入。因此,恰恰是"去食",才真正体现了孔子"富民"思想的积极意义,即减轻人民的负担,尊重人民的利益。

孟子则提出"制民之产"的思想,为"富民"原则制定具体的政策措施,他指出:"无恒产而有恒心者,惟士为能;若民,则无恒产,因无恒心。苟无恒心,放辟邪侈,无不为已。及陷于罪,然后从而刑之,是罔民也。焉有仁人在位,罔民而可为也?"② 没有固定的产业收入却有一定的道德观念和行为准则,这是对君子即社会统治阶层的要求。至于对一般的民众即被统治者,如果不给他们提供一定数量的产业,使其具备求利的条件以维持生计,那就是诱导民众去犯罪,无异于有意陷害民众,这是善良的统治者所不应该做的。那么,比较明智的办法是什么呢?孟子接着指出:"是故明君制民之产,必使仰足以事父母,俯足以畜妻子,乐岁终身饱,凶年免于死亡;然后驱而之善,故民之从之也轻。"③ 明智的统治者就要明确规定民众的产业,一定要使他们上足以赡养父母,下足以抚养妻儿;好年成,丰衣足食;坏年成,也不至于饿死。然后再引导他们走上善良的道路,民众也很容易地听从了。

孟子还具体设计了"制民之产"的蓝图:每家给他五亩地的住宅,四周种植着桑树,那么,五十岁以上的人都可以有丝棉袄穿了。鸡、狗、猪

---

① 黄晖撰:《论衡校释(附刘盼遂集解)》,中华书局1990年版,第422页。
② 〔清〕焦循撰,沈文倬点校:《孟子正义》,中华书局1987年版,第93—94页。
③ 〔清〕焦循撰,沈文倬点校:《孟子正义》,中华书局1987年版,第94页。

这类的家禽家畜，都有力量和功夫去饲养、繁殖，那么，七十岁以上的人就都可以有肉吃了。一家给他一百亩田地，并且不去妨碍生产，那么，八口人的家庭便可以吃得饱饱的了。办好各级学校，反复地用孝敬父母、敬爱兄长的道理来开导他们，那么，就会形成尊老爱幼的风气，使头发花白的老人不至于头顶肩背重物在路上行走了。总之，"老者衣帛食肉，黎民不饥不寒，然而不王者，未之有也"①。

这里孟子所设计的蓝图，带有明显的小农自然经济的烙印和某些空想的色彩。但他把"黎民不饥不寒"，即保证人民起码的物质生活条件作为政治的基础，却是颇有见地的。在孟子看来，"制民之产"乃是"仁政"的开端，"今王发政施仁，使天下仕者皆欲立于王之朝，耕者皆欲耕于王之野，商贾皆欲藏于王之市，行旅皆欲出于王之涂，天下之欲疾其君者，皆欲赴愬于王。其若是，孰能御之？"② 一个关心人民物质利益的统治者，就能够得到人民的理解、信任和拥戴，他的统治就有了坚实的基础。

所谓的"制民之产"，只是一种具体的政策措施，它能否推行，则取决于统治者本身是否真正有"富民"的思想。孟子主张，统治者要把自己的利欲之心推己及人，把自己财富的追求扩及广大民众，"所欲与之聚之，所恶勿施，尔也"③。这就是所谓"乐民之乐者，民亦乐其乐；忧民之忧者，民亦忧其忧。乐以天下，忧以天下，然而不王者，未之有也"④。有了这种"富民"之心，就会处处为民众考虑，想民众之所想，急民众之所急。"易其田畴，薄其税敛，民可使富也。食之以时，用之以礼，财不可胜用也。民非水火不生活，昏暮叩人之门户求水火，无弗与者，至足矣。圣人治天下，使有菽粟如水火。菽粟如水火而民焉有不仁者乎？"⑤ 水火是民众所必需而又到处都有的，所以民众取之不尽，还乐于送给别人。粮食也是民众所必需的，如果统治者管好耕种，减轻税收，按时食用，依礼消费，使老百姓的粮食像水火一样多，一样普遍，如此，天下哪有不能治理好的，百姓哪有不仁爱的呢？

荀子在孔孟"富民"思想的基础上，进一步提出"上下俱富"的主

---

① 〔宋〕朱熹：《四书章句集注》，中华书局2012年版，第202-203页。
② 〔清〕焦循撰，沈文倬点校：《孟子正义》，中华书局1987年版，第92页。
③ 〔清〕焦循撰，沈文倬点校：《孟子正义》，中华书局1987年版，第503页。
④ 〔清〕焦循撰，沈文倬点校：《孟子正义》，中华书局1987年版，第119页。
⑤ 〔清〕焦循撰，沈文倬点校：《孟子正义》，中华书局1987年版，第912页。

张。所谓"上下俱富",就是既富国又富民,而以富民为富国的基础。我们知道,在荀子以前,儒家主要讲"富民",法家才强调"富国"。法家的代表人物商鞅,大谈富国而不讲富民。因为他认为,老百姓如果太富了,就会看不起国家的奖赏,尤其不肯为国家的区区奖赏而冒死去当兵打仗;甚至还会利用自己手中的财富进行贿赂请托、破坏国家的法令,这对富国是不利的。因此,他总是强调要把社会财富尽量集中在国家的手中,而不愿意留在百姓手中。商鞅实际上是把富国和富民看成相互排斥的,认为要保证富国,就要限制富民。

荀子从儒家的立场出发,接过了法家"富国"的口号,而加以必要的改造。他专门写了《富国》篇,详细论述富国与富民的关系,强调富民是富国的前提和基础。[①] 其中指出:"观国之强弱贫富有征:上不隆礼则兵弱,上不爱民则兵弱,已诺不信则兵弱,庆赏不渐则兵弱,将率不能则兵弱。上好功则国贫,上好利则国贫,士大夫众则国贫,工商众则国贫,无制数度量则国贫。下贫则上贫,下富则上富。"国家的根基在于民众,民众贫穷则国家也贫穷,民众富有则国家也富有。只强调国家利益,而无视民众利益,到头来只能使国家积贫积弱。"故田野县鄙者,财之本也;垣窌仓廪者,财之末也。百姓时和、事业得叙者,货之源也;等赋府库者,货之流也。故明主必谨养其和,节其流,开其源。"明智的统治者明白这一道理,"养其和,节其流,开其源",从而使上下都富足,财物多得没地方藏,这才算懂得治国的大计,是真正的"富国"。

既然富国之本在于富民,那么,如何富民呢?荀子在《富国》篇中还提出了具体的措施。

一曰"节用裕民"。荀子提出:"足国之道,节用裕民而善臧其余。节用以礼,裕民以政。"所谓"节用"就是节省政府的开支。在一定时期内,社会财富的总量是固定的,政府所花费的减少了,人民手中的财富就增多了。因此,"节用"就能"裕民"——使人民得以宽裕。荀子主张按照封建礼制所规定的不同等级地位来制定统治阶层享用的标准,从而节省政府的开支,并通过采取各种正确的管理政策措施而使人民富裕起来。

二曰"计利畜民"。荀子指出:"量地而立国,计利而畜民,度人力

[①] 参见〔清〕王先谦撰,沈啸寰、王星贤点校:《荀子集解》,中华书局1988年版,第175—201页。

而授事；使民必胜事，事必出利，利足以生民"。这就是说，要根据土地大小来划分行政区域，根据利益多寡来养育人民，根据能力大小来授予工作，从而使老百姓人人胜任他们的工作，并从这些工作中得到必要的收益，而这些收益又足以养活民众自身。

三曰"轻田野之税"。荀子指出："轻田野之税，平关市之征，省商贾之数，罕兴力役，无夺农时，如是则国富矣。"这句话的意思是：减轻田地的赋税，适当地征收关卡集市的税金，减少商人的数量，少兴劳役，不违农时，这样国家就富强了。这里表现出某种"重农抑商"的思想。关于"重农"，中国作为一个人口众多的农业大国，"以农为本"实是从古到今都不得不采取的必要措施。至于"抑商"，荀子恐怕是受到法家思想的影响。而孔孟对于民间正常的商业活动，相对而言还是比较宽容的。孟子把统治者对于士农工商的一视同仁，作为"仁政"的重要内容。其中他指出，对于商人应该在市场给予空地以储存货物，去不征收货物税；如果货物滞销，则依法征购，不让它长久积压。这样，天下的商人都会高兴，愿意把货物存放在市场上了。（《孟子·公孙丑上》："市廛而不征，法而不廛，则天下之商，皆悦而愿藏于其市矣。"①）对商业活动处处给予方便和照顾，这也是儒家富民思想的重要内容。

富民的最终效果必然是富国。但荀子从儒家的立场出发，却强调富民原则本身是不带有功利性的。他指出："不利而利之，不如利而后利之之利也；不爱而用之，不如爱而后用之之功也。利而后利之，不如利而不利者之利也；爱而后用之，不如爱而不用者之功也。利而不利也，爱而不用也者，取天下矣。利而后利之，爱而后用之者，保社稷也。不利而利之，不爱而用之者，危国家者也。"② 这里的"不利而利之""利而后利之""利而不利也"三句话之中，每一句的前一个"利"字指被统治者之利，后一个"利"字则指统治者之利。这段话的意思是说：没有给人民利益，却要向人民索取，不如先给人民利益然后再索取更为有利；而先给人民利益然后再索取，又不如给人民利益而不索取更为有利。显然，荀子更强调统治者应该以富民利民为志向，而不要以索取民利满足私利为目的。"利而后利"乃至"利而不利也"，也从一个侧面体现出荀子同法家急功近利

---

① 〔清〕焦循撰，沈文倬点校：《孟子正义》，中华书局1987年版，第227页。
② 〔清〕王先谦撰，沈啸寰、王星贤点校：《荀子集解》，中华书局1988年版，第192页。

思想的重大区别。

当然,在强调富民的同时,儒家也十分强调对人民的道德教育。孔子的"庶矣—富之—教之"治民三部曲中,最后一部就是"教之"。在孔子看来,"放于利而行,多怨",这无论是对于君子(统治者)还是对于小人(被统治者)来说,都是一样的。"君子有勇而无义为乱,小人有勇而无义为盗。"① 在他看来,为了国家的稳定和人民的安居乐业,在予百姓以利的同时,也应该晓之以义,进行必要的道德教育。

荀子则全面论述了富民与教民二者之间的关系。他说:"不富无以养民情,不教无以理民性。故家五亩宅,百亩田,务其业而勿夺其时,所以富之也。立大学,设庠序,修六礼,明十教,所以道之也。《诗》曰:'饮之食之,教之诲之。'王事具矣。"② 在荀子看来,不富民就不能调养百姓的感情,不教化民就不能改造百姓的本性。富民的具体措施就是致力于人民的生产而不要违背农时,教民的具体措施则是建立各级学校,让百姓学习各种礼节,并对他们的行为给予必要的引导。《诗·小雅·绵蛮》叙述的是一个行役之人,疲劳不堪,又饥又渴,路上遇到阔人的车子,这个阔人给他饮食,开导他,并让他坐自己的车子。其中的"饮之食之,教之诲之",荀子引申为统治者的一般职责——既要给百姓吃的喝的,以满足他们的物质生活需要,又要给百姓必要的教育,以引导他们的精神追求。荀子认为,这就是治国的基本事务。

四、"义以生利"与管理过程

"以义生利"是孔子提出来的命题。据《左传·成公二年》记载,卫国派孙良夫等人攻打齐国失败,得到新筑大夫仲叔于奚的援救,孙良夫才幸免于难。为此,卫侯打算赠给仲叔于奚一些城邑,仲叔辞谢,转而请求得到诸侯才能使用的三面悬挂的乐器,并希望能够像诸侯那样用繁缨装饰马匹以朝见,卫侯答应了。孔子听说这件事后,便发表议论道:"这样做真可惜啊,还不如多给他城邑呢!"接着,孔子进一步论述道:"唯器与名,不可以假人,君之所司也。名以出信,信以守器,器以藏礼,礼以行义,义以生利,利以平民,政之大节也。"

---

① 程树德撰,程俊英、蒋见元点校:《论语集释》,中华书局1990年版,第1241页。
② 〔清〕王先谦撰,沈啸寰、王星贤点校:《荀子集解》,中华书局1988年版,第498-499页。

上面这段话是否真的是孔子所说，历来有不同的看法。有人认为，《论语》并未记载此事；且鲁成公二年为公元前 589 年，其时孔子尚未出生（按：孔子生于鲁襄公二十二年，即公元前 551 年），因此，孔子不可能有这番议论。笔者认为，这种看法是可以商榷的。

首先，从时间上看。汉代司马迁认为，《春秋》乃孔子所作（《史记·孔子世家》）；《左传》乃"鲁君子左丘明"所作（《史记·十二诸侯年表》序）。对此说法，历代学者或赞同或反对。今人杨伯峻先生考订前人旧说，从而断定：《春秋》并非孔子所作（或修），但"孔子曾经用《鲁春秋》作为教本，传授弟子"；《左传》也并非左丘明所作，作者应是战国时期的一位儒家学者，"其人可能受孔子影响，但是儒家别派"。笔者赞同杨伯峻先生的意见。既然孔子用《春秋》作为教材，那么可以想象，他在讲解的过程中，对于《春秋》书上所记载的各种历史事件，不可能不发表自己的见解。既然《左传》的作者在孔子之后，又是儒家门徒，对于孔子的上述见解，也有可能记录下来。因此，历代学者对《左传》所记载的孔子言论，一般都不表示怀疑。上述孔子对于卫侯允许仲叔于奚使用诸侯礼器这一事件的评论，也应作如是观。

其次，从思想来源上看。据《国语·周语中》记载，周襄王五十三年（公元前 639 年），周大夫富辰说过："夫义所以生利也，祥所以事神也，仁所以保民也；不义则利不阜，不祥则福不降，不仁则民不至。"《国语·晋语一》也记载，晋献公时大夫丕郑说过："民之有君，以治义也。义以生利，利以丰民。"由此看来，在孔子之前，有关"义以生利"的思想已经流行。孔子作为一个后来者，也完全可能吸收前人的思想，而纳入自己的体系。

再次，从内容上看。上述《左传》中的那段话，《论语》虽未有记载，但其中的内容却内在地体现在孔子的思想之中。具体来说，所谓"唯器与名，不可以假人，君之所司也"，同孔子关于"名不正，则言不顺"[①]"君君，臣臣，父父，子子"[②] 的"正名"思想颇为合拍。所谓"名以出信，信以守器，器以藏礼，礼以行义，义以生利"，即如孔子所说："上好礼，则民莫敢不敬；上好义，则民莫敢不服；上好信，则民莫敢不用情。

---

① 程树德撰，程俊英、蒋见元点校：《论语集释》，中华书局 1990 年版，第 892 页。
② 程树德撰，程俊英、蒋见元点校：《论语集释》，中华书局 1990 年版，第 855－856 页。

夫如是，则四方之民襁负其子而至矣。"① 所谓"利以平民，政之大节也"，则同孔子所主张的"因民之所利而利之"②的思想毫无二致。

最后，从孔子的整个利义观来看。《左传》那段话的"礼以行义"以上诸句即是孔子关于"君子喻于义"即强调管理者道德要求思想的展开；"利以平民"以下是"小人喻于利"即强调满足被管理者物质利益思想的说明；而中间的"义以生利"正是联结上与下，即管理者与被管理者、道德要求与物质需要之间的不可缺少的关节点。

综上所述，笔者认为"义以生利"的命题，不但是孔子本人说过的，而且这一命题在孔子乃至整个儒家管理哲学的价值论中，处于至关重要的核心地位。也就是说，按照儒家的管理价值论，"义以生利"的思想贯穿在整个管理活动的全过程之中。所谓"义以生利"的管理活动，就是精神价值创造物质价值、精神价值制约物质价值的过程。这一过程，包括价值认识上的"见利思义"，行为准则上的"取之有义"，实际效果上的"先义后利"，以及价值评判上的"重义轻利"等各个环节。

关于"见利思义"，孔子指出："见利思义，见危授命，久要不忘平生之言，亦可以为成人矣。"③ 这里的"成人"即道德完美的人。在孔子看来，一个道德完善的人，应该既有智慧而又有勇气，既清心寡欲而又多才多艺，此外，还要有礼乐文采等；但是，最基本的要求却只有一条，那就是"见利思义"。

"见利思义"又叫"见得思义"，是孔子所要求统治者必须考虑的"九思"之一。他说："君子有九思：视思明，听思聪，色思温，貌思恭，言思忠，事思敬，疑思问，忿思难，见得思义。"④ 所谓"得"，也就是个人所得到的那部分物质利益。儒家认为，在个人利益面前，品行高尚的人首先应该考虑这种利益是否符合社会公认的道德准则。因此，所谓"见得思义"（"见利思义"），实际上即对于精神价值的体会和认识。

儒家所讲的"见利思义"，是以精神价值而不是以物质价值作为个人行为准则和判断事物的价值标准。荀子指出："志意修则骄富贵，道义重

---

① 程树德撰，程俊英、蒋见元点校：《论语集释》，中华书局1990年版，第897-898页。
② 程树德撰，程俊英、蒋见元点校：《论语集释》，中华书局1990年版，第1371页。
③ 程树德撰，程俊英、蒋见元点校：《论语集释》，中华书局1990年版，第972页。
④ 程树德撰，程俊英、蒋见元点校：《论语集释》，中华书局1990年版，第1159页。

则轻王公，内省而外物轻矣。传曰：'君子役物，小人役于物。'此之谓矣。身劳而心安，为之；利少而义多，为之。事乱君而通，不如事穷君而顺焉。故良农不为水旱不耕，良贾不为折阅不市，士君子不为贫穷怠乎道。"① 注重精神价值的人相对看轻物质价值，对于精神价值有深切领会和把握的人自觉支配外物，而不至于为外物所奴役。他们不怕身体劳累而只求心情安宁，不嫌利益减少而只求道义增多，一切唯精神价值是求。《礼记·曲礼》指出："临财毋苟得，临难毋苟免，很毋求胜，分毋求多。"对于财富，人人都想得到，但追求精神价值的人不会苟且地去获取；对于灾难，人人都想避免，但追求精神价值的人不会苟且地企图逃脱。将要发怒的时候，他们有所克制；分配财物的时候，他们着意推让——这些，都是"见利思义"的具体表现。

在管理活动中，"见利思义"首先是对管理者的基本要求。《左传·昭公三十一年》记载了一位不知名的君子的话。他说："是故君子动则思礼，行则思义；不为利回，不为义疚。"一个以精神追求为最高价值的管理者，行动要想着礼，办事要想着义；不做贪图利而违背礼的事情，也不要因为不合于义而感到内疚。《左传·昭公二十八年》记载，晋国的魏献子执政后，任命了十个邑的邑宰，其中有一位是他的儿子魏戊。魏献子为此心里感到不踏实，就问成鱄道："我把一个邑给了魏戊，别人会以为我是偏袒吗？"成鱄回答说："这哪里会？魏戊的为人，大家都清楚。他远不忘国君，近不逼同事，处在有利的地位上却想到道义，处在贫困的时候还想到保持操守，有兢兢业业之心而没有过度的行为。这样的人，给他一个县，又有什么不可以呢？"后来孔子听说了这件事，也称赞魏献子做得对："近不失亲，远不失举，可谓义矣。"

"见利思义"也是对被管理者的指导原则。据《孔子家语·屈节解》记载，孔子的学生宓子贱在鲁国单父邑当邑宰。有一次，齐国准备攻打鲁国，单父是必经之地。于是，单父县的父老乡亲们向宓子贱请求说："地里的麦子已经熟了，请你任凭人们去收割吧，不要管是不是他种的，让单父的百姓增加些粮食，总比留在地里让敌人获得资助强一些。"但是，他们请求三次，宓子贱都不同意。不多久，齐国的侵略者来了，抢走了麦

---

① 〔清〕王先谦撰，沈啸寰、王星贤点校：《荀子集解》，中华书局1988年版，第27－28页。

子。当时鲁国的执政大夫季孙氏听说了这件事,派人去指责宓子贱一点也不为老百姓着想。宓子贱却严肃地说:"今年没有收到麦子,明年还可以再种。如果让不耕种的人们趁乱获得粮食,就会使他们希望有敌人入侵。单父一年的小麦能否收割,并不影响鲁国的强弱。如果使老百姓有了侥幸获取的心理,世风坏了,对鲁国所带来的损害则几代人都恢复不过来。"这里宓子贱的做法对于解救危难似乎有点迂腐,但对于维护国家的长治久安却关系甚大。这正是儒家"见利思义"思想的生动体现。

关于"取之有义"。《论语·宪问》记载:"子问公叔文子于公明贾曰:'信乎,夫子不言,不笑,不敢乎?'公明贾对曰:'以告者过也。夫子时然后言,人不厌其言;乐然后笑,人不厌其笑;义然后取,人不厌其取。'子曰:'其然,岂其然乎?'"① 这里公明贾说公叔文子做到了"时然后言""乐然后笑""义然后取",孔子对此表示怀疑。朱熹解释道:"然此言也,非礼义充溢于中,得时措之宜者不能。文子虽贤,疑未及此。但君子与人为善,不欲正言其非也。故曰:'其然,岂其然乎?'盖疑之也。"② 由此可见,孔子在这里所怀疑的是公叔文子的行为是否真的有这么好,而不是怀疑"义然后取"这一原则本身。恰恰相反,孔子本人是十分赞赏这一原则的。他说:"富与贵,是人之所欲也;不以其道得之,不处也。贫与贱,是人之所恶也;不以其道得之,不去也。"③ 这里的"以其道得之"就是"取之有义"的意思。孔子还指出:"富而可求也,虽执鞭之士,吾亦为之。如不可求,从吾所好。"④ "不义而富且贵,于我如浮云。"⑤ "邦有道,贫且贱焉,耻也;邦无道,富且贵焉,耻也。"⑥ 这些话,说的都是"义然后取"或曰"取之有义"的行为准则。

孟子自觉地把"取之有义"当作自己做人的原则,《孟子·公孙丑下》记载,孟子周游列国宣传自己的政治主张,对于诸侯们的赠予,有的接受,有的不接受。他的学生陈臻对此感到不理解,问道:"过去在齐国,齐王送您上等金一百镒,您不接受;后来在宋国,宋君送您七十镒,您接

---

① 程树德撰,程俊英、蒋见元点校:《论语集释》,中华书局1990年版,第975页。
② 〔宋〕朱熹撰:《四书章句集注》,中华书局1983年版,第152页。
③ 程树德撰,程俊英、蒋见元点校:《论语集释》,中华书局2010年版,第232页。
④ 程树德撰,程俊英、蒋见元点校:《论语集释》,中华书局1990年版,第453页。
⑤ 程树德撰,程俊英、蒋见元点校:《论语集释》,中华书局1990年版,第465页。
⑥ 程树德撰,程俊英、蒋见元点校:《论语集释》,中华书局2010年版,第540页。

受了；在薛地，薛君送您五十镒，您也接受了。这到底是怎么一回事呢？"孟子回答道："我这样做都是正确的。当在宋国的时候，我准备远行，对远行的人一定要送些盘缠，因此，宋君说：'送上一点盘缠吧。'我为什么不接受？当在薛地的时候，我听说路上有危险，需要戒备，因此，薛君说：'听说您要戒备，送些钱给您买兵器吧。'我为什么不接受？至于在齐国，就没有什么理由，没有什么理由却要送我一些钱，这等于用金钱收买我，哪里有君子可以拿钱收买的呢？"

正因为孟子心中有着"取之有义"这样一条准则，所以他对自己的行为才心安理得，理直气壮。据《孟子·滕文公下》记载，有一次，他的学生彭更问道："老师您所随从的车辆有好几十，学生有好几百，由这一国吃到那一国，这样做，您不觉得太过分了吗？"孟子回答道："如果不合理，就是一筐饭也不可以接受；如果合理，舜接受了尧的天下，都不以为是过分——你以为过分了吗？"

在儒家看来，"取之有义"也是治国的基本原则。孟子举商朝的开国大臣伊尹做例子。伊尹原本是个农夫，而以尧舜之道为乐。商汤派人拿礼去聘请他出山，他却平静地说："我为什么要接受汤的聘请呢？我何不如住在田野之中，自得其乐呢？"后来，伊尹经不住商汤的多次恳求，终于改变了态度，说："我与其住在田野之中以尧舜之道为乐，又何不如使现在的君主做尧舜那样的君主，现在的百姓做尧舜时代那样的百姓呢？"于是，为了推行他心目中的"尧舜之道"，伊尹欣然答应出山，帮助商汤取得了天下。孟子指出，伊尹的行为，完全是以道义而不是以金钱为取舍原则的："非其义也，非其道也，禄之以天下，弗顾也。系马千驷，弗视也。非其义也，非其道也，一介不以与人，一介不以取诸人。"[①] 反过来说，如果符合道义，则应该"义"不容辞，这就是所谓"取之有义"。

关于"先义后利"。在论及儒家义利观时，人们最爱列举的例子是"孟子见梁惠王"。但是，以往人们只注意到孟子对梁惠王所说的："王何必曰利"这句话，而对孟子为什么这样说，却不甚了了。现在，让我们完整地读读孟子的原文。孟子说："王何必曰利，亦有仁义而已矣。王曰'何以利吾国'大夫曰'何以利吾家'士庶人曰'何以利吾身'，上下交征利，而国危矣！万乘之国，弑其君者，必千乘之家。千乘之国，弑其君

---

① 〔清〕焦循撰，沈文倬点校：《孟子正义》，中华书局1987年版，第653页。

者，必百乘之家。万取千焉，千取百焉，不为不多矣。苟为后义而先利，不夺不餍。未有仁而遗其亲者也，未有义而后其君者也。王亦曰仁义而已矣，何必曰利。"①

在这段话中，孟子以"何必曰利"始，又以"何必曰利"终，的确强调统治者不应该一开口就讲利，即不应该以个人物质利益作为考虑问题的出发点。为什么呢？孟子认为，这里面有一个上行下效的问题：最高统治者带头讲利，就会刺激整个统治阶层乃至所有的统治者和被统治者，人人开口必言利，这就必然引起相互争夺，天下大乱。这里面还有一个实际效果的问题：如果先讲利而后讲义，人们的贪欲就永远也不能满足；如果先讲义而后讲利，人人得到满足，统治者也会得到最终的利益。因为从来没有讲仁义的人会遗弃他的父母，讲义的人会怠慢他的君主的。由此可见，孟子所谓"王何必曰利"，并不是真正的不要利，而是从统治者的根本利益出发，强调统治者要带头讲义，从而取得先义后利的实际效果。

荀子则把义利先后的问题提到统治者个人荣辱与国家强弱的高度。他说："先义而后利者荣，先利而后义者辱；荣者常通，辱者常穷；通者常制人，穷者常制于人：是荣辱之大分也。"②他又指出："国者，巨用之者，先义而后利，安不恤亲疏，不恤贵贱，唯诚能之求，夫是之谓巨用之。小用之者，先利而后义，安不恤是非，不治曲直，唯便僻亲比己者之用，夫是之谓小用之。"③这里，指出了治理国家的两种不同做法。所谓"巨用之"，就是立足于大处，也就是"先义而后利"；所谓"小用之"，就是立足于小处，也就是"先利而后义"。做法不同，所取得的治国效果当然也就不一样。

《战国策·齐策》所记载的"冯谖焚券"的故事，正是管理行为中"先义后利"的生动案例。冯谖是齐国执政大夫孟尝君的门客。有一次，孟尝君派他到封地薛邑去收债。临行前，冯谖问孟尝君："债收齐后，买些什么东西带回来呢？"孟尝君说："你看我家缺什么就买什么吧。"冯谖驱车到了薛邑，派官吏召集应该还债的人都来验对债券。债券全部验对后，冯谖于是假传孟尝君的命令，把百姓们的债券免除，接着烧了那些债

---

① 〔清〕焦循撰，沈文倬点校：《孟子正义》，中华书局1987年版，第36-43页。
② 〔清〕王先谦撰，沈啸寰、王星贤点校：《荀子集解》，中华书局1988年版，第58页。
③ 〔清〕王先谦撰，沈啸寰、王星贤点校：《荀子集解》，中华书局1988年版，第209页。

券，百姓们高呼万岁。冯谖驱车一直赶回齐国都城，一大清早就求见孟尝君。孟尝君见他往返迅速而感到奇怪，就问道："债都收完了吗？怎么回来这么快呀？"冯谖回答说："收完了。"孟尝君问道："买些什么回来了？"冯谖说："您说'看我这里缺什么就买什么'。我私下考虑，您家里堆满了珠宝，厩棚挤满了狗马，阶下站满了美女；您家里所缺少的，只是义罢了。于是，我用债款给你买回了义。"孟尝君说："买义，是怎么回事？"冯谖回答说："现在您有个小小的封地薛邑，不把那里的百姓当作自己的子女一样加以抚爱，却用贾手段向他们敛取利息；我擅自假托您的命令，把那些百姓债券免除，因而烧了那些债券，百姓欢呼万岁——这就是我给您所买的义。"孟尝君当时很不高兴，但也无可奈何。过了一年，齐王不再重用孟尝君，孟尝君只好前往自己的封地薛邑。距离薛邑还有一百里路，老百姓就扶老携幼，迎接孟尝君，在路上站了整整一天。这时孟尝君回头对冯谖说："先生所给我买的义，今天才看到！"在这个案例中，孟尝君起初确实损失了"利"（债券），却得到了"义"（民心），这对于统治者来说，也可以说是最大的利。

关于"重义轻利"，荀子在《成相》篇中说："请成相，道圣王，尧舜尚贤身辞让，许由善卷，重义轻利行显明。"许由、善卷都是尧舜时的人。传说尧要把天下让给许由，舜要把天下让给善卷，他们都不肯接受。荀子认为，这表明他们的行为是重义轻利、光明正大的。

在先秦儒家诸子的著作中，有关"重义轻利"的提法仅上述一见。但这一思想却为孔孟所共有。孔子指出，"君子义以为上"①，这里的"上"即崇尚、尊贵的意思，"上义"也就是重义。孟子说："鱼，我所欲也。熊掌，亦我所欲也。二者不可得兼，舍鱼而取熊掌者也。生，亦我所欲也。义，亦我所欲也。二者不可得兼，舍生而取义者也。"② 生命是人生的最大利益，而道义则是人生的最高价值，二者对于健全的人生来说都是必需的。但是，当它们发生矛盾、二者不可得兼的时候，孟子主张牺牲生命而保存道义。这里把道义看得比生命还重要，遑论其他物质利益，这当然也就是"重义"的意思。荀子指出："义之所在，不倾于权，不顾其

---

① 程树德撰，程俊英、蒋见元点校：《论语集释》，中华书局1990年版，第1241页。
② 〔清〕焦循撰，沈文倬点校：《孟子正义》，中华书局1987年版，第783页。

利,举国而与之不为改视,重死持义而不桡,是士君子之勇也。"① 在荀子看来,只要个人的行为符合道义,那就应该不屈服于权势,不考虑是否有利,即使是牺牲生命也在所不惜。这同孟子的上述思想是相通的,同孔子关于"志士仁人,无求生以害仁,有杀身以成仁"② 的思想也是相通的,即都是"重义",崇尚道义、仁义。至于"轻利",孔孟荀虽没有这样明确的提法,但孔子"罕言利",孟子主张"何必曰利",荀子主张"羞利",即都包含着轻视利益的思想。总之,尽管孔孟都没有正面论述"重义轻利"的命题。但事实上的确都是把这一主张作为他们的价值评判标准的。

现代学者对于"重义轻利"的命题多持批评的态度,其实在一定的前提之下和一定的范围之中,"重义轻利"还是有一定道理的。荀子提出:"义与利者,人之所两有也。虽尧、舜不能去民之欲利,然而能使其欲利不克其好义也。虽桀、纣亦不能去民之好义,然而能使其好义不胜其欲利也。故义胜利者为治世,利克义者为乱世。上重义则义克利,上重利则利克义。"③ 这里明确指出,无论是义还是利,都是人们所不可缺少的,英明的管理者如尧舜也不能排除人民的物质需要,昏暗的管理者如桀纣也不能禁止人民的精神追求。承认义利客观存在的必然性,这就是儒家"重义轻利"说的基本前提。荀子在这里又强调,管理者重义则义克利,管理者重利则利克义,而"义胜利者为治世,利克义者为乱世",这就把"重义轻利"的价值评判标准限制在国家管理者的行为范畴之内,即只是作为管理者应有的模范行为和政策措施。在儒家看来,"义"主要是对国家管理者所提出的道德要求,其中包含了统治者必须克制个人私欲,不对人民横征暴敛,不与民争利等内容(详见本章第二节)。这些,都具有某些合理因素。

与此同时,我们也必须看到,先秦儒家诸子"重义轻利"的思想倾向,的确也给后人带来了不好的影响。正是沿着这一思路,汉代董仲舒提出,"正其谊不谋其利,明其道不计其功"④;宋代理学家提出,"存天理,

---

① 〔清〕王先谦撰,沈啸寰、王星贤点校:《荀子集解》,中华书局1988年版,第56页。
② 程树德撰,程俊英、蒋见元点校:《论语集释》,中华书局1990年版,第1073页。
③ 〔清〕王先谦撰,沈啸寰、王星贤点校:《荀子集解》,中华书局1988年版,第502页。
④ 〔汉〕班固撰,〔唐〕颜师古注:《汉书》,中华书局1962年版,第2524页。

灭人欲"，程颐甚至还主张寡妇不能改嫁，理由是"饿死事极小，失节事极大"！这样，就把儒家的义利之辨推向了极其荒谬的地步。

但是，董仲舒、程颐的提法，否认了物质利益存在的客观必然性，并把以义克利的道德要求不加限制地扩展到普通老百姓的身上，这本身就违反了先秦儒家诸子"重义轻利"说所规定的前提和范围。正如明代实学思想家高拱在《问辩录》中批驳程朱理学时所指出的那样，"夫为国者，必不可外本而内末，然亦自有生财之道；为家者，必不可厌贫而谋利，然亦自有养生之道。盖古者人君，制民之产，田以井授，俯仰有资焉。人虽至贫，固皆可以生也。如颜子箪瓢陋巷，贫也，然尚有箪食之可食，陋巷之可居；曾子敝衣耕于野，贫也，然尚有可耕之田。子贡乃不安于故常，而货殖以求富，故以为不受命耳。后世田无所受，人自为生，苟无以治生，将遂粒米立锥之无有，父母妻子且饿以死。亦岂生人之理乎？"这里高拱显然是认为，程朱的"天理人欲之辨"，抽掉了义（即所谓的"天理"）所赖以存在的物质基础和必要条件，是违背了孔孟本意的。

笔者认为，董仲舒、程颐等人的义利观之所以走向极端，不能说同孔孟荀等人所倡导的"重义轻利"的思想倾向没有一点关系；但是，后人的账却也不能全部算到前人的头上。孔孟荀就是孔孟荀，董仲舒就是董仲舒，程颐就是程颐，每个人都只能对自己的言行负责。而从总体上看，先秦儒家诸子的义利观确实比董仲舒、程颐等人要全面得多、合理得多。这是一个不容忽视的历史事实。

下 编

哲学的管理观

第五章

"劳心治人"的管理本质观

"什么是管理?"这是任何管理理论都不可能回避的问题。在现代管理学中,人们分别从管理的职能、对象以及管理者与被管理者分工的角度,探讨了管理的本质。儒家的管理本质观集中体现在这个命题上:"劳心者治人,劳力者治于人"①。以此为中心,他们分别探讨了"为政"与"治人"、"劳心"与"劳力",以及"和"与"同"的关系,即对管理的本质问题做出了自己的回答。

一、管理本质的探讨

现代管理理论对管理的本质问题进行了自觉的探讨。人们分别提出了诸如"管理就是协调""管理就是对人的管理""管理就是运用心智的活动"等命题,涉及管理的职能、对象以及管理者与被管理者之间的分工等各个方面。此外,还有诸如"管理就是领导"等提法,则是对于某一项管理职能的特别强调。

所谓"管理就是协调",这是从管理职能的角度来说的。众所周知,现代管理理论是从美国工程师泰罗开始的。20世纪初,泰罗进行了一系列关于管理的科学实验。在此基础上,他提出了科学管理的四条原则。它们是:"第一,为工人工作的各个组成部分研究出一套科学方法,以代替过去凭经验的方法。第二,对工人科学地进行选择、培训与提高,而在过去,是由工人自己选择工作并尽其所能来训练自己。第三,诚心诚意地和工人合作,以保证一切工作都按照已制定的科学原则进行。第四,在管理部门与工人之间,大致均等地进行分工和担负责任。管理部门把一切由它们自己做比由工人做更为合适的工作都担负起来,而在过去几乎所有的工

---

① 〔清〕焦循撰,沈文倬点校:《孟子正义》,中华书局1987年版,第373页。

作与大部分责任都落在工人身上。"① 这四条原则，实际上也就是管理部门的四项职能。

法国企业家法约尔把管理作为企业经营的六类活动（技术、商业、财务、安全、会计、管理）之一，而管理活动又包括五项基本职能：计划、组织、指挥、协调、控制。法约尔指出："管理，就是实行计划、组织、指挥、协调和控制。计划，就是探索未来，制定行动方案；组织，就是建立企业的物质和社会的双重结构；指挥，就是使其人员发挥作用；协调，就是连接、联合、调和所有的活动及力量；控制，就是注意是否一切都按已制定的规章和下达的命令进行。"② 在上述五项职能中，法约尔最重视计划和组织职能，同时还认为，控制对于其他四种职能具有某种制约和保证作用。但在法约尔那里，协调还未成为管理的中心职能。

美国管理学家古里克扩展了法约尔关于管理职能的论述，提出著名的"POSDCORB"公式。这是由七种管理职能英文名称组成的一个名词，它包括以下内容：①计划（planning）。这是为了实现企业所设定的目标而制定的所要做的事情的纲要，以及如何做的方法。②组织（organising）。为了实现企业所设定的目标，就必须建立权威的正式机构和组织体系，并规定各级的职责范围和协作关系。③人事（staffing）。包括职工的选择、训练、培养和恰当安排等。④指挥（directing）。包括对下属的领导、监督和激励。⑤协调（coordinating）。这是为了使企业各部门之间工作和谐，步调一致，共同实现企业的目标。⑥报告（reporting）。包括下级对上级的报告和上级对下级的考绩、调查和审核。⑦预算（budgeting）。包括财务计划、会计、控制等。在上述七个职能中，古里克突出协调职能的作用，认为一个组织的主要目标是协调，各项管理活动都应该加以集合，以便保证协调。③

自法约尔和古里克以后，对于管理职能的研究成为现代管理理论发展的热点，各种概括层出不穷，莫衷一是。关于职能的研究越来越多，而职能之间的相互关系则弄得混乱不堪。实践提出了从本质上把握管理职能的

---

① F. W. Taylor, *The Principles of Scientific Management*, W. Norton & Company New York, 1967, pp. 36–37.

② Henri Fayol, *General and Industrial Management*, Pitman, 1949, pp. 5–6.

③ Luther Gulick, Lyndall F. Uriwick eds. *Papers on the Science of Administration*, Institute of Public Administration, 1937.

问题。

适应上述需要,当代美国管理学家孔茨等人做出了很大的努力。他们首先把管理职能简化为五个:计划、组织、人员配备、领导、控制。计划,就是为整个企业,乃至为其每个组成部分选择目标,并为实现这些目标拟定所需要的策略、政策、规划和程序。组织,就是建立一个合适的职能机构。所谓人员配备,就是对组织机构中所规定的职务配备人员。领导,主要涉及所进行的各项活动,以保证实际的进程与计划相一致。

接着,孔茨等人进一步把协调从一般的管理职能中特别提升出来,作为整个管理工作的本质。他们指出:"许多管理学界的权威人士认为,协调是主管人员的一个独立的职能;然而,把它看作是管理的本质,似乎更加确切一些。因为,使个人的工作与集体的目标相互协调,正是管理的目的。每一项管理职能都是在发挥协调的作用。"① 管理就是协调,协调就是管理,这一论断在管理职能的基础上明确指出了管理的本质。

所谓"管理就是对人的管理",是从管理对象的角度来说的。现代西方早期的管理理论(以泰罗的"科学管理"为典型代表)是建立在这样一种思想基础之上的:如果工业工程师能严格地设计工作,管理部门能恰当地规定激励办法,并有一定的组织保证,那么生产率就可以达到最大限度。这种思路既不考虑个人行为的差别,也不考虑工作集团对于个人的影响。从这个意义上讲,这些理论可以说是把人的因素排除在外的。当然,并不是说它没有牵涉到人的因素,因为任何管理活动和管理理论离开人都是不可想象的。但是,早期的管理理论确实忽视了对人的因素的深入研究,忽视了个人与所属集团之间的关系,把工人仅仅看成单个的人,一种生产因素,一种工具。对于上述缺陷的批评和修正,导致了"人际关系－行为科学"管理理论的兴起。

人际关系理论的诞生,同现代管理史上的一项重大事件——1924—1932 年间在美国西部电器公司所属霍桑工厂所进行的实验,有着直接的联系。霍桑实验的初衷,本来是依据科学管理的原理,测定物质工作条件(例如照明等)同生产效率之间的因果关系。但是,实际测定的结果却表明,在确定的前提下,真正影响生产效率的,并不是物质条件的变化,而是人与人之间的关系。后期主持霍桑实验的管理心理学家梅奥

---

① H. Koontz, C. O'Dnnell, H. Weihrich, *Management*, McGraw-Hill, 1980, p. 81.

(G. E. Mayo)从中得到启发,因而提出了四个观点:第一,工人不是以金钱为刺激积极性的唯一动力的"经济人",而是"社会人",社会团体中的人际交往对于人的生产积极性有强烈影响。第二,生产效率的提高主要取决于工人的家庭和社会生活以及企业的工作情绪即"士气",而"士气"则取决于工人的家庭和社会生活以及企业中人与人的关系。第三,在企业中除了正式组织以外,还存在着非正式组织,后者是企业成员在共同工作和人际交往中形成的,有其特殊的感情和倾向,影响着其成员的行为。第四,管理者应该了解和诊断企业内部人际关系的情况,善于倾听和沟通工人的意见,引导和激励工人,从而在企业的效率和工人的感情需求之间取得平衡。① 在这里,梅奥实际上是把人作为管理工作以及管理学研究的主要对象。

梅奥的"人际关系理论"后来发展为一门新的管理学科——行为科学。它在对于"管理中的人的问题"的研究方面,取得了很大的成果。诸如马斯洛关于人的需要的"需要层次论",麦格雷戈关于人性假设的"X—Y理论",卢因关于人的群体行为的"团体动力学",布莱克和穆顿关于领导方式的"管理方格论",等等。

但是,人际关系理论也存在着许多的不足,主要是过于偏重非正式组织而忽视了正式组织,过于偏重人的感情和社会因素而忽视了理性和经济因素。其实,构成社会的基本单位不是非正式组织,而是旨在实现一定目的的正式组织。人的感情和社会方面的因素固然相当重要,而理性和经济方面的因素也是不容忽视的。还有,人际关系学说关于人在企业中追求的个人需要和生产效率由职工满意程度决定的假设也是不够完善的。

针对上述缺陷,当代美国著名管理学家德鲁克既扬弃了"人际关系—行为科学管理理论",又扬弃了"科学管理理论",从而提出了他自己对于管理本质的看法。他说:"关于'什么是管理,管理干些什么',我们只能这样来回答:这是一种有着多个目的的机制,它管理企业,管理经理人员,管理工人和工作。如果略去其中一项,我们就不会再有管理,也不会有企业和工业社会。"②

在承认管理多重机制的基础上,德鲁克特别强调"人"的因素。他

---

① E. Mayo, *The Human Problems of an Industrial Civilization*, Macmillan, 1933.
② P. F. Drucker, *The Practice of Management*, Harper & Row, 1954, p. 17.

指出：在企业所有的资源中，人的资源是最丰富、最有多方面的才能、最有潜力的资源。因此，管理者的首要任务就是将"人力资源当中蕴藏的一切力量都挖掘和发挥出来，消除一切可能存在的弱点。只有这样才能创造出一个真正的整体"①。人是企业的最大资源，它制约着其他资源的挖掘和利用，因此，对于人的管理，就成为企业管理的首要任务。从根本上说，管理就是对于人的管理，这就是在管理对象的基础上把握了管理的本质。

所谓"管理是运用心智的活动"，是从管理者与被管理者分工的角度来说的。早在《科学管理原理》一书中，泰罗就曾经指出："一切计划工作，在旧体制下都由工人来做，结果是凭个人经验办事；在新的体制下则绝对必须由管理当局按照科学规律的要求来完成。这是因为，工人们即使很熟悉工作情况并善于利用科学资料，但是要想同时在机器房和办公桌上完成工作，事实上是不可能的。显然，在大多数情况下，需要有一部分人先做计划，另一部分人去执行。"②

这里泰罗是从管理职能的角度去理解管理分工的。他把计划职能与执行职能分开，实际上就是主张在管理者与被管理者、脑力劳动者与体力劳动者之间进行必要的分工。把一切可能有的脑力劳动从车间和工人那里转移出去，让管理部门集中去做，正是泰罗"科学管理"的关键。

德鲁克则在《管理实践》一书中指出，管理者与被管理者之间的根本区别就在于管理者必须承担"创造出一个真正的整体"和"在每个决定和行动中协调眼前和长远的要求"这两项特殊的任务。作为管理者，需要管理业务，管理经理人员，管理工人与工作，事情千头万绪，而他却"好像一个交响乐队的指挥，通过他的努力、理解和领导，本来那样嘈杂的各种乐器，合成了一曲生动的完整的音乐。但是，指挥有作曲家的总乐谱，他只是一个解释者。而管理者既要是一个作曲家，又要是一个指挥"③。

其实，把管理人员比作乐队的指挥，早在一百多年前，马克思就在《资本论》中说过了。他指出："在一切有许多个人进行协作的劳动上，过程的联系和统一都必然需要有一个指挥的意志，需要有各种与部分劳动

---

① P. F. Drucker, *The Practice of Management*, Harper & Row, 1954, p.342.
② F. W. Taylor, *The Principles of Scientific Management*, W. Norton & Company, 1967, p.38.
③ P. F. Drucker, *The Practice of Management*, Harper & Row, 1954, pp.341–342.

无关而与工场全部活动有关的职能，和一个乐队需要有一个指挥人一样。"①

与此同时，马克思还指出，在剥削制度存在的条件下，管理者同时也是剥削者，被管理者同时也是被剥削者，他们之间不仅存在着指挥与被指挥的关系。也存在着监督与被监督的关系，他说："在直接生产过程具有社会结合过程的形式，而不是当作独立生产者的孤立的劳动出现的地方，到处都必然会有监督和指挥的劳动发生。不过它具有两重的性质。"② 这里指明了阶级社会中管理工作以及管理分工的两重性，这一思想显然要全面和深刻得多。

但是，无论是马克思，还是现代西方管理理论的各个学派，他们在这点上应该是一致的，即都把管理活动看作必须由专业人员所进行的脑力劳动。"管理是由心智所驱使的唯一的无处不在的人类活动"——这是从分工的角度对于管理本质的把握。

古代管理与现代管理的具体内容不尽相同，例如，现代管理细分有行政管理、经济管理、企业管理，而古代则只是笼统的"治国"——国家管理；但是，作为维持人类社会组织运转的基本手段，无论是古代管理还是现代管理，其本质却是一致的。因此，古人和今人对于管理本质的探讨，就必然具有某些共通之处。依笔者所见，儒家对于"什么是管理"这一问题的回答，可以分成三个层次。首先是管什么？儒家的回答是"治人"。其次是谁来管？儒家的回答是"劳心者治人"③。最后是怎样管？儒家的回答是"和为贵"。这三个层次实际上涉及上述现代管理理论各学派对于管理本质认识的三个方面（对象、分工、职能），而次序却有所不同。这反映了儒家管理哲学以人为中心的特点，形成了儒家以"治人"为中心的管理本质观。

二、"为政"与"治人"
——从对象看管理本质

儒家十分重视人在管理活动中的地位和作用。《礼记·中庸》引孔子

---

① 〔德〕马克思：《资本论》第3卷，人民出版社1966年版，第437页。
② 〔德〕马克思：《资本论》第3卷，人民出版社1966年版，第437页。
③ 〔清〕焦循撰，沈文倬点校：《孟子正义》，中华书局1987年版，第373页。

的话说:"文武之政,布在方策。其人存则其政举,其人亡则其政息。"①在儒家看来,人是管理活动的中心,有人才有管理,没有人也就无所谓管理了。

儒家管理哲学之所以以人为中心,这同整个儒家哲学的人本主义倾向是分不开的。《孝经·圣治章》上引孔子的话说:"天地之性人为贵。"这句话虽然不一定是孔子的原话,但其中的"贵人"思想却的确是孔子乃至整个儒家哲学的根本观念。诸如:"子曰:人能弘道,非道弘人。"②——这里说的是人贵于道。"季路问事鬼神。子曰:'未能事人,焉能事鬼?'"③——这里说的是人贵于鬼神。"厩焚。子退朝,曰:'伤人乎?'不问马。"④——这里说的是人贵于牲畜。"水火有气而无生,草木有生而无知,禽兽有知而无义;人有气、有生、有知,亦且有义,故最为天下贵也。"⑤——这里说的是人贵于万物。"故人者,天地之心也,五行之端也,食味、别声、被色而生者也。"⑥——这里说的是人贵于天地。总之,在儒家看来,在世界上的一切事物中,人是最可贵的,人为万物之灵。这一思想体现在管理哲学中,就必然把人当作管理的主要对象,一切管理活动都是围绕着"治人"而展开的。

据儒家经典《尚书·皋陶谟》记载,有一次,皋陶和大禹在帝舜面前讨论如何治理国家的问题。他们提出了"为政"的三项原则。一曰"修身"("慎厥身,修思永")——君主要严格要求自己,努力提高品德修养。二曰"官人"("知人则哲,能官人")——要善于发现和使用好各级官吏。三曰"安民"("安民则惠,黎民怀之")——要给人民恩惠,使老百姓得到安定的生活。在这里,人(包括君主、各级官吏和广大老百姓)是国家管理的基本对象。所谓"为政",就是"治人",二者在本质上是一致的。其内容即是"官人""安民"和"修身"。

所谓"官人",就是对各级官吏的管理。儒家十分重视各类管理人才

---

① 《十三经注疏》整理委员会整理:《礼记正义》,北京大学出版社1999年版,第1440页。
② 程树德撰,程俊英、蒋见元点校:《论语集释》,中华书局1999年版,第1116页。
③ 程树德撰,程俊英、蒋见元点校:《论语集释》,中华书局1999年版,第760页。
④ 程树德撰,程俊英、蒋见元点校:《论语集释》,中华书局1999年版,第712页。
⑤ 〔清〕王先谦撰,沈啸寰、王星贤点校:《荀子集解》,中华书局1988年版,第164页。
⑥ 《十三经注疏》整理委员会整理:《礼记正义》,北京大学出版社1999年版,第698页。

的辨别、考查和使用。孔子首先提出"举贤才"的主张。① 孟子用实例来证明用贤的重要性，他说："虞不用百里奚而亡，秦穆公用之而霸。不用贤则亡，削何可得与？"② 荀子则从理论上分析了人和法（规章制度）的关系。他说："有乱君，无乱国；有治人，无治法。羿之法非亡也，而羿不世中；禹之法犹存，而夏不世王。故法不能独立，类不能自行，得其人则存，失其人则亡。"③ 羿的射箭方法没有失传，但不是世代都有像羿那样善射的人；禹所创立的治国方法没有失传，但不是世代都有像禹那样善治的王。方法和法规归根结底还是要靠人来执行。这就表明，管理的根本问题还是在于人。"官人"即对各级官吏的管理，是国家管理活动的首要任务。因此，荀子说："人主者，以官人为能者也。"④

那么，如何"官人"呢？《大戴礼记》专门有一篇题为《文王官人》的文章，借用周文王的口气对"官人"的内容进行了详尽的论述。它把"官人"分为两个方面：一是"知人"，即对各级官吏的鉴别；二是"用人"，即对各级官吏的使用。这实际上是对先秦儒家"官人"思想的进一步发挥。

关于"知人"，孔子提出："视其所以，观其所由，察其所安。人焉廋哉？"⑤ 孟子提出："听其言也，观其眸子，人焉廋哉？"⑥《文王官人》篇则具体提出"六征"鉴别法。所谓"六征"，就是根据官员（包括在任者和打算任命者，下同）的六种表现而考察他的品质：一是"观诚"，就是考察官员的道德、品质和情操；二是"考志"，就是通过官员说话的声调来观察他的志向；三是"视中"，就是通过官员说话的声调来观察他的内在气质；四是"观色"，就是根据官员的表情来观察看他的内在气质；五是"观隐"，就是通过一定的外露信息来明察官员有意掩盖的本质；六是"揆德"，就是在前五征的基础上，对官员的品德做出总的评价。

关于"用人"，据《论语·雍也》篇记载，孔子曾向鲁国的执政大夫季康子介绍自己的学生仲由、端木赐和冉求分别具有"果"（果断决断）、

---

① 程树德撰，程俊英、蒋见元点校：《论语集释》，中华书局1999年版，第882页。
② 〔清〕焦循撰，沈文倬点校：《孟子正义》，中华书局1987年版，第831页。
③ 〔清〕王先谦撰，沈啸寰、王星贤点校：《荀子集解》，中华书局1988年版，第230页。
④ 〔清〕王先谦撰，沈啸寰、王星贤点校：《荀子集解》，中华书局1988年版，第213页。
⑤ 程树德撰，程俊英、蒋见元点校：《论语集释》，中华书局1990年版，第92页。
⑥ 〔清〕焦循撰，沈文倬点校：《孟子正义》，中华书局1987年版，第519页。

"达"（通情达理）、"艺"（多才多艺）的特点，认为他们可以担负国家的管理工作。① 在另一个地方，孔子甚至还直接提出仲由可以负责兵役和军政，冉求可以当县长，公西赤可以办理外交（参见《论语·公冶长》）。② 荀子在《君道》篇中也提出"材人"即对于国家管理人员量才录用的观点，并区分了"大夫""卿相"和"君王"三类治国人才。

《文王官人》篇则进一步提出"九用"的观点。所谓"九用"，就是对于九种不同气质特长的管理人才，分别任用担任九个方面的工作。一是"平仁而有虑者，使是治国家而长百姓"，公正、仁义而有智谋的人，可以任用他们担任国家各级官员。二是"慈惠而有理者，使是长乡邑而治父子"，仁慈、厚道而懂得整理的人，可以任用他们担任基层领导人。三是"直愍而忠正者，使是莅百官而察善否"，正直、诚恳而有信用的人，可以任用他们担任纪律监察官员。四是"慎直而察听者，使是长民之狱讼，出纳辞令"，谨慎、公正而明察的人，可以任用他们担任法官。五是"临事而絜正者，使是守内藏而治出入"，凡事公平正直的人，可以任用他们担任财务管理官员。六是"慎察而絜廉者，使是分财、临货、主赏赐"，能谨慎、明察而廉洁、公正的人，可以任用他们担任主管分配和赏赐的官员。七是"好谋而知务者，使是治壤地而长百工"，善于谋划和经营事务的人，可以任用他们担任农业和手工业生产的领导人。八是"接给而广中者，使是治诸侯而待宾客"，善于交际，能广泛搞好关系的人，可以任用他们担任外交官员。九是"猛毅而度断者，使是治军事卫边境"，勇猛、刚毅、善于估计形势和果断决策的人，可以任用他们担任军事领导人。总之，根据对象的不同能力而分别任用，使之各得其所，这就是所谓"因方而用之，此之谓官能"。

所谓"安民"，就是对于老百姓的管理。孟子把"官人"和"安民"的具体内容列为五个方面，认为这是使国家管理者无敌于天下的法宝。他说："尊贤使能，俊杰在位，则天下之士，皆悦而愿立于其朝矣。市廛而不征，法而不廛，则天下之商，皆悦而愿藏于其市矣。关讥而不征，则天下之旅，皆悦而愿出于其路矣。耕者助而不税，则天下之农，皆悦而愿耕于其野矣。廛无夫里之布，则天下之民，皆悦而愿为之氓矣。信能行此五

---

① 程树德撰，程俊英、蒋见元点校：《论语集释》，中华书局1990年版，第379—380页。
② 程树德撰，程俊英、蒋见元点校：《论语集释》，中华书局1990年版，第302—306页。

者，则邻国之民，仰之若父母矣。率其子弟，攻其父母，自有生民以来，未有能济者也。如此，则无敌于天下。无敌于天下者，天吏也。然而不王者，未之有也。"① 在孟子看来，一个国家的君主能够让天下的士农工商各得其所，那就不仅使本国的老百姓安居乐业，还能使邻国的老百姓前来归附，从而扩大统治的基础。如此而不能统一天下，那是没有的事。

关于"安民"的具体内容，孟子列举了儒家心目中的"圣王"尧舜的做法，他说："当尧之时，天下犹未平，洪水横流，泛滥于天下，草木畅茂，禽兽繁殖，五谷不登，禽兽逼人，兽蹄鸟迹之道交于中国。尧独忧之，举舜而敷治焉。舜使益掌火，益烈山泽而焚之，禽兽逃匿。禹疏九河，瀹济、漯而注诸海，决汝、汉，排淮、泗而注之江，然后中国可得而食也。……后稷教民稼穑，树艺五谷，五谷熟而民人育。人之有道也，饱食暖衣，逸居而无教，则近于禽兽。圣人有忧之，使契为司徒，教以人伦：父子有亲，君臣有义，夫妇有别，长幼有叙，朋友有信。放勋曰劳之来之，匡之直之，辅之翼之，使自得之，又从而振德之。"② 这里，涉及如何满足管理基本需要的问题。

现代美国行为科学家马斯洛（A. H. Maslow）曾经提出一个"需要层次论"。他把人类的基本需要从低到高归纳为五类，其中：一是生理的需要，包括维持生活和繁衍后代所必需的各种物质上的需求；二是安全上的需要，指有关免除危险和威胁的各种物质需求；三是社会性的需要，指感情和归宿上的需求。③ 比较起来，孟子在上一段话中涉及马斯洛所提出的这三类需要：所谓"教民稼穑"是满足人民的物质需要，"治河驱兽"是满足人民的安全需要，"教以人伦"则是满足人民的社会性需要。

但与马斯洛不同的是，孟子所提出的满足人类需要的途径是从群体而不是从个体的角度着眼的。从后面两种需要满足的途径中，可以看得更加清楚。例如，尽管我们可以把孟子所说的"富贵不能淫，贫贱不能屈"④ 类比于"对尊重的需要"，可以把孟子所说的"乐以天下，忧以天下"⑤（后范仲淹发展为"先天下之忧而忧，后天下之乐而乐"）类比于"自我

---

① 〔清〕焦循撰，沈文倬点校：《孟子正义》，中华书局1987年版，第226－232页。
② 〔清〕焦循撰，沈文倬点校：《孟子正义》，中华书局1987年版，第374－389页。
③ A. H. Maslow. *Motivation and Personality*. Harper & Row, 1954.
④ 〔清〕焦循撰，沈文倬点校：《孟子正义》，中华书局1987年版，第419页。
⑤ 〔清〕焦循撰，沈文倬点校：《孟子正义》，中华书局1987年版，第119页。

实现的需要";但是,还必须清醒地看到,它们都是从"天下""国家""人民"的角度立论的。儒家的价值取向是集体主义,他们所理解的个人的"自我"是融合在社会的"大我"之中的,这同马斯洛的个人主义价值取向有着根本的区别。

所谓"修身",就是君主的自我管理。在儒家看来,无论是对于各级官员的管理("官人"),还是对于般老百姓的管理("安民"),都离不开君主的自我管理("修身")。首先,只有"修身"才能"官人"。《礼记·中庸》上说:"故为政在人,取人以身,修身以道,修道以仁。"① 孔子也指出:"苟正其身矣,于从政乎何有?不能正其身,如正人何?"② 其次,只有"修身"才能"安民"。孔子提出,"修己以敬""修己以安人""修己以安百姓"。③ 荀子也指出:"请问为国?曰:闻修身,未尝闻为国也。君者仪也,民者景也,仪正而景正。君者盘也,民者水也,盘圆而水圆。"④ 总之,在儒家看来,君主的修身乃是国家管理的根本。正如孟子所说"人有恒言,皆曰天下国家。天下之本在国,国之本在家,家之本在身"⑤;"君子之守,修其身而天下平"⑥。

关于"修身"的内容,儒家有许多精彩的论述。仅以孔子为例,他提出君子有三戒:"少之时,血气未定,戒之在色;及其壮也,血气方刚,戒之在斗;及其老也,血气既衰,戒之在得。"⑦ 年轻时不要迷恋女色,壮年时不要争强好胜,老年时不要贪求无厌。又,君子有三乐:"益者三乐,损者三乐。乐节礼乐,乐道人之善,乐多贤友,益矣。乐骄乐,乐佚游,乐晏乐,损矣。"⑧ 以得到礼乐的调节为乐,以宣扬别人的好处为乐,以结交众多贤明的朋友为乐,便有益了;以骄傲为乐,以浪荡飘游为乐,以大吃大喝为乐,便有害了。又,君子有四绝:"毋意,毋必,毋固,毋我。"⑨ 不凭空臆测,不绝对肯定,不拘泥固执,不自以为是。又,君子

---

① 《十三经注疏》整理委员会整理:《礼记正义》,北京大学出版社1999年版,第1440页。
② 程树德撰,程俊英、蒋见元点校:《论语集释》,中华书局1990年版,第911页。
③ 程树德撰,程俊英、蒋见元点校:《论语集释》,中华书局1990年版,第1041页。
④ 〔清〕王先谦撰,沈啸寰、王星贤点校:《荀子集解》,中华书局1988年版,第234页。
⑤ 〔清〕焦循撰,沈文倬点校:《孟子正义》,中华书局1987年版,第493页。
⑥ 〔清〕焦循撰,沈文倬点校:《孟子正义》,中华书局1987年版,第1011页。
⑦ 程树德撰,程俊英、蒋见元点校:《论语集释》,中华书局1990年版,第1154页。
⑧ 程树德撰,程俊英、蒋见元点校:《论语集释》,中华书局1990年版,第1152页。
⑨ 程树德撰,程俊英、蒋见元点校:《论语集释》,中华书局1990年版,第573页。

有五行:"恭,宽,信,敏,惠。恭则不侮,宽则得众,信则人任焉,敏则有功,惠则足以使人。"① 庄重就不致遭受侮辱,宽厚就会得到大众的拥护,诚实就会得到别人的任用,勤敏就会工作效率高、贡献大,慈惠就能够使唤别人。又,君子有五美:"惠而不费,劳而不怨,欲而不贪,泰而不骄,威而不猛。"② 给人民以好处,自己却无所耗费;使用百姓,却不使他们怨恨;有所欲求,却不贪婪;安泰矜持却不骄傲;威严却不凶猛。又,君子有九思:"视思明,听思聪,色思温,貌思恭,言思忠,事思敬,疑思问,忿思难,见得思义。"③ 看的时候,考虑看明白了没有;听的时候,考虑听清楚了没有;脸上的颜色,考虑是否温和;容貌态度,考虑是否庄重;说话的言语,考虑是否忠诚老实;对待工作,考虑是否严肃认真;遇到问题,考虑怎样请教别人;将要发怒,考虑有什么后患;看见可得的,考虑自己该不该得。

　　上述个人修养的方方面面,对于现代的管理者来说,也有一定的启示。在现代管理学中,对于管理与自我管理,是一个引人注意的问题。德鲁克在1985年为《有效的管理者》一书再版作序时指出:"一般的管理学著作谈的都是如何管理别人,本书的目标则是如何有效地管理自己。一个有能力管好别人的人不一定是一个好的管理者,而只有那些有能力管好自己的人才能成为好的管理者。事实上,人们不可能指望那些不能有效地管理自己的管理者去管好他们的组织和机构。从很大意义上说,管理是树立榜样。那些不知道怎样使自己的工作更有效的管理者树立了错误的榜样。"德鲁克这里的论述,同两千多年以前的孔孟荀"正己正人""修身治国"的思想相比,可以说是不谋而合的。

　　用现代管理学的语言来说,儒家的所谓"官人",就是对于管理人员的管理,所谓"安民",就是对于一般人的管理,所谓"修身",就是管理者的自我管理,三者的对象都是人。儒家所说的管理("治")就是对于人的管理("治人")。这是儒家对于管理本质的第一种理解。

---

① 程树德撰,程俊英、蒋见元点校:《论语集释》,中华书局1990年版,第1199页。
② 程树德撰,程俊英、蒋见元点校:《论语集释》,中华书局1990年版,第1370页。
③ 程树德撰,程俊英、蒋见元点校:《论语集释》,中华书局1990年版,第1159页。

三、"劳心"与"劳力"
——从分工看管理本质

如上所述,在儒家看来,管理就是对于人的管理,就是"治人"。那么,谁为"治人"呢?孟子的回答是,"劳心者治人,劳力者治于人"。①脑力劳动者进行管理,体力劳动者接受管理,孟子认为,这是通行于天下的共同原则。

其实,"劳心劳力"说并不是孟子的首倡。早在公元前684年长勺之战前夕,曹刿就对鲁庄公说过:"君子务治,而小人务力。"公元前564年,知武子也说过:"君子劳心,小人劳力,先王之制也。"②公元前480年间,公父文伯之母教导公父文伯说:"君子劳心,小人劳力,先王之训也。"由此可见,至少在春秋末年,"劳心劳力"说就已经流行,为人们所传诵。

在先秦儒家诸子中,则是孔子较早地涉及"君子劳心"的思想。据《论语·子路》篇记载,孔子的学生樊迟请求学种庄稼,受到孔子的斥责。孔子说:"小人哉,樊须也!上好礼,则民莫敢不敬;上好义,则民莫敢不服;上好信,则民莫敢不用情。夫如是,则四方之民襁负其子而至矣,焉用稼?"③在孔子看来,种庄稼是"小人"的事,君子即位居高门的统治者,其职责在于"好礼""好义""好信"。孔子又把这一思想概括为"君子谋道不谋食""君子忧道不忧贫"。④

孟子则在同许行之徒的辩论中,详尽论证了"劳心者治人,劳力者治于人"的命题。许行是研究神农学说的,属于当时的农家学派。当时,孟子同许行及其学生陈相都住在滕国。有一次,陈相向孟子转述了许行的话,说道:"滕国的国君确实是个贤明的君主,虽然如此,但也还不算真正懂得道理。真正的贤君要和人民一起耕种,自己找饭吃,还要替老百姓办事。而现如今滕国有储谷米的仓廪,存财物的府库,粮食多得吃不完,钱财多得用不尽。这是损害别人来奉养自己,又怎能称得上贤君呢?"孟

---

① 〔清〕焦循撰,沈文倬点校:《孟子正义》,中华书局1987年版,第373页。
② 《十三经注疏》整理委员会整理:《春秋左传正义》,北京大学出版社1999年,第874页。
③ 程树德撰,程俊英、蒋见元点校:《论语集释》,中华书局1990年版,第896-898页。
④ 程树德撰,程俊英、蒋见元点校:《论语集释》,中华书局1990年版,第1119页。

子听了奇怪，问道："难道许行一定要自己种庄稼才吃饭吗？"陈相说："对。"孟子："许行一定要自己织布才穿衣服吗？"陈相："不，许子只穿粗麻织成的衣服。"孟子："那么，许行戴帽吗？"陈相："戴。"孟子："是自己织的吗？"陈相："不，用谷米换来的。"孟子："许行为什么不自己织呢？"陈相："因为妨碍做庄稼活。"孟子："许行也用锅甑煮饭，用铁器耕田吗？"陈相："对。"孟子："这些器具是自己做的吗？"陈相："不，用谷米换来的。"孟子："那许行为什么不亲自烧窑冶铁，而要一件件地和工匠们交换器具呢？"陈相答道："各种工匠的工作本来就不是一边耕种又一边能同时干得了的。"孟子反问道："那么，难道管理国家的工作就能一边耕种一边又能干得了吗？"至此，陈相完全理屈词穷，张口结舌。于是，孟子得以从容地引出自己的正面主张——"劳心者治人，劳力者治于人"。

孟子指出："有官吏的工作，有老百姓的工作……有的人进行脑力劳动，有的人进行体力劳动；脑力劳动者管理别人，体力劳动者接受别人的管理；被管理者养活别人，管理者靠别人养活——这是通行天下的共同原则。"（《孟子·滕文公上》："有大人之事，有小人之事。……故曰：或劳心，或劳力。劳心者治人，劳力者治于人；治于人者食人，治人者食人：天下之通义也。"①)

孟子对于"劳心劳力"说的论证，主要有两个方面。一方面是劳动分工的必要。孟子抓住陈相承认"百工之事，固不可耕且为也"这一点，反诘道："然则治天下独可耕且为与？"既然主张"君民并耕"的许行本人都不能够做到一边耕种一边做各种工匠的工作，那么独独管理国家的人可以一边耕作一边治理天下吗？孟子认为，这无论是谁都做不到的。他以古代圣君贤相的事迹来加以论证。治国者大禹将全部精力和时间扑在治洪工作上，"虽欲耕，得乎？"治国者尧舜既领导百姓的劳动生产，又开展百姓的文化教育工作，处处关心百姓的疾苦，"圣人之忧民如此，而暇耕乎？"治国者尧舜为天下选拔贤才，操劳国事，那就不必亲自耕田，"尧舜之治于天下，岂无所用其心哉？亦不用于耕耳"。② 这里，孟子接着用三段文字，论述了古代治国者不得耕、不暇耕和不必耕的道理，批驳了许行的

---

① 〔清〕焦循撰，沈文倬点校：《孟子正义》，中华书局1987年版，第372-373页。
② 〔清〕焦循撰，沈文倬点校：《孟子正义》，中华书局1987年版，第391-392页。

"君民并耕说",论证了官民分工的合理性。

另一方面是劳动成果交换的必要,孟子指出:"且一人之身而百工之所为备,如必自为而后用之,是率天下而路也。"① 从一个人的生活需要来说,各种劳动成果都是不可缺少的。如果任何物品都要自己制造出来才去使用,那就会使人疲于奔命。因此,为了维持正常的生活,人们就必须交换自己的劳动成果。孟子又指出:"子不通功易事,以羡补不足,则农有余粟,女有余布;子如通之,则梓匠轮舆,得食于子。"② 如果不互通各人的劳动成果,交换各行各业的产品,用多余的来弥补不足的,就会使农民有多余的米,别人却吃不到,工女有多余的布,别人却穿不上;如果能互通有无,那么,木匠车工都能够从你那里得到吃的。孟子认为,在劳心者和劳力者、治人者与治于人者之间,同样存在着"通功易事"的关系。针对陈相对于滕君"厉民以自养"的指责,孟子指出:"以粟易械器者,不为厉陶冶;陶冶亦以其械器易粟者,岂为厉农夫哉?"③ 务农的用粮食来换取器械,不算损害烧窑和打铁的;烧窑打铁的用自己的器械去换取粮食,这难道是损害农民吗?——孟子这样说的弦外之音是:既然如此,治人者以其务治的成果来换取生活资料,这难道也是损害别人来奉养自己吗?孟子的回答显然是否定的。也就是说,在孟子看来,治人者用自己的务治成果去换取必需的生活资料,是完全合理的、正当的。

如果说,孟子对于"劳心劳力"说的论证,着重在劳动分工及其成果的交换上,主要集中于"治人者"与"治于人者"的区别,那么,荀子的论证则侧重于管理知识的专业性上,主要集中于"劳心者"与"劳力者"的联系。

荀子指出:"君子之所谓贤者,非能遍能人之所能之谓也;君子之所谓知者,非能遍知人之所知之谓也;君子之所谓辩者,非能遍辩人之所辩之谓也;君子之所谓察者,非能遍察人之所察之谓也;有所止矣。相高下,视墝肥,序五种,君子不如农人;通财货,相美恶,辩贵贱,君子不如贾人;设规矩,陈绳墨,便备用,君子不如工人。不恤是非然不然之情,以相荐撙,以相耻怍,君子不若惠施、邓析。若夫谪德而定

---

① 〔清〕焦循撰,沈文倬点校:《孟子正义》,中华书局1987年版,第372页。
② 〔清〕焦循撰,沈文倬点校:《孟子正义》,中华书局1987年版,第428页。
③ 〔清〕焦循撰,沈文倬点校:《孟子正义》,中华书局1987年版,第371页。

次,量能而授官,使贤不肖皆得其位,能不能皆得其官,万物得其宜,事变得其应,慎、墨不得进其谈,惠施、邓析不敢窜其察,言必当理,事必当务,是然后君子之所长也。"这里的意思是说,国家的管理者当然不是什么都懂。论种田,他比不上农民;论买卖,他比不上商人;论制造器物,他比不上工匠;论辩论技巧,他比不上通俗辩之士。各行各业都有自己的专门知识,而管理国家也有专门的知识,那就是:判断别人的德行而确定等级秩序,衡量别人的才能而授予官职,使人人各得其位,事事知得其宜,物物各得其所。若能把国家治理得有条有理,就是管理者的特长。

既然管理者的特长在于他具有专门的管理知识,那么,他就必然责无旁贷地担负起管理社会的重任。荀子指出:"圣人也者,道之管也。"① 又说:"人君者,所以管分之类枢要也。"② 这里前一个"管"字是名词,指"总管、总汇"的意思;后一个"管"字是动词,指"掌管、管辖"的意思。在荀子看来,君主是天下之道的总管(总汇),他掌管着社会等级秩序的划分。换句话说,国家管理者也就是社会运转的策划者与领导者。在先秦儒家诸子中,对于管理概念的表达,一般是用"治"字,有时也有"政"字,直接用"管"字的则非常罕见。因此,荀子在这里使用"管"字,弥足珍贵。

既然管理者担负着如此重要的社会领导责任,那么,对于他的生活爱好、道德修养,社会就有必要做出合理的安排。荀子指出:"若夫重色而衣之,重味而食之,重财物而制之,合天下而君之,非特以为淫泰也,固以为王天下,治万变,材万物,养万民,兼制天下者,为莫若仁人之善也夫!故其知虑足以治之,其仁厚足以安之,其德音足以化之,得之则治,失之则乱。百姓诚赖其知也,故相率而为之劳苦以务佚之,以养其知也;诚美其厚也,故为之出死断亡以覆救之,以养其厚也;诚美其德也,故为之雕琢、刻镂、黼黻、文章以藩饰之,以养其德也。故仁人在上,百姓贵之如帝,亲之如父母,为之出死断亡而愉者,无它故焉,其所是焉

---

① 〔清〕王先谦撰,沈啸寰、王星贤点校:《荀子集解》,中华书局1988年版,第122-124页。

② 〔清〕王先谦撰,沈啸寰、王星贤点校:《荀子集解》,中华书局1988年版,第179页。

诚美，其所得焉诚大，其所利焉诚多。"① 这里的意思，同孟子所说的"治于人者食人，治人者食于人"的观点基本一致，但荀子表达得更为具体一些。

荀子比孟子高明的地方在于他指出了"劳心"与"劳力"的相互联系，特别强调了脑力劳动对于体力劳动的指导作用。他说："君子以德，小人以力。力者，德之役也。百姓之力，待之而后功；百姓之群，待之而后和；百姓之财，待之而后聚；百姓之势，待之而后安；百姓之寿，待之而后长。父子不得不亲，兄弟不得不顺，男女不得不欢，少者以长，老者以养。故曰：'天地生之，圣人成之。'此之谓也。"② 这里比较详细地论证了管理者的脑力劳动对于社会劳动、社会组织、社会财富和社会安定的必要性，充分体现了管理工作的智力特点。

从现代观点看，儒家"劳心劳力"说包含着一定的真理，即它认识到并肯定了管理分工的必要性和合理性。恩格斯指出："当人的劳动的生产率还非常低，除了必需的生活资料只能提供微少的剩余的时候，生产力的提高、交换的扩大、国家和法律的发展、艺术和科学的创立，都只有通过更大的分工才有可能，这种分工的基础是，从事单纯体力劳动的群众同管理劳动、经营商业和掌管国事以及后来从事艺术和科学的少数特权分子之间的大分工。"③ 恩格斯这里所说的社会大分工包括管理者与被管理者之间的分工。管理阶层的形成，正是这种社会大分工的产物，它对于人类社会文明的发展，具有不可估量的影响和无可替代的作用。

与此同时，我们也必须看到，儒家的"劳心劳力"说实际上把剥削者同脑力劳动者和社会管理者，被剥削者同体力劳动者和被管理者混为一谈了，尽管他们本身未必能以阶级观点意识到这一点（按：有人批评孟子有意掩盖剥削者之间的阶级对立，那是以今人的观点去揣测和强求古人）。按照恩格斯的上述论断，脑力劳动与体力劳动的分工，管理阶层与被管理阶层的出现，剥削阶级与被剥削阶级的形成，本来就是同一过程的产物。

---

① 〔清〕王先谦撰，沈啸寰、王星贤点校：《荀子集解》，中华书局1988年版，第180－181页。
② 〔清〕王先谦撰，沈啸寰、王星贤点校：《荀子集解》，中华书局1988年版，第182页。
③ 中共中央马克思恩格斯列宁斯大林著作编译局编：《马克思恩格斯选集》第3卷，人民出版社1972年版，第221页。

"分工的规律是阶级划分的基础"。① 阶级的对立随着脑力劳动与体力劳动的分工、管理阶层与被管理阶层的分工而出现,这本来就是一个问题的两个方面。了解这一点,对于我们认识先秦儒家"劳心劳力"说的局限性是有帮助的。

回到对于管理本质的认识,儒家的"劳心劳力说"强调管理者必须是劳心者,肯定管理者的脑力劳动及其成果对于社会发展的巨大作用,这实际上是把管理作为一种运用心智的实践活动。这是儒家对于管理本质的第二种理解。

四、"和为贵"
——从协调功能看管理本质

上一节提到,荀子在论述管理这种智力活动的功能时曾经指出:"百姓之群,待之而后和。"② 百姓所结成的社会组织,要依靠"劳心者"的管理活动而得到协调。"和"即协调,从一个侧面反映了儒家对于管理本质的理解。

关于"和",《礼记·中庸》解释道:"喜怒哀乐之未发谓之中,发而皆中节谓之和。"③ 杨树达先生在《论语疏证》中说:"事之中节谓之和,不独喜怒哀乐之发一事也。《说文》云'龢,调也','盉,调味也'。乐调谓之龢,味调谓之盉,事之调适者谓之和,其义一也。和今言适合,言恰当,言恰到好处。"这里杨先生把调音之"龢",调味之"盉",以及人事调适之"和",全看作同一个意思,当为中肯之论。因为从先秦典籍中看,人们也确实认为这三者有共通之处,常常互相发明(详见下文周太史伯和晏婴的论述)。依笔者所见,"和"即为调和(动词,从行为看)、和谐(名词,从效果看)、协调(即为动词又为名词,既表述行为也表述效果)的意思。

在儒家看来,"和"是管理活动的最佳境界。孟子指出:"天时不如地利,地利不如人和。"④ 荀子也指出:"上不失天时,下不失地利,中得

---

① 中共中央马克思恩格斯列宁斯大林著作编译局编:《马克思恩格斯选集》第3卷,人民出版社1972年版,第321页。
② 〔清〕王先谦撰,沈啸寰、王星贤点校:《荀子集解》,中华书局1988年版,第182页。
③ 《十三经注疏》整理委员会整理:《礼记正义》,北京大学出版社1999年版,第1422页。
④ 〔清〕焦循撰,沈文倬点校:《孟子正义》,中华书局1987年版,第251页。

人和，而百事不废。"① 孔子的学生有若则认为："礼之用，和为贵。先王之道，斯为美。"② 此后，"和为贵"就成为著名的儒家格言。

儒家之"和"在国家管理活动中的运用，一是用来协调管理者与一般老百姓（即治人者与治于人者）的关系，达到二者之间的团结（"和无寡"）；二是用来协调最高管理者与各级管理人员（即君主与官吏）的关系，取得二者之间的和谐（"和而不同"）。

关于治人者与治于人者之间的协调，《韩诗外传二》记载了孔子的一段话，大意是说：当时的颜氏一门中有三个人驾马车，但他们驭马的方式却很不相同。在颜无父的驾驭下，马儿尽管知道车上有货物却觉得很轻松，知道车有人却觉得很友好，因而越跑越欢。如果这匹马会说话，它会这么说："今天跑得好快活啊！"在颜伦的驾驭下，马儿知道车上有货物也觉得轻松，知道车上有人却觉得应该尊敬他。如果这匹马会说话，它会这么说："快点跑吧，有人在支使着我呢。"在颜夷的驾驭下，马儿知道车上有货物而觉得沉重，知道车上有人而战战兢兢。如果这匹马会说话，它会这么说："快跑，快跑，不然的话，主人就会将你杀掉！"

在这三位驭手中，孔子最欣赏的是颜无父。他说："美哉，颜无父之御也！"接着，孔子进一步发挥道："故御马有法矣，御民有道矣。法得，则马和而欢；道得，则民安而集。诗曰：'执辔如组，两骖如舞'，此之谓也。"这里，孔子把治民比喻为御马，君主好比驭手，人民好比马匹。管理老百姓就像赶马车一样，驾驭的方法得当，君主和人民也能取得和谐，人民安居乐业，纷纷前来归附，国家就会越来越兴旺。③

因此，孔子认为，在国家管理者与一般老百姓之间，关键是要取得和谐。"盖均无贫，和无寡，安无倾。"④ 若是财富平均，便无所谓贫穷；境内和睦团结，便不会觉得人少；境内平安，便不会倾危。在这三句话中，

---

① 〔清〕王先谦撰，沈啸寰、王星贤点校：《荀子集解》，中华书局1988年版，第229页。
② 程树德撰，程俊英、蒋见元点校：《论语集释》，中华书局1990年版，第46页。
③ 从现代人的观点看，把"治民"比作"御马"，这种蔑视人民（即被管理者）的管理观当然应该批判。但耐人寻味的是，这一比喻并非古代中国所独有。据曾仕强先生考证，现代的"管理"概念，即英文 management，来自拉丁文 managgiare，原意就是指"训练马群"（参见曾仕强《中国管理哲学》，东大图书有限公司1981年版，第18页）。如此看来，管理的"二重性"（即"监督劳动"和"指挥劳动"，分别反映着管理的"阶级性"和"全人类性"），从"管理"这一概念本身就已经体现出来了。
④ 程树德撰，程俊英、蒋见元点校：《论语集释》，中华书局1990年版，第1137页。

"均无贫"带有平均主义的倾向（俗称"大锅饭"），于现代社会的管理已不适合。但"和无寡""安无倾"即使对于现代的管理也是富有启发的。一个组织内部，相互协调，人们的积极性得到充分发挥，怎么会觉得人少呢？而组织内部的团结得到了保证，同心协力，坚如磐石，又怎么会倾危呢？

孟子也十分重视"和谐"在管理中的作用，即所谓"天时不如地利，地利不如人和"，孟子举例论证道，譬如有一座小城，每边长只有三里，它的外围也只有七里，可谓小之又小，但敌人围攻它，却不能取胜，这就证明"天时不如地利"。又譬如另一座城，其城墙不是不高，护城河不是不深，兵器不是不锐利，粮食不是不足够，总之，坚固得很。但是当敌人一来，守城人却弃城逃走，这就证明"地利不如人和"。

那么，如何得到"人和"呢？孟子接着指出："域民不以封疆之界，固国不以山谿之险，威天下不以兵革之利。得道者多助，失道者寡助。寡助之至，亲戚畔之；多助之至，天下顺之。"① 所谓"封疆之界""山谿之险""兵革之利"，都属于外在的东西；民心的向背，才是决定战争胜负、国家存亡的关键。而管理者要想得到人民的拥护，就只有施行正确的治国之道，"得道多助，失道寡助"。君主与人民之间，相互和谐，上下齐心，则无往而不胜。

关于君主与官吏之间的协调，儒家的原则是"君子和而不同，小人同而不和"②。这里所谓的"和"，是既讲原则又讲团结，是在对立统一的基础上的和谐；所谓"同"，则是盲从附和，一团和气。儒家所提倡的是前一种境界，而反对后一种风气。

在最高管理者与各级管理人员之间，为什么要特别强调"和"而反对"同"呢？《国语·郑语》记载的周太史伯对郑桓公说的话回答了这个问题。当时，正值西周末年，周王室已经走下坡路，郑桓公问太史伯："周朝会衰败吗？"太史伯回答："差不多了。现在周幽王抛弃那些光明正大而有德行的人，而重用那些顽鄙固陋的人；排斥与自己意见不一致的正确主张，而采纳与自己意见完全相同的错误说法——这正是周朝快要衰败的迹象。"太史伯把这种现象概括为"去和而取同"。而在他看来："只有

---

① 〔清〕焦循撰，沈文倬点校：《孟子正义》，中华书局1987年版，第253－254页。
② 程树德撰，程俊英、蒋见元点校：《论语集释》，中华书局1990年版，第935页。

'和'才是产生万物的法则,没有对立面的相同是不能产生什么新事物的。一种东西和另一种东西相配合就叫作'和',由此事物才能发展壮大。如果总是同一种东西重复相加,达到顶点,就会失败。所以先王用金木水火土等五种元素相配合,而产生万物;用五种滋味相调配,以适合人的口味;用六种声调相配合,以令人悦耳动听;端正七窍,而为心所役使;协调身体的八个部分,而使人完整;充实九脏,以建立纯德;设立十种等级,以训导百官;乃至产生千种品位,提出万条方案,计划亿件事情,经营兆数的财物,取得京数的收入,等等。因此,做君主的,拥有天下极广的土地,常有京兆的收入,供养百官万民,普遍教导而又善于使用他们,协和安乐,就像一家人一样。如果能够做到这样,那就是运用'和'的法则而达到登峰造极的地步了。于是,先王向异姓求婚,使用四方的货物,选拔敢于直谏的官员,处理事情时反复比较衡量,这都是在追求'和'而不是'同'。只是一种声调就没有音乐,只是一种颜色就没有文采,只是一种滋味就没有美食,只是一种事物就无法做出评价。这就是'和'的法则。现在幽王却把这个法则抛弃了,去和而求同,要想不衰败,可能吗?"如此看来,君臣之间究竟是"和而不同"还是"同而不和",直接关系到国家的兴衰成败。

关于"和"与"同"之间的区别,《左传·昭公二十年》记载的晏婴对齐侯说的一段话,分析得更加清楚。有一次,齐侯刚从打猎的地方回到宫中,臣子梁兵据也亦步亦趋地跟来了。于是齐侯感叹地说:"看来只有梁丘据跟我相和协啊!"晏婴回答说:"梁丘据只不过是与您相同罢了,哪里谈得上协和呢!""和与同难道还有区别吗?"齐侯不解地问。晏婴回答说:"有区别。和的道理就像烹羹调味,酱、醋、盐、梅等各种佐料,哪样太少就添一点,哪样太多就减少一些,吃起来才有滋味,心情舒畅。君臣的关系也是这样,主上所认为对的,如果其中还有什么不对,臣子就应该指出那不对的部分,以完备对的部分;主上所认为不对的,如果其中还包含着对的,臣子就应该指出对的部分,以去掉不对的部分。这样,就会使政治清明,避免失误,人民也就不会发生争执。先王的配合五味,调和五声,原是为了使心情平静,政治完善。声音也像味道一样,它是由一气、二体、三类、四物、五声、六律、七音、八风、九歌互相组成的,是由清浊、大小、短长、缓急、哀乐、刚柔、快慢、高低、进出、疏密互相调剂的。君子听了,就能使自己心情平静,德性温和,这就是和的作用。

但现在梁丘据却不是这样。主上认为对的,他也认为对;主上认为不对的,他也说不对。这就好比调味时用清水去调清水,谁愿意吃呢?又好比弹琴的老是弹同一个调子,谁愿意听呢?君臣之间应该和而不应该同的道理也正是这样。"这里晏婴所提出的"君所谓可,而有否焉,臣献其否,以成其可;君所谓否,而有可焉,臣献其可,以去其否",正是儒家"和而不同"原则的具体说明。

晏婴本人不仅是"和而不同"原则的提倡者,而且是身体力行的实践者。今存记载其言行的《晏子春秋》共八篇,二百五十章,《谏》言就占两篇,五十章,占全书的五分之一。他对国君能够一日三谏,涉及政治、军事、生活诸方面,在治国理政中补君之不足,对稳定齐国局势起到了重要的作用。正如孔子所称赞的:"灵公汙,晏子事之以整齐;庄公壮,晏子事之以宣武(按:宣明止戈为武);景公奢,晏子事之以恭俭。"总之,"虽事惰君,能使垂衣裳朝诸侯",不失为大国。晏婴以自己的言行和政绩树立了一面"和而不同"的样板。

"和而不同",用孟子的话来说,便是"格君心之非"。他指出:"人不足与适也,政不足闲也,唯大人为能格君心之非。君仁莫不仁,君义莫不义,君正莫不正,一正君而国定矣。"① 在孟子看来,那些"同而不和"的小人是不值得去谴责的,他们的政治也不值得去非议,只有大人才能够纠正君主的不正确思想。君主仁,没有人不仁;君主义,没有人不义;君主正,没有人不正。只要君主端正了,国家也就安定了。

《荀子·子道》所记载的一件事更是对"和而不同"原则的很好诠释。鲁哀公问孔子道:"儿子听从父亲的,这就是孝吧?臣下听从君主的,这就是忠吧?"如此问了三次,孔子都不回答。事后,子贡对孔子说:"儿子听从父亲的,当然是孝了;臣下听从君主的,当然是忠了,老师您当时怎么不回答呢?"孔子说:"您真是太不懂道理了!从前大国有敢于争辩的臣子四人,疆土就不会被削去;中等国家有敢于争辩的臣子三人,社稷就不会危亡;小国有敢于争辩的臣子二人,宗庙就不会被毁掉,父亲有敢于争辩的儿子,行为就不会无礼;士人有敢于争辩的朋友,行为就不会无义。因此,儿子总是听父亲的,怎么能说是孝呢?臣下总是听君主的,怎么能说是忠呢?要看在什么样的情况下听从,才能算得上是孝、是忠。"

---

① 〔清〕焦循撰,沈文倬点校:《孟子正义》,中华书局1987年版,第525–526页。

如此看来，如果把儒家所提倡的"和为贵"说成一团和气，不讲斗争性，恐怕是不符合事实的，即没有看到"和而不同"这一儒家论君臣关系的重要原则。

总之，儒家以"和无寡"来强调君主与一般老百姓的关系，以"和而不同"来规范君主与官吏的关系，在总体上是追求"和为贵"的管理的最佳境界。就此而言，他们把管理活动当作一种协调的过程。这是儒家对于管理本质的第三种理解。

综上所述，儒家把管理当作对于人的管理（"治人"），是一种运用心智的脑力劳动（"劳心者治人"①），是一种组织内部的协调活动（"和为贵"）。这些理解，同现代管理论对于管理本质的探讨有着异曲同工之妙。

---

① 〔清〕焦循撰，沈文倬点校：《孟子正义》，中华书局1987年版，第373页。

第六章

"人性可塑"的管理人性观

人性假设是管理理论的必要前提。现代管理理论对于人性问题的探讨十分活跃,先后提出了诸如"X—Y 理论""超 Y 理论""Z 理论""经济人""社会人""自我实现的人""复杂人"等假设。在儒家管理哲学中,有关人性论的思想也非常丰富,诸如孟子的"性善论"、荀子的"性恶论"、告子的"性无善无不善论"、世硕的"性有善有恶论"等,而他们所一致接受、由孔子所首倡的"人性可塑论",则体现着儒家管理人性观的基本特色。

一、管理人性的探讨

任何管理理论实际上都是以一定的人性假设为其基本前提的。但是,在现代管理学的研究中,人们很长时间没有自觉意识到这一点。正如美国管理哲学家麦格雷戈(D. M. McGregor)所指出的那样:在每一个管理决策或每一项管理措施的背后,都一定会有某些关于人性本质以及人性行为的假定,其中若干假定曾经流行一时。但在一般有关组织的论著中,以及人们讲述有关管理政策及管理实务时,这些假定大多没有明说,只是隐含于言外。针对这种情况,麦格雷戈于 1957 年发表了《企业的人性方面》一文,并于 1960 年出版了同名著作,在现代管理思想史上第一次比较明确和系统地论述了管理中的人性问题。

麦格雷戈在该书中指出,在他之前的管理理论的基本人性假设是:①一般人对于工作都有天生的厌恶感,所以只要有可能,就会回避工作。②由于人类具有不喜欢工作的本性,因此对于大多数的人来说,必须予以强制、控制、督促乃至惩罚性的威胁,才能促使他们朝着达成组织的目标而努力。③一般人大都宁愿受人监督,喜欢回避责任,志向不大,只求生活上的安逸。——麦格雷戈把上述假设,称为"X 理论"。

针对 X 理论,麦格雷戈提出自己的人性假设,其基本要点是:①人们并不是天生就厌恶工作的。应用体力和脑力来从事工作，对于人们来说，就像游乐和休息一样，是极其自然的事情。②外来的控制和惩罚的威胁，并不是促使人们为实现组织的目标而努力的唯一方法，人们对自己所参与制定的目标，能够实现自我指挥和自我控制。③人们对于目标的参与是同获得成就的报酬直接相关的。这些报酬中，最重要的是自我意识和自我实现需要的满足，它们能促使人们为实现组织的目标而努力。④只要条件适当，人们不仅能承担责任，而且能够争取责任，常见的回避责任，缺乏志向，以及只知道保护自己等现象，乃是后天习得的结果，而并非先天性。⑤以高度的想象力和创造力来解决组织中的各种问题，并不是少数人，而是大多数人都具有的能力。⑥在现代工业社会的条件下，一般人的智慧潜能只是部分得到发挥。——麦格雷戈把自己上述的人性假设称为"Y理论"。

"X—Y理论"的提出，对于现代管理理论中关于人性问题的研究，起了很大的推动作用。自此以后，有关管理中的人性假设层出不穷。其中比较著名的有"复杂人假设""超Y理论"，以及"Z理论"等。

美国行为科学家沙因（E. H. Schein）在《组织心理学》（1965）一书中，把前人已经提出的"理性—经济人假设""社会人假设""自我实现的人假设"，同他自己提出的"复杂人假设"并列为四种人性假设，用来表达对于人性的各种观点。[①] 其内容如下：

（1）理性—经济人假设。这是古典经济学家和古典管理学家关于人性的假设，也就是麦格雷戈所称的X理论。其要点是：①人是由经济诱因来引发工作动机的，其目的在于获得最大的经济利益。②经济诱因在组织控制下，因此，人只能被动地在组织的操纵下从事工作。③人以一种合乎理性的、精打细算的方式行事。④人的情感是非理性的，会干预人对经济利益的合理追求。组织必须设法控制个人的感情。

（2）社会人假设。这是人际关系学说的倡导者梅奥等人，依据霍桑实验的材料提出来的。其要点有：①人类工作的主要动机是社会需要，经过与同事之间的关系可以获得基本的认同感。②工业革命和工作合理化的结果，使得工作变得单调而无意义。因此，必须从工作的社会关系中去寻求工作的意义。③非正式组织的社会影响比正式组织的经济诱因对人有更大

---

① E. H. Schein, *Organizational Psychology*, Prentice-Hall, 1965.

的影响力。④人们最期望领导者能承认并满足他们的社会需要。

(3) 自我实现的人假设。包括马斯洛的"人类需要层次论"和麦格雷戈的"Y理论"等。其要点是：①人的需要有从低级到高级的区别，其目的是为达到自我实现的需要，寻求工作上的意义。②人们力求在工作上有所成就，实现自制和独立，发展自己的能力和技术，以便富有弹性，能适应环境。③人们能够自我激励和自我控制，而外来的激励和控制会对人产生一种威胁，造成不良后果。④个人的自我实现同组织目标的实现并不冲突而是一致的，在适当条件下，个人会自动地调整自己的目标，使之与组织目标配合。

(4) 复杂人假设。沙因等人认为，上述经济人假设、社会人假设和自我实现的人假设各自反映了它们产生时的时代背景，并适合于某些人和某些场合。但是，人有着复杂的动机，不能简单地归结为一两种，而且，也不能把所有的人都归结为同一类人。因此，他们提出了复杂的人假设。其要点有：①每个人都有许多不同的需求和能力。人的工作动机不但是复杂的，而且变动性很大。人的许多动机安排在各种重要的需要层次上，这种动机层次的构造不但因人而异，而且同一个人也会因时、因地而异，从中可以获得新的需求和动机。各种动机之间交互作用而形成复杂的动机模式。②一个人在组织中可以获得新的需求和动机。因此，一个人在组织中表现的动机模式是他的动机与组织经验交互作用的结果。③人在不同的组织和不同的部门中可能有不同的动机模式。在正式组织中与别人不能合群的人，很可能在非正式组织或工会中能满足其社会需要和自我实现的需要。在某些复杂的组织中，各个部门可以利用不同的动机来达到目标。④一个人是否感到心满意足，肯为组织尽力，取决于他本身的动机构造和他同组织之间的相互联系。工作的性质、本人的工作能力和技术水平、动机的强弱和与同事间的交往状况，都可能产生影响。⑤人可以依据自己的动机、能力及工作性质而对不同的管理方式做出不同的反应。因此，没有一种适合任何时代、任何人的万能管理方式。

"超Y理论"又称"权变理论"，是美国管理学家莫尔斯（J. Morse）和洛希（J. W. Lorsch）在1970年提出来的。当时，西方管理就麦格雷戈所谓"X—Y理论"的适用性做了实验。发现有的组织（如工厂）适用X理论的管理方式，有的组织（如研究所）适用Y理论的管理方式。在上述实验的基础上，莫尔斯和洛希吸收沙因关于"复杂人"的假设，而提出了"超Y理论"。其要点如下：①人们是怀着许多不同的需要加入工作组织的，而且人们有不同的需要类型。有的人需要更正规化的组织结构和条例规章，而不需要参与决策和承担责任；有的人却需要更多的自治责任，以及发挥个人创造性的机会。每个人最需要的是实现胜任感。②不同的人对管理方式的要求也是不同的。如上述第一种人欢迎以"X理论"为指导的管理方式，第二种人则欢迎以"Y理论"为指导的管理方式。③组织的目标、工作的性质、员工的素质等对组织结构和管理方式有很大的影响。凡是组织结构、工作分配、工资报酬和控制程序等安排，适合于工作性质和职工素质者，其效率就高；不适合者，其效率就低。一般地说，像工厂这类的组织宜采用"X理论"，像研究所这类的组织则宜采用"Y理论"。不同的情况应采用不同的方式。④当一个目标达到以后，可以继续激起员工的胜任感，使之为达到新的更高的目标而努力。①

到了20世纪80年代，美籍日裔管理学家威廉·大内（William G. Ouchi）以他的《Z理论》一书而名噪一时。作者承认，自己的"Z理论"与麦格雷的"X—Y理论"有直接的关系。根据作者的架构，"西方组织主要是属于"A型"和"Z型"（"J型"保留给出现在日本的组织）。正如同大多数管理人员不纯粹采纳"X假设"和"Y假设"，组织也很少纯粹属于"A型"或"Z型"。然而，了解"A型"和"Z型"可能有助于分析组织的基础倾向"。由此可见，所谓"Z理论"，不过是麦格雷戈"Y理论"在管理组织上的运用，而在人性假设上并同有更新的东西。

在中国古代，儒家管理哲学的人性理论十分发达。仅在先秦时期，就有孟子的"性善论"、荀子的"性恶论"、告子的"性无善无不善论"以及世硕的"性有善有恶论"，等等。它们从不同的角度接触到现代管理学中"X理论""Y理论"和"超Y理论"所提出的管理人性问题，而又带有自己的特点。

二、"性善论"与管理

"性善论"是孟子的主张。为什么说人性本善呢？孟子的回答是："乃若其情，则可以为善矣，乃所谓善也。若夫为不善，非才之罪也。恻隐之心，人皆有之；羞恶之心，人皆有之；恭敬之心，人皆有之；是非之

---

① J. Morse, J. W. Lorsch, Beyond Theory Y, *Harvard Business Review*, 1970, 68.

心，人皆有之。恻隐之心，仁也；羞恶之心，义也；恭敬之心，礼也；是非之心，智也。仁义礼智，非由外铄我也，我固有之也，弗思耳矣。故曰求则得之，舍则失之，或相倍蓰而无算者，不能尽其才者也。"① 这段话，包含着三层意思。

第一，人的素质，可以为善。这里的"性、情、才"指的都是同一个意思，即人的天生素质。孟子指出，从人的天生素质看，可以趋向善良，这就是所谓的人性善。需要注意的是，这里所谓人的天生素质，在孟子的心目中却不包括人之所以异于（高于）动物的道德属性。孟子指出："人之所以异于禽兽者几希，庶民去之，君子存之。舜明于庶物，察于人伦，由仁义行，非行仁义也。"② 这里的"仁义"就是人之所以异于禽兽的属性。在孟子看来，仁义属性是人人都具有的，君子能够自觉地扩充它，一般人却不自觉地抛弃它。这就是君子之所以为君子，庶民之所以为庶民的根本原因。但无论是君子还是庶民，人毕竟是人，而不是禽兽，他那"异于禽兽者几希"的道德本性，通过适当的引导，都可以表现出来。因此，从总体上看，就人的天生素质而言，是可以为善的。

第二，仁义礼智，人所固有。人所不同于禽兽的道德属性，孟子细分为仁、义、礼、智四种。所谓仁，来自人的恻隐之心；义，来自人的羞恶之心；礼，来自人的恭敬之心（又称"辞让之心"）；智，来自人的是非之心。而在孟子看来，这四心正是人之所以为人的根本标志，"无恻隐之心，非人也；无羞恶之心，非人也；无辞让之心，非人也；无是非之心，非人也。恻隐之心，仁之端也。羞恶之心，义之端也。辞让之心，礼之端也。是非之心，智之端也。人之有是四端也，犹其有四体也。"③"四心"即为"四端"，乃是仁义礼智的萌芽，人之具有"四心"，就像具有手足四肢一样，是自然而然的，而仁、义、礼、智乃是道德上的善，所以人的本性是善的。

第三，求则得之，舍则失之。既然人性本善，那为什么有的人为善有的人作恶呢？孟子的解释是，这取决于人们对其本心的探求与放弃：积极努力充分发扬心性的本质，就表现为善；放松努力，不去探求和发扬心性

---

① 〔清〕焦循撰，沈文倬点校：《孟子正义》，中华书局 1987 年版，第 752—757 页。
② 〔清〕焦循撰，沈文倬点校：《孟子正义》，中华书局 1987 年版，第 567—568 页。
③ 〔清〕焦循撰，沈文倬点校：《孟子正义》，中华书局 1987 年版，第 233—235 页。

的本质，就表现为恶。其中恶的产生，又有两种情况。一是来自耳目之欲。"耳目之官不思，而蔽于物。物交物，则引之而已矣。心之官则思，思则得之，不思则不得也。"① 耳朵眼睛这类器官不会思考，就容易为外物所蒙蔽；心这个器官的职能在于思考，便可以保持人的本性。这里，孟子强调人们要对本性之善进行省思反求，才不至于为恶。为恶的另外一种情况来自不良环境的熏陶。"富岁子弟多赖，凶岁子弟多暴，非天之降才尔殊也，其所以陷溺其心者然也。"② 丰收年成，少年子弟多半懒惰；灾荒年成，少年子弟多半野蛮，不是天生的素质有所不同，而是环境使他们心情变坏的缘故。这里，孟子强调人们要讲求仁义，求其放失之心，才不至于陷入恶劣的环境而不能自拔。总之，孟子并不是没有看到客观环境对于人类行为的影响，但他总是强调人的主观努力。因为他坚信人的心性本善，一经探求，便会得到；一加放松，便会失去。

以上三点，就是孟子"性善论"的基本内容。其中的思想，在孟子与告子的辩论中表达得更为清楚。告子是孟子的同时代人，曾就人性问题同孟子开展过辩论，告子的基本观点是：①"生之谓性"；②"性无善无不善"；③"仁义外铄"。对此，孟子一一加以驳斥（以下两人辩论内容，均据《孟子·告子上》）。

关于"生之谓性"，告子认为，所谓"性"，就是人的生命本身以及维持这一生命的必要行为，"食色，性也"，就像饮食男女，即为人的本性。对此，孟子反诘道："然则犬之性犹牛之性，牛之性犹人之性与？"难道就能够因此，而把犬性等同牛性，把牛性等同于人性吗？由此可见，人性应该是"人之所以异于禽兽"的东西，就是仁、义、礼、智这些道德属性。

关于"性无善无不善"，告子以急流的水作为比喻，认为"人性之无分于善不善也，犹水之无分于东西也"。孟子则指出，水的流向诚然是无分于东西的，但水的本性则总是从高往下流的。人性之善就像水之向下，是自然而然，具有先天定向的，"人无有不善，水无有不下"。至于水有时候也会逆流而上，那是由于受到外力的激阻；而人有时候也会为不善，那是由于受到后天环境的影响。也就是说，恶的行为是后天的，善的本性却

---

① 〔清〕焦循撰，沈文倬点校：《孟子正义》，中华书局1987年版，第792页。
② 〔清〕焦循撰，沈文倬点校：《孟子正义》，中华书局1987年版，第759页。

是先天具有的。

关于"仁义外铄",告子认为,人的本性好比杞柳,仁义好比杯盘,杯盘是弯曲杞柳而做成的,仁义则是外力所强加于人的。对此,孟子反驳道,"子能顺杞柳之性而以为杯棬乎?将戕贼杞柳而后以为杯棬也?如将戕杞而以为杯棬,则亦将戕贼人以为仁义与?"在别处,告子则以为,即使仁是发自内心的,义却是外在的。比如尊敬长者,是因为他年纪大我才尊敬他,并不是我的内心先存有敬长之心。孟子指出,这里的关键不在于谁是"长者",而在于谁是表现敬、表现义的"长之者":"且谓长者义乎?长之者义乎?"长者只是受义的对象,而长之者才是行义的主体;长者是彼、是外,长之者才是此、是内。因此,义在于内而不在于外。总之,无论是仁还是义,都是人发自内心的本性。

孟子的"性善论",同其"仁政"学说有着直接的关系。所谓"仁政",发端于孔子的仁学。关于"仁",孔子做过许多种解释,但孟子主要是抓住其中"仁者爱人"这一点加以发挥。《论语·颜渊》记载:"樊迟问仁。子曰:'爱人。'"孟子则指出,所谓"爱人",就是"不忍",即不忍心伤害别人,也不忍心看到别人受到伤害。他说:"人皆有所不忍,达之于其所忍,仁也;人皆有所不为,达之于其所为,义也。人能充无欲害人之心,而仁不可胜用也。人能充无受尔汝之实,无所往而不为义也。"① 每个人都有不忍心干的事,把它扩展到忍心干的事上,便是仁。换句话说,人能够把不忍害人之心扩而充之,仁便用之不尽了。不忍伤害别人,是"仁者爱人"的一个方面。

此外,具有爱人之心的仁者,也本能地不忍看到别人受到伤害。孟子指出:"所以谓人皆有不忍人之心者,今人乍见孺子将入于井,皆有怵惕恻隐之心,非所以内交于孺子之父母也,非所以要誉于乡党朋友也,非恶其声而然也。"② 突然看到一个小孩子将要掉到井里,任何人也都会有惊骇同情的心情,这种心情的产生,既不是要和这小孩的父母攀结交情,也不是要在乡里朋友中间博取名誉,更不是厌恶那小孩的哭声。相反,这种不忍人之心完完全全是人的内心感情的自然流露。

由此,孟子得出结论:"人皆有不忍人之心。先王有不忍人之心,斯

---

① 〔清〕焦循撰,沈文倬点校:《孟子正义》,中华书局1987年版,第1007—1008页。
② 〔清〕焦循撰,沈文倬点校:《孟子正义》,中华书局1987年版,第233页。

有不忍人之政矣；以不忍人之心，行不忍人之政，治天下可运之掌上。"①每个人都有爱惜别人的心情。而国家的管理者把这种爱惜别人的心情来实施爱惜别人的政治，那么，治理天下就可以像在手掌上转动小物品那样容易了。在孟子看来，国家的管理者具有爱惜别人的不忍人之心即恻隐之心，也就表明他具有仁、义、礼、智这些道德属性的萌芽（"四端"），把这些萌芽加以扩充和推广，便可以安定天下。他说："凡有四端于我者，知皆扩而充之矣，若火之始然，泉之始达。苟能充之，足以保四海；苟不充之，不足以事父母。"② 在这里，孟子把管理者能否扩充自己性善之本心当作国家管理成败的关键。

孟子的"性善论"与现代管理学中麦格雷戈等人的"Y理论"具有三大共同之处。

（1）承认人性假设是管理活动的必要前提。麦格雷戈指出，在每一个管理决策或每一项管理措施的背后，都必定有某些关于人性本质及人性行为的假定。孟子则从"不忍人之心"而推出"不忍人之政"，实际上即是承认人之善性乃国家管理活动的出发点。

（2）肯定了人性本质上是善良美好的。麦格雷戈指出，一般人并非天生厌恶工作，他们不但能够承担责任，而且能够争取责任；常见的回避责任、缺乏志向等现象，乃是后天习得的结果，而并非先天的本性。孟子则认为，就人的天生素质看，是可以为善的；至于有的人行为不善，不能归罪于他的天生素质，而是由于他不主动去探求和发挥自己的善性。

（3）把管理工作寄希望于人们的精神追求。麦格雷戈指出，在人们实现工作目标后所得到的各种报酬中，最有意义的是自我实现需要的满足。马斯洛的"需要层次论"也提出，人的需要有从低级到高级的区别，其中最重要的是自我实现的需要。孟子则认为："人之于身也兼所爱。兼所爱，则兼所养也。……养其小者为小人，养其大者为大人。"③ 又说："从其大体为大人，从其小体为小人。"④ 这里的"小体"即耳目口腹等器官的物质需要，"大体"即心灵的精神需要。孟子强调"大体"，即是突出了人

---

① 〔清〕焦循撰，沈文倬点校：《孟子正义》，中华书局1987年版，第232页。
② 〔清〕焦循撰，沈文倬点校：《孟子正义》，中华书局1987年版，第235页。
③ 〔清〕焦循撰，沈文倬点校：《孟子正义》，中华书局1987年版，第789页。
④ 〔清〕焦循撰，沈文倬点校：《孟子正义》，中华书局1987年版，第792页。

的精神需要及其满足。

"性善论"与"Y理论"的区别,除了外在的因素,如时代背景(一为封建时代,一为资本主义时代)、社会环境(一为农业社会,一为工业社会)、管理种类(一为国家管理,一为企业管理)等的不同之外,单纯从理论本身来看,也有三点区别。

(1) 行为描述与道理评价的区别。"Y理论"着重于对管理过程中人行为的描述,尽管它所描述的都是人的善良行为的一面,以对应于"X理论"所描述的都是人的恶劣行为的一面,但它本身并没有对这些行为做出或善或恶的道德评价。因此,从总体上看,"Y理论"基本上仍属于行为科学的范围。与此相反,"性善论"一开始就立足于对人性的表现做出善恶的判断,把仁、义、礼、智这些道德范畴作为判断的标准,并进而把这些道德范畴诉诸人心,诉诸天意,提出"存其心,养其性,所以事天也"①。这就把对于人性的研究纳入了道德形而上学的体系中。

(2) 被管理者行为与管理者行为的区别。"Y理论"所着重研究的是被管理者的行为,并在这一基础上,提出管理工作的对策和措施。"性善论"则把对人性的研究成果直接运用于国家管理者的行为选择上。孟子所谓的"不忍人之政",就是要求国家管理者扩充内心的善性,以推行仁政,安定天下。

(3) 对于人性中"恶"的一面的分析,二者也有所不同。麦格雷戈认为,如果员工表现懒散,态度冷落,不愿承担责任,顽固不化,缺乏创造心,也不肯合作,那一定是由于管理阶层所采用的组织方法和控制方法不当的缘故。——这就等于说,人们的恶劣行为与他们的本性没有任何关系,纯粹是后天影响的结果。与此相反,孟子则提出:"口之于味也,目之于声也,鼻之于臭也,四肢之于安佚也,性也。有命焉,君子不谓性也。"② 这就是说,追求享受、好逸恶劳,也是人们的天性,只不过由于它们能否行得通取决于命运,因此才不把它们叫作"性"罢了。由此可见,孟子并不排除人的天性中也有"恶"的一面。在麦格雷戈看来,人们的恶劣行为是由管理工作不当而引起的;而按照孟子的逻辑,恶却也是人的天性使然,对此加以必要的限制、引导乃至克服,正是管理工作的应有之义。

---

① 〔清〕焦循撰,沈文倬点校:《孟子正义》,中华书局1987年版,第878页。
② 〔清〕焦循撰,沈文倬点校:《孟子正义》,中华书局1987年版,第990页。

三、"性恶论"与管理

人们一般都把荀子的人性论称为"性恶论",其实,这样的概括是不全面的。荀子人性论的中心命题是"人之性恶,其善者伪也"。① 这里的"性恶",是荀子论述的出发点,是针对孟子"性善论"的而发的;"善伪"才是荀子论述的归结点,是荀子自己的正面主张,是发前人所未发的独特创见。就此而言,把荀子的人性论概括为"善伪论",似更加合理一些。起码也应该称之为"性恶—善伪论"。但由于约定俗成,我们这里也姑且从之。

对于"性"和"伪"的含义,荀子在《正名》篇中有专门的规定,关于"性",荀子指出:"生之所以然者谓之性。性之和所生,精合感应,不事而自然谓之性。"这里前一个"性",是从生理上说的,指人的耳、目、口、鼻等感官的功能,相当于《性恶》篇中讲的"目可以见,耳可以听"的生理之性。后一个"性",则是从心理上说的,指人的外界事物接触所产生的自然反应,相当于《性恶》篇中说的"目好色,耳好声,口好味,心好利,骨体肤理好愉佚"的心理之性。关于"伪",荀子在《正名》篇中指出:"心虑而能为之动谓之伪。虑积焉、能习焉而后成谓之伪。"这里前一个"伪",指人类行为本身,相当于《性恶》篇中讲的"可学而能,可事而成"的一般人的行为。后一个"伪"指经过行为的累积而形成的社会规范,相当于《性恶》篇中讲的"生礼义而起法度"的"圣人"的行为。

荀子的上述规定,只是指出"性"是人的先天属性,"伪"则是人的后天行为,还没有涉及"性恶、善伪"的意思。只是在《性恶》篇中,荀子才从恶与化、化与善、生与学、朴与导、德与性等各个角度,集中论证了"人之性恶,其善者伪也"的命题。②

首先,从"恶"与"化"的关系看,荀子认为,人生来就有好利疾恶、耳目之欲等自然属性。如果任其自由发展而不加节制,自然之性就会变成恶性("恶");如果对其加以教育和引导("化"),人们的行为就会善良,社会秩序就会安定。

---

① 〔清〕王先谦撰,沈啸寰、王星贤点校:《荀子集解》,中华书局1988年版,第434页。
② 〔清〕王先谦撰,沈啸寰、王星贤点校:《荀子集解》,中华书局1988年版,第411–448页。

其次，从"化"与"善"的关系看，荀子指出，弯曲的木头要靠矫正才能变直，粗钝的刀剑要靠磨砺才能变锋利，恶劣的人性也要靠礼义教化（"化"），才能去恶从善（"善"）。

再次，从"生"与"学"的关系看，荀子认为，人性是天生的，学也学不到，做也做不到（"生"）；而礼义是后天制定的，经过学习就能够得到，经过人为就能够成功（"学"）。

复次，从"朴"与"导"的关系看，荀子指出，人的本性来自它的自然素质（"朴"），而人的素质本来就是"好利""疾恶""有欲"的。所谓善，就是对自然素质的引导（"导"），而不是对它的背离。

最后，从"德"与"性"的关系看，荀子指出，人饿了就要吃饭，冷了就要穿衣，累了就要休息，这是人之常情，即为人的本性。而像后辈让长辈先食，为长辈而劳累这类德行（"德"），虽然符合礼义，却违反了人性（"性"），因此，只有经过后天教育才有可能做到。

总之，以上方方面面，均证明了一个道理，"人之性恶，其善伪也"。

荀子的"性恶—善伪论"是直接为他的"礼义之治"服务的。也就是说，荀子的兴趣不在于同孟子打笔墨官司，而在于为现实的国家管理活动提供必要的理论依据。在荀子看来，既然人的本性生来是恶的，作为社会活动组织者的"圣人""君子"们，就有必要运用礼义对一般老百姓进行正确的引导和教化，使之向善、从善、为善，从而把国家治理好。这就从"礼义之治"。

从礼义的起源看，荀子指出："礼起于何也？曰：人生而有欲，欲而不得，则不能无求；求而无度量分界，则不能不争；争则乱，乱则穷。先王恶其乱也，故制礼义以分之，以养人之欲，给人之求，使欲必不穷乎物，物必不屈于欲，两者相持而长，是礼之所起也。"① 人生来就有各种欲望，这是正常的，也是正当的。但是，如果对于这些欲望不加以必要的限制，就会造成相互争夺，天下大乱。有鉴于此，管理者就要制定礼义，划分等级，以调节人们的欲望，满足人们的要求，使人欲不至于因物资的不足而得不到满足，使物资也不至于为人欲的贪婪而用尽。如此看来，建立礼义制度的目的，就是导人向善。

从礼义的重要性来看，荀子认为，强调人性本恶，正说明了礼义教化

---

① 〔清〕王先谦撰，沈啸寰、王星贤点校：《荀子集解》，中华书局1988年版，第346页。

之必需。他说:"故古者圣人以人之性恶,以为偏险而不正,悖乱而不治,故为之立君上之势临之,明礼义以化之,起法正以治之,重刑罚以禁之,使天下皆出于治,合于善也。是圣王之治而礼义之化也。今当试去君上之势,无礼义之化,去法正之治,无刑罚之禁,倚而观天下民人之相与也。若是,是则夫强者害弱而夺之,众者暴寡而哗之,天下之悖乱而相亡,不待顷矣。"① 这里,荀子假托古代圣王为自己心目中的理想管理者,他们阐明礼义以教育人民,建立法制以治理国家,推行刑罚以限制百姓,使社会达到安定有秩序。如此看来,强调礼义的目的,就是导人从善。

从礼义的作用看,荀子指出:"无性则伪之无所加,无伪则性不能自美。性伪合,然后成圣人之名一,天下之功于是就也。故曰:天地合而万物生,阴阳接而变化起,性伪合而天下治。天能生物,不能辨物也;地能载人,不能治人也;宇中万物、生人之属,待圣人然后分也。"② 在荀子看来,礼义是人的本性与行为相结合的产物。本性与行为相结合,就可以成就管理天下的大事业。天能生育万物,但不能治理万物;地能养育人类,但不能治理人类;世界上的万事包括人类自身,都要依靠人间的管理者及其所制定的礼义和法度,然后才能各得其位,得到治理。如此看来,推行礼义的目的,就是导人向善。

关于孟荀人性的异同,前人已有大量论述。从管理哲学的角度看,二者的不同,在于各自管理理论所需要的人性假设不同。孟子理想的国家管理模式是"仁政"。所谓仁政,实际上是把属于道德领域的概念"仁"引申到国家管理领域。那么,仁政到底是否可行,就必须有它的道德伦理上的依据。所以孟子精心构筑了他的"性善论",把仁、义、礼、智这些道德性诉之于人,说成人的本性,这就为他的仁政学说提供了必要的前提。与此相反,荀子理想的国家管理模式是"礼义之治"。所谓"礼义之治",就要主张国家的管理者("圣人""君子")制礼作乐,提供必要的规章制度,以维护社会的运行。而只有确定人性是恶的,礼义规范才有施行的对象。正如荀子所指出的:"孟子曰:'人之性善'。曰:是不然。凡古今天下之所谓善者,正理平治也;所谓恶者,偏险悖乱也。是善恶之分也已。

---

① 〔清〕王先谦撰,沈啸寰、王星贤点校:《荀子集解》,中华书局1988年版,第440页。
② 〔清〕王先谦撰,沈啸寰、王星贤点校:《荀子集解》,中华书局1988年版,第366页。

今诚以人之性固正理平均数治邪？……治也哉！"① 如果把人性说成善的，那就等于说人本来就是遵守礼义法度的，这样，管理者及其管理规范的存在也就毫无必要了。正因为荀子是从礼义之治的角度考虑问题，所以他才坚持说"人之性恶，其善者伪也"。

尽管孟荀在人性假设的起点上不同，但在人性塑造的终点上却是一致的，这就是所谓"人皆可以为圣人"的观点。《孟子·告子下》记载："曹交问曰：'人皆可以为尧舜，有诸？'孟子曰：'然。'"② 孟子自己也说过"尧舜与人同耳"③ "圣人与我同类者"④，他还肯定地引用颜渊的话："'舜何人也？予何人也？'有为者亦若是。"⑤ 舜是什么样的人，我也是什么样的人，凡是有所作为的人都应该而且也可以成为像尧舜那样的"圣人"。荀子则认为，所谓圣人，不过是普通人的累积，所以，"涂之百姓，积善而全尽谓之圣人。"⑥ 他还具体解释道："'涂之人可以为禹'，曷谓也？曰：凡禹之所以为禹者，以其为仁义法正也。然则仁义法正有可知可能之理，然而涂之人也，皆有可以知仁义法正之质，皆有可以能仁义法正之具，然则其可以为禹明矣。"⑦ 在荀子看来，圣人之所以为圣人，就在于他自觉地实行仁义法制；如果普通人接受礼义教化，那么他当然也可以成为圣人。细加分析，孟子和荀子认为人所共同的本性不同（孟子说的"性善"，荀子说的"性恶"），因而培养塑造的途径不同（孟子说的是"存心养性"，荀子说的是"化性起伪"），但所达到的最终目标却是相同的（"人皆可以为圣人"）。这真是"百虑而一致，殊途而同归"。

孟荀对于人性所做的不同假设，其实是对于人性不同层面的把握。以今人的观点看，人性是一个复杂的组合体，既包括人之所以生存（与其他生物一样）的自然属性，也包括人类之所以为人（与其他生物不同）的社会属性。孟子强调后一点，并以道德属性涵盖、取代人的一切社会属性，故将仁、义、礼、智这一些道德属性作为人的本性，因而言"性善"；

---

① 〔清〕王先谦撰，沈啸寰、王星贤点校：《荀子集解》，中华书局1988年版，第439页。
② 〔清〕王先谦撰，沈啸寰、王星贤点校：《荀子集解》，中华书局1988年版，第810页。
③ 〔清〕焦循撰，沈文倬点校：《孟子正义》，中华书局1987年版，第605页。
④ 〔清〕焦循撰，沈文倬点校：《孟子正义》，中华书局1987年版，第763页。
⑤ 〔清〕焦循撰，沈文倬点校：《孟子正义》，中华书局1987年版，第320页。
⑥ 〔清〕王先谦撰，沈啸寰、王星贤点校：《荀子集解》，中华书局1988年版，第144页。
⑦ 〔清〕王先谦撰，沈啸寰、王星贤点校：《荀子集解》，中华书局1988年版，第442-443页。

荀子则突出前一点，以"耳目之官"以及"耳目之欲"这些生理、心理属性作为人的本性，因而言"性恶"。但是，孟子并不因此而否认人欲之恶，荀子也并不因此而否认礼义之善。因此，严格地说，二者不但不应该构成冲突，而且还可以相反相成。陈大齐先生指出："两家（孟、荀）人性学说之所以貌相似相反而实不相反，关键所在，在于两家所用的性学之名词而异义。……孟子与荀子同以仁义礼智为善，又同以感官方面的嗜欲为恶。设若孟子不概括地用一个性字，而分别地用仁义礼智四字，不言性善，而言仁善、义善、礼善、智善，则荀子只能赞同，不复有反对的余地。又若荀子不用性字，而迳言欲字，不言性恶，而言欲恶，则荀子阐发自己所主张的，亦正是孟子所主张，无所用其反对。"① 在这个意义上，荀子对于孟子的批评，就有点像唱一出京剧《三岔口》，无的放矢，混战一场。

归结起来，从管理的角度看，孟荀人性论之异在于二者所把握的人性层面不同——一为道德属性，一为生理心理属性；由此而带来管理手段的不同——一为"存心养性"，一为"化性起伪"。孟荀人性论之同则在于二者都把管理活动建立在道德判断（善与恶）和道德教化（扬善去恶）的基础上，从而把管理当作塑造人性、成仁成圣的过程。

这里顺便谈谈荀子与韩非的区别。不少人往往把荀子当作法家的祖师父，不仅因为荀子当过韩非的老师，而且因为荀子主张"性恶论"。对于前一个理由，实在不值一驳，因为古往今来，师徒异道者大有人在；至于后一个理由，笔者在上面已经指出荀子理论的归结点。从这个角度看，荀韩之间并不是没有一点联系。但韩非仅仅是接过荀子关于"人之性恶"的某些假设，把它作为自己治理理论的出发点，他说："人情者有好恶，故赏罚可用。"② 既然人的本性是只知道趋利避害，管理的方法就只能使用赏罚二柄。甚至荀子人性论的核心——"善者伪也"，韩非却不屑一顾，甚至弃之如敝屣，因为在韩非看来，礼义教化乃是法治的最大障碍，必欲除之而后快。他说："世主美仁义之名而不察其实，是以大者国亡身死，小者地削主卑。何以明之？夫施与贫困者，此世之所谓仁义；哀怜百姓，

---

① 转引自〔马来西亚〕张才兴《荀子礼义之治与性说的关系》，载《浙江学刊》1989年第3期。

② 〔清〕王先慎撰，钟哲点校：《韩非子集解》，中华书局1996年版，第430页。

不忍诛罚者,此世之所谓惠爱也。夫有施与贫困,则无功者得赏;不忍诛罚,则暴乱者不止。国有无功得赏者,则民不外务当敌斩首,内不急力田疾作,皆欲行货财,事富贵,为私善,立名誉,以取尊官厚俸。故奸私之臣愈众,而暴乱之徒愈胜,不亡何待!夫严刑者,民之所畏也;重罚者,民之所恶也。故圣人陈其所畏以禁其邪,设其所恶以防其奸,是以国安而暴乱不起。吾以是明仁义爱惠之不足用,而严刑重罚之可以治国也。"① 由此看来,在国家管理中,究竟是以礼义教化为措施,还是以严刑重罚为手段,正是荀韩管理人性论的最大区别。

荀子与韩非的区别也是荀子人性论与现代管理学中的"X理论"的区别。据麦格雷戈概括,"X理论"认为:一般人均对工作具有天生的厌恶,故只要有可能,便会回避工作;鉴于人们这种好逸恶劳的本性,在管理过程中就必须对之予以强制、控制、监督乃至惩罚性的威胁。只有这样,才能促使他们为达到组织目标而努力。这种理论,同韩非的上述思想十分相似,都是主张外在的控制而否定精神性的诱导,根本没有道德教化的地位,这同荀子的思想有着本质的差别。②

四、"人性可塑论"与管理

儒家管理人性论的最大特点,就是认为管理不仅是对于人性的适应过程,而且是对于人性的塑造过程,这就是所谓的"人性可塑论"。

孔子首先提出人性可塑性的主张,他指出:"性相近也,习相远也。"③ 这句话的意思是说,人人所禀受的天性,本来是差不多的,没有很大分别;一经过后天的习染,人与人之间便渐渐拉开了距离,不再相近了。据《论语·公冶长》记载,孔子的学生说:"夫子之言性与天道,不可得而闻也。"④ 他关于人性的论述便只有这么一句,实属难能可贵。但在这句话中,关于人性究竟是善的还是恶的,孔子并没有提及。他只是肯定地主张,人性是可以改变的;人由先天所遗传下来的本性,初生时并没有什么固定的形态,就像一张白纸,可以任由后天的环境塑染。环境不

---

① 〔清〕王先慎撰,钟哲点校:《韩非子集解》,中华书局1996年版,第104-105页。
② 至于荀子"性恶论"与"X理论"的其他异同,和孟子"性善论"与"Y理论"的异同十分相似,读者可参阅本章第二节。
③ 参见程树德撰,程俊英、蒋见元点校《论语集释》,中华书局1990年版,第1177页。
④ 程树德撰,程俊英、蒋见元点校:《论语集释》,中华书局1990年版,第318页。

同，塑染的状态（或善或恶）也不同。对于孔子来说，当然希望经过塑染后的人性是善的，这也正是他的仁学思想立论的依据和根本目的。自孔子以后，人性可塑，导人为善，就成了儒家各派人性论（包括孟子的"性善论"、荀子的"性恶论"、告子的"性无善无恶论"、世硕的"性有善有恶论"等）的共同特色。

孟子持"性善论"，认为人所禀受的天性本来就是善良的。人生来就有恻隐之心、羞恶之心、辞让之心（恭敬之心）、是非之心；把这些本心加以扩充和发展，就成为仁、义、礼、智这些善良的本性。由此，在孟子看来，塑造人性、导人为善的途径就在于"存其心，养其性"①，这里突出一个"养"字。

孟子指出："牛山之木尝美矣。以其郊于大国也，斧斤伐之，可以为美乎！是其日夜之所息，雨露之所润，非无萌蘖之生焉，牛羊又从而牧之，是以若彼濯濯也。人见其濯濯也，以为未尝有材焉，此岂山之性也哉？虽存乎人者，岂无仁义之心哉？其所以放其良心者，亦犹斧斤之于木也。旦旦而伐之，可以为美乎？其日夜之所息，平旦之气，其好恶与人相近也者几希，则其旦昼之所为，有梏亡之矣。梏之反覆，则其夜气不足以存。夜气不足以存，则其违禽兽不远矣。人见其禽兽也，而以为未尝有才焉者，是岂人之情也哉！故苟得其养，无物不长；苟失其养，无物不消。孔子曰：'操则存，舍则亡，出入无时，莫知其乡。'惟心之谓与？"② 山上的树木尽管很茂盛，却也经不起没完没了的砍伐；人的本心再善良，却也经不起反反复复的磨灭。因此，如果得到滋养，没有任何东西不能生长；失掉滋养，没有任何东西不会消亡。草木之性是这样，人性也是这样。

任何人都会保养自己，但所保养的对象却有所不同。孟子指出："体有贵贱，有小大，无以小害大，无以贱害贵，养其小者为小人，养其大者为大人。今有场师，舍其梧槚，养其樲棘，则为贱场师焉。养其一指而失其肩背而不知也，则为狼疾人也。饮食之人，则人贱之矣，为其养小以失大也。饮食之人无有失也，则口腹岂适为尺寸之肤哉？"③ 在孟子看来，

---

① 〔清〕焦循撰，沈文倬点校：《孟子正义》，中华书局1987年版，第878页。
② 〔清〕焦循撰，沈文倬点校：《孟子正义》，中华书局1987年版，第775—778页。
③ 〔清〕焦循撰，沈文倬点校：《孟子正义》，中华书局1987年版，第789—791页。

身体上的滋养是小事，思想意识上的培养才是大事，保养小的部分就是小人，保养大的部分便是君子。只讲究吃喝玩乐而不注意思想意识培养的人，那是因小失大，就像园艺家放弃梧桐等优良树木的培养，却去栽培酸枣荆棘一样，是很不可取的。

存心养性，首先要从管理者做起。孟子批评当时的君主道："无或乎王之不智也。虽有天下易生之物也，一日暴之，十日寒之，未有能生者也。吾见亦罕矣，吾退而寒之者至矣，吾如有萌焉何哉？"① 管理者既然懂得存心养性的大道理，就要专心致志地去实行，否则，"一暴十寒"或者"心不在焉"，那就无法发扬本心，得到善性，也就无法实行"仁政"。

存心养性，也同被管理者有极大关系。孟子指出："以善服人者，未有能服人者也。以善养人，然后能服天下。天下不心服而王者，未之有也；以善养人，然后能服天下。天下不心服而王者，未之有也。"② 企图拿仁、义、礼、智之善来使人服从，是不可能使人服从的；只有拿仁义礼智来熏陶教养人，才能使天下的人真正归服。因此，存心养性乃至养人为善，是管理国家的不二法门。

荀子持"性恶论"，认为人生来就有"饥而欲食，寒而欲暖，劳而欲息，好利而恶害"③ 的本性；如果顺其自然，不加限制，就会为恶作乱。由此，塑造人性、导人为善的途径就在于"化性起伪"。他说："古者圣王以人之性恶，以为偏险而不正，悖乱而不治，是以为之起礼义、制法度、以矫饰人之情性而正之，以扰化人之情性而导之也。"④ 这里，突出一个"化"字。

荀子指出："人无师法则隆性矣，有师法则隆积矣，而师法者，所得乎情，非所受乎性，不足以独立而治。性也者，吾所不能为也，然而可化也；情也者，非吾所有也，然而可为也。注错习俗，所以化性也；并一而不二，所以成积也。习俗移志，安久移质。并一而不二，则通于神明，参于天地矣。"⑤ 人的本性不足以治理自己，这就需要"化性"。所谓"化性"，其内容包括人的举止措施和风俗习惯（"注错习俗"）。在一定的环

---

① 〔清〕焦循撰，沈文倬点校：《孟子正义》，中华书局1987年版，第779页。
② 〔清〕焦循撰，沈文倬点校：《孟子正义》，中华书局1987年版，第561页。
③ 〔清〕王先谦撰，沈啸寰、王星贤点校：《荀子集解》，中华书局1988年版，第78页。
④ 〔清〕王先谦撰，沈啸寰、王星贤点校：《荀子集解》，中华书局1988年版，第435页。
⑤ 〔清〕王先谦撰，沈啸寰、王星贤点校：《荀子集解》，中华书局1988年版，第143–144页。

境和一定的行为习惯中，日积月累，人们的本性就能够得到逐渐的改变。

关于"积"，荀子举例道：就事物而言，积土而为山，积水而为海，积日夜而为年，积高而为天，积厚而为地；就人类而言，积种田的经验而为农夫，积制作的经验而为工匠，积买卖的经验而为商人，积礼义的熏陶而为君子；从环境上看，生活在楚越地区就会接受楚越人的风俗，生活在中原地区就会形成中原人的习惯。由此可见，一定的环境和行为习惯，对于人性的塑造是多么的重要。"故人知谨注错，慎习俗，大积靡，则为君子矣；纵性情而不足问学，则为小人矣。"①

管理者明白上述"化性"的道理，就应该自觉地担负起礼义教化的责任，移风易俗，塑造人性。荀子指出："故曰：仁者好告示人。告之示之，靡之儇之，铅之重之，则夫塞者俄且通也，陋者俄且僩也，愚者俄且知也。"② 作为国家的管理者，同样也是人民的教育者。要通过长期的宣传、教育、积累、磨炼、诱导，反复申明，才能使闭塞的人通达起来，浅陋的人广博起来，愚钝的人聪明起来。总之，要把人性的培养塑造，作为治国的基础。

如此看来，荀子的"化性"，实际上就是他的"礼义之治"。荀子指出："夫贵为天子，富有天下，是人情之所同欲也。然则从人之欲则势不能容，物不能赡也。故先王案为之制礼义以分之，使有贵贱之等，长幼之差，知愚、能不能之分，皆使人载其事而各得其宜，然后使悫禄多少厚薄之称，是夫群居和一之道也。"③ 人性本恶，但通过管理者的礼义教化，就可以对之加以必要的限制，导其为善。人人从善，精神境界提高了，就能各司其职，努力工作，从而使社会得到协调发展。按荀子这里所理解的，"群居和一之道"是以"贵贱有等"为前提的，带有封建等级制度的烙印；但是，荀子把人的培养塑造当作制约社会发展的重要因素，是颇有见地的。

孔子所首倡的"人性可塑论"，不仅左右着孟子和荀子，而且也影响了其他儒家别派的人性思想，例如告子的"性无善无不善论"、世硕的"性有善有恶论"等。

---

① 〔清〕王先谦撰，沈啸寰、王星贤点校：《荀子集解》，中华书局1988年版，第144页。
② 〔清〕王先谦撰，沈啸寰、王星贤点校：《荀子集解》，中华书局1988年版，第65-66页。
③ 〔清〕王先谦撰，沈啸寰、王星贤点校：《荀子集解》，中华书局1988年版，第70页。

告子是孟子的论敌，他算不算儒家，历来说法不一。笔者认为，告子主张"性无善无不善"（以下所引告子的人性论观点均出自《孟子·告子上》），把人性当作一张纯洁无瑕的白纸，其或善或恶的分化，完全取决于人的后天行为，这同孔子的"性相近也，习相远也"① 的思想基本上是一致的。告子又认为，"生之谓性"，"食色，性也"，这同孟子、荀子的某些主张也不无相似之处。孟子也承认"口之于味也，目之于色也，耳之于声也，鼻之于臭也，四肢之于安佚也"等人的本能是"性也"②。荀子更肯定"饥而欲食，寒而欲暖，劳而欲息，好利而恶害，是人之所生而有也"③。由此看来，在承认人的生存本能这一点上，告子和孟子、荀子是一致的。只不过由于孟子要肯定人的道德属性（善性），才不得不把人的本能从自己的人性论中排除出去；由于荀子要肯定人的自然属性（恶性），才进一步肯定人的本能罢了。在这个意义上，把告子称之为儒家别派，又未尝不可。

世硕是战国初期的人，有人说他是孔门弟子，虽未有足够的证据，但根据东汉王充的说法，世硕人性论的观点同孔子的学生宓子贱、漆雕开相一致，"皆言性有善有恶"④。由此看来，把世硕（至少他的人性论）算作儒家别派，大概也是可以的。

王充在《论衡》中记载道："周人世硕，以为人性有善有恶。举人之善性，养而致之则善长；性恶，养而致之则恶长。如此，则性各有阴阳善恶，在所养焉。故世子作《养书》一篇。"在世硕看来，人天生就有善有恶的不同本性，而人的实际行为表现或善或恶，全在于"养"，荀子所说的"化"，告子所说的"决"，在这个意义上是一致的，即都认为人性可以、也必须塑造。

世硕的"人性有善有恶论"，与现代管理学中的"超Y理论"颇为接近。"超Y理论"认为，人们有不同的需要。有的人不想承担工作责任，习惯于"你给钱，我干活"的"X理论"的管理方式；有的人却追求更多的自治责任，以及发挥个人创造性的机会，他们更喜欢"促使人们自我

---

① 《论语·阳货》，参见程树德撰，程俊英、蒋见元点校《论语集释》，中华书局1990年版，第1177页。
② 〔清〕焦循撰，沈文倬点校：《孟子正义》，中华书局1987年版，第990页。
③ 〔清〕王先谦撰，沈啸寰、王星贤点校：《荀子集解》，中华书局1988年版，第78页。
④ 黄晖撰：《论衡校释（附刘盼遂集解）》，中华书局1990年版，第133页。

实现"的"Y理论"的管理方式，实际的管理活动就要兼顾二者。这种情况，如果用世硕的语言来说，那就是：人性既有善也有恶，不可一概而论，管理者要分别对待。至于对待的手段，世硕却与"超Y理论"所主张有所不同。后者强调要根据人们的不同需要而采取不同的管理手段，这实际上是把管理的问题当作如何适应人性的问题。世硕则突出一个"养"字，认为人们为善为恶全在于坚持不懈的教育培养，管理的过程就是塑造人性的过程。

这不仅仅是世硕与"超Y理论"的不同，也是整个儒家管理人性论与现代行为科学管理理论（包括"X理论""Y理论""超Y理论"等）的不同。在行为科学理论中，人性假设只是必要的前提。在确定某种人性的假设之后，接着的问题就是如何依据这一人性假设而采取什么样的管理措施，着重点在适应人性。尽管它们也在一定程度上看到组织环境对于人性表现的影响，但其注意点却在如何改变组织环境，而不在如何改变或塑造人性。人性在它们各自的理论中不是一个可变的因素。

而在儒家那里，人性的问题不仅仅是管理理论的必要前提，而且是整个管理活动的中心课题。在儒家看来，做出某种人性判断（或善或恶）固然是必要的，但更重要的却在于如何改造这种人性（去恶扬善）。比如，荀子人性论的着重点就不在讲"性恶"（尽管在这方面他和孟子争论得很热闹），而在于讲"善伪"（在这方面他同孟子有许多异曲同工之处）。又比如，世硕讲"人性有善有恶"，最后落脚点还在于"养"，他甚至还专门为此写下《养书》。孟子认为，"存心养性"是推行"仁政"的基础；而荀子则认为，"化性起伪"是"礼义之治"的内容。凡此种种都足以证明，究竟是塑造人性还是适应人性，正是儒家管理人性论与现代科学理论的根本区别。

第七章

"能群善分"的管理组织观

组织,是管理活动的支点,把握住它,就基本掌握了管理活动的框架。儒家管理哲学的组织观集中体现在荀子的"群论"当中,它所论述的"群""分""伦"等范畴,涉及现代管理理论中的组织功能、组织结构、组织形态等问题。

一、管理组织的探讨

现代管理理论十分重视对组织问题的研究,人们在组织的性质、形态、功能、结构等静态方面,以及在组织的管理、运营、变革、发展等动态方面,都提出了不少宝贵的见解。

法国管理学家法约尔在《工业管理与一般管理》一书中把"社会有机体"概念引进管理理论。他认为,社会有机体是同物的组织有区别的人的组织。社会有机体中的各个成员可看作一个细胞,通过多数成员的结合,社会有机体才能变化和发展,从而形成器官(管理机构)。这就是说,没有社会有机体组织,管理活动就不可能存在。而在另一方面,如果没有管理活动,社会有机体也不可能有效地形成和维持。正如法约尔所指出的,管理部门与生物的神经系统非常相似,"如果没有神经活动或管理活动,组织就会变得毫无生气,很快就会衰退下去"[①]。

法约尔明确地把"组织"规定为管理活动的基本职能之一,并加以特别强调。他认为,组织一个企业,就是为企业的经营提供所有必要的原料、设备、资本、人员,因此,组织可以区分为物质组织与社会组织两种类型。法约尔所注重的是社会组织。他指出,社会组织应该完成下列管理任务:①注意行动计划是否深思熟虑地准备并坚决地执行了;②注意社会组织与物质组织是否与企业的目标、资源与需要相适合;③任用一元化

---

① Henri Fayol, *General and Industrial Management*, Pitman, 1949, p.61.

的、有能力的与强大的领导;④配合行动,协调力量;⑤做出清楚、明确、准确的决策;⑥有效地配备、安排人员;⑦明确规定职责;⑧鼓励首创精神与责任感;⑨对所做的工作给予公平而合适的报酬;⑩对过失与错误实行惩罚;⑪使大家遵守纪律;⑫注意使个人利益服从企业利益;⑬特别注意指挥的统一;⑭注意物品秩序与社会秩序;⑮进行全面控制;⑯与规章过多、官僚主义、文牍主义等弊端作斗争。

德国社会学家韦伯(M. Weber)则提出了"理想的行政组织体系理论",这里的"行政组织体系",其德文为 Burokratie,直译为官僚政治、官僚主义。但这种译法在汉语中带有贬义,而在原文里却是一个中性词,本意是指通过职务或职位而不是通过个人或世袭地位来管理,这是一个有关集体活动理性化的社会学概念。至于"理想的",并不是指最合乎需要的,而是指组织的纯粹形态或标准模式。现实中的组织往往是多种形态的混合,韦伯则谋求勾画出一种纯粹、抽象、标准的组织形态,以此作为参照系与其他社会组织进行对比和分析。

韦伯所谓的"理想的行政组织体系",其主要因素有:①实行劳动分工,明确规定每一个成员的权利和责任,并且把这些权利和责任作为正式职责而使之合法化。②各种公职或职位按权力等级组织起来,形成一个指挥链或者等级原则。③根据通过正式考试或者训练和教育而获得的技术资格来挑选组织中所有的成员。④所有担任公职的人都是任命的,而不是选出来的,在某种情况下,整个单位的负责人除外。⑤行政人员领取固定的"薪金",他们是"专职的"公职人员。⑥行政管理人员不是他所管辖的那个企业的所有者。⑦行政管理人员要遵守有关他的官方职责的严格规则、纪律和制约,这些规则和制约将不受个人情感的影响,而且毫无例外地普遍适用于各种情况。

在韦伯看来,这种官僚集权式的组织体现了理想的行政管理体系,因而是最为合理的组织形式。他说:"一般地说,经验往往表明,纯粹的官僚集权式组织,即各种独裁的官僚集权形态,从纯技术观点上看,能够取得最高效率。在这个意义上说,这种组织是对人进行必要控制的最合理的手段。在精确性、稳定性、严格的纪律性和可靠性方面,它比已知的任何其他形式都要优越。这样,就有极大的可能来估计组织的领导人及其有关执行人员的工作效果。总之,这种组织在效率和活动范围方面都比较优越,而且完全可以正确地应用于各种管理任务。"①

美国管理学家梅奥等人通过著名的"霍桑实验",认识到企业中除了正式组织之外,还存在着非正式组织。所谓"正式组织",就是古典管理理论所指出的,为了有效地实现企业的目标,规定企业各成员之间相互关系和职责范围的一定组织体系,其中包括组织图、方针政策、规划、章程等。但是,古典管理理论所注意的只是人群组织这一方面。梅奥则进一步指出:人是社会的动物。人们在企业内共同工作的过程中,相互之间必然发生一定的关系而形成非正式的集团或团体。在这种团体中,又形成了共同的感情,进而构成一个体系,这就是所谓的"非正式组织"。

梅奥等人认为,不能把非正式组织在正式组织中形成看成一种坏事,而必须看到它是必然会出现的,并且起着有利的作用。它同正式组织相互依存,并对生产率的提高有很大的影响。非正式组织同正式组织有重大的差别。在正式组织中,以效率的逻辑为重要标准;而在非正式中,则以感情的逻辑为重要标准。所谓效率的逻辑是指企业各成员为了提高效率而保持正式的协作关系;感情的逻辑则指人群组织中非正式的行为标准,如对非正式组织的忠诚等。

由此,梅奥等人主张,企业管理当局要充分重视非正式组织的作用,注意在正式组织的效率逻辑同非正式组织的感情逻辑之间保持平衡,以便使管理人员同工人之间、工人相互之间能够相互协作,充分发挥每个人的作用,从而提高工作效率。②

美国管理学家巴纳德(C. I. Barnard)一方面综合了韦伯等人的古典管理理论和梅奥等人的人际关系学说,较为全面地提出了自己的组织和管理理论。另一方面,巴纳德又针对韦伯重视正式组织而忽视非正式组织的缺陷,指出"对于正式组织的运转来讲,非正式组织是必需的"。在巴纳德看来,现代社会是以正式组织为主,而以非正式组织为辅的系统。③

关于正式组织,巴纳德把它定义为"有意识地加以协调的两个或两个以上的活动或效力的系统"。在巴纳德看来,各类正式组织,无论其级别的高低和规模的大小,全都包含着三个基本要素。首先,要有协作的意

---

① Max Weber, *The Theory of Social and Economic Organization*, The Fress Press, 1947, p. 337.
② E. Mayo, *The Human Problems of an Industrial Civilization*, Macmillan, 1933.
③ C. I. Barnard, *The functions of the executive. Cambridge*, Harvard University Press, 1938.

愿。参加一个组织的人们必须愿意为这一组织的目标做出贡献。这就意味着"自我克制，交付出个人行为的控制权，个人行为的非个人化"，其结果是各人的努力结合在一起。其次，要有共同的目标。组织的目标与组织成员的个人目标往往是不一致的。个人之所以愿意对组织的共同目标做出贡献，并不是因为组织的目标就是个人的目标，而是因为他觉得实现了组织的共同目标就有助于实现他的个人目标。最后，要有信息的交流和联系，从而把上述协作的意愿和组织的目标沟通起来，使之成为动态的过程。

关于非正式组织，巴纳德的定义是："不属于正式组织的一部分，且不受其管辖的个人联系和相互作用以及有关的人们集团的总和。"非正式组织是在人们共同工作的接触中产生的。巴纳德认为，非正式组织常常为正式组织创造条件，它对于正式组织至少有三个积极的影响。第一，就一些易于引起争论、不便于在正式渠道提出的、难以确定的事情、意见、建议、怀疑等，在成员间交换意见。第二，通过对协作意愿的调节，维持正式组织内部影响，以维持正式组织内部的团结。第三，维持个人品德、自尊心，并抵制正式组织的不利影响，以维持个人人格。巴纳德指出，当个人和组织之间发生冲突时，这些因素对维持一个组织的机能起着重要的作用。因此，非正式组织是社会组织的不可缺少的部分，其活动能使正式组织更有效率和效力。

在对正式组织和非正式组织综合研究的基础上，巴纳德论述了管理人员的职能。他认为，管理人员的工作不是组织工作，而是维持组织运转这一特殊的工作。具体来说，管理人员的职能有三项：第一，建立和维持一个信息联系的系统；第二，从组织成员那里获得必要的服务；第三，规定组织的目标。这三项职能是相互联系，密不可分的。在一个正式组织中，管理人员的作用就是在一个信息联系系统中作为相互联系的中心，并对组织成员的协作活动进行协调，以便使组织正常运转，实现组织的目标。

巴纳德的社会系统组织理论在现代管理学中具有承前启后的意义。西方管理学界认为，古典管理理论把组织和整个管理系统的结构作为研究对象，可以称为宏观的组织理论；把人际关系说的结构作为研究对象，可以称为宏观的组织理论；人际关系学说的结构把组织成员的个人动机看作最重要的因素，可以称为微观的组织理论；社会系统理论则把上述宏观组织理论和微观组织理论的特点结合起来，是一种综合性的组织管理理论。当代管理学中的决策理论学派、系统管理学派乃至权变管理学派,它们的组织理论,都同巴纳德有着某种渊源关系。

中国儒家的管理哲学,对于组织问题的探讨,并没有像现代管理学这样具体和系统的论述。但是,先秦儒家诸子在对国家管理理论的探讨中,依然认识到社会组织的重要性。荀子指出:"人之生,不能无群,群而无分则争,争则乱,乱则穷矣。故无分者,人之大害也;有分者,天下之本利也;而人君者,所以管分之枢要也。"① 荀子的"群论"是儒家管理哲学组织理论的集中体现,其中所包含的"群""分""伦"等范畴,分别涉及现代管理理论中的组织功能、结构、形态等问题。

二、"群"与组织的功能

荀子对于社会组织问题的研究,是从人与生物的区分开始的。他在《王制》中说:"水火有气而无生,草木有生而无知,禽兽有知而无义,人有气、有生、有知,亦且有义,故最为天下贵也。力不若牛,走不若马,而牛马为用,何也?曰:人能群,彼不能群也。人何以群?曰:分。分何以能行?曰:义。"② 这里,从无机物说到有机物,从植物说到动物,从动物说到人类,层层推进,自然而然地得出人为万物之灵的结论。

在荀子看来,人类之所以优于其他生物,就在于人的社会性即"群"。"群"是人类生来就具有的功能,而要使社会组织的构成合理,就必须有"义",即一定的社会行为准则。"群—分—义",在荀子群论体系中是相互联系的三个层面。

"人能群,彼不能群"的"群"是从狭义意义上说的。实际上,在荀子的用语中,广义上的"群",不仅适用于人类,也可适用于动物。例如,荀子说:"草木畴生,禽兽群焉,物各从其类也。"③ 这里的"群"相当于"类",即如成语所说的"物以类聚,人以群分",其中的"群"和"类"是可以互相置换的。孔子说过:"鸟兽不可与同群,吾非斯人之徒与而谁与?"④ 这里的"群"也是适用于动物和人类的。现代科学则证明,集群

---

① 〔清〕王先谦撰,沈啸寰、王星贤点校:《荀子集解》,中华书局1988年版,第179页。
② 〔清〕王先谦撰,沈啸寰、王星贤点校:《荀子集解》,中华书局1988年版,第164页。
③ 〔清〕王先谦撰,沈啸寰、王星贤点校:《荀子集解》,中华书局1988年版,第7页。
④ 程树德撰,程俊英、蒋见元点校:《论语集释》,中华书局1990年版,第1270页。

下编 哲学的管理观

而居是一般生物（包括植物的"群落"）的基本生活状态。

但是，荀子清楚地看到，人类之"群"与鸟兽之"群"是不可以相提并论的。他说："然则人之所以为人者，非特以二足而无毛也，以其有辨也。今夫狌狌形笑，亦二足而无毛也，然而君子啜其羹，食其胾。故人之所以为人者，非特以其二足而无毛也，以其有辨也。夫禽兽有父子而无父子之亲，有牝牡而无男女之别，故人道莫不有辨，辨莫大于分，分莫大于礼，礼莫大于圣王。"① 这里所谓"分"就是社会分工与社会组织；所谓"礼"和"圣王"则分别指社会制度以及社会组织的领导者。在荀子看来，这是人类之"群"与鸟兽之"群"的根本区别。用现代语言来说，人是社会的动物，人类不仅能够聚群而居，而且有自觉的社会组织。正如马克思所指出的："人是最名副其实的社会动物，不仅是一种合群的动物，而且是只有在社会中才能独立的动物。"②

"人何以能群？曰：分。"荀子十分强调"分"对于人类社会组织的作用。首先，"分"即社会分工，它是人类生存的保证。荀子指出："故百技所成，所以养一人也。而能不能兼技，人不能兼官，离居不相待则穷，群而无分则争。穷者患也，争者祸也，救患除祸，则莫若明分使群矣。"③ 一个人的生活所需，要靠各行各业的制成品来供养；但是，一个人的能力又不可能兼通各种技艺，兼管各种事务，这就需要互相帮助，结成一定的社会组织，在这样的社会组织中，必须实行一定的分工：既有上下之分，又有职业之分，还有男女之分，等等。

其次，"分"是组织手段，这是人类社会正常运转的前提。荀子指出："有分义则容天下而治，无分义则一妻一妾而乱。"④ 一方面，只要有两个人在一起生活，就有形成组织的必要；另一方面，只要有了一定的组织制度，则无论多少人在一起都能够得到治理。这就是所谓："圣王在上，分义行乎下，则士大夫无流淫之行，百吏官人无怠慢之事，众庶百姓无奸怪之俗，无盗贼之罪，莫敢犯大上之禁。"⑤ 这样，人类社会（荀子这里所

---

① 〔清〕王先谦撰，沈啸寰、王星贤点校：《荀子集解》，中华书局1988年版，第78－79页。
② 中共中央马克思恩格斯列宁斯大林著作编译局编：《马克思恩格斯选集》第3卷，人民出版社1972年版，第87页。
③ 〔清〕王先谦撰，沈啸寰、王星贤点校：《荀子集解》，中华书局1988年版，第176页。
④ 〔清〕王先谦撰，沈啸寰、王星贤点校：《荀子集解》，中华书局1988年版，第518页。
⑤ 〔清〕王先谦撰，沈啸寰、王星贤点校：《荀子集解》，中华书局1988年版，第450页。

描述的其实是阶级社会）就可以正常运转了。

再次，"分"是社会有序化的标志。荀子指出："人习其事而固，人之百事如耳目鼻口之不可以相借官也，故职分而民不探，次定而序不乱，兼听齐明而百事不留。如是，则臣下百吏至于庶人莫不修己而后敢安正，诚能而后敢受职，百姓易俗，小人变心，奸怪之属莫不反悫。夫是之谓政教之极。"① 在他看来，职分明确而百姓不敢怠慢，等级确定而上下秩序不会混乱。一切事情都能够得到及时处理而不至于拖沓，人人各得其所，事事各得其宜，整个社会组织就会进入一种有序发展的合理状态。

最后，由于"分"而形成了一定的社会组织，从而使人类整体的力量得到汇集和放大。荀子指出："故义以分则和，和则一，一则多力，多力则强，强则胜物，故宫室可得而居也。故序四时，裁万物，兼利天下，无它故焉，得之分义也。"② 在荀子看来，用礼义的标准来区分等级，社会就能组织起来，人与人的关系就能得到协调，组织的意愿就能取得一致，人类的力量就能得到增强，从而能够战胜万物。古希腊哲学家亚里士多德曾经指出一个著名的命题：整个大于部分之和。现代组织理论也指出：人类组织的基本作用就是促使人力资源得到汇集和放大。荀子在这里的论述，与他们是不谋而合的。

"分何以能行？曰：义。"在荀子看来，"义"是人类社会组织构成的依据、标准和准则。他具体论述道："故人生不能无群，群而无分则争，争则乱，乱则离，离则弱，弱则不能胜物，故宫室不可得而居也，不可少顷舍礼义之谓也。"③ 人类社会不仅是群类的集合，而且具有自觉目的的组织；而社会组织之所以能够形成，则在于人与人之间有一套行为准则，这就是荀子所说的"义"。有了"义"，才能使社会整合，团结一致，战胜自然，创造并合理分配人类生活所必需的物质财富。否则，人类尽管群集在一起，却免不了要争夺而造成分离动乱，从而丧失人类整体的力量，最终危及人类作为类的存在。因此，社会不仅是一群人，而且是一个组织，还必须具有一套控制人类行为的准则，人类才能维持生存。

当然，荀子所说的"义"，在当时来说，就是维护封建等级制度的行

---

① 〔清〕王先谦撰，沈啸寰、王星贤点校：《荀子集解》，中华书局1988年版，第239页。
② 〔清〕王先谦撰，沈啸寰、王星贤点校：《荀子集解》，中华书局1988年版，第164页。
③ 〔清〕王先谦撰，沈啸寰、王星贤点校：《荀子集解》，中华书局1988年版，第164–165页。

为准则,即所谓"能以事亲谓之孝,能以事兄谓之弟,能以事上谓之顺,能以使下谓之君"①。这套礼义道德对于现代人来说已经失去意义。但其中所包含的"社会组织必须以一定的行为准则为保证"的思想,对于任何时代的组织管理活动都是适用的。

任何组织理论的提出,最终都必然落实到组织领导者的管理行为之中,荀子的"群论"也不例外。荀子认为,社会管理的主要任务在于掌握社会组织的划分,即所谓"管分"。或者换句话说,社会管理者的主要任务就在于确保社会形成有组织的状态,即所谓"能群"。"管分"与"能群",用语不同,实质一样,说的都是社会管理者的"组织"职能。

关于"管分",荀子指出:"人君者,所以管分之枢要也。"②君主是掌管天下等级划分的中枢。管理者自觉地担负起规定和维持社会等级秩序的责任,整个社会就能进入有序运转的状态。荀子说:"治国者,分已定,则主相、臣下、百吏各谨其所闻,不务听其所不闻;各谨其所见,不务视其所不见。所闻所见诚以齐矣,则虽幽闲隐辟,百姓莫敢不敬分安制以化其上,是治国之征也。"③在国家管理组织中,职责权限划分明确,从君主到百官各负其责,谨其所守,用统一的原则处理政务。这样,即使是处在偏远地方的百姓,也不敢不遵守自己的职分,服从国家的法制,这正是国家得到治理的征象。

关于"能群",荀子指出:"君者何也?曰:能群也。"④国家管理者的职责就在于按一定的分工和等级把人们组织起来。他指出:"君者,善群也。群道当则万物皆得其宜,六畜皆得其长,群生皆得其命。"⑤在荀子看来,所谓君主,就是善于按一定的分工和等级原则把社会组织起来的人。组织社会的原则恰当,天下百姓和世间万物就能各得其所、各得其宜。

对于"能群"即国家管理者组织工作的具体内容,荀子提出四点。他说:"能群也者何也?曰:善生养人者也,善班治人者也,善显设人者也,

---

① 〔清〕王先谦撰,沈啸寰、王星贤点校:《荀子集解》,中华书局1988年版,第165页。
② 〔清〕王先谦撰,沈啸寰、王星贤点校:《荀子集解》,中华书局1988年版,第179页。
③ 〔清〕王先谦撰,沈啸寰、王星贤点校:《荀子集解》,中华书局1988年版,第223页。
④ 〔清〕王先谦撰,沈啸寰、王星贤点校:《荀子集解》,中华书局1988年版,第237页。
⑤ 〔清〕王先谦撰,沈啸寰、王星贤点校:《荀子集解》,中华书局1988年版,第165页。

善藩饰人者也。"① 第一点"善生养人"的内容是"省工贾，众农夫，禁盗贼，除奸邪"，说的是经济政策和专政手段，与一般组织职能似乎关系不大。后三点则与现代组织理论有某些共同之处。我们可以把它们同韦伯所说的"理想的行政组织体系"中的各个要素（见本章第一节）加以比较。

第一，关于管理人员的专业化，韦伯提出，在管理组织内部应该实现专业分工，明确规定每一个成员的权利和责任，并且把这些权利和责任作为正式职责而使之合法化。荀子则强调"大夫擅官，士保职，莫不法度而公"，也就是说，各级官吏要担任专门的职务，谨守自己的职责，一切都按照法度办事。

第二，关于管理组织的等级化，韦伯主张，在管理组织中，各种职位按权力等级的原则组织起来，形成一个指挥链条。荀子则提出"班治"即按等级管理的原则，从天子、三公、诸侯、宰相、大夫直到士，形成古代社会国家管理的一根"指挥链条"。

第三，关于管理人员的选拔，韦伯主张，根据通过正式考试或者训练和教育而获得的技术资格来挑选组织中所有的成员，表现出一种"任人唯贤"的精神。荀子则提出"论德而定次，量能而授官，皆使人载其事而各得其所宜"，即通过考察官员品德的高低来排定等级，衡量官员能力的大小来授予官职，使人人都担负起适合其自身能力的事情。

第四，关于管理人员的待遇，韦伯主张行政管理人员领取固定的薪金，他们是专职的公职人员。荀子也主张对于国家各级管理人员的生活，社会必须按照一定的等级标准给予保证，"修冠弁、衣裳、黼黻、文章，雕琢、刻镂皆有等差，是所以藩饰之也"。②

但是，荀子与韦伯的最大区别（除了时代、阶级诸要素之外），则在于承认还是排除情感因素在管理组织中的作用。韦伯坚决主张行政管理人员要遵守有关他的官方职责的严格规则、纪律和制约——这些规则和制约将不受个人情感的影响，而且毫无例外地普遍适用于各种情况。但荀子对此采取模棱两可的态度。他在上文提到国家管理者"能群""管分"的组

---

① 〔清〕王先谦撰，沈啸寰、王星贤点校：《荀子集解》，中华书局1988年版，第237页。
② 以上四小点引文参见〔清〕王先谦撰，沈啸寰、王星贤点校《荀子集解》，中华书局1988年版，第237－238页。

织功能时指出:"圣王财衍以明辨异,上以饰贤良而明贵贱,下以饰长幼而明亲疏,上在王公之朝,下在百姓之家,天下晓然皆知其非以为异也,将以明分达治而保万世也。"① 这里,既谈到了"尊贤",又谈到了"亲亲",不过一个是在"王公之朝"即国家管理组织中,另一个是在"百姓之家"即一般社会组织中。荀子主观上也许是想把这样两个截然不同的组织原则区分开来,但这在宗法血缘社会的氛围中,实际上很难办得到。荀子本人在《大略》篇中就明确提出:"亲亲、故故、庸庸、劳劳,仁之杀也。贵贵、尊尊、贤贤、老老、长长、义之伦也。"这些组织原则都是不可以截然分开的。

实际上,在整个儒家管理哲学中,"尊贤"和"亲亲"是并行不悖的两条原则。《礼记·中庸》更把它们明确规定为治理天下国家的"九经"之一,认为"尊贤则不惑,亲亲则诸父昆弟不怨";"去谗远色,贱货而贵德,所以劝贤也。尊其位,重其禄,同其好恶,所以劝亲亲也"。② 如果站在韦伯的立场上,可以说"尊贤"就必然要把个人的情感排除出行政管理组织之外,"亲亲"就必然要把个人情感引入行政管理组织,二者是势不两立的。但是儒家却如此融洽地把二者结合在一起,这对于像韦伯这样的现代西方学者来说,的确是难以理解的。记得韦伯曾在《中国宗教》一书中指出:"儒教的理性主义是理性地适应世界,儒教的理性主义是理性地统治这个世界。"这里"亲亲"与"尊贤"组织原则的巧妙结合,也许可以为韦伯的上述观点提供一个注脚。

三、"分"与组织的结构

在荀子的"群论"中,"分"这一范畴使用得很广泛。归纳起来,无非是两种意思。一种是把"分"当作动词解,是"划分"的意思,这是把"分"作为组织的手段。另一种是把"分"当作名词解,是"职分"的意思,指的是已经形成的组织结构。前一种意思,本章第二节已有论述,现在我们着重来谈谈"分"作为组织结构的内容。

总观荀子所涉及的组织结构,可以区分为四种:一是社会等级结构,

---

① 〔清〕王先谦撰,沈啸寰、王星贤点校:《荀子集解》,中华书局1988年版,第238页。
② 《十三经注疏》整理委员会整理:《礼记正义》,北京大学出版社1999年版,第1442—1443页。

二是社会伦理结构,三是社会职业结构,四是国家管理机构。

所谓社会等级结构,就是荀子所说的"贵贱有等,长幼有差,贫富轻重皆有称者也"①。荀子十分强调社会中的"君子"和"小人"的区别。他从"性恶论"出发,认为每一个人先天所赋予的人性是相同的,但由于后天的熏陶和修养的不同,于是就出现了"君子"和"小人"的区别。荀子说:"材性知能,君子小人一也。好荣恶辱,好利恶害,是君子小人之所同也,若其所以求之之道则异矣。"② 就自然素质和认识能力来看,君子和小人是一样的;就好荣恶辱、好利恶害来说,君子和小人也是相同的。但在如何追求荣誉和利益,避免耻辱与祸害的道路上,君子和小人却泾渭分明。"小人也者,疾为诞而欲人之信己也,疾为诈而欲人之亲己也,禽兽之行而欲人之善己也。虑之难知也,行之难安也,持之难立也,成则必不得其好,必遇其所恶焉。故君子者,信矣,而欲人之信己也;忠矣,而亦欲人之亲己也;修正治辨矣,而亦欲人之善己也。虑之易知也,行之易安也,持之易立也,成则必得其所好,必不遇其所恶焉。是故穷则不隐,通则大明,身死而名弥白。"③

尽管"君子"与"小人"的表现不同,其欲望却是一样的:"夫贵为天子,富有天下,是人情之所同欲也;然则从人欲,则势不能容,物不能赡也。"怎么办呢?荀子提出的解决方法是:"故先王案为之制礼义以分之,使有贵贱之等,长幼之差,知愚、能不能分,皆使人载其事而各得其宜,然后使悫禄多少厚薄之称,是夫群居和一之道也。"④ 在荀子看来,只有建立"君子"与"小人"之间的等级结构,才能使社会上下之间取得协调一致。

荀子的社会等级结构,还具有财富分配的意义。他说:"人生而有欲,欲而不得,则不能无求;求而无度量分界,则不能不争;争则乱,乱则穷。先王恶其乱也,故制礼义以分之,以养人之欲,给人之求,使欲必不穷乎物,物必不屈于欲,两者相持而长,是礼之所起也。"⑤ 这里的"度量分界",就是一种适应社会等级制度的分配原则。在荀子看来,必须按

---

① 〔清〕王先谦撰,沈啸寰、王星贤点校:《荀子集解》,中华书局1988年版,第347页。
② 〔清〕王先谦撰,沈啸寰、王星贤点校:《荀子集解》,中华书局1988年版,第61页。
③ 〔清〕王先谦撰,沈啸寰、王星贤点校:《荀子集解》,中华书局1988年版,第61页。
④ 〔清〕王先谦撰,沈啸寰、王星贤点校:《荀子集解》,中华书局1988年版,第70-71页。
⑤ 〔清〕王先谦撰,沈啸寰、王星贤点校:《荀子集解》,中华书局1988年版,第346页。

照贵贱之等、长幼之差、知愚、能不能之分，进行物质生活资料的分配，有分别地满足人们的欲望。因此，荀子之所谓"分"，不仅是社会等级的差别，同时也是占有社会财富的保障。

在荀子的社会等级结构中，上与下、贵与贱、智与愚、能与不能、君子与小人之间的界限是十分明确的。他说："少事长，贱事贵，不肖事贤，是天下之通义也。"① 这里把社会管理者与被管理者之间的分工，同剥削者与被剥削者之间的对立混为一谈，与孟子所谓"劳心者治人，劳力者治于人；治于人者食人，治人者食于人：天下之通义也"② 的主张相比，简直是如出一辙（尽管他们都并未具有自觉的阶级意识）。

与此同时，荀子也明确指出，就具体的个人来说，"君子"与"小人"之间的位置是可以互相转换的。他说："涂之人百姓，积善而全尽谓之圣人。"③ 并具体道："一个普通人也可以成为禹那样的人。"为什么这样说呢？因为禹之所以成为那样的人，是因为他实行仁义和法制。而仁义、法制是有着可以懂得、可以做到的道理的。普通人都具有可能懂得和可以做到仁义、法制的素质和条件。既然如此，他们可以成为禹那样的人不是很清楚吗？从理论上说，每个人都可以成为"君子"；而在社会现实中，却是少数人为"君子"，多数人为"小人"，这是为什么呢？荀子解释道："小人、君子者，未尝不可以相为也，然而不相为者，可以而不可使也。故涂之人可以为禹则然，涂之人能为禹，未必然也。"④ 这里就有一个可能性与现实性的问题。一般人都有可能成为"君子"，但事实上不可能人人都成为"君子"。其原因除了荀子所讲的以外，更全面地说，应该包括社会环境、经济条件和教育水平等因素的影响。

既然不可能人人都成为"君子"，那么"君子"与"小人"之间的差别就依然存在，社会的等级结构就依然存在。相对稳定的社会等级结构和相对变动的这一结构的组成人员——荀子的这一设想，奠定了如谭嗣同所说的"二千年之学，荀学也"⑤。

---

① 〔清〕王先谦撰，沈啸寰、王星贤点校：《荀子集解》，中华书局1988年版，第113页。
② 〔清〕焦循撰，沈文倬点校：《孟子正义》，中华书局1987年版，第373页。
③ 《荀子·儒效》，〔清〕王先谦撰，沈啸寰、王星贤点校：《荀子集解》，中华书局1988年版，第144页。
④ 〔清〕王先谦撰，沈啸寰、王星贤点校：《荀子集解》，中华书局1988年版，第443-444页。
⑤ 蔡尚思、方行编：《谭嗣同全集》，中华书局1981年版，第394页。

所谓社会伦理结构，就是上文论社会等级结构中涉及的"长幼有差"，而荀子将它表述为"君君，臣臣，父父，子子，兄兄，弟弟"①。这一思想直接来自孔子。《论语·颜渊》篇记载："齐景公问政于孔子。孔子对曰：'君君，臣臣，父父，子子。'公曰：'善哉！信如君不君，臣不臣，父不父，子不子，虽有粟，吾得而食诸？'"② 从景公的理解来看，如果君不像君，臣不像臣，父不像父，子不像子，即使粮食再多，统治者也吃不到。这就表明，君臣父子的划分同样是社会等级结构的划分，同样关系到物质财富的分配问题。

一般人们都把孔子的"君君，臣臣，父父，子子"思想称为"正名"学说，即孔子所言："名不正，则言不顺；言不顺，则事不成；事不成，则礼乐不兴；礼乐不兴，则刑罚不中；刑罚不中，则民无所措手足。"③但人们往往对这一思想做了单方面的理解，即片面强调君对于臣、父对于子等的权威，而忽视了其中所包含的君臣相互对待的内涵。特别是汉儒提出"三纲"学说，如《白虎通·三纲六纪》中说："三纲者，何谓也，君臣，父子，夫妇也。"《礼纬·含文嘉》中也说："君为臣纲，父为子纲，夫为妻纲。"这就单方面地宣扬了君父等人的权威。自此以后，孔子的正名思想是一种权威理论，似已成为定论。

其实，孔子所理解的君臣父子之间的关系是相互的。《论语·八佾》记载："定公问：'君使臣，臣事君，如之何？'孔子对曰：'君使臣以礼，臣事君以忠。'"④ 君主应该依照礼义来使臣下，臣下才有可能忠心地服侍君主。这同后代封建帝王的各取所需，说什么"君虽不君，臣却不可以不臣"，还是有所区别的。由此看来，孔子的正名学说，无非是一种行为规范。它对于社会中各类角色（君、臣、父、子……）的行为都做了规定，并不是片面强调其中某一类角色的权威。（当然，君臣父子关系本身就存在着等级性和权威性，但孔子立论的重点却不在于此。）

荀子也是从这个角度论述社会伦理结构的。他说："请问为人君？曰：以礼分施，均遍而不偏。请问为人臣？曰：以礼待君，忠顺而不懈。请问

---

① 〔清〕王先谦撰，沈啸寰、王星贤点校：《荀子集解》，中华书局1988年版，第164页。
② 程树德撰，程俊英、蒋见元点校：《论语集释》，中华书局1990年版，第855–856页。
③ 程树德撰，程俊英、蒋见元点校：《论语集释》，中华书局2010年版，第892页。
④ 程树德撰，程俊英、蒋见元点校：《论语集释》，中华书局1990年版，第197页。

为人父？曰：宽惠而有礼。请问为人子？曰：敬爱而致文。请问为人兄？曰：慈爱而见友。请问为人弟？曰：敬诎而不苟。请问为人夫？曰：致功而不流，致临而有辨。请问为人妻？曰：夫有礼，则柔从听侍；夫无礼，则恐惧而自竦也。此道也，偏立而乱，俱立而治，其足以稽矣。"① 这里对于君臣父子兄弟夫妻等社会伦理结构中的各类角色，都一一规定了相应的行为规范。尽管其中有些规定不一定合理，如要求为人妻者"夫无礼，则恐惧而自竦"，实在是对妇女独立人格的抹杀。但是，从总体上看，荀子在这里所强调的"偏立而乱，俱立而治"的相互对待的伦理关系，对于形成一个合理的社会组织结构，还是有意义的。

所谓社会职业结构，就是荀子所说的"农农、士士、工工、商商"②。荀子根据当时社会发展情况，划分出四种职业类别：首先是作为农业社会存在基础的农民，其次是包括知识分子在内的社会管理阶层（士），再次是手工业者，最后是商人。也就是说，从职业上看，当时的社会结构是由农士工商这四种人组成的。所谓"农农、士士、工工、商商"，就是要求社会结构中的这四类人等要各安其位、各司其职。具体来说，就是荀子提到的："农分田而耕，贾分货而贩，百工分事而劝，士大夫分职而听，建国诸侯之君分土而守，三公总方而议，则天子共己而已。"③ 农民分田而耕，商人分货而贩卖，手工业者分别业务而辛勤劳作，士大夫分别职务而处理政事，诸侯分别守卫他们的封地，三公集中讨论处理全国的大事，那么，作为最高统治者的君主就可以拱手而等待事业上的成功了。

在荀子看来，一个社会职业的分工是十分必要的。因为社会成员的生活需要是多方面的，必须有多种技能、多种工作才能满足人们的需要，"百技所成，所以养一人也"④。而人又不能兼备各种技能，不能兼任各种职业，"相高下，视垆肥，序五种，君子不如农人；通财货，相美恶，辩贵贱，君子不如贾人；设规矩，陈绳墨，便备用，君子不如工人"⑤。社会成员之间各有专长，就必须进行合理分工。

由此，荀子进一步指出："兼足天下之道在明分。掩地表亩，刺草殖

---

① 〔清〕王先谦撰，沈啸寰、王星贤点校：《荀子集解》，中华书局1988年版，第232－233页。
② 〔清〕王先谦撰，沈啸寰、王星贤点校：《荀子集解》，中华书局1988年版，第164页。
③ 〔清〕王先谦撰，沈啸寰、王星贤点校：《荀子集解》，中华书局1988年版，第214页。
④ 〔清〕王先谦撰，沈啸寰、王星贤点校：《荀子集解》，中华书局1988年版，第176页。
⑤ 〔清〕王先谦撰，沈啸寰、王星贤点校：《荀子集解》，中华书局1988年版，第122－123页。

谷,多粪肥田,是农夫众庶之事也。守时力民,进事长功,和齐百姓,使人不偷,是将率之事也。高者不旱,下者不水,寒暑和节而五谷以时孰,是天下之事也。若夫兼而覆之,兼而爱之,兼而制之,岁虽凶败水旱,使百姓无冻馁之患,则是圣君贤相之事也。"[①] 职业分工明确,组织结构合理,社会才能得到正常的发展。

所谓国家管理机构,就是荀子所说的"序官"。荀子在《王制》篇中具体入微地叙述了封建国家管理机构各个部门各级官员的职责和权限。那就是:礼宾官员(宰爵)负责管理祭祀和接待宾客;民政官员(司徒)负责管理人口统计和行政区划;军事官员(司马)负责管理军队;文化官员(大师)负责起草法令文告和审查文艺作品;建筑和水利官员(司空)负责修建桥梁,疏通河道,抗旱排涝;农业官员(治田)负责调查土地情况,掌握农时,检查农民的劳动功效,以及储备粮食等;林业官员(虞师)负责防火并管理山林湖泊;地方官员(乡师)负责管理各种手工匠人,根据时节安排他们的工作,检验他们的产品,提高产品质量等;商业和工商管理官员(治市)负责建设贸易场所,整修道路,严防盗贼,平衡物价,使商旅安业,货财流通;公安官员(司寇)负责维护社会治安;首相(冢宰)掌管政治教化,修订法令制度,考查百官的工作情况,论功行赏;诸侯(辟公)讲求礼乐,以身作则,推行教化,移风易俗,养育百姓;国家最高管理者(天子)则负责完善封建道德和礼法制度,统一天下。

荀子的"序官"从一个侧面反映了中国古代国家政府机关组织机构的复杂性和严密性。对此,作为儒家经典之一的《周礼》一书描述得更为详细。例如,荀子所说的"治市",《周礼》中作"司市",它的基本任务是掌管"市之治教政刑,量度禁令"。在它之下则专门设置了各种分管的官职,有管理市场地皮出租的"载师",管理市场货物进出的"阍师",负责辨别货物真假的"胥师",管理物价的"贾师",维持市场秩序的"司武虎",检查服饰、商品是否合乎规格的"司稽",检验证券书契的"质人",负责收税和罚款的"人",负责调节需求、处理赊欠的"泉府"等。

管理机构的复杂化和严密化,是一个组织成熟的标志之一。现代管理

---

① 〔清〕王先谦撰,沈啸寰、王星贤点校:《荀子集解》,中华书局1988年版,第183-184页。

学家法约尔把管理机构比作社会有机体的神经组织或管理活动（见本章第一节）。他指出，如果没有神经活动或管理活动，组织就要变得毫无生气，很快就衰退下去了。法约尔在《工业管理与一般管理》一书中，对于现代企业组织管理机构的描述，也是相当严密和复杂的。荀子等人对于国家机构的详细规定，说明早在两千多年以前，中国古代国家组织管理理论和实践就已经十分发达。

四、"伦"与组织的形态

"伦"，《说文》训曰："辈也。"段玉裁注："军发车百两为辈，引申之同类之次曰辈。"由此可见，"伦"本来是指人与人之间的等级秩序，亦即对于人际关系的规定。荀子把人类社会的等级划分为三类：大儒、小儒、众人。他论述道："大儒者，天子三公也。小儒者，诸侯大夫士也。众人者，工农商贾也。礼者，人主之所以为群臣寸尺寻丈检式也，人伦尽矣。"① 按这里的"大儒""小儒""众人"之划分，同荀子在社会结构中对于"君子"和"小人"的划分（见本章第三节）实质上是一样的，只不过把"君子"再划分为"大儒"和"小儒"罢了。人们社会地位的划分及其行为规划（"检式"）的确定，就是荀子对于"人伦"的一般理解。

但是，在中国古代社会宗法血缘制度的背景下，人们的社会地位及其行为规范，不可能不打上宗法血缘关系的烙印。荀子本人就认为："君臣、父子、兄弟、夫妇，始则终，终则始，与天地同理，与万世同久，夫是之谓大本"，因而主张"君君、臣臣、父父、子子、兄兄、弟弟一也，农农、士士、工工、商商一也"。② 这就把一切社会组织结构的划分，从属于伦理关系这一"大本"之下了。

而从儒家所主张的伦理关系来看，无非都是家庭关系的推衍。五伦中的夫妻、父子、兄弟三伦固然是以家庭关系为基础，而其他二伦，君臣和朋友也是从家庭关系中推衍出来的。古代皇帝为"天子"，又称县太父为"父母官"；至于朋友之间，则常常"称兄道弟"；此外，"师父"和"徒弟"的称谓也是一种家庭关系的推衍。推而广之，以国人为"同胞"，认"四海之内皆兄弟也"，所谓"天下一家"的观念也是建立在伦理关系之

---

① 〔清〕王先谦撰，沈啸寰、王星贤点校：《荀子集解》，中华书局1988年版，第145—146页。
② 〔清〕王先谦撰，沈啸寰、王星贤点校：《荀子集解》，中华书局1988年版，第163—164页。

上的。可以说，中国社会如果没有五伦，那就没有了组织。

五伦的作用在于加强人际关系的亲密性，据《尚书·尧典》记载，舜对契说："现在百姓不能相亲友好，在父子、君臣、夫妇、长幼、朋友之间不能和睦相处，因此，让你担任司徒，对他们进行上述五伦的教育。"（"契！百姓不亲，五品不逊，汝作司徒，敬敷五教。"）孟子根据这个记载而指出："人之有道也，饱食暖衣，逸居而无教，而近于禽兽。圣人有忧之，使契为司徒，教以人伦：父子有亲，君臣有义，夫妇有别，长幼有叙，朋友有信。"① 孟子本人也十分重视人伦关系的亲密性，他说："夏曰校，殷曰序，周曰庠，学则三代共之，皆所以明人伦也。人伦明于上，小民亲于下。"② 人与人之间的关系及其行为准则，在上位的统治者都明白了，在下位的老百姓自然会亲密地团结在一起。由此可见，亲密性是儒家组织论的基本原则。如孟子所说："人人亲其亲，长其长，而天下平。"③ 在他看来，只要人人都亲爱自己的父母，尊敬自己的长辈，那么天下就太平了。

总之，儒家所主张的以五伦为基础的社会组织形态，其外观是家庭关系的推衍，其内涵是追求组织成员之间的亲密性。这同现代组织理论特别是韦伯的"理想的行政组织体系"有着根本的区别。

韦伯生活在19世纪末20世纪初的德国。当时，德国正处在以家族为基础的旧组织体系解体和现代组织迅速兴起，传统社会组织形态瓦解，而以追求效率为目的的现代合理化组织形态诞生的时期。在韦伯当时所生活的德国，普鲁士企业和政府机构雇用的人员很少超过几百个人，城市里通常只有几千个居民。许多家庭成员同在一个企业或一个政府机构里工作，亲情、友情、宗教和工作把他们结合在一起。韦伯发现，管理上没有效率的主要原因，是起用亲戚和徇私苟且，社会关系太复杂、太亲密，"理性的"和公正的决策很少见。在这种情况下，韦伯提出理想的组织形式应该使人们彼此隔离，强迫他们专精于技术，按规矩执行管理和考核，以便在与他人交往时能保持公正的态度。韦伯认为，组织必须坚决反对不合理的社会亲密感，根据技术和效率而非政治或友谊，以公平的态度，有效率地

---

① 〔清〕焦循撰，沈文倬点校：《孟子正义》，中华书局1987年版，第386页。
② 〔清〕焦循撰，沈文倬点校：《孟子正义》，中华书局1987年版，第343-347页。
③ 〔清〕焦循撰，沈文倬点校：《孟子正义》，中华书局1987年版，第508页。

工作。这就是所谓"理想的行政组织体系"的内涵。

由此可见,韦伯组织理论的基本要点就是批判家族主义,排除组织中的亲密型的人际关系,进而代之以追求效率、合乎"理性"的管理组织。这一思想,适应了当时德国新兴资产阶级挣脱封建容克政权的束缚,发展资本主义现代化经济的需要。因而韦伯本人被称为"德国的亚当·斯密"。到了20世纪四五十年代,韦伯的思想在美国广泛流行,对于提高现代工业组织的效率,促进生产力的发展,起到了积极的作用,因而韦伯又被称为"现代组织理论之父"。

但与此同时,韦伯理论的推行,也带来了消极的影响,这主要就是造成组织内部人际关系的疏离与对抗,以致反而降低了组织运转的效率。这就引起了当代西方有识之士的忧虑。美籍日裔管理学家威廉·大内在其名著《Z理论》一书中写道:"从韦伯的时代以来,西方的特别是美国的组织,一直维持着官僚主义形态的特色。但是社会环境已经改变了。昔日关系紧密的社会中,人们彼此熟识,以致很难以客观的态度相互对待;现在我们的官僚组织中,人们互不相识,彼此漠不关心。昔日我们要在社会亲密感和与客观性之间取得平衡。现在我们拥有一个客观的、机械主义的社会和工作组织。平衡的力量已经被一股不平衡的动力所取代,趋向讲求形式、机械主义和个人主义。组织要想既在经济上有效率,又满足职工的感情需要,只有在亲密感与客观明确性之间维持一个微妙的平衡。"①

在这种背景下,人们把目光转向受传统儒家伦理思想影响的东方社会的组织形态,企图从中有所借鉴。韩国学者金日坤教授指出:"儒家文化最突出的特征,是借助家族集团主义去建立一定的秩序。在欧洲,人们是利用以个人主义为中心的市民社会或社会契约的原理来维护社会秩序的,而儒教文化中的秩序却是靠'忠'和'孝'的集团主义原则来维护的。"②西方学者狄瑞克·戴维兹1983年6月在《远东经济评论》上撰文,认为儒家传统的组织管理理论,对于工业东亚地区依然发挥着积极的影响。其要点有:①儒家学说有一套社会秩序的基本原则,社会的和谐需要有道德、有才识、重纪律、重和平和强烈责任感的领导者。②主政者的责任感

---

① W. G. Ouchi, Theory Z, *Avon Books*, 1982, pp. 53 – 54.
② [韩]金日坤:《儒教文化圈的伦理秩序与经济》,邢东田等译,中国人民大学出版社1991年版,第111页。

与其下属的忠诚而勇于任事,要互相契合。③上司与其下属之间,亲如家人,有着忠诚孝悌、互相感应的关系。④东亚人将这些价值观念用于现代社会,从而设计出促进经济快速增长的工业组织。

其实,受儒家家族主义伦理观念影响所形成的社会组织形态,对于现代社会管理既有积极的作用也有消极的影响。据台湾学者陈明璋先生在《家族文化与企业管理》一文中的分析,家族企业的缺点有四个:①公司的整体利益与家族利益相冲突;②家族成员广泛,关系复杂,易起纠纷;③过于滥用亲戚;④家族企业是独裁者的摇篮。家族企业的优点也有四个:①家族成员具有自我牺牲的奉献精神;②家族成员比较不为眼前的利益所限,而以未来长期发展的目标为重;③家族企业向心力强,彼此有互助的精神;④由于经营权与管理权的合一,使公司的经营管理理念和目标政策较有一贯性。① 由此可见,对于儒家传统组织形态理论中的家族主义倾向,其在现代社会的作用,不可一概而论。

至于儒家传统组织理论中追求亲密型的人际关系这一点,在现代社会中则具有更多的积极意义。当代美国管理学家米勒(L. Miller)在《美国企业精神》(*American Spirit*,1984)一书中,提出未来企业经营的八条原则,其中一条就是亲密原则。米勒指出,亲密感的需求是一种非常基本的人性需求。所谓亲密,就是一个人能以彻底和信任的方式把自己投入,同时能使对方对于本身的利益予以真诚的尊重和关切。"亲密感"也可以定义为给予和接受爱的能力。当个人与组织之间的关系健全时,亲密感大都能存在。有了亲密感,才能提高信任、牺牲和忠诚的程度。

米勒依据企业人际关系亲密化的程度,把现代企业的演变分成三个阶段,即工业化之前以家庭为中心的阶段,工业时代的敌对阶段,以及信息社会的命运共同体阶段。在工业化之前的时代,企业员工之间的关系就像农家那样亲密,大家和睦相处,各干各的活儿,传授技艺就像父亲传给儿子那样,并且共同分享整个企业的成功。在工业化时代,企业很难使个人与组织之间产生权利,个人没有丝毫权利可言;公司完全不依赖个别的工人,个人则要完全看公司的脸色行事。在信息社会,则有待建立新型的人际关系,创造亲密感。这种亲密感要建立在相互尊重、彼此独立,以及相互关切的基础之上。这种亲密关系就像成熟的婚姻——既不会给人压迫

---

① 参见杨国枢、曾仕强主编《中国人的管理观》,桂冠图书公司1988年版。

感，又不会叫人觉得郁闷无聊。

上述概括所反映的其实只是西方（特别是美国）企业的情况，具有东方儒家文化背景的国家，其发展过程就不是那样。以日本为例，即使是工业化时期，日本企业同样保持着亲密型的人际关系。世界管理学界一般都认为，日本企业管理的三大支柱——终身雇用制、年功序列工资制、企业内工会（有人还加上"集体决策"）是日本企业维持亲密型人际关系的表现；而这些制度之所以得到推行，则在于中国儒家所提倡并经过日本文化所吸收和改造的家族主义的文化传统。

但是，正如米勒在《美国企业精神》一书中所指出的："美国的企业不可能采用日本的终身雇用制，也不能像日本那样，促使员工对公司毫无保留地效忠。我们无法采用这种做法，就像我们无法采用日本国内的生活，也就是大家庭制，父母的权威至上。美国的文化重视个人主义，强调地位平等，与日本的人际关系截然不同。随着美国企业日渐了解个人所扮演的角色、需求、参与和自尊心，都与创造性成效密切相关，就能发展出一种新的亲密感。"

由此看来，儒家以五伦为标志的社会组织形态，其中所包含的家族主义倾向在现代管理中并不具有普遍意义；但其中所追求的亲密型的人际关系，对于现代管理组织来说，却依然是不可缺少的"润滑剂"。就此而言，儒家的组织形态理论在现代依然有一定的生命力。现代管理学界，从梅奥和巴纳德起，一直在孜孜不倦地追求正式组织与非正式组织、效率逻辑与情感逻辑之间的平衡。在这方面，儒家的组织理论也许可以提供有益的启示。

第八章

"无为而治"的管理行为观

管理中的行为理论,内容十分广泛,既包括个体行为又包括团体行为,既包括组织行为又包括领导行为。儒家管理哲学的"行为理论",集中在领导行为的探讨上。"无为而治"是中国古代管理哲学各家各派的共同理想。儒家所说的"无为而治",是以道德为导向,讲"为政以德""任官得人""行其所无事",分别包含着现代管理理论所提出的"象征性管理""分级管理"和"自动化管理"等领导原则。

一、管理行为的探讨

在现代管理理论中,特别是自"行为科学"学派诞生以来,人们对管理中的行为方式(包括个体行为、团体行为、组织行为、领导行为)的研究十分丰富,其中特别引人注目的是领导行为方式的研究。比较有代表性的观点有:关于领导者品质的理论、支持关系理论、管理方格理论以及领导方式的连续统一体理论,等等。

关于领导者品质的理论,某些行为科学家认为,领导效率的高低主要取决于领导者的品质,因而对领导者品质的问题进行了较多的研究,提出了各种品质理论,从领导者个人品质、个性、特点来分析领导的成败,并举出一个成功的领导者应具备的各种品质,以之作为挑选和培养领导的参考。

其中,鲍莫尔(W. J. Baumol)提出,企业家应该是掌握了领导艺术,效率高超的企业领导者,他应具备以下条件:①能同人合作,用感化和说服的办法赢得人心;②实事求是地决策,并能高瞻远瞩;③善于授权,把适当的职权授予下级,而自己抓大政方针和重要事项;④善于把人力、物力、财力组织起来,调动下级的积极性;⑤灵活机动、权宜应变,不墨守成规和生硬僵化;⑥责任心强,对自己要求严格;⑦富于对新鲜事物的敏感,愿意创新;⑧勇于负责,敢担风险;⑨谦虚谨慎,尊重别人;⑩自持严格，受到别人尊重。

关于支持关系理论，这是由美国行为科学家利克特（R. Likert）提出来的。他主张，企业领导和职工之间要相互支持，即领导要考虑下属职工的处境、想法和希望，支持职工实现其目标的行动，让职工认识到自己的价值和重要性。由于领导支持职工，因而激发起职工对领导采取合作态度和报以信任感、支持领导者，这就叫作相互支持的原则。

利克特认为，管理中的领导方式有四种类型：①专权的命令式。管理当局对下属毫不信任，很少让下属参与决策。大部分的决策和组织目标都是由高级管理阶层决定并向下推行；②温和的命令式。管理当局对下属有一种类似于主仆关系的信心和依赖。大政方针由最高阶层制定，但有许多具体决策则由较低层按规定做出；③协商式。管理当局对下属有相当的信任，但不完全信任。大政方针由最高阶层制定，但下发对较低层次的问题可作明确的决定；④参与式。管理当局对下属完全有信心和信任，决策权和控制权不是集中于中上层，而是分布于整个组织中，较低阶层也能参与。

利克特指出，在上述四种领导方式中，第一种是传统的领导方式，第二、第三种虽有程度上的差别，但并无本质上的不同，都属于命令式或权力主义。前三种可能以统称为权力主义管理方式，只有第四种即参与型的领导方式才称得上效率高的管理方式。[①]

关于管理方格论，这是由美国行为科学家布莱克（R. R. Blake）和穆顿（J. S. Mouton）提出来的。他们认为，企业中的领导方式存在着"对生产的关心"和"对人的关心"这两种因素，每种因素从低到高有九种程度，二者相结合即形成九九八十一种不同情况，用八十一个方格表示。其中，最有代表性的只有五种情况（五个方格）。第一种，"9·1方格"，其领导方式是"权威与服从"即安排工作条件，采用使人的因素干扰最小的方法来达到工作效率。这是对"生产最大关心"（9）和"对人最少关心"（1）相结合的方格。按这些假设行事的经理，靠行使职权来有效地控制服从他的人们，集中精力在取得最高的生产量上。第二种，"1·9方格"，其领导方式是"乡村俱乐部的管理"，即注意人们建立合意的关系的需要，导致愉快友好的组织气氛和工作速度。这是对"生产最不关心"（1）与

---

① R. Likert, *The Human Organization*, McGraw-Hill, 1967, p. 4.

"对人最大关心"(9)结成一对。放在首位的是增进同事和下级对自己的良好感情。第三种,"1·1方格",其领导方式是"贫乏的管理",即为了保持组织成员的地位而以最少的努力去完成应该做的工作。它对生产和人都极不关心,管理人员只是为了在组织中继续待下去,而做所要求的最低工作。第四种,"5·5方格",其领导方式是"组织人管理",即兼顾必须完成的工作和人们有较高士气来使适当的组织成绩成为可能。这是"中间道路"理论或"为融洽相处而前进"的假设,它们显得是符合现状的。第五种,"9·9方格",其领导方式是"协作管理",即主张工作成就来自献身精神;在组织目的上利益一致互相依存,从而形成信任和尊敬的关系。这是对生产的关心和对人的关心全在一个高水平上的管理方式。它是协作式的管理方法,重视目标,力求经过大家参与、介入、承担义务和解决矛盾,来取得高产量、高质量的成果。

布莱克和穆顿指出,根据调查的事实,证明管理事业的成功与"9·9方式"具有最密切的关系。因此,企业的领导者应该客观地分析企业内外的各种情况,把自己的领导方式改造为"9·9型"的协作方式,以取得最高的管理效率。[①]

关于领导方式的连续统一体理论,这是美国管理学家坦南鲍姆(R. Tannenbaum)和施米特(W. H. Schmidt)提出的权变领导理论。他们认为,存在着多种多样的领导方式和民主的领导方式,中间则是领导者权力同下属权力多种不同的结合方式。在这个连续统一体中,一共有七种有代表性模型:①上司做出并宣布决策;②上司"推销"决策;③上司提出计划并允许提问题;④上司提出可以修改的暂定计划;⑤上司提出问题,征求建议,然后做出决策;⑥上司规定界限,让下属团体做出决策;⑦上司允许下属在上司规定的界限内行使职权。

在上述各种模型中,到底哪一种领导方式最好呢?坦南鲍姆和施米特认为,不能抽象地从其中选择某一种模型作为最好的,或者讲某一种模型是最差的。成功的上司不一定是专权的人,也不一定是放任的人,而应该是在不定期具体情况下善于考虑各种因素、采取最恰当行动的人,当需要果断指挥时,他善于指挥;当需要职工参与决策时,他能提供这种自由。

---

① R. B. Blake, J. S. Mouton, *The New Managerial Grid*, Gulf Publish Co., 1978.

这样才能取得最好的效果。①

总的来看，现代管理学中对于领导方式的研究趋势，是越来越推崇参与式即让被领导者共同参加决策与管理的领导方式。由此，人们提出诸如"象征性管理""分级管理""自动化管理"等管理原则。

在儒家管理哲学的"行为理论"中，人们对于领导行为方式的探讨独具一格，这就是著名的"无为而治"原则。提起"无为而治"，人们一般都会认为这只是道家的主张，其实这是一种误解。"无为而治"其实是儒、法家共同的理想。孔子曾经正面赞扬："无为而治者其舜也与？夫何为哉？恭己正南面而已矣。"② 老子则主张"圣人处无为之事，行不言之教"③，并一再教育强调"无为无不为"的思想，并与其君主专制理论相结合，提出"明君无为于上，群臣竦惧乎下"④。融合儒、道、法三家思想的《管子》一书则明确提出："无为者帝，为而无以为者王。"此外，"无为而且治"也可以说是墨家和名家的理想目标，墨子主张兼爱非攻，名家倡导循名责实，其实都是达到"无为"目标的"有为"手段。

笔者认为，所谓"无为而治"，其实就是管理行为的"最小—最大"原则，即如何以最小的领导行为取得最大的管理效果。在这一点上，不仅是中国古代管理哲学各家，即使是现代管理哲学各派，恐怕都无异议。这里的关键在于什么是"最小"，各家各派的理解都不一样。道家所理解的"最小"是"道法自然"，因而主张以清静无事来达到无为而治。法家所理解的"最小"是"君主集权"，因而主张以专制手段来达到无为而治。而儒家所理解的"最小"是"为政以德""任官得人""行其所无事"，这同现代管理理论所说的"象征性管理""分级管理"和"自动化管理"等领导方式有许多相似之处。

二、"为政以德"与象征性管理

"为政以德"是儒家管理哲学的基本信条。孔子指出："为政以德，

---

① R. Tannenbaum, W. H. Schmidt, How to Choose a Leadership Pattern, *Harvard Business Review*, March-April, 1958.
② 程树德撰，程俊英、蒋见元点校：《论语集释》，中华书局1990年版，第1062页。
③ 陈鼓应注译：《老子今注今译》，商务印书馆2006年版，第80页。
④ 〔清〕王先慎撰，钟哲点校：《韩非子集解》，中华书局1996年版，第27页。

譬如北辰居其所而众星共之。"① 在他看来，管理者讲求道德，以之作为自己的治国方针，就可以取得"无为而治"的效果，这就像北极星一样，处在一定的位置上，别在星辰都环绕着它而运转。

"为政以德"的思想源自《尚书》。据《尚书·皋陶谟》记载，传说皋陶和禹在帝舜面前讨论治理国家的事情，皋陶指出："相信并按照先王的道德处理政务，这样就能够使谋略实现，大臣之间也就能团结一致，同心同德了。"接着，皋陶具体指明了管理者所需要遵循的德行有九种，即"宽而栗，柔而立，愿而恭，乱而敬，扰而毅，直而温，简而廉，刚而塞，强而义"。皋陶认为，一个管理者，如果每天都能够恭敬而努力地按其中的三种德行办事，那就可以做卿大夫了；如果每天都能够庄重而恭敬地按其中的六种德行来约束自己，那就可以当诸侯了；如果天子能够兼备九德，并以之布施政教，先官用贤，随机应变，那就可以建立治理国家的功业了。

因此，儒家十分重视领导者的道德修养。针对当时社会管理阶层中的道德败坏现象，孔子指出："德之不修，学之不讲，闻义不能徙，不善不能改，是吾忧也。"② 据此，孔子正面提出"崇德"的原则，他说："主忠信，徙义，崇德也。"③ 孔子认为，衡量一个领导者是否合格的根本标志，在于他的品德。孔子举例道，譬如有这么一个管理者，他的领导才能比得上周公，但只要他骄傲而且吝啬，那也就不值得一谈了。那么，为什么领导者只要"崇德"就能够取得"无为而治"的管理效果呢？这其实就是儒家所反复论证的"修身治国""正己正人"的关系。孔子指出："其身正，不令而行；其身不正，虽令不从。"④ 孟子指出："上有好者，下必有甚焉者矣。君子之德，风也。小人之德，草也。草尚之风，必偃。"⑤ 荀子也在（《君道》）中指出："君者仪也，民者景也，仪正而景正；君者槃也，民者水也，槃圆而水圆。"对此，本书第二章第二节，第五章第二节均有详细分析，在此不再赘述。

在儒家看来，国家最高领导者是各级官吏和广大老百姓的表率。他的

---

① 程树德撰，程俊英、蒋见元点校：《论语集释》，中华书局1990年版，第61页。
② 程树德撰，程俊英、蒋见元点校：《论语集释》，中华书局1990年版，第439页。
③ 程树德撰，程俊英、蒋见元点校：《论语集释》，中华书局1990年版，第618页。
④ 程树德撰，程俊英、蒋见元点校：《论语集释》，中华书局1990年版，第901页。
⑤〔清〕焦循撰，沈文倬点校：《孟子正义》，中华书局1987年版，第330页。

一举一动、一言一行都具有示范性意义。最高领导者注意自己的道德修养,就能起到上行下效的作用,带动整个社会道德水平的提高。这样,各级官吏和广大老百姓就能自觉地按照封建社会的道德准则去行动,处理好各自的事情,因而最高领导者就不必绞尽脑汁地去考虑和处理国家管理的具体事务,更不必费尽心机去指挥人们做这做那,而只要集中精力制定和带头实行道德规范,就足以把国家治理好了。这就是道德导向的"无为而治"。

唐代名臣魏徵在其著名的《谏太宗十思疏》中指出:"思国之安者,必积其德义。"他据此提出国家最高领导者(君主)道德修养所必须考虑的十个方面:"见可欲,则思知足以自戒;将有作,则思知止以安人;念高危,则思谦冲而自牧;惧满盈,则思江海下百川;乐盘游,则思三驱以为度;忧懈怠,则思慎始而敬终;虑壅蔽,则思虚心以纳下;惧谗邪,则思正身以黜恶;恩所加,则思无因喜以谬赏;罚所及,则思无以怒而滥刑。"最后魏徵强调指出:"总此十思,宏兹九德,简能而任之,择善而从之,则智者尽其谋,勇者竭其力,仁者播其惠,信者效其忠,文武并用,垂拱而治,何必劳神苦思,代百司之职役哉!"魏徵在这里的论述,应该说是深得儒家"为政以德,无为而治"思想的真旨的。

由此看来,儒家所强调的"为政以德",本身就包含着要求管理者以身作则的意思。"子路问政。子曰:'先之劳之。'请益。曰:'无倦。'"① 管理者首先要给老百姓带头,然后才能让他们勤劳地工作;并且,管理者要永远以身作则,永远不要懈怠。由此,孔子特别称赞古代传说中的"圣王"大禹。他说:"禹,吾无间然矣。菲饮食而致孝乎鬼神,恶衣服而致美乎黻冕,卑宫室而尽力乎沟洫。禹,吾无间然矣。"② 禹自己吃得很差,却把祭祀祖宗的祭品办得很丰富;自己穿得很旧,却把祭服做得很华美;自己住得很差,却把力量完全用于沟渠水利。在孔子看来,对于这样品德高尚的领导者,的确是无可指摘的了。

据《尚书·皋陶谟》记载禹本人的叙述,他娶了涂山氏的女儿为妻,婚后仅三天便出门治水。待到儿子启出生后,一落地便哭个不停,他虽然从家门口经过,却不曾进去看一看,因为他把全部精力都用在治理水土,

---

① 程树德撰,程俊英、蒋见元点校:《论语集释》,中华书局1990年版,第880-882页。
② 程树德撰,程俊英、蒋见元点校:《论语集释》,中华书局1990年版,第561页。

造福民众的事情上去了。在民间，至今还流传着"大禹治水，三过家门而不入"的佳话，看来，儒家心目中的这位理想的领导者，的确是以身作则，公而忘私，品德高尚。

但是这样一来，也引出一个问题，那就是：既然儒家如此强调国家的领导都注意道德修养，以身作则，甚至还带头过艰苦的生活，那么，这样的领导方式究竟是"有为"还是"无为"呢？对此，儒、法、道三家有不同的看法。

据属于儒家学派的《大戴礼记·王言》记载，孔子对曾参强调说，作为管理者就要以德治国，做到"内修七教而上不劳，外行三至而财不费"。内要修外要行，如此治国者能够不劳不费吗？曾参对此感到疑惑。孔子严肃地说："参！汝以明主为劳乎？昔者舜左禹而右皋陶，不下席而天下治。夫政之不中，君之过也；政之既中，令之不行，职事者之罪也。明主奚为其劳也。"这里说的是国家领导者为政以德，尊贤用能，使之各司其职，那么领导者自己就不会感到劳累。

从"七教""三至"的内容来看，所谓"七教"，孔子说："上敬老则下益孝，上顺齿则下益悌，上乐施则下益谅，上亲贤则下择友，上好德则下不隐，上恶贪则下耻争，上强果则下廉耻。民皆有别，则政亦不劳矣。"所谓"三至"，孔子说："至礼不让而天下治，至赏不费而天下之士说，至乐无声而天下之民和。明主笃行三至，故天下之君可得而知也，天下之士可得而臣也，天下之民可得而用也。"由此看来，所谓"七教""三至"，本身就包含着使领导者"不劳""不费"的目的。如果领导者认真"内修七教，外行三至"，为政以德，以身作则，上行下效，人民各得其所，社会安定团结，那么，领导者怎么会感到劳累呢？

在儒家看来，作为国家的最高领导者，他所要抓的只是道德规范这条治国的大纲，所要做的只是合理使用人才，所要行的只是个人的道德修养，而并不是去处理具体的行政事务。因此，这在领导方式上讲，应该算是"无为"。

法家的集大成者韩非对此却有异议。他举例道：历山一带的种田人相互侵占田界，舜就到那里去种田，一年后各自的田界都恢复正常。黄河边上的渔人相互争夺水中的高地，舜就到那里去打鱼，一年后人们都把最好的位置让给年长者。东夷一带制造的陶器粗劣不牢固，舜就到那里去制陶，一年后人们都制造出牢固耐用的陶器。对此，孔子称赞道："耕渔与陶，非舜官也，而舜往为之者，所以救败也。舜其信仁乎！乃躬藉处苦而民从之，故曰：'圣人之德化乎！'"① 在孔子看来，舜既不靠训诫也不靠惩罚，而仅仅是靠自己的模范行为感化民众，从而纠正败坏的风气，说得上是"无为而治"。

韩非却反驳道："且舜救败，期年已一过，三年已三过，舜有尽，寿有尽，天下过无已者，以有尽逐无已，所止者寡矣。赏罚使天下必行之，令曰：'中程者赏，弗中程者诛。'令朝至暮变，暮至朝变，十日而海内毕矣，奚待期年？舜犹不以此说尧令从己，乃躬亲，不亦无术乎？且夫以身为苦而后化民者，尧、舜之所难也；处势而骄（矫）下者，庸主之所易也。将治天下，释庸主之所易，道尧、舜之所难，未可与为政也。"② 在韩非看来，管理者的时间和精力有限，不可能一处一处地去给别人树立典范，一个一个地去纠正过错。而如果以法治国，法令早晨下达，过错到傍晚就能纠正，十天之内全国都可以纠正完毕，哪里用等上一年呢？舜不懂得这个道理，却去亲自操劳，不也是没有统治的办法吗？

站在道家立场上的汉代史学家司马谈，对儒家"为政以德"的主张也大不以为然，他说："儒者博而寡要，劳而少功，是以其事难尽从。"他比较道："道家使人精神专一，动合无形，赡足万物。其为术也，因阴阳之大顺，采儒墨之善，撮名法之要，与时迁移，应物变化，立俗施事，无所不宜，指约而易操，事少而功多。儒者则不然。以为人主天下之仪表也，主倡而臣和，主先而臣随。如此则主劳而臣逸。至于大道之要，去健羡，绌聪明，释此而任术。夫神大用则竭，形大劳则敝。形神骚动，欲与天地长久，非所闻也。"③

在司马谈看来，道家所主张的"无为而治"，主旨简单，容易掌握，费力很小，功效却大。儒家却不是这样，他们以为君主是天下的仪表，君主应该在上面倡导，臣子只能在下面附和，君主应该走在前面，臣子只能跟在后面，这样，君主就很辛苦，臣子却很安逸。总之，这是一种使管理者劳形伤神的学说，司马谈责问道："神大用则竭，形大劳则敝，形神离

---

① 〔清〕王先慎撰，钟哲点校：《韩非子集解》，中华书局1996版，第349页。
② 〔清〕王先慎撰，钟哲点校：《韩非子集解》，中华书局1996版，第350－351页。
③ 〔汉〕司马迁撰，〔宋〕裴骃集解，〔唐〕司马贞索隐，〔唐〕张守节正义：《史记》，中华书局1959年版，第3289页。

则死。……不先定其神形，而曰'我有以治天下'，何由哉！"① 如果管理者连自己的身体精神都安定不了，又怎么能够谈得上治理天下呢？

从我们今人的立场来看，韩非和司马谈对于儒家所主张的领导方式的指责，并不是没有一点道理。儒家主张领导者必须在道德修养上狠下功夫，要以身作则，甚至还要吃苦在前，享受在后。这样，相对于道家乃至法家，儒家的领导者的确是要"劳"一些，在"主劳而臣逸"这一点上，司马谈的批评没有错。但是，这里的"劳"，不是具体的管理事务，而是仁义道德。用今人的话来说，就是价值导向，精神指引。在儒家看来，领导者只要搞好个人的道德修养和对下属的道德教化，就可以一以驭百，坐以待劳，"垂衣裳而天下治"。如此看来，就不能说儒家的领导方式是"劳而少功"了。

儒家这种重视价值导向的领导方式，有点像现代企业文化理论所提倡的"象征性管理"。美国管理学家笛尔和肯尼迪指出："在文化强有力的公司，是由管理人员来引导员工支持和塑造企业文化的。我们把这些管理人员称为'象征性管理者'，因为他们花费了很多时间来思考文化的价值观、英雄和仪式，并把自己主要精力放在由于日常工作的起伏而引起的价值观冲突上。"笛尔和肯尼迪认为，任何一位现代管理人员，都会遇到三类事情：一类是无关紧要的小事，一类是值得注意的事情，再一类是事关全局的大事。象征性管理者的技能之一，就是能够分辨这三者。他们不会拘于小事，而会成为料理大事的"演出专家"。在其中扮演着有名气的"演员"和"导演"的角色。他们从来不会放过可以加强和改进文化的核心价值观和观念，并使之戏剧化的机会。总之，"我们把他们称之为'象征性管理者'，是因为他们无时无刻不对周围发生的文化事件给予象征性的影响"②。儒家心目中"为政以德"的理想"圣王"，也是这样一类"象征性管理者"。

儒家理想型领导者的象征性，集中体现在《易经》所描述的"龙"这一形象上。《易经·乾卦》叙述了"龙"的活动过程，分别为潜龙、见

---

① 〔汉〕司马迁撰，〔宋〕裴骃集解，〔唐〕司马贞索隐，〔唐〕张守节正义：《史记》，中华书局1959年版，第3292页。

② T. L. Deal, A. A. Kennedy, *Corporate Cultures: The Rites and Rituals of Corporate Life*, Addison Wesley Publishing Company, 1982, p. 142.

龙、跃龙、飞龙、亢龙等。《易经·文言》则把这一过程解释为国家管理者（君子、大人）"为政以德"的领导过程。"潜龙"隐喻领导者的潜心修养："龙德而隐者也，不易乎世，不成乎名，遁世无闷，不见是而无闷，乐则行之，忧则违之，确乎其不可拔，潜龙也。""见龙"隐喻领导者的行为表现："龙德而正中者也。庸言之信，庸行之谨，闲邪存其诚，善世而不伐，德博而化。""阳龙"隐喻领导者的自我激励："君子进德修业。忠信，所以进德也；修辞立其诚，所以居业也；知至至之，可与几世；知终终之，可与存义也。是故居上而不骄，在下位而不忧，故乾乾因其时而惕，虽危无咎矣。""跃龙"隐喻领导者的及时进退："上下无常，非为邪也；进退无恒，非离群也。君子进德修业，欲及时也，故无咎。""飞龙"隐喻领导者的大得人心："同声相应，同气相求。水流湿，火就燥，云从龙，风从虎，圣人作万物睹。本乎天者亲上，本乎地者亲下，则各从其类也。""亢龙"隐喻领导者必须力戒骄傲，切勿脱离群众："贵而无位，高而无民，贤人在下位而无辅，是以动而有悔也。"总之，通过对"龙"的描述和隐喻，儒家塑造了一位"为政以德"而又"无为而治"的国家管理者的生动形象。

三、"任官得人"与分级管理

孔子说："无为而治者其舜也与？夫何为哉？恭己正南面而已矣。"① 舜何以能如此？一般儒者都以为他能"所任得其人，故优游而自逸也"。如《大戴礼记·王言》上说："故王者劳于求人，佚于得贤。舜举众贤在位，垂衣裳恭己无为而天下治。"赵岐《孟子注》也说："言任官得其人，故无为而治。"

关于舜之"任官得人"，孔子指出："舜有臣五人而天下治。"朱熹注曰："五人，禹、稷、契、皋陶、伯益。"② 其实，按《尚书·尧典》记载，舜所任用的大臣远不止这五人。具体来说，舜任命禹担任"司空"，治理水土，并主持政务，统率百官；任命弃担任"后稷"，教导人民种植庄稼；任命契担任"司徒"，教育人民遵守伦常道德；任命皋陶担任法官，掌管刑律；任命垂和殳、斨、伯与担任"百工"，组织手工业生

---

① 程树德撰，程俊英、蒋见元点校：《论语集释》，中华书局1990年版，第1062页。
② 程树德撰，程俊英、蒋见元点校：《论语集释》，中华书局1990年版，第552–553页。

产；任命益和夷担任"秩宗"，负责祭祀鬼神；任命夔担任乐官，负责管理文化娱乐；任命龙担任"纳言"，负责沟通上下联系……如此，加上四方诸侯之长（"四岳"），舜一共领导着二十二名官员，使之各负其责，处理政务。

按照历史传说，舜之领导国家的职位是尧禅让的；后来，舜又把这一职位禅让给禹。关于尧、舜、禹三"圣王"之间的禅让及其任官得人的情况，荀子用歌谣（"成相"）的形式予以定宣扬："请成相，道圣王，尧、舜尚贤身辞让。许由、善卷，重义轻利行显明。尧让贤，以为民，泛利兼爱德施均。辨治上下，贵贱有等明君臣。尧授能，舜遇时，尚贤推德天下治。虽有贤圣，适不遇世孰知之？……舜授禹，以天下，尚得推贤不失序。外不避仇，内不阿亲贤者予。禹劳心力，尧有德，干戈不用三苗服。举舜畎亩，任之天下身休息。得后稷，五谷殖，夔为乐正鸟兽服。契为司徒，民知孝弟尊有德。……禹傅土，平天下，躬亲为民行劳苦，得益、皋陶、横革、直成为辅。"①

荀子本人则特别论证"任官得人"与"无为而治"之间的因果关系。他说："故治国有道，人主有职。若夫贯日而治详，一日而曲列之，是所使夫百吏官人为也，不足以是伤游玩安燕之乐。若夫论一相以兼率之，使臣下百吏莫不宿道乡（向）方而务，是夫人主之职也。若是，则一天下，名配尧、禹。之主者，守至约而详，事至佚而功，垂衣裳，不下簟席之上，而海内之人莫不愿得以为帝王。夫是之谓至约，乐莫大焉。"② 在荀子看来，具体的事务是可以任用百吏官人去做的，君主的职责则在于选拔宰相，任用百官，并使他们沿着正确的方向而努力。这样的国家领导者，就能够像尧、舜、禹一样，所主管的事务虽极其简单却又十分周详，所从事的工作虽极其安逸却又十分有成效，做到"垂衣裳而天下治"。

由此，荀子得出结论："人主者，以官人为能者也；匹夫者，以自能为能者也。人主得使为之，匹夫则无所移之。百亩一守，事业穷，无所移之也。今以一人兼听天下，日有余而治不足者，使人为之也。大有天下，小有一国，必自为之然后可，则劳苦耗悴莫甚焉，如是，则虽臧获不肯与天子易势业。以是县天下，一四海，何故必自为之？为之者，役夫之道

---

① 〔清〕王先谦撰，沈啸寰、王星贤点校：《荀子集解》，中华书局1988年版，第462－463页。
② 〔清〕王先谦撰，沈啸寰、王星贤点校：《荀子集解》，中华书局1988年版，第212－213页。

也，墨子之说也。论德使能而官施之者，圣王之道也，儒之所谨守也。"①荀子认为，国家最高管理者的职能就在于"官人"，即选拔有道德有才能的人，任用他们担任各级官职，处理好政务。相反，如果像墨家所主张的那样，"将少人徒，省官职，上功劳苦，与百姓均事业，齐功劳"②，那就是把国家管理者的作用降低到一般服役之人的水平，这是不可取的。

"任官得人"而"无为而治"，其奥秘就在于最高领导者可以集中众人之长，而免去众人之劳。孔子提到，郑国的行政命令，是由裨谌拟稿、世叔提意见，子羽修改，子产作文词上的加工而得来的。这就涉及分工协作的问题。在孔子看来，即使是昏庸的领导者，如果能够集中众人所长，也能够做到昏而不亡。比如，卫灵公虽然昏乱，但他有仲叔圉接待宾客，祝鮀管理祭祀，王叔贾统率军队，像这样，怎么会败亡呢？（《论语·宪问》："子言卫灵公之无道也，康子曰：'夫如是，奚而不丧？'孔子曰：'仲叔圉治宾客，祝鮀治宗庙，王孙贾治军旅。夫如是，奚其丧？'"）③

正面的例子可以举出孔子的学生宓子贱。孔子称赞他是一位成功的领导者，说："君子哉若人！"④ 他的领导经验是什么呢？据《韩诗外传八》记载，宓子贱为单父宰，"所父事者三人，所兄事者五人，所友者十有二人，所师者一人"，均以师友之礼待之，集中众人之长，而免去众人之苦，所以不像他的前任那样"劳神苦思"。人问其故，宓子贱云："我之谓任人，子之谓任力，任力者劳，任人者逸。"孔子认为宓子贱深得尧舜"无为而治"领导方式之真传，说："不齐（按：宓子贱字不齐）之大功，乃与尧舜参矣！"

"任官得人"而"无为而治"，其关键在于一个"得"字，这就是用人要得当。荀子指出："故君人者立隆政本朝而当，所使要百事者诚仁人也，则身佚而国治，功大而名美，上可以王，下可以霸；立隆正本朝而不当，所使要百事者非仁人也，则身劳而国乱，功废而名辱，社稷必危：是人君者之枢机也。故能当一人而天下取，失当一人而社稷危，不能当一人而能当千人百人者，说无之有也。既能当一人，则身有何劳而为，垂衣裳

---

① 〔清〕王先谦撰，沈啸寰、王星贤点校：《荀子集解》，中华书局1988年版，第213－214页。
② 〔清〕王先谦撰，沈啸寰、王星贤点校：《荀子集解》，中华书局1988年版，第186页。
③ 程树德撰，程俊英、蒋见元点校：《论语集释》，中华书局1990年版，第997页。
④ 程树德撰，程俊英、蒋见元点校：《论语集释》，中华书局1990年版，第290页。

而天下定。"① 如果君主为本朝所确立的治国原则是正确的，所任用的宰相确实是有才德的，那么就可以自己十分安逸而国家安定，功绩很大而名声很好，上可以统一天下，下可以称霸诸侯。关于这方面的例子，荀子举出商汤用伊尹，文王用吕尚，武王用召公，成王用周公旦，乃至齐桓公用管仲，等等，以资证明。

孟子则指出，国家最高管理者，对于那些确实有才干的治国人才，就应该不耻下问，上门求贤。他说："故将大有为之君，必有所不召之臣，欲有谋焉则就之，其尊德乐道，不如是不足与有为也。故汤之于伊尹，学焉而后臣之，故不劳而王。桓公之于管仲，学焉而后臣之，故不劳而霸。"② 在这里，就求贤而言，君主是比较劳累的；但就治国乃至称霸而言，则不用君主费心了。这就是用人得当的结果。

"任官得人"而"无为而治"，这就要求最高领导者对下属必须高度信任，充分放权。据《尚书·立政》记载，文王从来不去代替他的官员发布命令，对于处理监狱的事情，管理臣民的事情，都根据有关方面的负责人（"准夫"和"牧夫"）的意见而决定取舍，文王本人从来不加以不适当的干预。

关于最高领导者对下属的信任和放权，儒家喜欢引用齐桓公信任管仲的例子来加以说明。《说苑·尊贤》记载："齐桓公使管仲治国，管仲对曰：'贱不能临贵。'桓公以为上卿，而国不治，桓公曰：'何故？'对曰：'贫不能使富。'桓公赐之齐国市租一年，而国不治，桓公曰：'何故？'对曰：'疏不能制亲。'桓公立以为仲父，齐国大安，而遂霸天下。"孔子对此发表评论说："管仲之贤，不得此三权者，亦不能使其君南面而霸矣。"反过来说，齐桓公之所以"南面而霸"，正是他对管仲高度信任、充分放权的结果。

《孔子家语·屈节解》中则记载了这么一个有趣的故事。孔子的学生宓子贱，仕于鲁国，被任命为单父邑的邑宰，担心鲁君听信谗言，使自己不能放手管理。于是在赴任辞行时，请鲁君派他的亲信两人一起到单父邑工作。有一次，宓子贱口授，命鲁君的这两位亲信书写行政文书。当这两人书写时，宓子贱时不时碰他们的手肘，使他们无法书写；写不出来宓子

---

① 〔清〕王先谦撰，沈啸寰、王星贤点校：《荀子集解》，中华书局1988年版，第222页。
② 〔清〕焦循撰，沈文倬点校：《孟子正义》，中华书局1987年版，第260页。

贱就发火。于是这两人害怕了，只好请求回到鲁君那里去，鲁君觉得奇怪，问孔子这到底是什么意思？孔子微笑着说："子贱有才有德，现在屈节去治理单父，不过是小事一桩。他现在这样做，是在向您规劝，要充分信任他罢了。"鲁君恍然大悟，于是派人告诉宓子贱，"从今以后，单父一邑不属于我所管了。你就放手按照你的主张去治理吧，只要五年向我汇报一次就行了。"宓子贱得到这把"尚方宝剑"，得以放手推行自己的管理方针，于是单父邑得到大治。

上面这个故事，鲁君从宓子贱的"恶作剧"中悟出对下属必须高度信任的道理，放手让宓子贱从事管理，只需要五年才汇报一次，其放权程度真可以说是够大胆的了！

任官得人，对下属充分放权，那么，最高领导者干什么呢？荀子的回答是"抓大事"。他说："主道治近不治远，治明不治幽，治一不治二。主能治近则远者理，主能治明则幽者化，主能当一则百事正。夫兼听天下，日有余而治不足者如此也，是治之极也。"① 最高领导者如果能够把身边的事情处理好，那么远处的事情也就自然得到治理；如果能够把明显的事情治理好，那么那些还不明显的事情也自然会随着发生变化；如果能够把主要的事情处理恰当，那么其他一切事情也自然有了正确的原则。荀子认为，如果能够做到这样，那就达到治理天下的最高水平了。

高明的领导者善于抓住事情的纲要，而昏庸的领导者则喜欢样样都管；抓住纲要则事事都得到治理，样样都管则事事都会荒废。事半功倍与事倍功半，这里头有一个充满辩证法的深刻哲理。因此，荀子特别强调："君者，论一相，陈一法，明一指，以兼覆之，兼炤之，以观其盛者也。"② 作为国家的最高管理者（君主），其基本职责仅在于选择一个能干的宰相，公布一个统一的法规，明确一个主要的原则，并以此来统帅一切，照耀一切——这就是领导者所要抓的"大事"。

儒家所主张的"任官得人，无为而治"，与现代管理理论所提倡的"分级管理"相比，二者有异曲同工之妙。美国学者怀尔德（L. Wilder），曾经就"怎样管理"这一问题，致函全世界一百二十三位著名管理专家征

---

① 〔清〕王先谦撰，沈啸寰、王星贤点校：《荀子集解》，中华书局1988年版，第223页。
② 〔清〕王先谦撰，沈啸寰、王星贤点校：《荀子集解》，中华书局1988年版，第224页。

求答案,并据此而出版了一本书——*How to Manage*①。其中谈到"分级管理"的原则。比较一下儒家的"任官得人"思想和当代管理大师们的经验之谈,确实是很有意思的:

(1)前者主张领导者应该集众人之长。后者指出企业的经理群体应该有一个合理的结构,只有具有各种专业知识和能力的人才组合在一起,才能发挥出整体的效能。

(2)前者强调领导者要用人得当。后者认为选择人才是群体工作最重要的一环。一群技术超群、态度谦虚的人在一起工作当然要胜过一群技术不佳而又整天互相恭维的人所组成的团体。

(3)前者要求领导者对于下属必须充分信任。后者论证:对于部属的充分信赖这一点是最重要的。经营管理者一旦把职务分派给自己的部属,就必须对他们有着相当的信任。也就是说,不要雇用你不信任的人,而一旦同意录用,则应该对他们具有信心。

(4)前者提倡领导者要放权而抓大事。后者确定,通过有效的分权和授权,实行分级管理,逐级监督,各司其职,是现代管理的一个原则。最高层的完全集权制的必然结果是消灭了必要的管理层次。实际上,任何有才能的管理者的管理幅度都有极限,超越了极限,只能造成管理的混乱和低效。只有分级管理才能使管理者摆脱其他事务,履行他最主要的职能。

总之,儒家的"任官得人"与现代的"分级管理",真可以说得上"英雄所见略同"!

四、"行其所无事"与自动化管理

在《论语·泰伯》篇中,孔子有一段称赞尧的话:"大哉尧之为君也!巍巍乎!唯天为大,唯尧则之。荡荡乎!民无能名焉。巍巍乎其有成功也,焕乎其有文章!"② 据王充《论衡·艺增》篇记载,后儒对这段话的解释是:"有年五十击壤于路者,观者曰:'大哉,尧德乎'!击壤者曰:'吾日出而作,日入而息,凿井而饮,耕田而食,尧何等力!'"《十八史略》的记载则稍有出入,其文为:"尧治天下五十年,不知天下治欤,亿兆愿戴己欤,不愿戴己欤。问左右不知,问外朝不知,问在野不知,乃

---

① [美] 雷·怀尔德:《管理大师如是说》,陈卫平译,中国友谊出版公司1986年版。
② 程树德撰,程俊英、蒋见元点校:《论语集释》,中华书局1990年版,第549-551页。

微服游于康衢,闻童谣,曰:'立我丞民,莫匪尔极,不识不知,顺帝之则。'有老人含哺鼓腹,击壤而歌,曰:'日出而作,日入而息,凿井而饮,耕田而食。帝力于我何有哉!'"一般老百姓对于帝尧的统治"不识不知",说不出来,甚至认为统治者与自己的生活不相干。这在儒家看来,正说明尧的领导方式达到了出神入化的地步,也就是管理上达到"无为而治"的极致。

尧为古代传说中的"圣王",关于他的治国之道,后人多有理想化的描述。其中,汉代人假托周文王的军师吕尚(姜太公)所作的《六韬·盈虚》篇中记述道:帝尧为君主时,不用金银珠玉作装饰品,不穿锦绣华丽的衣服,不观赏珍贵奇异的物品,不把好的器物当作宝贝珍藏,不听淫逸的音乐,不用白土粉饰宫廷的墙壁,不做雕梁画栋的装饰,庭院的野草不加修剪,以鹿皮为裘衣抵御寒冷,用粗布遮蔽身体,吃粗粮做的饭,喝野菜做的汤,不因派劳役修宫室而耽误国民耕织的时间,抑制自己的欲望,约束自己的行为,顺其自然地治理国家。对于忠心耿耿、正直奉法的官吏,就升高其爵位;廉洁爱民的,就给他优厚的俸禄。对百姓中有孝敬父母、慈爱幼小的,就尊敬爱护他;尽力从事农耕、发展蚕桑的,就慰劳勉励他。为了识别善恶,对秉性善良、品德高尚的可在其门前加以标志,以示崇敬。为君的要心志公平,节操端正,并以法令制度禁止邪恶诈伪。对所厌恶的人,如果有功也要同样给予奖赏;对所喜爱的人,如果有罪也要同样进行惩罚。对鳏、寡、孤、独、无依无靠的人要进行慰问和赡养;对遭受天灾人祸的家庭,要给予救济。帝尧自己的生活反而十分朴素,向人民征用的贱税劳役也很轻。因此,全国人民富足安乐而无饥寒之苦,百姓尊崇君主好像日月一样,亲近君主好像父母一样……

帝尧是否如此贤德,治国是否则如此得道,后人实在难以考证,不过儒家对此是深信不疑的。正是从帝尧和其他古代"圣王"的治国之道中,儒家得出结论:管理国家必须顺应客观规律,顺其自然,因势利导。正如孟子在谈到大禹治水时指出:"禹之行水也,行其所无事也。如智者亦行其所无事,则智亦大矣。"[①] 治国就像治水一样,要顺其自然,行其所无事,这就要求管理者"巧于使民""惠而不费""为而不为",从而达到"无为而治"的极致管理。

[①] 〔清〕焦循撰,沈文倬点校:《孟子正义》,中华书局1987年版,第587页。

关于"巧于使民",《荀子·哀公》篇记载了这么一个故事：鲁定公手下有一个很会驾驭的马车,名叫东野毕。定公为此而感到自豪,向颜渊说道："这个东野毕可以算得上是一名好驭手了吧？"颜渊回答："好是好,可是他的马快要逃跑了。"定公很不高兴,对左右说："原来君子也会说人家坏话啊！"三天以后,养马的官员前来报告,东野毕的马果真逃跑了。定公一听,立刻把颜渊召来,问道："前几天你对我说：'东野毕尽管会驾车,但他的马快要逃跑了',现在果然给你说中了,不知你当时怎么知道的呢？"颜渊不慌不忙地回答："噢,这是事物发展的一般规律,从前帝舜善于使用民众,造父善于驾驭马匹。使用民众不穷尽其力,则民众不会失去；驾驭马匹不穷尽其力,则马匹不会逃跑。而现在东野毕之驭马,抓得太紧,不留丝毫余地,紧赶慢赶,跑近跑远,马力已充分发挥出来了,却还要让马儿跑个不停。我就是据此而做出判断的。"

颜渊这里所说的道理,同《韩诗外传》所记载的孔子谈"御民之道"是一致的（参见本书第五章第四节）。孔子也把御民比喻作御马,指出："故御马有法矣,御民有道矣。法得,则马和而欢；道得,则民安而集。"颜渊则说："舜巧于使民,而造父巧于使马；舜不穷其民,造父不穷其马；是以舜无失民,而造父无失马也。"这从领导方式上看,就是要管理者对于下属的管理要留有余地,顺其自然,行其所无事,也就是"无为而治"。

关于"惠而不费",据《论语·尧曰》篇记载,孔子认为治理政事有五种美德,其中第一种就是"惠而不费"——给人民以好处而自己却无所耗费。孔子进一步解释道,顺应着人民能得利之处因而使他们得利,这不就是给人民以好处而自己却无所耗费吗？（"因民之所利而利之,斯不亦惠而不费乎？"[①])

据《贞观政要》卷一记载,有一次,唐太宗对侍臣们说："隋朝的时候,横征暴敛,老百姓即使有财的,也得不到保障。而自从我取得天下以后,着眼于使百姓休养生息,而无所征敛,人人都可以谋生,财富都得到保障。这就是我对于老百姓的最大赏赐。如果我一边横征暴敛,一边又给下属赏赐,那还不如不给呢！"这段话,可以看作对儒家"惠而不费"原则的诠释。

唐太宗的大臣魏徵进一步把这种"惠而不费"的做法同"无为而

---

① 程树德撰,程俊英、蒋见元点校：《论语集释》,中华书局1990年版,第1371页。

下编 哲学的管理观

治"挂钩,他接着唐太宗上面的话说:"尧舜在上,百姓亦云'耕田而食,凿井而饮',含哺鼓腹,而云:'帝何力于其间矣'。今陛下如此含养百姓,可谓日用而不知。"在魏徵看来,惠而不费,就是要求统治者切实为人民办事,为人民着想,使人民安居乐业而不直接感受到统治者的存在。

魏徵接着引用的一个故事也说明了这个道理。春秋时期,有一次晋文公外出打猎,在一个水泽之地迷了路,遇到一位渔夫,就对他说:"我是你的君主,请给我引路,我会重赏你的。"渔夫说:"臣有话禀告君上。"晋文公说:"出了沼泽我再听你说。"于是渔翁将晋文公送出沼泽。晋文公说:"现在先生对寡人有何见教?愿洗耳恭听。"渔翁说:"鸿鹄生活在大海,如果飞到小河沟,就会有被人钓走的危险。您作为君主,不在宫中治理国家大事,却为了打猎跑到水泽中来,未免走得太远了吧!"渔夫接着又说:"君主之所以为君主,那就要尊天地,敬社稷,保四海,爱百姓,薄赋敛,轻租税。如果您这样做了,臣下我也就等于得到赏赐了;如果您不这样做,造成国破家亡,人民流离失所。那么,即使臣下我现在拿到您的重赏,却不能保存,那又有什么意义呢?"这里,渔夫不但不接受晋文公的私人赏赐,反而对他讲了一番如何治国保民的大道理,反映了一般老百姓对于统治者所谓"惠"的看法,以及对于"无为而治"的期望。

关于"为而不为",孟子指出:"人有不为也,而后可以有为。"① 管理者要有所不为,然后才能真正有所作为。荀子也提出:"故仁者之行道也,无为也;圣人之行道也,无强也。"② 这里的"无为",就是不要有意去做;"无强",就是不要勉强去做。管理者既要"行道",从这个角度看,好就是有为;但这种"有为",又不是故意去行为,而是按照管理的客观规律办事,从这个角度看,那又是"无为"。顺其自然,这就是"为而不为"的第一层含义。

上下分工,不要越俎代庖,则是"为而不为"的另一层含义。荀子说:"昔者舜之治于天下也,不以事诏而万物成。"③ 高明的管理者,其管

---

① 〔清〕焦循撰,沈文倬点校:《孟子正义》,中华书局1987年版,第553页。
② 〔清〕王先谦撰,沈啸寰、王星贤点校:《荀子集解》,中华书局1988年版,第404页。
③ 〔清〕王先谦撰,沈啸寰、王星贤点校:《荀子集解》,中华书局1988年版,第400页。

理活动并不是事无巨细，每一件事都给予明确批示，可是一切事情都办得很成功，这就需要实行分工，上下各司其职。我们知道，管理就其基本含义来说，就是通过组织和协调众人之长而去实现一定目标的活动。因此，它既是"有为"的又是"无为"的，作为一个领导者，必须以组织的整体利益、长远利益为目标，制定出切实可行的措施，从而为整个组织的发展奠定良好的基础，这就是"有为"。但是，这些都是战略性的工作，领导者不可能也没有必要对于下属的具体工作进行包办。如果硬要勉为其难，只能是劳而无功，上下不讨好。因此，管理工作是"无为"的。

《荀子·尧问》记载的尧与舜之间的对话，正说明了领导者之"为"与"不为"之间的辩证关系："尧问于舜曰：'我欲致天下，为之奈何？'对曰：'执一无失，行微无怠，忠信无倦，而天下自来。执一如天地，行微如日月，忠诚盛于内，贲于外，形于四海。天下其在一隅邪！夫有何足致也？'"① 在舜看来，天下不是统治者有意去求来的，如果治国者掌管政事专心致志，就像天地那样前后一致；无论是大事小事都毫不松懈，就像日月那样运行不息；忠诚充满于内，表现于外，显露于四海；那么，天下就像放在房间角落里的东西一样，不必费力就可以取得。这样，又哪里用得上去专门探求呢！

总的来看，所谓"行其所无事"，就是要求管理者实行"不管之管"的领导方式。"不管之管"，按照曾仕强教授的看法，就是现代"自动化管理"。他以中国人的特性加以说明，写道："中国人不喜欢人家管他，大多存有'自己会管好自己'的观念，大家都向往孔子'七十而从心所欲，不逾矩'的自动化境界。中道管理，就是要'由有为而为无'，经由训练、辅导、考验，从不信任到信任，先管制而后放手让部属去做，管理者不是不管，而是'成员由自助而自立，能按照预定的目标，完成其任务或自动纠正其方向；将上级的监督和指挥减少到最低限度'。无为而治或是儒、道、法家共同的思想，但它并非单纯的无为，却是要做到无为，亦即走向自动化管理。"②

其实，"不管之管"的自动化管理方式，同样适用于西方人。米勒所

---

① 〔清〕王先谦撰，沈啸寰、王星贤点校：《荀子集解》，中华书局1988年版，第547页。
② 杨国枢、曾仕强主编：《中国人的管理观》，桂冠图书公司1988年版，第87页。

著的《美国企业精神》一书中,一位企业总经理有如下体会:管理人员必须完全摆脱幻想。完全控制——事事都要插手,既不可能又不需要。有趣的是,我们管理人员发现,不试图完全控制,反而能得到更多的权力——完成事情的权力!这里所描述的,其实是一种"无为而治"的最佳境界。

第九章

"道之以德"的管理控制观

控制，是管理的基本手段，其对象包括对于人、事、物和行为的控制。儒家管理哲学所谈的主要对于人的控制。它以"德治"为核心，既承认"齐之以礼"，即以礼义制度为规范的外在控制，更强调"道之以德"，即以道德价值为导向的内在控制；既承认以礼为法规的"法治"，更强调以人为中心的"人治"。上述主张，固然适应古代管理实际需要的选择，而对于现代社会的管理，也有一定的启发。

一、管理控制的探讨

控制是现代管理学和管理哲学的重要范畴。管理控制的对象包括人、事、物、行为等。现代管理理论对于上述对象的控制手段都有丰富的论述。为了便于同儒家管理哲学比较，我们这里着重叙述其中关于人的控制问题。

法国古典管理学家法约尔在《工业管理和一般管理》一书中，首先把"控制"规定为管理的五个职能之一。法约尔认为，控制就是要证实一下是否各项工作都与已定计划相符合，是否与下达的批示及已定原则相符合。控制的目的在于指出工作中的缺点和错误，以便加以纠正并避免重犯。他还指出，对物、对人、对行动都可进行控制。从管理角度看，应确保企业有计划并且执行计划，而且要及时加以修订；控制应确保企业社会的组织完整、人员一览表得到应用、指挥工作符合原则和协调会议定期举行，等等。

那么，怎样进行控制呢？法约尔在该书结尾指出："由于控制适用于各种性质的工作和各级工作人员，所以控制有千百种不同的方式。像管理的其他要素——预测、组织、控制和协调一样，控制这一要素在执行时总是需要有持久的专心工作精神和较高的艺术。我在本书的第三部分将对这些问题举例说明。"① 可惜的是,这"第三部分"始终没有出版,因此,对于法约尔所提出的"控制艺术",后人也就无从得知了。

美国管理哲学家麦格雷戈在其名著《企业的人性方面》中指出,现代管理在"人性行为控制"方面存在着许多误解。他指出,在工程上,所谓"控制",是对自然定律的适应,而不是让自然来配合我们的要求。在物理现象方面,所谓"控制",指的是从许多方法中选择出一种来,以便适应我们所关切的现象的特性。至于在人性行为方面,情况也是如此。但是,人们却常常反其道而行之。人们在控制行为方面的许多措施,往往不是一种选择性的适应,而是正面违背人性。这些措施,仅仅是期望别人的行为能够如管理者所愿,而没有顾及人性的自然规律。在管理上采取如此不适当的措施,如何能像工程那样,使其产生预期的效果呢?

这种关于人性控制的传统观点,麦格雷戈把它归纳为"X 理论",这一理论主张,由于人类具有不喜欢工作的本性,对于大多数人来说,必须予以强制、控制、督促乃至于惩罚性的威胁,才能促使他们朝着组织的目标而努力。与此相对,麦格雷戈提出"Y 理论",认为促使人们朝着组织的目标而努力,外力的控制及惩罚的威胁并非唯一的方法。人们对自己所参与制定的目标,将会"自我指挥"和"自我控制"。

麦格雷戈指出,控制的基本手段有"权威""劝导""协助"等。传统的管理手段("X 理论")偏重于权威;但权威的外来控制,并不是争取员工对组织目标的承诺的适当方法。为了争取员工的承诺,一定要采取权威以外的其他影响方式,反而可以获得员工对组织目标的承诺。"Y 理论"所依据的各项基本假定,强调人类具有自我控制的能力,也强调管理阶层应对其他的控制方法给予较大的重视。与此同时,麦格雷戈也承认"在某些特殊情况之下,权威的运用仍不失为一项适当的控制方法——尤其是在不可能取得员工对组织目标的诚挚的承诺时需要这样做"。也就是说,"Y 理论"的各项假定,并没有排除权威运用的适当性;"Y 理论"所坚持的,只是权威并非万能,并非在任何情况下及任何目的下均能适用而已。②

自从现代系统论、控制论、信息论诞生以来,有关管理上的控制问

---

① Henri Fayol, *General and Industrial Management*, Pitman, 1949, p. 109.
② D. McGregor, *The Human Side of Enterprise*, McGraw-Hill, 1960, p. 56.

题，特别是对于物和事的控制问题的研究，也取得了长足的进步。美国当代管理学大师孔茨等人所著的《管理学》一书，对于控制系统与控制过程，以及有关控制的各种技术，都做了详细的论述。而在谈到"整个工作成效的全面控制"的问题时，孔茨等人也涉及"对人事组织的衡量和控制"，该书写道："控制工作中的一个特殊领域，就是把握人事因素这一重要变量。人们已经正确而广泛地认识到，在任何企业中人事组织都会左右该企业的最后成果。这在相当大的程度上说明了管理工作是一种什么样的工作。本书作者已认识到了这一点，所以本书自始至终都强调主管人员的任务是创造和维持一个有利于经营工作的环境。但是以下这点也是事实：在考察一个经理时除了按作为一个经理的标准来考查外，控制的目标和方法主要是集中在徇其业务活动与成果，例如利润、成本、销售额、产量、规划贯彻执行的成果等。"[①]

在20世纪80年代兴起的"企业文化"热潮中，对于人的控制问题又重新被提上现代管理学的议事日程。帕斯卡尔（R. T. Pascale）和阿索斯（A. G. Athkos）合著的《日本的管理艺术》一书，以日本松下电器株式会社社长松下幸之助与美国国际电话电报公司总裁吉宁为例子，比较内在控制和外在控制手段的区别。该书指出：吉宁领导下的国际电话电报公司建立了一个强大的集中管理集团和一些半自治的部门，并制定了高度精确的目标与控制分系统。他的控制手段，首先是他对"确凿事实"的追求；其次，为了得到这些事实，他精心设计了一套职能部门与基层相互制约的方法；再次，为了保证它的情报的可靠性并检验各项建议的合理性，他把会议作为面对面对抗的场所；最后，他建立了各种各样的奖惩制度以保证他对企业的完全控制。概而言之，这就是吉宁所推行的，以数字和制度为准则的外在控制手段。[②]

日本松下幸之助推行了一种内在的、以精神和价值观为准则的控制手段。松下说过："当你有100个雇员时，你处于第一线，即使你对他们叫喊和推打他们，他们也会跟随着你。如果这个团体增加到1000人时，你威严地坐镇后方，对前方的人表示感谢。"在松下幸之助看来，维持企业

[①] H. Koontz, C. O'Donnell, H. Weihrich, *Management*, McGraw-Hill, 1980, p. 793.

[②] R. T. Pascale, A. G. Athos, *The Art of Japanese Management*, Simon and Schuster, 1981, Chapter 3.

的控制，关键还是要靠共同的价值观。因此，他反复告诫部下："如果你因诚实而犯了一个错误，公司是非常宽容的，把这个错误当作一笔学费来对待并从中吸取教训。但是如果你背离了公司的基本原则，你将受到严厉的处置。"①

彼得斯（T. T. Petes）和沃特曼（R. H. Waterman）的《追求卓越》一书，则把吉宁在国际电话电报公司的控制手段同明尼苏达采矿制造公司相比较，指出：明尼苏达采矿制造公司确实是人们所见过的控制得最严格的组织，远比吉宁领导下的国际电话电报公司严格得多。在国际电话电报公司，是有数不清的规章制度和无数需要考核归档的方面。可是那里的一种突出的现象是要花招，搞小动作——钻制度上的空子，搞回避动作，跟其他线上的干部串通起来，去逃避那些臭名昭著的"突击巡回检查组"。专横的、不得体的纪律过多，就会扼杀自主性。可是更严格的纪律，却是那种建立在寥寥可数的几条共有价值基础上的纪律，这正是明尼苏达采矿制造等优秀公司的标志。事实上，正是这种纪律，才能诱发出组织内部确有实效的自主与试验活动。

像明尼苏达采矿制造公司这类优秀企业，在管理控制上相当灵活，它们有俱乐部式的、校园一般的环境，灵活的组织结构，志愿参加革新的活动人员，热心的革新闯将，给个人、班组和分部以最大的自主权。它们还经常有广泛的试验活动，注重积极方面的信息反馈和强有力的社交联系网等。但与此同时，这些出色的企业又都具有一整套异常严格奉行的共有价值观——注重行动。如果你的工作只需看三个数字就行了，那么你可能就很有把握认为，这些数字都是经过仔细校核因而是完全可靠的。只规定一两条主要的纪律，这正是一种保证严格控制的重要措施。

总结优秀企业的成功管理经验，彼得斯和沃特曼认为，在管理过程中，要实行宽严并济、松紧结合的控制手段："它实质上就是坚定的集中指导与最大限度的个人自主并存，也就是人们所说的'二者得兼'，以紧中有松，松中有紧的原则为基础而存在的企业，一方面是严格的控制，另一方面却允许（甚至是支持）普通职工享有自主权和发挥创业与革新精

---

① R. T. Pascale, A. G. Athos, *The Art of Japanese Management*, Simon and Schuster, 1981, Chapter 2.

神。它们能做到这点,实际上靠的是'信念'也就是靠价值观体系。"①

儒家管理哲学的控制理论,谈的主要是对于人的控制,其中的观点集中体现在孔子的这段话上:"道之以政,齐之以刑,民免而无耻;道之以德,齐之以礼,有耻且格。"② "道之以德"是以道德价值为导向的内在控制,"齐之以礼"是以礼义制度为规范的外在控制。此外,儒家也并不一概反对"法治","道之以政,齐之以刑"也是一种对于控制的选择手段。而在"德治""礼治"与"法治"中,"德治"始终处于核心的主导地位。

二、"道之以德"与内在控制

"德治"是儒家管理哲学的基本原则。在上引孔子所谓"道之以政,齐之以刑,民免而无耻。道之以德,齐之以礼,有耻且格"的那段话里,其中的"道",即引导、诱导的意思。其中的"政",用于狭义,指政法,并不是广义的国家行政管理。其中的"格"字,本来有多义,有解作"来"的,有解作"至"的,有解作"正"的,有解作"敬"的。但《礼记·缁衣》篇引孔子的话说:"夫民教之以德,齐之以礼,则民有格心。教之以政,齐之以刑,则民有遁心。"③ 这里的"遁",即逃避的意思,而逃避的反面则应该是亲近、归服、向往。据此,杨柏峻先生在《论语译注》中把上面的"格"字解释为"人心归服"。如此,孔子原话的大意是:用政法来诱导他们,用刑罚来整顿他们,人民只是暂时免于罪过,却没有廉耻之心,而且人心归服。

孔子这一思想直接来自周公。据《尚书·康诰》记载,周公曾经提出"明德慎罚"的主张,把它当作周朝取得天下的传家宝。他对自己的弟弟康叔说:"只有我们的父亲文王能够崇尚德教而谨慎地使用刑罚,不敢欺侮那些无依无靠的人,任用那些应当受到作用的人,尊敬那些应当受到尊敬的人,镇压那些应当受到镇压的人,并让庶民了解他的这种治国之道。"关于"明德",周公说:"只有民众走上了我们所要求的轨道,国家才会

---

① Thomas J. Peters, Robert H. Waterman, Jr, *In search of excellence*, Harper & Row, 1982, p. 318.
② 程树德撰,程俊英、蒋见元点校:《论语集释》,中华书局1990年版,第68页。
③ 《十三经注疏》整理委员会整理:《礼记正义》,北京大学出版社1999年版,第1502页。

安康。我们应当考虑殷商过去圣明国王的德政,只有把民众治理好,因而实现国家的安康,才是最终目的。何况现在的民众,如果没有人去引导他们,他们就不会向善;不去引导他们,国家的政治就搞不好。"关于"慎罚",周公说:"对于刑罚,一定要小心,要严明,一个人犯了小罪,但他不坚持错误,并且知道悔过,是偶然犯罪,这样,在按照法律来研究他的罪过时,是不应该把他杀掉的。"

孔子进一步发挥了周公的思想,强调为政要以道德教化为根本,而不应该片面强调刑罚杀戮。这就是所谓"善人为邦百年,亦可以胜残去杀矣"[①]。所以孔子才自述道:"审理诉讼,我同别人差不多。但在我看来,却一定要使诉讼的事件完全消灭才好。"这里说的就是为政要"道之以德"的意思。

在《荀子·宥坐》篇中,记载了这么一个故事:在孔子担任鲁国的司寇(主管司法的最高官吏)时,有一对父子相争,对簿公堂。孔子把他们统统拘留起来,却迟迟不判决。三个月过去了,当父亲的主动提出请求停止这件官司,孔子就把他们放了。鲁国的当政大夫季孙氏听说了这件事,很不高兴地说:"孔丘这老头子在欺骗我!他曾经告诉我说:一定要用孝道来治理国家,现在儿子告父亲,是为不孝,完全可以把他杀掉,这老头子却把他给放了。"冉求将此话告诉孔子,孔子感叹地说:"呜呼!当政者不懂得处理政务,却把下面的人杀掉,这怎么可以呢?如果不教育人民而只是判断他们的官司,这是在滥杀无辜啊。军队打了败仗,不可以将所有的士兵都砍头;国家管理不好,不可以把人民都抓起来,因为罪责不在民众。法令松弛,而刑事却很严,这是对百姓的残害;农作物生长有时限,而赋税征收却没有限度,这是对百姓的残暴;不进行教育而要求人民遵纪守法,这是对百姓的虐待。——当政者只有停止这三件事,才谈得上对人民实施刑罚。《诗经》上说:'即使是有正当理由的刑杀,也不要立即执行;执法者只能对自己说,没有慎重地处理好政事,致使人民犯罪。'这就是说,治国之道首先应该实行教育。"

荀子据此论述道:"故先王既陈之以道,上先服之;若不可,尚贤以綦之;若不可,废不能以单之;綦三年而百姓往矣;邪民不从,然后俟之以刑,则民知罪矣。《诗》曰:'尹氏大师,维周之氐,秉国之均,四方

---

① 程树德撰,程俊英、蒋见元点校:《论语集释》,中华书局1990年版,第909页。

是维，天子是庳，卑民不迷。'是以威厉而不试，刑错而不用，此之谓也。"① 在荀子看来，正确的治国之道应当是：当政者以身作则，以自己的模范的道德行为教育民众，感化民众，影响民众，使之形成遵纪守法的良好风气，这样，刑罚也就无所用之了。

当然，儒家也并不是主张完全可以不要刑律，不要政法，只不过他们看到"道之以政，齐之以刑，民免而无耻"；"教之以政，齐之以刑，则民有遁心"，为了更好地维护社会的稳定，扩大统治的基础，他们把道德教化放在国家管理的首位。显然，在儒家看来，道德比起刑法来说，更容易获得民心，从而更容易取得有效和持久的控制效果。

孟子指出："以力假仁者霸，霸必有大国。以德行仁者王，王不待大，汤以七十里，文王以百里。以力服人者，非心服也，力不赡也。以德服人者，中心悦而诚服也。如七十子之服于孔子也。《诗》云：'自西自东，自南自北，无思不服。'此之谓也。"② 恃仗实力来使人服从的，人家不会心悦诚服，只是因为他本身的实力不够；依靠道德来使人服从的，人家才会心悦诚服，就好像七十多位大弟子信服孔子一样。孟子廉洁："天下不心服而王者，未之有也。"③ 儒家"德治"所致力的，就是这种使人"心服"的功夫。

"德治"不仅容易得民心，还可以取得迅速的控制效果。孟子引孔子的话说："德之流行，速于置邮而传命。"④ 德政的流行，比驿站传递政令还要迅速。这同法家的看法刚好相反，在后者看来，只有法治才能收到"立竿见影"的效果。韩非说："令朝至暮变，暮至朝变，十日而海内毕矣，奚待期年？"⑤ 而在儒家看来，法令之快，只是一种"欲速则不达"的"快"。《说苑·杂言》引孔子的话说："鞭朴之子，不从父之教，刑戮之民，不从君之政，言疾之难行。故君子不急断，不意使，以为乱源。"棍棒之下出不了孝子，刑戮之下出不了顺民。那种表面上"立竿见影"的法治，实际是国家动乱的根源。

与此相反，儒家所追求的控制效果，是积极稳妥的快，这就只能靠

---

① 〔清〕王先谦撰，沈啸寰、王星贤点校：《荀子集解》，中华书局1988年版，第522-523页。
② 〔清〕焦循撰，沈文倬点校：《孟子正义》，中华书局，1987年版，第221-222页。
③ 〔清〕焦循撰，沈文倬点校：《孟子正义》，中华书局，1987年版，第561页。
④ 〔清〕焦循撰，沈文倬点校：《孟子正义》，中华书局1987年版，第185页。
⑤ 〔清〕王先慎撰，钟哲点校：《韩非子集解》，中华书局1996年版，第351页。

下编 哲学的管理观

"德治"。《大戴礼记·子张问入官》篇指出:"故惠(按:《孔子家语》作"德")者,政之始末也。政不正,则不可教也;不习,则民不可使也。故君子欲言之见信也者,莫若先虚其内也;欲政之速行也者,莫若以身先之也;欲民之速服也者,莫若以道御之也。故不先以身,虽行必邻矣;不以道道御之,虽服必强矣;故非忠信,则无可以取于百姓矣;外内不相应,则无可以取信者矣。四者,治民之统也。"在儒家看来,道德教化是国家管理的前提,要想使政治措施迅速推行,管理者就要以身作则;要想使广大民众迅速归服(真正心悦诚服地归顺),管理者就要道之以德。

孔门弟子在"为政"的过程中,身体力行地实践了孔子"道之以德"的控制原则,留下许多脍炙人口的故事。限于篇幅,这里仅举三例。

案例一:"善为吏者树德"。据《韩非子·外储说左下》记载,孔子做卫国的宰相(按:史无记载)时,其弟子皋做狱吏,依法砍掉一个罪犯的脚,此人(以下简称"跀者")后来被派去看守城门。不久,有人诬告孔子谋反,卫君下令捉拿,孔子及其弟子只好各自逃命。当子皋跑到城门的时候,那位跀者引导他逃到大门边自己的屋子里,从而避开了官吏的追捕。半夜,子皋对跀者说:"我当时由于不能破坏君主的法令而亲自下令砍掉你的脚,现在正是你报仇的时候,你为什么反而肯引我逃走?我凭什么得到你的救助呢?"跀者说:"我被砍掉脚步,本来就是罪有应得,没有办法的事,然而当您按刑法给我定罪时,却反复推敲法令,千方百计想免掉我的罪,这我是知道的。即使后来判决已定,您下令执行时依然局促不安,心里很不舒服,并表现在脸上,这我也是知道的。您这样做,不是出于私情而想袒护我,而是您那天生的爱心使然。这正是我对您所以心悦诚服的地方"。孔子得知此事后,评论道:"善于执法的人树立恩德,不善于执法的人培植怨恨。概,是用来量平斗斛的;官吏,是用来使法令公正的。治理国家的人,千万不可失去这种公正的作用。"

案例二:"恭以敬,可以摄勇"。据《说苑·政理》篇记载:子路受命治理蒲地,走马上任前拜见孔子,请教为政之道。孔子说:"蒲这个地方,民风剽悍,的确不容易治理。但请记住我这几句话:诚信待人,就可是以统摄勇士;宽厚公正,就可以容纳大众;勤勉谦洁,就可以得到上级的信任。"子路按孔子的教导从事,结果如何呢?据《韩诗外传六》记载:子路治蒲三年之后,孔子路过此地,一入境就称赞说:"子路的确做到了诚信待人。"到了邑城,孔子又称赞道:"子路的确做到了宽厚公

· 225 ·

正。"进入庭院,孔子再称赞道:"子路的确做到了明察善断。"为孔子驾车的子贡对此感到奇怪,问道:"先生您还没有见到子路本人,就再三称赞他,这到底是什么原因呢?"孔子说:"我一入境,就看到田地齐整,杂草不生,这是由于诚信待人而促使百姓尽力耕作。来到邑城,看到房屋齐整,街道清洁,这是由于宽厚公正而促使百姓不会偷懒。进入庭院,看到他很悠闲,就是由于明察善断而使百姓不来打扰。"一句话,子路以自己的模范的道德行为,感化了蒲地的老百姓,从而使这个号称难治的地方得到了治理。

案例三:"小民暗行,若有严刑在旁"。据《孔子家语·屈节解》记载,宓子贱担任单父邑的邑宰,十分注意推行道德教化,"躬敦厚,明亲亲,尚笃敬,施至仁,加恳诚,致忠信,百姓化之"。三年后,孔子派巫马期微服私访来到单父。他看到一个在夜里打鱼的人,把鱼捕捞上来后却又放回河里。巫马期觉得很奇怪,问其缘故。渔人回答道:"宓子不希望人们捕捉小鱼,要让它们长大后才能捕捞(以保护渔业资源)。我刚才放回河里的就是小鱼。"巫马期听了很受感动,回来后对孔子说:"宓子贱的德政真是达到顶点了。一般老百姓在暗地里也自觉地循规蹈矩,就像严刑在旁边一样。请问子贱为什么能够做一这样呢?"孔子回答:"我曾经对子贱说过:'诚乎此者刑乎彼。'要依靠人民的道德自觉而不能单纯施用刑罚。子贱大概就是把这个道理运用到单父的治理中了。"

上面三个案例,说的都是"道之以德"而使人民"有耻且格"的意思。用现代管理语言来说,儒家的"道之以德"就是强调首先把价值观念灌输到组织成员的头脑中去,使之化为发自内心的自觉行为。这是一种强调内在控制的管理手段。

三、"齐之以礼"与外在控制

"齐之以礼"是儒家管理哲学的重要控制手段。孔子把"齐之以礼"与"道之以德"相提并论,认为二者都是使民众"有耻且格"的管理方法。①

为什么"礼"具有这样的功能呢?这就需要了解儒家所谓"礼"的实质。《礼记·礼运》托孔子的话说:"夫礼,先王以承天之道,以治人

---

① 程树德撰,程俊英、蒋见元点校:《论语集释》,中华书局1990年版,第68页。

之情，故失之者死，得之者生。《诗》曰：'相鼠有体，人而无礼。人而无礼，胡不遄死？'是故夫礼必本于天，殽于地，列于鬼神，达于丧、祭、射、御、冠、昏、朝、聘。故圣人以礼示之，故天下国家可得而正也。"①这里，涉及礼的起源、内容、本质、作用等问题。

关于礼的起源，《礼记》中有两种不同的说法。一说礼起源于原始宗法的社会风俗习惯，《礼记·昏义》上说："夫礼始于冠，本于昏，重于丧祭，尊于朝聘，和于乡射，此礼之大体也。"② 一说礼来自宗法等级社会管理者的有意制定，《礼记·礼运》上说："今大道既隐，天下为家，各亲其亲，各子其子，货力为己。大人世及以为礼，城郭沟池以为固，礼义以为纪，以正君臣，以笃父子，以睦兄弟，以和夫妇，以设制度，以立田里，以贤勇知，以功为己。"③

其实，这两种说法并不矛盾。我们知道，由于中国古代社会的宗法血缘性，无论是在原始社会还是阶级社会，人们都奉行冠、婚、丧、祭、朝、聘、乡射之礼。但在原始社会里，它们所体现的是氏族成员之间的平等互助关系；到了阶级社会，就变成为加强宗法等级制度服务了。《礼记·经解》上说："故朝觐之礼，所以明君臣之义也。聘问之礼，所以使诸侯相尊敬也。丧祭之礼，所以明臣子之恩也。乡饮酒之礼，所以明长幼之序也。昏姻之礼，所以明男女之别也。"④ 这种产生于小康之世的"礼义"，体现着宗法等级思想，目的在于辨别上下贵贱男女亲疏之分；但是这种"礼义"又附着在原始时代就已经产生的"礼数"（礼节）之上的。二者有着某种内在的联系。

为适应所处时代的需要，儒家特别强调"礼义"的内容。《礼记·郊特牲》篇指出："礼之所尊，尊其义也。失其义，陈其数，祝史之事也。故其数可陈也，其义难知也。知其义而敬守之，天子之所以治天下也。"由此看来，礼数虽不可缺，但那只是专职人员（祝史之类）负责的具体事务，而只有礼义才是治国平天下的关键。

关于礼义与礼数的关系，《孔子家语·问礼》篇所载孔子对于哀公问

---

① 《十三经注疏》整理委员会整理：《礼记正义》，北京大学出版社1999年版，第662页。
② 《十三经注疏》整理委员会整理：《礼记正义》，北京大学出版社1999年版，第1620页。
③ 《十三经注疏》整理委员会整理：《礼记正义》，北京大学出版社1999年版，第660页。
④ 《十三经注疏》整理委员会整理：《礼记正义》，北京大学出版社1999年版，第1371页。

礼的回答，说得更加清楚。孔子说："丘闻之，民之所以生者，礼为大。非礼则无以节事天地之神焉，非礼则无以辨君臣上下长幼之位焉，非礼则无以别男女、父子、兄弟、婚姻、亲族、疏数之交焉。是故君子此之为尊敬，然后以其所能，教顺百姓，不废其会节。既有成事，然后治其文间蘼藏，以别尊卑上下之等，其顺之也。而后言其丧祭之纪，宗庙之序，品其牺牲，设其豕腊，修其岁时，以敬其祭祀，别其亲疏，序其昭穆。而后宗族会宴，即安其居，以缀恩义，卑其宫室，节其服御，车不雕玑，器不彤镂，食不二味，心不淫志，以与万民同利。古之明王，行礼也如此。"这里特别强调"礼义"对于"礼数"的统帅作用。在儒家看来，只有紧紧把握"辨君臣上下长幼之位""别男女、父子、兄弟、婚姻、亲族、疏数之交"的核心，具体的礼节才有积极的意义，才能发挥维护宗族等级制度的作用。

上面中提到的"君子此之为尊敬，然后以其所能，教顺百姓"，涉及礼的本质问题。本来，按照儒家主张的"礼不下庶人，刑不上大夫"，礼作为宗法社会的等级制度和道德规范，只在庶人以上的统治阶段层中间实行——在这个意义上，的确是"礼不下庶人"的。但儒家又认为，由于统治阶层带头遵守礼这一社会行为规范，就可以对被统治者起到示范和引导作用，使后者感化和归服。这样，礼就成为维护整个社会秩序的统治工具。在这个意义上，礼又是可以"下庶人"的。正如荀子所说："礼之生，为贤人以下至庶民也。"① 《左传·庄公二十年》记载的鲁大夫曹刿之言，说得更直截了当："夫礼，所以整民也。"孔子所谓"齐之以礼"，其对象即普通老百姓（"民"）。总之，儒家之所谓"礼"，其实就是统治者带头实行并进而调整民众行为的控制规范。

《礼记·仲尼燕居》托孔子的话说："礼者何也？即事之治也。君子有其事，必有其治。治国而无礼，譬犹瞽之无相与！伥伥乎其何之？譬如终夜有求于幽室之中，非烛何见？若无礼，则手足无所错，耳目无所加，进退揖让无所制。"② 这里所谓"即事之治"，就是把礼当作处理一切事务、使之具有秩序的控制规范。如果社会生活不用礼来约束，就会混乱无序，人们就会像无人搀扶的盲人或者在黑暗中摸索的人，手足无措，进也

---

① 〔清〕王先谦撰，沈啸寰、王星贤点校：《荀子集解》，中华书局1988年版，第489页。
② 《十三经注疏》整理委员会整理：《礼记正义》，北京大学出版社1999年版，第1384页。

不是，退也不是，不知如何是好了。因此，礼作为一种控制规范，其本质就在于调整各种的社会关系，使整个社会连为一体。

由此，儒家十分重视礼在国家管理中的作用。他们认为，礼是管理者修养的标准，治民的标准、治国的依据。

礼是管理者修养的标准。《礼记·曲礼上》认为："修身践言，谓之善行。行修言道，礼之质也。"① 荀子则指出："以治气养生则后彭祖，以修身自名则配尧、禹。宜于时通，利以处穷，礼信是也。凡用血气、志境、知虑，由礼则治通，不由礼则勃乱提僈；食饮、衣服、居处、动静，由礼则和节，不由礼则触陷生疾；容貌、态度、进退、趋行，由礼则雅，不由礼则夷固僻违，庸众而野。故人无礼则不生，事无礼则不成，国家无礼则不宁。《诗》曰：'礼仪卒度，笑语卒获。'此之谓也。"② 在荀子看来，一个人无论如何注意保养身体，也比不上长寿的彭祖；而如果注意修养道德，就可以与尧舜齐名。但要想修养成功，就必须遵循礼的标准去办事。思想上，循礼则通顺，不循礼则错乱；生活上，循礼则协调，不循礼则会发生毛病；行为上，循礼则温文尔雅，文质彬彬，不循礼则偏邪不正，庸俗粗野。正如《诗经》所说的："礼义完全符合规范，那么一言一笑就都能得当了。"

礼是治民的标志。孔子认为："安上治民，莫善于礼。"③ 荀子则指出："水行者表深，使人无陷；治民者表乱，使人无失。礼者，其表也，先王以礼表天下之乱；今废礼者，是去表也。故民迷惑而陷祸患，此刑罚之所以繁也。"④ 过河的人要事先标志出水的界限，才不会使人民陷入深水而死；统治者要事先标志出治与乱的界限，才不会使人民有所过失。荀子认为，礼就是治理人民的标志，千万不能废除，以免使人民迷惑而陷入祸患。这就是所谓"治民不以礼，动斯陷矣"⑤。

礼是治国的依据。荀子指出："君臣不得不尊，父子不得不亲，兄弟不得不顺，夫妇不得不欢。少者以长，老以养。故天地生之，圣人成之。""礼之于正国家也，如权衡之于轻重也，如绳墨之于曲直也。故人无礼不

---

① 《十三经注疏》整理委员会整理：《礼记正义》，北京大学出版社1999年版，第13页。
② 〔清〕王先谦撰，沈啸寰、王星贤点校：《荀子集解》，中华书局1988年版，第21—23页。
③ 《十三经注疏》整理委员会整理：《礼记正义》，北京大学出版社1999年版，第1371页。
④ 〔清〕王先谦撰，沈啸寰、王星贤点校：《荀子集解》，中华书局1988年版，第318—319页。
⑤ 〔清〕王先谦撰，沈啸寰、王星贤点校：《荀子集解》，中华书局1988年版，第318—319页。

生,事无礼不成,国家无礼不宁。"① 称物权重,需要权衡;量物曲直,需要绳墨;治理国家,需要礼义。不按照一定的规范准则行事,事情就办不好,国家就不得安宁,君臣、父子、兄弟、夫妇之间的关系全都会颠倒混乱。因此,在荀子看来:"国无礼则不正。礼之所以正国也,譬之犹衡之于轻重也,犹绳墨之于曲直也,犹规矩之于方圆也,既错之而人莫之能诬也。《诗》云:'如霜雪之将将,如日月之光明,为之则存,不为则亡。'此之谓也。"② 这里,荀子把礼比作覆盖大地的霜雪那样普遍,像普照大地的日月那样光明,实行礼治国家就存在,不实行礼治国家就灭亡。

总之,在儒家看来,"礼者,人之所履也","礼者,政之挽也"。③ 礼,无论是作为修身的标准,还是作为治民的标志,或者是作为治国的依据,都具有规范性的意义。《礼记·经解》进一步强调荀子的"权衡规矩"之喻,指出:"礼之于正国也,犹衡之于轻重也,绳墨之于曲直也,规矩之于方圆也。故衡诚县,不可欺以轻重。绳墨诚陈,不可欺以曲直。规矩诚设,不可欺以方圆。君子审礼,不可欺以奸诈。"④ 礼在国家管理活动中的作用,就相当于权衡之于轻重;有了绳墨,就不能混淆曲直;有了规矩,就不能混淆方圆;有了礼,就不能胡作非为。

这样,礼就带上某种强制性的色彩,对于人们的行为具有某种抑制性的作用。用孔子的话来说,就是"克己复礼"——抑制自己,使言语行动都合于礼。其具体的要求是:"非礼勿视,非礼勿听,非礼勿言,非礼勿动。"⑤ 由此看来,礼对于一个人来讲,完全是外在的规范制度;在管理活动中"齐之以礼",就是一种外在的控制。

但是,儒家所主张的"礼治"又带有某种感化性,就此而言,又不能把它完全等同于纯粹的外在的控制。在孔子那里,"齐之以礼"与"道之以德"是相提并论的。关于"礼"和"德"的关系,《礼记·礼器》指出:"先王之立礼也,有本有文。忠信,礼之本也。义理,礼之文也。无本不立,无文不行。"⑥ 这就说明,所谓"礼",说到底是一种道德性的规

---

① 〔清〕王先谦撰,沈啸寰、王星贤点校:《荀子集解》,中华书局1988年版,第494、495页。
② 〔清〕王先谦撰,沈啸寰、王星贤点校:《荀子集解》,中华书局1988年版,第209–210页。
③ 〔清〕王先谦撰,沈啸寰、王星贤点校:《荀子集解》,中华书局1988年版,第492页。
④ 《十三经注疏》整理委员会整理:《礼记正义》,北京大学出版社1999年版,第1371页。
⑤ 程树德撰,程俊英、蒋见元点校:《论语集释》,中华书局1990年版,第821页。
⑥ 《十三经注疏》整理委员会整理:《礼记正义》,北京大学出版社1999年版,第717页。

范,仁义忠信等道德原则是礼的本质,礼义规范不过是礼的外表。没有道德,礼义规范则无从树立;没有礼义,道德原则也无法推行。就此而言,"礼"和"德"互为表里,二者密不可分。

《礼记·礼器》接着指出:"礼之以多为贵者,以其外心者也。德发扬,诩万物,大理物博,如此,则得不以多为贵乎?故君子乐其发也。礼之以少为贵者,以其内心者也。德产之致也精微,观天下之物无可以称其德者,如此则得不以少为贵乎?是故君子慎其独也。"① 礼既以多为贵,又以少为贵,既来自外力,又发自内心,这其中的奥秘全在于"礼",必须以"德"为核心,以"德"为转移。"君子乐其发",是把内心的道德自觉推广到外在的行为规范;"君子慎其独"则是把外在的行为规范诉之于内心的道德自觉。这样,道德意识和道德行为、感化性和规范性、内在控制和外在控制就巧妙地结合起来了。

"礼治"的感化性,特别表现在"乐"上。儒家之所谓"乐"的内容和本质都离不开"礼",并且常常"礼、乐"并提。广义上的"礼"包含着"乐",而在狭义上,礼是礼,乐是乐,礼是外在的道德规范,乐是内心的感情流露。儒家十分重视乐在道德教化、治国平天下中的作用。孔子说:"兴于诗,立于礼,成于乐。"② 荀子专门写了一篇《乐论》,指出:"夫声乐之入人也深,其化人也速,故先王谨为之文"。在荀子看来,乐的感化作用具体表现在:"故乐在宗庙之中,君臣上下同听之,则莫不和敬;闺门之内,父子兄弟同听之,则莫不和亲;乡里族长之中,长少同听之,则莫不和顺。故乐者,审一以定和者也,比物以饰节者也,合奏以成文者也,足以率一道,足以治万变。"③

《礼记·乐记》进一步发挥了荀子的思想,强调指出,礼乐刑政都是治国者不可或缺的控制手段:"礼节民心,乐和民声,政以行之,刑以防之。礼、乐、刑、政,四达而不悖,则王道备矣。"④ 而其中的乐,由于它强烈的感化性,在治国之道中具有更加独特的作用:"乐也者,圣人之所乐也,而可以善民心。其感人深,其移风易俗,故先王著其教焉。"⑤

---

① 《十三经注疏》整理委员会整理:《礼记正义》,北京大学出版社1999年版,第733-734页。
② 程树德撰,程俊英、蒋见元点校:《论语集释》,中华书局1990年版,第529-530页。
③ 〔清〕王先谦撰,沈啸寰、王星贤点校:《荀子集解》,中华书局1988年版,第379-380页。
④ 《十三经注疏》整理委员会整理:《礼记正义》,北京大学出版社1999年版,第1085页。
⑤ 《十三经注疏》整理委员会整理:《礼记正义》,北京大学出版社1999年版,第1103页。

以"乐"作为管理控制的一种手段,对于现代人来说,有点匪夷所思。但其中所包含的"文武之道,一张一弛"的道理,即使是对于现代管理者来说,也是可以接受的。《礼记·杂记下》讲了这么一个故事:"子贡观于蜡。孔子曰:'赐也,乐乎?'对曰:'一国之人皆若狂,赐未知其乐也。'子曰:'百日之蜡,一日之泽,非尔所知也。张而不弛,文、武弗能也。弛而不张,文、武弗为也。一张一弛,文武之道也。'"①

蜡祭,是当时社会全体成员的狂欢节,定期在每年的腊月举行。据《礼记·郊特牲》记载,蜡祭之时,祭者戴皮弁,穿素服。老百姓戴黄冠,穿黄衣。诸侯的使者则戴着农民的草笠赶来参加,向天子进贡鸟兽珍品。大罗氏之官带着鹿和少女巡回表演节目,君臣上下沉浸在一片欢乐之中。上述孔子的话显然认为,老百姓经过整年的辛勤劳作,在蜡祭之时获得短暂的休息,君民同乐,这对于缓和上下之间的紧张关系有着积极的意义。

无独有偶,在现代"企业文化理论"中,管理学界对于诸如日本企业的"野餐会"、美国企业的"周末啤酒狂欢活动"颇感兴趣,认为它们促进了上下了解,相互交流,在管理上是更加巧妙的控制手段。这其中所包含的"松紧结合、宽严并济"的道理,同孔子关于"一张一弛,文、武之道"的主张,也许是一种并非偶然的巧合。

四、"法治"与"人治"

中国古代国家管理的控制手段,除了上文所述的"德治"与"礼治"以外,还有"法治"与"人治"等。但值得注意的是,我们这里所谓"德治""礼治""人治",并不都是古人的用语,还包括今人的概括。这些概括对于我们了解中国古代管理哲学各家各派(例如儒家和法家)控制理论的某些特点,是有一定帮助的。但如果我们把它们绝对化,甚至相互对立起来,例如说"儒家讲礼治而否定法治","法家讲法治而否定人治",则又是一种误解。

这种误解是从近人梁启超开始的。他在《先秦政治思想史》中称儒家为"礼治主义""仁治主义""德治主义";与此相应,称法家为"法治主义""术治主义""势治主义"。他认为儒家是尊人的,搞"贤人政治",

---

① 《十三经注疏》整理委员会整理:《礼记正义》,北京大学出版社1999年版,第1222－1223页。

靠"治人",所以也叫"人治主义";法家是尊物,"不问其人之为何等",把人当作物来治,所以又称为"物治主义"。

严格地说,梁启超的上述划分是不准确的,但他还没有达到认为儒家否定法治的地步。但此后的研究者沿着梁氏的思路发展去,越走越远,乃至完全否认中国社会几千年有所谓"法治"。例如麦孟华在《商君评传》中说:"中国之弱于欧美者,其原因不止一端,而其相反之至大者,则曰中国人治,欧美法治。……中国者,上下纷扰而无规律之国也。数千年来,未曾闻有立法之事,惟求之二千年上,……于齐则得一管子,于秦则得一商君。"

从梁启超到麦孟华,实际上都是把古代的"法"等同于现代的"法律"概念,同时又忽视古代之"礼"所包含的"法规"的意义。

什么是"礼"?《说文》:"礼,履也,所以事神致福也。"礼起源于原始人的祭祀,而到了阶级社会,宗教祭祀成为国家重要的政治活动,礼也就发展为调整各种社会关系的制度规范。《左传·隐公十一年》上说:"礼,经国家,定社稷,序民人,利后嗣者也。"《礼记·曲礼上》也指出:"夫礼者,所以定亲疏,决嫌疑,别同异,明是非也。"[①] 礼是治理国家的根本规则,是调整社会关系的等级制度,是维护社会秩序的行为规范。——这样的"礼",实质上就是现代意义上的"法"。

例如,史称周公"制礼作乐",从古书的记载可知,当时周公所制定的"周礼",其内容十分广泛,大至国家典章制度,小到社会风俗习惯,几乎把整个社会上层建筑和意识形态包揽无遗,故有所谓"礼仪三百,威仪三千""经礼三百,曲礼三千"之称。因此,传说周公所作的"周礼"实际上就是周代统治阶级制定和认可的政治制度和行为规范的总和,它可以称得上一部庞杂的法典大全。如果按今天的法学观点来分类,《周礼》首先具有国家根本大法(宪法)的性质,同时也包含了各种刑事的、民事的、行政的、经济的、诉讼的,以及有关军事、外交等方面的法律规范。

儒家也正是类似于现代法律的意义上使用"礼"的概念的。孔子主张

---

① 《十三经注疏》整理委员会整理:《礼记正义》,北京大学出版社1999年版,第13页。

"为国以礼"①，荀子指出"国无礼则不正"②，这都是把礼当作治理国家的根本法规。《礼记·曲礼上》更加具体地指出："道德仁义，非礼不成。教训正俗，非礼不备。分争辩讼，非礼不决。君臣、上下、父子、兄弟，非礼不定。宦学事师，非礼不亲。班朝治军，莅官行法，非礼威严不行。祷祠祭祀，供给鬼神，非礼不诚不庄。"③ 这里更是把礼说成一切社会活动和价值判断的标准，"事决于礼"实际上就是"事断于法"。在这个意义上，儒家所谓的"礼治"，即相当于现代意义上的"法治"。

至于"法"，在中国古代只是较狭窄的意义上使用的，即主要指刑罚。《说文》："法，刑也。"《尔雅·释诂》："刑，法也。"《尚书·吕刑》云："苗民弗用灵，制以刑，惟作五虐之刑曰法。"由此可见，在古代"法"与"刑"同义，且可以互相替代。

即使是对于这种狭义的"法"，即"刑"，儒家也并不一概反对。孔子明白无误地说过："君子怀刑，小人怀惠。"④ 这里所谓的"怀刑"，就是主张统治者要关心刑法。孔子还指出："刑罚不中，则民无所措手足。"⑤ 这更说明他不反对刑，只是主张刑罚要"中"，要适当，要恰如其分。就此而言，孔子之所谓"道之以政，齐之以刑，民免而无耻；道之以德，齐之以礼，有耻且格"，只是就"德""礼"与"政""刑"在效果上的比较，并不是要从根本上否定刑的使用。

《左传·昭公二十年》所记载的一件事能清楚地表达孔子的刑德观，据记载，郑国执政大夫子产临终前，对继任的子大叔留下"政治遗言"，说："我死以后，您必然执政。务请记住：只有有德的人能够用宽大来使百姓服从，其次就是莫如严厉。火猛烈，百姓看着就害怕，所以很少有人死于火；水懦弱，百姓轻视而玩弄它，死于水的人就很多。所以宽大不容易啊！"但是，子大叔执政后，却不忍心严厉而务行宽大，结果盗贼越来越多，聚集在芦苇荡里，子大叔后悔地说："我要早点听他老人家的教导，就不至于到这一步。"于是发兵击打芦苇荡里的盗贼，把他们全部杀掉，盗贼才有所收敛。孔子听说了这件事，评论道："好啊！政事宽大，百姓

---

① 程树德撰，程俊英、蒋见元点校：《论语集释》，中华书局1990年版，第814页。
② 〔清〕王先谦撰，沈啸寰、王星贤点校：《荀子集解》，中华书局1988年版，第209页。
③ 《十三经注疏》整理委员会整理：《礼记正义》，北京大学出版社1999年版，第14页。
④ 程树德撰，程俊英、蒋见元点校：《论语集释》，中华书局1990年版，第250页。
⑤ 程树德撰，程俊英、蒋见元点校：《论语集释》，中华书局1990年版，第892页。

就怠慢，怠慢就用严厉来纠正。严厉百姓就伤残，伤残就实施宽大。用宽大周济严厉，政事就会因此而调和。"（"政宽则民慢，慢则纠之以猛；猛则民残，残则施之以宽。宽以济猛，猛以济宽，政是以和。"）

这里所谓的"宽以济猛，猛以济宽"，就是主张"德"与"政"、"礼"与"刑"相互补充的意思。在儒家看来，"礼"与"刑"都是治理国家的基本法规，缺一不可。正如荀子在《成相》中所说："治之经，礼与刑，君子以修百姓宁。明德慎罚，国家既治四海平。"①

当然，在治国的这些法规中，儒家认为"礼"比"刑"更为重要。这是因为，如《大戴礼记·礼察》所言："凡人之知，能见已然，不能见将然。礼者禁于将然之前，而法者禁于已然之后。……然如曰礼云礼云，贵绝恶于未萌，而起俗于微眇，使民日徙善远罪而不自知也。"礼是戒人作恶，刑是惩人之恶，一个是禁于将然之前，一个是罚于已然之后；一个使百姓徙善远罪，一个对百姓判罪惩罚，孰优孰劣，一目了然。

《大戴礼记·盛德》篇更进一步借孔子之口论述了"德主刑辅"的道理。它比喻道："国家机器好比一部马车，统治阶级是马车上的驾驶者，被统治者是拉车的马。御马有两个不可缺少的工具，一个是衔勒（辔勒），一个是马鞭（筴）。德法好比衔勒，刑法好比马鞭。善于御马的人，只要掌握好衔勒，可以不挥动马鞭，马照样跑得很好。善于御民的统治者，只要正其德法，也可以"刑不用而民治"。反之，如果不用衔勒而专以马鞭驭马，不用德法而专以刑法治民，就会造成伤乱败亡的结果。作者指出："不能御民者，弃其德法，譬犹御马，弃辔勒而专以筴御马，马必伤，车必败。无德法而专以刑法御民，民必走，国必亡。"

关于"人治"的问题，儒家公开申明"为政在人"。据《礼记·中庸》记载，孔子认为，"文武之政，布在方策，其人存，则其政举，其人亡，则其政息"②。荀子也指出："故法不能独立，类（律例）不能自行，得其人则存，失其人则亡。法者，治之端也；君子者，法之原也。故有君子则法虽省，足以遍矣；无君子则法虽具，失先后之施，不能应事之变，足以乱矣。"③ 就此而言，说儒家主张"人治"大体上是不错的。但对此

---

① 〔清〕王先谦撰，沈啸寰、王星贤点校《荀子集解》，中华书局1988年版，第461页。
② 《十三经注疏》整理委员会整理：《礼记正义》，北京大学出版社1999年版，第1440页。
③ 〔清〕王先谦撰，沈啸寰、王星贤点校：《荀子集解》，中华书局1988年版，第230页。

要具体分析。

首先，儒家之主张"人治"，是适应历史需要的选择。中国古代社会所实行的是君主专制的政体，"普天之下莫非王土，率土之滨莫非王臣"，君主具有至高无上的权威，"言出法随"，任何法规制度都不过是君主意志的产物，既"一言可立"，又"一言可废"。到这一点，从而把国家生存、社会安定的希望寄托在统治者个人的身上，并力图对他有所规劝，有所约束，促其"为政以德""治国以礼"——这就是儒家所主张"人治"的目的。他们的主张能否为统治者所接受另当别论，但其中用心之良苦，态度之真诚，却是毋庸置疑的。

即使是标榜"法治"的法家，最终也摆脱不了主张"人治"的命运。法家主张"刑无等级""法不阿贵"，很有点"法律面前人人平等"的味道，其中不乏合理的因素。但从今人的观点看，这些话所强调的是官吏执法要严明，却并未涉及立法权和司法权的权力依据问题。"然问法何自出，谁实制之，则仍曰君主而已。"① 应当深藏不露，用"势"和"术"驾驭群臣和老百姓，说什么"独视者谓明，独听者谓聪，能独断者故可以为天下王"②"王者独行谓之王"③。这种万事由君主一人"独断""独行"的治国原则和方法，正是地地道道的"人治"，只不过是玩弄权术的"人治"罢了。

其次，儒家之"人治"，其实并不排斥"法治"。如本章第三节所说，古代广义上的"法治"，包括"礼治"和"刑治"，其中的"礼治"，是"人治"的出发点和归结点；至于狭义上的"法治"即"刑治"，儒家也并不是一概反对的。"治之经，礼与刑"，在儒家看来，无论是"礼"还是"刑"，都是治国的法宝。只是儒家进一步指出，法（包括礼法和刑法）要依靠人来执行，如荀子所说："故法不能独立，类（律例）不能自行，得其人则存，失其人则亡。"④ 法并不能自己发生作用，只有有了善于治理国家的人，法才能起作用，否则就会流于形式。此外，儒家还认为，法之施行要有一定的环境和条件。正如孟子所说的，"离娄之明，公

---

① 梁启超：《先秦政治思想史》中华书局1936年版，第148页。
② 〔清〕王先慎撰，钟哲点校：《韩非子集解》，中华书局1998年版，第321页。
③ 〔清〕王先慎撰，钟哲点校：《韩非子集解》，中华书局1998年版，第469页。
④ 〔清〕王先谦撰，沈啸寰、王星贤点校：《荀子集解》，中华书局1988年版，第230页。

输子之巧,不以规矩,不能成方员;师旷之聪,不以六律,不能正五音;尧舜之道,不以仁政,不能平治天下。今有仁心仁闻,而民不被其泽,不可法于后世者,不行先王之道也。故曰徒善不足以为政,徒法不能以自行"①。光有好心,不足以治理政治;光有好法,好法自己也实施不了,好心和好法必须配合而行。这就需要造就相应的社会环境和政治环境,具备一定的精神条件和物质条件。孟子所鼓吹的"仁政",就是为此而努力的。

儒家有一个主张,叫作"刑不上大夫,礼不下庶人"。这里的"刑不上大夫"常常被人们作为儒家主张"人治"反对"法治"的证据。其实,这也是一种误解。诚然,儒家之"礼"主要是在统治阶层推行,"刑"主要是对付老百姓。但这里的"礼"不仅仅是软性的道德规劝,还是硬性的法律规范。事实上,统治阶级为了维护自己的整体利益,刑是不能不用到违法的大夫身上的。据《孔子家语·五刑解》记载,冉有问孔子:"先王制法,使刑不上于大夫,礼不下于庶人,然则大夫犯罪不可以加刑,庶人之行事不可以治于礼乎?"孔子回答道:"不然。凡治君子,以礼御其心,所以属之以廉耻之节也。故古之大夫,有坐不廉污秽而退放之者,不谓之不廉污秽而退放,则曰'簠簋不饬';有坐淫乱男女无别者,不谓之淫乱男女无别,则曰'帷幕不修'也;有坐罔上不忠者,不谓之罔上不忠,则曰'臣节未著';有坐罢软不胜任者,不谓之罢软不胜任,则曰'下官不职';有坐干国之纪者,不谓之干国之纪,则曰'行事不请'。此五者,大夫既自定有罪名矣,而犹不忍斥,然正以呼之也,既而为之讳,所以愧耻之。"这里孔子说得很清楚,对于违礼(即违法)的大夫,依然可以加刑,不过罪名有所不同,主要是把它们放到整个礼治体系中去考虑,使犯罪的大夫能够从礼的更高层次认罪服罪,并以儆效尤。

历史上也不乏"刑上大夫"的案例。就以孔子本人为例,他代行鲁国宰相职务,上台不到七天,就杀了"鲁大夫乱政者"少正卯,并列举了五条罪名——"心达而险,行辟而坚,言伪而辩,记丑而博,顺非而泽",认为少正卯所作所为违反了"礼"。这个案例固然说明了统治阶级内部斗争的残酷性,但也从一个侧面表明,儒家之刑治是可以施加于"大夫"的,"人治"并不排斥"法治"。

---

① 〔清〕焦循撰,沈文倬点校:《孟子正义》,中华书局1987年版,第475—484页。

最后，儒家之"治人"思想具有一定的合理因素，正如"法不阿贵"是法家"法治"思想体系的合理内核一样。这里的"治人"中的"治"字是形容词而不是动词，不是指治理别人（如本书第五章所述），而是指致治的人。荀子认为："有治人，无治法。"① 意思是说，只有自觉致治的人，而没有自动致治的法，以下是他所举的例证：古代名射手后羿的射箭方法没有失掉，但不是世代都有像羿那样善射的人；古代"圣王"大禹的治国之法依然存在，但夏朝不是世代都有像禹那样的王。这就证明，治理国家的关键在于人，在于统治者的素质。

本来，法律是死的，人是活的，法律的制定和执行都要依靠人。离开了人，法律不会自动发挥治国平天下的作用。就此而言，荀子在这里说的是大实话。但由于他过分抬高了人的地位而贬低了法律的地位（至少是在字面上，"有""无"用得似乎太绝对了），这就引起了后人的异议。明末黄宗羲就在《明夷待访录》中针锋相对地指出："论者谓有治人无治法，吾以谓有治法后有治人。"这就引出了一个人法先后的问题。

究竟是先有治人然后才有治法，还是先有治法然后才有治人？对这一问题的回答不可以绝对化。法律要靠人来制定，法律要靠人来执行，在这个意义上，可以说是先有治人然后才有治法；但是，人在一定的社会中生活，这就需要法律的制约，法律的规范，从而养成守法的观念，在这个意义上，又可以说是先有治法然后才有治人。

18世纪法国启蒙思想家爱尔维修也有类似于黄宗羲的观点。他说："人们为了养成道德的人，必须有赏有罚，制定合理的法律。"② 但是，这种"环境决定论"的观点已经受到了马克思的批评，他指出："这种学说忘记了：环境正是由人来改变的，而教育者本人一定是受教育的。"③ 这就告诉我们，离开具体的社会实践，侈谈人决定环境或者环境决定人，侈谈"治人"决定"法治"，或者"治法"决定"治人"，都是不正确的。

但是，儒家"治人"思想的合理因素却在于强调管理者自身的素质对

---

① 〔清〕王先谦撰，沈啸寰、王星贤点校：《荀子集解》，中华书局1988年版，第230页。
② 转引自周辅成编《从文艺复兴到19世纪资产阶级哲学家政治思想家有关人道主义人性论言论选辑》，商务印书馆1966年版，第478页。
③ 〔德〕马克思：《关于费尔巴哈的提纲》，见中共中央马克思恩格斯列宁斯大林著作编译局编《马克思恩格斯选集》第1卷，人民出版社1972年版，第17页。

于社会管理活动的意义,由此而推导出"举贤人"的尚贤思想,"修身治国"的正己的思想,"直道而事人"的管理道德思想等。这些,即使是对于现代管理来说,也依然有许多值得借鉴之处。

第十章

"修己安人"的管理目标观

目标是一切管理理论和实践所追求的终点。儒家管理哲学的根本目标是"安人"。在这一大前提下,儒家代表人物设计了不少具体目标模式,包括孟子的"仁政"、荀子的"王制",以至《礼记·礼运》所提出的"大同",等等。随着时代的变迁,这些具体的模式也许会过时,但其中所蕴含的"安人"的最高理想,却对于任何时代的管理活动都具有借鉴的意义。

一、管理目标的探讨

在现代管理学中,对于管理目标的自觉探讨,是从当代著名的美国管理学家德鲁克开始的。他在1954年出版的《管理实践》一书中,首次提出了"目标管理"的概念,把"目标"作为管理学和管理哲学的基本范畴,并做了系统的论述。

德鲁克提出:"企业需要的是这样一种管理原则,这种原则能够使个人的力量和责任心充分发挥出来,同时又指出共同的观点和努力的方向,建立协作关系,协调个人的目标而谋求共同的利益。能够做到这一点的唯一原则是通过目标和自我控制进行管理。"[①]

德鲁克论述道,管理的具体职责就是把想达到的目的先变成可能的东西,然后再变成实际存在的东西。管理不单是经济的产物,而且还应当是经济的创造者。只有成为经济环境的主宰,并且有意识和有目的地采取行动来改变环境,这才称得上真正的管理。

因此,管理一个企业就必须给自己制定一个目标。确定这个目标必须要看对于这个企业来说怎样做才对,怎样才可取。确定这个目标绝不能只顾眼前,而不考虑明天,也绝不能只迎合经济浪头。在德鲁克看来,目标

---

① P. F. Drucker, *The Practice of Management*, Harper & Row, 1954, pp. 135–136.

对于一个企业的作用，就像指南针对于轮船的作用一样。确定目标就可以使企业能够走到它应当走到的地方，而不至于听任气候和意外事故的摆布。

德鲁克认为，企业的目标是多重的。那种企图寻求某一个唯一的目标的做法，实际上是企图寻求一种"灵丹妙药"——有了这种灵丹妙药，就没有必要对错综复杂的现实做出判断了。但是这显然是不可能的。人们所能做到的是使做判断成为办得到的事情，这就需要缩小判断的范围，减少可供选择的方案，找出一个明确的核心，事实要有根有据，对行动和决定的作用和效果要有可靠的计算。而要做到这些，就需要多重的目标。因此，管理企业就是要在各种各样的需要和目标之间求得平衡。

那么，这种目标应当是什么呢？德鲁克列举了"对企业的生存和兴盛有直接利害关系"的八个关键领域，认为这些领域都需要制定出目标，这八个领域是市场地位、创新、生产率、物质和财政资源、可营利性、管理人员的绩效和培养、工人的工作和态度、公众责任心。

在此基础上，德鲁克进一步提出"目标管理"和"自我控制"的概念。他指出，任何企业都必须成为一个真正的协作体，为此就要进行目标管理。企业的操作要求每一种职务都要向着整个企业的目标。具体来说，每一个管理人员的职务都必须用来使整体得到成功。希望管理人员做出的工作必须是为了实现企业的总目标，他的成就必须用其对企业的成功起了多大的作用来衡量。管理人员必须知道和懂得，要实现企业的目标，要求他做些什么；他的上级必须知道，要求和希望管理人员做出什么贡献，并据此对他们做出判断。

德鲁克的"目标管理"理论包括三个方面的内容。

第一，"企业中目标的性质"。德鲁克认为，根据目标的广度，可分为战略性的目标、策略性的目标、方案和任务。这些目标分别由企业中的各级管理人员和一般职工来制定。一般来说，战略目标和高级策略目标关系到企业的成败，因此，它由高层管理当局制定；中级策略目标由中层管理当局制定；初级策略目标由基层管理人员制定；方案和任务由一般职工制定。

第二，"目标管理成功的先决条件"。德鲁克把这些条件分为六条：①高层管理当局不能只限于目标管理计划的批准，而要参加高级策略目标的制定；②下级也应参加目标的制定并为其实现承担一定的责任；③要有充

分的情报资料；④各级管理人员对实现目标的手段都应有一定程度的控制权；⑤对由于实行目标管理而带来风险要予以激励；⑥对职工要有充分的信心。

第三，"目标管理的三个阶段"。第一阶段是制定目标。这个阶段可分为五个步骤：第一步是准备，第二步是由高层领导制定战略目标，第三步是在各级管理阶层制定试探性的策略目标，第四步是各级管理人员提出各种建议，相互讨论并修改，第五步是对各项目标和评价标准达成协议。第二阶级是实现目标的过程，即在一般监督下为实现目标进行过程管理。这主要是由职工自我管理和自我控制，上级只根据例如管理的原则对重大的问题进行指导和控制。目标管理的第三阶段是对成果进行检查和评价，即把实现的成果同原来制定的目标相比较。在这三个阶段之后还应把这个周期中所总结的经验和教训应用到目标管理的下一周期中去，以便不断提高目标管理工作的质量。

德鲁克把自己上述关于"管理目标"和"目标管理"的观点称为"一种管理哲学"。他说："我并不轻易使用'哲学'这个词，事实上我宁愿完全不用它。这个词太大了。但目标管理和自我控制却可以恰当地作为一种管理哲学。它所依据的是一种管理职务的概念，是有关管理集团的特殊需要和面临的困难的分析，是有关人的行动、行为和激励的概念。最后，它适用于各种层次和职能的管理人员，适用大大小小的各种组织。它把客观的需要转化成为个人的目标，从而保证能取得成就。而且这是真正的自由。"①

德鲁克的这一"目标管理哲学"对于现代管理理论和实践产生了广泛的影响。如今，"目标管理"已经成为当代企业管理人员所采用的基本方法。此外，德鲁克的"目标"学说，也对现代管理学中的某些理论，如属于行为学派的"团体目标—维持关系理论"，属于权变学派的"目标—途径领导理论"带来了一定的启示。

历史上的管理理论，虽然没有正式提出"目标管理"的概念，但作为管理理论的终点，管理目标必然包含在任何管理理论之中。中国古代儒家管理哲学的研究对象是国家管理，它也十分重视对于管理目标的设计。其

---

① P. F. Drucker, *Management: Tasks, Responsibilities, Practices*, Harper & Row, 1974, p. 442.

中包括孟子所提出的"仁政"学说，荀子所主张的"王制"理论，以及《礼记》所描绘的"大同"蓝图，等等。而孔子所提出的"安人"理想则是贯穿在这些具体目标之中的一根红线。

二、"仁政"
——目标设计之一

在《孟子》一书中，对于国家的管理目标，有多种提法，包括"仁政""王政""王道""先王之道"等。但只有"仁政"用得最广泛，且最鲜明地体现了孟子思想的特色。因为在孟子看来，所谓"王政""王道"，其内容不外乎是"仁政"。他说："行仁政而王，莫之能御也。"① 只有施行仁政才能当"王"，统治天下无往而不胜。所谓"先王之道"，其实质也就是"仁政"，孟子说，"三代之得天下也以仁，其失天下也以不仁"②。这获得天下的夏商周三代的"先王之道"就是施行仁政。因此，我们把"仁政"作为孟子所设计的国家管理的基本目标。

孟子的"仁政"学说与其"民本"思想有内在联系。孟子指出："民为贵，社稷次之，君为轻。"③ 孟子正是以"民"为重心，围绕着"保民""爱民""亲民""养民""教民""治民"等环节，从而展开了"仁政"学说的基本内容。

1."保民"：仁政的目的

孟子生逢战国时代。当时，天下大乱，战祸频仍，民不聊生，百姓流离失所。在这种情况下，谁拥有民众，谁就拥有了财富；谁取得了民众，谁就可以富国强兵，统一天下。因此，孟子十分重视民众的得失，民心的向背，指出："保民而王，莫之能御也。"④ 就明确把"保民"作为仁政的目的。

孟子首先总结夏商周三代王朝更替的历史教训，指出："桀纣之失天下也，失其民也。失其民者，失其心也。得天下有道，得其民，斯得天下矣。得其民有道，得其心，斯得民矣。得其心有道，所欲与之聚之，所恶

---

① 〔清〕焦循撰，沈文倬点校：《孟子正义》，中华书局1987年版，第185页。
② 〔清〕焦循撰，沈文倬点校：《孟子正义》，中华书局1987年版，第492页。
③ 〔清〕焦循撰，沈文倬点校《孟子正义》，中华书局1987年版，第973页。
④ 〔清〕焦循撰，沈文倬点校：《孟子正义》，中华书局1987年版，第79页。

勿施，尔也。民之归仁也，犹水之就下，兽之走圹也。故为渊驱鱼者，獭也。为丛驱爵（雀）者，鹯也。为汤武驱民者，桀与纣也。今天下之君有好仁者则，诸侯皆为之驱矣。虽欲无王，不可得矣。"① 夏桀和商纣之所以丧失天下，是由于失去了百姓的支持；之所以失去百姓的支持，是由于丧失了民心。在孟子看来，获得民心的方法其实很简单，那就是施行仁政。如果君主施行仁政，纵使不想统一天下，也是不可能的。

针对当时的现实，孟子特别强调："且王者之不作，未有疏于此时者也。民之憔悴于虐政，未有甚于此时者也。饥者易为食，渴者易为饮，孔子曰：'德之流行，速于置邮而传命。'当今之时，万乘之国行仁政，民之悦之，犹解倒悬也。故事半古之人，功必倍之，惟此时为然。"② 在孟子看来，人民被当时的暴政所折磨，从心底里渴望安定幸福的生活，希望统治者施行仁政。如果统治者审时度势，推行仁政，即可收到事半功倍的效果。

对于这种"保民而王"的效果，孟子在《梁惠王上》中进行了具体的描述：如果国家的管理者能够改革政治，施行仁政，便会使天下的士大夫都想到他的国家来做官，庄稼汉都想到他的国家来种地，行商坐贾都想到他的国家来做生意，来往的旅客也都想到他的国家来旅行……总之一句话，士、农、工、商齐归附，天下百姓共向往。果真做到这样，又有什么理由不能统一天下呢？

2. "爱民"：仁政的出发点

上述"保民"的主张是任何统治者都可以接受的，因为人民是他们的统治基础，失去人民，也就无所谓统治了。但在现实中，有的统治虽然有"保民"的愿望，却得不到预期的结果，这是为什么呢？正如梁惠王向孟子所发问的："我对于国家，真的是费尽心力了。但我的百姓并不因此而增多，这是什么缘故呢？"孟子一针见血地指出："这是由于您根本没有爱民之心"。孟子揭露梁惠王之类的统治者："狗彘食人食而不知检，涂有饿莩而不知发"；"庖有肥肉，厩有肥马，民有饥色，野有饿莩，此率兽而食人也"③。既然如此，又怎能指望得到人民的归附呢？

---

① 〔清〕焦循撰，沈文倬点校：《孟子正义》，中华书局1987年版，第503–505页。
② 〔清〕焦循撰，沈文倬点校：《孟子正义》，中华书局1987年版，第185–186页。
③ 〔清〕焦循撰，沈文倬点校：《孟子正义》，中华书局1987年版，第59–62页。

孟子还尖锐地批评了当时的兼并战争给人民的生命财产带来了严重破坏，他说："争地以战，杀人盈野；争城以战，杀人盈城：此所谓率土地而食人肉，罪不容于死。"① 孟子指出，梁惠王就是这样一个"罪不容于死"的统治者。他说："梁惠王以土地之故，糜烂其民而战之，大败，将复之，恐不能胜，故驱其所爱子弟以殉之，是之谓以其所不爱，及其所爱也。"② 梁惠王为了争夺土地，驱使他所不喜爱的百姓去送死，怕不能得胜，又驱使他所喜爱的子弟去送死，这就叫"以其所不爱及其所爱也"。在孟子看来，这是大大的"不仁"。

针对梁惠王之流的"不仁"行径，孟子反其道而行之，指出："仁者以其所爱及其所不爱"。这就是需要统治者发扬内心固有的"仁心"，即"不忍人之心"。孟子指出："人皆有不忍人之心。先王有不忍人之心，斯有不忍人之政矣；以不忍人之心，行不忍人之政，治天下可运之掌上。"③ "不忍人之心"就是推己及人的爱心。孟子指出："老吾老，以及人之老；幼吾幼，以及人之幼：天下可运于掌。《诗》云：'刑（型）于寡妻，至于兄弟，以御于家邦。'言举斯心加诸彼而已。故推恩足以保四海，不推恩无以保妻子。古之人所以大过人者，无他焉，善推其所为而已矣。"④ 统治者发扬"不忍人之心"，推己及人，爱护百姓，这就是孟子所谓"仁政"的出发点。

3. "养民"：仁政的基础

君以民为本，民则以食为天。因此，在孟子看来，统治者要保民、爱民，就要养民。他把养民作为仁政的基础，说不得："养生丧死无憾，王道之始也"；"黎民不饥不寒，然而不王者，未之有也"。⑤

在孟子看来，养民的基本措施就是"制民之产"，也就是给老百姓以一定的私有财产，孟子称之为"恒产"。他指出："无恒产而有恒心者，惟士为能；若民，则无恒产，因无恒心。苟无恒心，放辟邪侈，无不为已。及陷于罪，然后从而刑之，是罔民也。焉有仁人在位，罔民而可为

---

① 〔清〕焦循撰，沈文倬点校：《孟子正义》，中华书局1987年版，第516页。
② 〔清〕焦循撰，沈文倬点校：《孟子正义》，中华书局1987年版，第953页。
③ 〔清〕焦循撰，沈文倬点校：《孟子正义》，中华书局1987年版，第232页。
④ 〔清〕焦循撰，沈文倬点校：《孟子正义》，中华书局1987年版，第86-87页。
⑤ 〔清〕焦循撰，沈文倬点校：《孟子正义》，中华书局1987年版，第55、59页。

也?是故明君制民之产,必使仰足以事父母,俯足以畜妻子,乐岁终身饱,凶岁免于死亡,然后驱而之善,故民之从之也轻。"① 孟子认为,没有固定的产业收入却有一定的道德观念和行为准则,只有士人才能够做到。至于一般的老百姓,如果没有一定的产业收入,也就没有一定的道德观念和行为准则,这样,就会胡作非为,违法乱纪,什么事都干得出来。等到百姓犯了罪,然后给予处罚,这等于陷害仁爱的人,哪有朝廷却做出陷害百姓的事呢?所以英明的君主规定百姓的产业,一定确保他们上足以赡养父母,下足以抚养妻儿;好年成,丰衣服丰食;坏年成,也不至于饿死。然后再去引导他们走上善良的道路,老百姓也就很容易听从了。

关于"制民之产",孟子指出两个方案。一个是"五亩之宅,百亩之田"的设想,具体内容是:"五亩之宅,树墙下以桑,匹妇蚕之,则老者足以衣帛矣。五母鸡,二母彘,无失其时,老者足以无失肉矣。百亩之田,匹夫耕之,八口之家,足以无饥矣。"② 另一个是"井田制",其具体内容是:"方里而井,井九百亩,其中为公田,八家皆私百亩,同养公田,公事毕,然后敢治私事……"③

对于这两个"制民之产"的方案,后人有颇多争议。有人认为,一户农民要耕百亩之地,树五亩宅地蚕桑,还要养五只母鸡,两只母猪,这在当时的经济条件下是不可能的。至于"井田制",它在历史上是否真的存在,历来更是争论不已。笔者认为,孟子是一个理想主义者,上述两个都只不过是他的设想,不一定有历史事实作为依据。但孟子又并不是一个空想主义者,上述两个方案的共同点都是主张给人民以"恒产",它们都立足于这样一个基本事实:"民之为道也,有恒产者有恒心,无恒产者无恒心。"④ 把恒产作为恒心充分而必要的条件,说明孟子不是空谈恒心的泛道德主义者。

关于"养民",孟子还有其他主张,诸如不违农时,薄其赋敛,轻其刑罚,救济穷人,保护工商业,等等,这里不再一一赘述。

---

① 〔清〕焦循撰,沈文倬点校:《孟子正义》,中华书局1987年版,第93-94页。
② 〔清〕焦循撰,沈文倬点校:《孟子正义》,中华书局1987年版,第911页。
③ 〔清〕焦循撰,沈文倬点校:《孟子正义》,中华书局1987年版,第361页。
④ 〔清〕焦循撰,沈文倬点校:《孟子正义》,中华书局1987年版,第333页。

4. "教民"：仁政的手段

孟子认为："善政，不如善教之得民也。"① 在他看来，良好的政治赶不上良好的教育以获得民心。良好的政治，百姓怕它，良好的教育，百姓爱它。良好的政治得到百姓的财富，良好的教育得到百姓的心。因此，孟子十分重视"教民"，把它当作推行仁政的基本手段。

关于"教民"，孟子的具体设想是："设为庠序学校以教之。庠者，养也。校者，教也。序者，射也。夏曰校，殷曰序，周曰庠，学则三代共之，皆所以明人伦也。人伦明于上，小民亲于下。"② 这里把教民的内容限制在"人伦"即人与人之间的关系及其相应的行为准则。因为在孟子看来，"人之有道也，饱食暖衣，逸居而无教，则近于禽兽"③，所以要特别注意关于人伦教育。

"教以人伦"的具体内容是："父子有亲，君臣有义，夫妇有别，长幼有叙，朋友有信。"④ ——父子之间有骨肉之亲，君臣之间有礼义之道，夫妻之间挚爱而有内外之别，老少之间有尊卑之序，朋友之间有诚信之德。其中，孟子特别强调"孝悌"，他说："谨庠序之教，申之以孝悌之义，颁白者不负戴于道路矣。"⑤ 在孟子看来，只要君臣上下，人人都懂得并实行"孝悌"的道理，就可以处理好各种人际关系，稳定社会秩序，养成尊老爱幼的风气。这样，发须花白的老人就会有人代劳，不至于头顶着、背负着物件在路上行走了。

5. "仁者治民"：仁政的保证

国家的管理者的根本职责就是施行"仁政"，而只有管理者本身为仁，才能担当起这样的重任，"率天下为仁"。因此，孟子竭力主张："惟仁者宜在高位；不仁而在高位，是播其恶于众也。"⑥ 只有仁人才能处于统治的地位；不仁的人处于统治地位，就会把他们的罪恶传播给民众。这就是说，只有依靠"仁者"来治民，才是推行仁政的根本保证。

---

① 〔清〕焦循撰，沈文倬点校：《孟子正义》，中华书局1987年版，第897页。
② 〔清〕焦循撰，沈文倬点校：《孟子正义》，中华书局1987年版，第343–347页。
③ 〔清〕焦循撰，沈文倬点校：《孟子正义》，中华书局1987年版，第386页。
④ 〔清〕焦循撰，沈文倬点校：《孟子正义》，中华书局1987年版，第386页。
⑤ 〔清〕焦循撰，沈文倬点校：《孟子正义》，中华书局1987年版，第58页。
⑥ 〔清〕焦循撰，沈文倬点校：《孟子正义》，中华书局1987年版，第486页。

从表面上看，孟子的上述主张同古希腊哲学家柏拉图的"哲学王"理想十分相似。柏拉图指出："除非是哲学家们当上了王，或者是那些现今号称君主的人像真正的哲学家一样研究哲学，集权力和智慧于一身，让现在的那些只搞政治不研究哲学或者只研究哲学不搞政治的庸才统统靠边站，否则国家是永无宁日的，人类是永无宁日的。"① 柏拉图主张"哲学王"是为了实现他的"理想国"，孟子主张"仁者宜在高位"则是为了推行他的"仁政"，他们都把社会的治乱、人民的祸福统统寄于少数"贤明的"救世主身上，"最后得出一个答案：应该由贵人、贤人和智者来统治"②。在这一点上，二者是一致的，都是典型的英雄史观。

但具体分析起来，二者则有微妙的差别。如果说柏拉图心目中的救世主是集权力和智慧于一身的"智者"，那么，孟子心目中的救世主则是集权力和道德于一身的"贤人"。前者是智慧的典型，后者是道德的化身。在孟子乃至整个儒家看来，理想的统治者应该是以自己的模范的道德行为去感化和引导被统治者，从而取得国家治理的良好效果。孟子说："君仁莫不仁，君义莫不义，君正莫不正。一正君而国定矣。"③ 智慧型的"哲学王"与道德的"仁义之君"，其实是国家管理者的两种类型，其中的区别，从一个侧面反映出中西文化的差异。

除了"仁义之君"这一国家的最高统治者之外，孟子还强调要形成一个相应的国家管理者阶层，这就要求最高统治者广泛吸收和大胆选拔各级管理人才。孟子指出："仁则荣，不仁则辱。今恶辱而居不仁，是犹恶湿而居下也。如恶之，莫如贵德而尊士，贤者在位，能者在职，国家闲暇，及是时明其政刑，虽大国必畏之矣。"④ 统治者如果真的打算施行仁政，那就必须以德为贵，以士为尊，使有德行的人居于相当的官位，有才能的人担任一定的职务，只有这样才能把国家治理好。孟子又说："尊贤使能，俊杰在位，则天下之士，皆悦而愿立于其朝矣。"⑤ 人才济济，国家兴旺，如此，则无敌于天下。

---

① 北京大学外国哲学史教研室编译：《西方哲学原著选集》，商务印书馆1981年，第118页。
② 中共中央马克思恩格斯列宁斯大林著作编译局编：《马克思恩格斯选集》第7卷，人民出版社1972年版，第307页。
③ 〔清〕焦循撰，沈文倬点校：《孟子正义》，中华书局1987年版，第529页。
④ 〔清〕焦循撰，沈文倬点校：《孟子正义》，中华书局1987年版，第223页。
⑤ 〔清〕焦循撰，沈文倬点校：《孟子正义》，中华书局1987年版，第226页。

三、"王制"
——目标设计之二

如果说,孟子对于国家管理目标的设计,其角度在于"民",那么,荀子的设计,其角度则在于"君"("王")。当然,他们的立场都是站在统治者的一边,为统治阶层出谋献策,在这一点上是一致的;但是,二者立论的角度却有所不同,这也是一个明显的事实。

荀子对于国家管理目标的设计,集中体现在《王制》一文中。在此文中,荀子论述了王者之政、王者之道、王者之论、王者之制、王者之人等各个方面,展现了他对于国家管理的具体目标。

1. 王者之政:隆礼至法

在荀子看来,"礼"和"法"是国家管理的两种基本工具,缺一不可。因此,他既强调"礼治",又强调"法治",指出:"隆礼至法则国有常。"①

荀子之所谓"礼",内容相当广泛,计有六个方面。①国家管理的根本方针:"礼者,治辨之极也,强国之本也,威行之道也,功名之总也。王公由之,所以得天下也;不由,所以陨社稷也。"② ②社会财富的分配标准:"养人之欲,给人之求。使欲必不穷乎物,物必不屈于欲,两者相持而长,是礼之所起也。"③ ③社会等级制度:"礼者,贵贱有等,长幼有差,贫富轻重皆有称者也。"④ ④社会行为规范:"礼者,表也。""礼者,人道之极也。然而不法礼,不足礼,谓之无方之民;法礼足礼,谓之有方之士。"⑤ ⑤礼节仪式:"凡礼,事生,饰欢也;送死,饰哀也;祭祀,饰敬也;师旅,饰威也。"⑥ ⑥教化的工具:"古者圣王以人之性恶,以为偏险而不正,悖乱而不治,是以为之起礼义,制法度,以矫饰人之情性而正之,以扰化人之情性而导之也。"⑦

---

① 〔清〕王先谦撰,沈啸寰、王星贤点校:《荀子集解》,中华书局1988年版,第238页。
② 〔清〕王先谦撰,沈啸寰、王星贤点校:《荀子集解》,中华书局1988年版,第281页。
③ 〔清〕王先谦撰,沈啸寰、王星贤点校:《荀子集解》,中华书局1988年版,第346页。
④ 〔清〕王先谦撰,沈啸寰、王星贤点校:《荀子集解》,中华书局1988年版,第178页。
⑤ 〔清〕王先谦撰,沈啸寰、王星贤点校:《荀子集解》,中华书局1988年版,第356页。
⑥ 〔清〕王先谦撰,沈啸寰、王星贤点校:《荀子集解》,中华书局1988年版,第369页。
⑦ 〔清〕王先谦撰,沈啸寰、王星贤点校:《荀子集解》,中华书局1988年版,第435页。

荀子之所谓"法",也有多种含义,计有五个方面。①传统的治国之道,如"三王之法","千岁之法"。②治国的方针政策,如《王霸》中讲的"王者之法""霸者之法""亡者之法"等。③行政制度,如《王制》中讲的"王者之法:等赋,政事,财万物,所以养万民也。田野什一,关市几而不征,山林泽梁,以时禁发而不税"。④法令,如《议兵》中讲的"立法施令,莫不顺比"。⑤刑律,如《性恶》中讲的"起法正以治之,重刑罚以禁之"。

在礼与法的关系中,荀子更看重礼。他说,"礼者,法之大分,类(律例)之纲纪也"①。这就把礼当作支配国家管理的基本原则。礼是法的纲领和准则,法是根据礼的原则而制定的,有了礼,才有法,所以说:"礼义生而制法度",就此而言,礼和法又是统一的。

因此,荀子强调国家管理者要有两手,一手抓礼,一手抓法。"治之经,礼与刑,君子以修百姓宁。明德慎罚,国家既治四海平。"② 一般地说:"由士以上则必以礼乐节之,众庶百姓则必以法数制之。"③ 具体地说:"以善至者待之以礼,以不善至者待之以刑。两者分别则贤不肖不杂,是非不乱。贤不肖不杂则英杰至,是非不乱则国家治。若是,名声日闻,天下愿,令行禁止,王者之事毕矣。"④ 对于怀着好意来的人待之以礼(德),对于不怀好意来的人施之以刑(法),荀子认为,这是处理政事的关键,如果这样做了,国家管理的事务就完备了。

2. 王者之道:平政爱民

同孟子一样,荀子也十分强调"爱民",但后者主要是从维护统治地位的角度立论的。荀子指出:"马骇舆则君子不安舆,庶人骇政则君子不安位。马骇舆则莫若静之,庶人骇政则莫若惠之。选贤良,举笃敬,兴孝弟,收孤寡,补贫穷,如是,则庶人安政矣。庶人安政,然后君子安位。《传》曰:'君者,舟也;庶人者,水也。水则载舟,水则覆舟。'此之谓也。故君人者欲安则莫若平政爱民矣。"⑤ 驾车的马儿惊车,车上的人就

---

① 〔清〕王先谦撰,沈啸寰、王星贤点校:《荀子集解》,中华书局1988年版,第12页。
② 〔清〕王先谦撰,沈啸寰、王星贤点校:《荀子集解》,中华书局1988年版,第461页。
③ 〔清〕王先谦撰,沈啸寰、王星贤点校:《荀子集解》,中华书局1988年版,第178页。
④ 〔清〕王先谦撰,沈啸寰、王星贤点校:《荀子集解》,中华书局1988年版,第149-150页。
⑤ 〔清〕王先谦撰,沈啸寰、王星贤点校:《荀子集解》,中华书局1988年版,第152-153页。

坐不稳；被统治的老百姓惊惧政事，在上位的统治者也坐不安。这同"舟水之喻"的道理是一样的：君主好比船，庶民如同水，水能使船安稳地航行，也可使船沉没。

要想马不惊车，水不沉船，唯一的办法就是使它们安静下来；而要使老百姓不造反，那就要给他们以恩惠。荀子在这里所提出的"平政爱民"的王者之道，其内容是"选贤良，举笃敬，兴孝弟，收孤寡，补贫穷"，归结到一点，就是"养民"。荀子指出，对于老百姓，必须"潢然兼覆之，养长之，如保赤子。生民则致宽，使民则綦理，辩政令制度，所以接天下之人百姓，有非理者如豪末，则虽孤独鳏寡必不加焉。是故百姓贵之如帝，亲之如父母，为之出死断亡而不愉（当为渝）者，无他故焉，道德诚明，利泽诚厚也"①。君主"爱民如子"，老百姓对君主"亲如父母"，这是包括荀子在内的儒家所描述的统治者与被统治者之间的理想关系。至于这一理想在中国封建社会中是否成为现实，那就要大打折扣了。

关于养民，荀子还提出了不少具体的主张。比如他说："轻田野之税，平关市之征，省商贾之数，罕兴力役，无夺农时，如是，则国富矣。夫是之谓以政裕民。"② 在这方面，荀子与孟子没有多大区别，甚至荀子也提出"家五亩宅，百亩田"③之类的小农经济的蓝图，只不过荀子进一步把"富民"与"富国"明确联系起来罢了。

至于荀子爱民思想的理论基础"舟水之喻"——"君者，舟也；庶人者，水也。水则载舟，水则覆舟"，在上文中荀子自称是引自古书（"《传》曰"），而在《哀公》篇中借孔子之口说出来（"丘闻之"）。究竟这句话所从何出，至今已无可查考，所以后人一般都把这一比喻的首倡者归于荀子。这一"舟水之喻"同孟子的"民贵君轻"一样，都是儒家"民本"思想的典型表述。儒家的"民本"思想同现代的"民主"精神当然不可相提并论；但就重视人民力量这一层面而言，"民本"思想还是有积极意义的。

3. 王者之论：尚贤使能

荀子指出："王者之论：无德不贵，无能不官，无功不赏，无罪不罚，

---

① 〔清〕王先谦撰，沈啸寰、王星贤点校：《荀子集解》，中华书局1988年版，第224－225页。
② 〔清〕王先谦撰，沈啸寰、王星贤点校：《荀子集解》，中华书局1988年版，第179页。
③ 〔清〕王先谦撰，沈啸寰、王星贤点校：《荀子集解》，中华书局1988年版，第498页。

朝无幸位，民无幸生，尚贤使能而等位不遗，折愿禁悍而刑罚不过，百姓晓然皆知夫为善于家而取赏于朝也，为不善于幽而蒙刑于显也。夫是之谓定论，是王者之论也。"① 这里的"论"，通"伦"，指用人的方针。荀子认为王者的用人方针应该是：没有道德的人不应该使他有尊贵的地位，没有才能的人不应该让他得到官职；用正面的话来说，就是"尚贤使能"——尊崇贤者，任用能人。

在荀子看来，统治者是否贤使能直接关系到国家的存亡。他说："彼持国者必不可以独也，然则强固荣辱在于取相矣。身能相能，如是者王；身不能，知恐惧而求能者，如是者强；身不能，不知恐惧而求能者，安唯便僻左右亲比己者之用，如是者危削，綦之而亡。"② 作为国家的统治者，如果自己能干下属也能干，这固然是不错；如果自己不能干，又不努力募求贤能来任职，却一味任用善于阿谀逢迎亲近自己的人，这样国家就会逐步衰弱乃至灭亡。

荀子列举了尚贤使能的三项基本原则：①"贤能不待次而举"。荀子指出："贤能不待次而举，罢不能不待须而废。"③ 对于贤能的人，不要论资排辈，而应该破格提拔；对于不贤能的人，要立刻罢免。这样，就可以做到"贤不肖不杂，是非不乱"，就可以使"权谋倾覆之人退，则贤良知圣之士案自进矣"。④ ②"不恤亲疏，不恤贵贱"。荀子指出："国者，巨用之则大，小用之则小，綦大而王，綦小则亡，小巨分流者存。巨用之者，先义而后利，安不恤亲疏，不恤贵贱，唯诚能之求，夫是之谓巨用之。"⑤ 他认为从大处着眼来治理国家便是"巨用之"，其内容就包括在使用人才时须不顾及与自己的亲疏，不顾及地位的高低贵贱，只要有才能就应予以提拔。③"论德而定次，量能而授官"。荀子指出："论德而定次，量能而授官，皆使人载其事而各得其所宜。上贤使之为三公，次贤使之为诸侯，下贤使之为士大夫，是所以显设之也。"⑥ 这里，荀子提出了根据德才高低而使用人才的原则，只要在"德才"的内容中赋予现代的要求，

---

① 〔清〕王先谦撰，沈啸寰、王星贤点校：《荀子集解》，中华书局1988年版，第159-160页。
② 〔清〕王先谦撰，沈啸寰、王星贤点校：《荀子集解》，中华书局1988年版，第209页。
③ 〔清〕王先谦撰，沈啸寰、王星贤点校：《荀子集解》，中华书局1988年版，第148页。
④ 〔清〕王先谦撰，沈啸寰、王星贤点校：《荀子集解》，中华书局1988年版，第149页。
⑤ 〔清〕王先谦撰，沈啸寰、王星贤点校：《荀子集解》，中华书局1988年版，第209页。
⑥ 〔清〕王先谦撰，沈啸寰、王星贤点校：《荀子集解》，中华书局1988年版，第237-238页。

那么这一原则依然适用于现代的人事管理。

4. 王者之制：贵贱有等

荀子指出："王者之制，道不过三代，法不贰后王。道过三代谓之荡，法贰后王谓之不雅。衣服有制，宫室有度，人徒有数，丧祭械用皆有等宜。"① 在这里，举凡宫室、衣服、人徒、丧祭、械用都有等级的规定，表明这是一个宗法社会的等级制度。而既"尊三代"而又"法后王"，则说明这一等级制度具有一定的历史延续性和现实适应性。

这一等级制度，用《荀子·礼论》中的话来说，便是"贵贱有等，长幼有差，贫富轻重皆有称者也"②，也就是荀子所反复强调的"分"。具体来说，分有四种：一是社会统治制度，二是社会伦理制度，三是社会职业制度，四是国家管理制度。（参见本书第七章第三节"'分'与组织的结构"）

从统治制度看，划分为"君子"与"小人"即统治者与被统治者两大阶层，也就是贵贱之等。"故先王案为之制礼义以分之，使有贵贱之等，长幼之差，知愚、能不能之分，皆使人载其事而各得其宜，然后使悫禄多少厚薄之称，是夫群居和一之道也。"③

从伦理制度看，就是"长幼有差"，具体来说，就是"君君，臣臣，父父，子子"。"请问为人君？曰：以礼分施，均遍而不偏。请问为人臣？曰：以礼待君，忠顺而不懈。请问为人父？曰：宽惠而有礼。请问为人子？曰：敬爱而致文。请问为人兄？曰：慈爱而见友。请问为人弟？曰：敬诎而不苟。请问为人夫？曰：致功而不流，致临而有辨。请问为人妻？曰：夫有礼，则柔从听侍；夫无礼，则恐惧而自竦也。"④

从职业分工制度看，就是"农农，士士，工工，商商"。"农分田而耕，贾分货而贩，百工分事而劝，士大夫分职而听，建国诸侯之君分土而守，三公总分而议，则天子共己而已"。⑤

从国家管理制度看，就是所谓"序官"。荀子详细地列举了这个理想

---

① 〔清〕王先谦撰，沈啸寰、王星贤点校：《荀子集解》，中华书局1988年版，第158－159页。
② 〔清〕王先谦撰，沈啸寰、王星贤点校：《荀子集解》，中华书局1988年版，第178页。
③ 〔清〕王先谦撰，沈啸寰、王星贤点校：《荀子集解》，中华书局1988年版，第70－71页。
④ 〔清〕王先谦撰，沈啸寰、王星贤点校：《荀子集解》，中华书局1988年版，第232－233页。
⑤ 〔清〕王先谦撰，沈啸寰、王星贤点校：《荀子集解》，中华书局1988年版，第214页。

之国的各种官职：司徒、司马、大师、司空、治田、虞师、乡师、工师、治市、司寇、冢宰（宰相）、辟公（诸侯）、天王。荀子主张"天子三公，诸侯一相，大夫擅官，士保职"①，都有明确的制度；乃至于他们的冠弁衣裳，装饰文采，雕琢刻缕，都有相应的等级差别。

5. 王者之人：神明博大

荀子和孟子一样，也十分重视自己心目中理想的国家管理的素质。他指出："王者之人，饰动以礼义，听断以类，明振毫末，举措应变而不穷。夫是之谓有原，是王者之人也。"② 在荀子看来，理想的国家管理者，都能够用礼义来约束自己的行动，处理决断事情能按照法令规定，政治的清明能使最细微的事物都发挥其作用，政令制度的兴废能随时应变而不至于束手无策，这就叫作懂得了政事的根本，是具有王者风度的人物。

荀子还进一步指出："圣王之用也：上察于天，下错于地，塞备天地之间，加施万物之上，微而明，短而长，狭而广，神明博大以至约。故曰：一与一是为人者，谓之圣人。"③ 荀子在这里所理想化的"圣王"，上接于天，下达于地，充溢于整个宇宙之间，作用于万物之上。他们的功用似乎很细微却又很显著，似乎很短促却又很深长，似乎很狭小却又很广大，总之，真正称得上智慧博大的统治者。由此看来，荀子这里的"圣王"比孟子的"仁者"又进了一步，不仅具有道德的品格，而且具有智慧的品格，与柏拉图所说的"哲学王"相比，似乎更为接近一些。

四、"大同"
——目标设计之三

"大同"理想，是《礼记·礼运》借孔子之口提出来的。它记述道："昔者仲尼与蜡宾，事毕，出游于观之上，喟然而叹。仲尼之叹，盖叹鲁也。言偃在侧，曰：'君子何叹？'孔子曰：'大道之行也，与三代之英，丘未之逮也，而有志焉。大道之行也，天下为公，选贤与能，讲信修睦。故人不独亲其亲，不独子其子，使老有所终，壮有所用，幼有所长，矜寡孤独废疾者，皆有所养。男有分，女有归，货恶其弃于地也，不必藏于

---

① 〔清〕王先谦撰，沈啸寰、王星贤点校：《荀子集解》，中华书局1988年版，第237页。
② 〔清〕王先谦撰，沈啸寰、王星贤点校：《荀子集解》，中华书局1988年版，第158页。
③ 〔清〕王先谦撰，沈啸寰、王星贤点校：《荀子集解》，中华书局1988年版，第165-166页。

己，力恶其不出于身也，不必为己。是故谋闭而不兴，盗窃乱贼而不作，故外户而不闭，是谓大同。"①

对于上面这段文字，历来多有争议，其焦点在于它是否为孔子原话，是否属于儒家思想？据蔡麟笔先生的概括，持否定意见的有六种②：

（1）宋人黄震说："篇首匠意，微似老子。"

（2）清人姚际清谓其为周秦间老、庄之徒所撰。

（3）陆奎勋断定其为戴氏傅会孔子以迎合汉初崇尚黄、老风气之伪书。

（4）姚际恒谓"不独亲其亲，子其子"乃墨氏之道。

（5）钱穆据江永、崔述之说，谓孔子为鲁司寇时，子游（言偃）不过六风，难以论大同小康之义。

（6）梁漱溟引吴虞与陈仲甫函："前著儒家大同之义本于老子说，今又得三证。吕东莱（祖谦）与朱元晦（熹）书曰：'蜡宾之叹，自昔前辈疑之，以为非孔子语。盖不独亲其亲、子其子，而以尧舜汤为小康，其实是老聃墨翟之论'。东莱以为老聃之论，直不认为孔子语，一证也。《朱子语类》云：'礼运三王不及上古事，人皆谓其说为庄老。先生曰，礼运之说有理，三王自不及上古。又问礼似与老子同，曰不是圣人书。胡明仲云：《礼运》是子游作，《乐记》是子贡作，计子游不至如此之浅'。朱元晦认《礼运》非孔子书，且非子游作，而或以为庄、老，或以为与老子同，二证也。李邦直礼运云：'礼运虽有夫子之言，然其冠篇言大道与三代之治，其语尤杂而不伦。其言曰：大道之行也……如是谓之薄俗。又礼仪以为纪，以正君臣，以笃父子，以睦兄弟，以和夫妇，如是而谓之起兵作谋贼乱之本，以禹、汤、文、武、周公之治而谓之小康之说，果夫子之遗言，是圣人之道有二'也。李氏此论，见《圣宋文选》，其意以为圣人所以持万世与天地长久不变者，君臣父子而已，不认大同，三证也。"

上述考证，虽然各有一定根据，但至多只能断定"大同"不是孔子原话，而如果说它不属于儒家思想却稍嫌证据不足。笔者认为《礼记·礼

---

① 《十三经注疏》整理委员会整理：《礼记正义》，北京大学出版社1999年版，第656－659页。

② 参见蔡麟笔《我国管理哲学与艺术之演进和发展》，"中华企业管理发展中心"1984年版，第551页。

运》中的"大同"思想,是汉初儒家对于先秦各家思想的综合,它以儒家为主,吸收各家思想的精华;而从总体上看,它依然属于儒家的思想体系,是儒家学派对于国家管理所设计的目标之一。

第一,从渊源上看,"大同"理想囊括了先秦各家社会管理思想的精华,包括儒、道、墨、农、阴阳诸家等。其中,有的吸收思想,有的是引用概念,有的则是体现精神。直接吸收思想的,如"讲信修睦"就是孔子讲的"言忠信,行笃敬"[①];"选贤与能"就是荀子讲的"尚贤使能"[②],而这又来自墨子讲的"尚贤"。间接吸收思想的,如"不必为己"来自农家讲的"市贾不贰,国中无伪"[③]。引用概念的,如"大道"一词,估计取自老子(《老子·三十四章》:"大道氾兮,其可左右。");而"大同"一词,可能取自《尚书》(《尚书·洪范》:"汝则从,龟从,筮从,卿士从,庶民从,是之谓大同。"),也可能来自《庄子》(《庄子·在宥》:"大同而无己。")。体现精神的,如元代陈澔《礼记集说》指出,《礼运》"记帝王礼乐之因革及阴阳造化流通之理",体现了阴阳家的观念。

由此看来,"大同"思想的渊源的确是十分复杂的,但这并不足以证明它不属于儒家的思想体系。因为早在先秦时期,各家的思想渊源就相当复杂,其间存在着众多的交叉关系。例如儒家的创始人孔子曾经向老子"问礼",而墨家的创始人墨子早年曾"学儒者之业",法家的创始人李悝(克)是子夏的弟子,即孔子的再传弟子,法家的集大成者韩非则师从过儒家大师荀子,如此等等。又据《韩非子·显学》篇说"儒分为八",孔子后学由于受到其他各家思想的影响而自立门户,但并不妨碍他们都自称或被称为"儒者",都从属于儒家陈营。至于《礼记》及其"大同"思想,诚如蔡麟笔先生所言:"《礼记》一书,一般多谓为伪作……然考其内容,实为我国哲学思想之具体结晶,囊括儒道墨法思想具体之精华,自非尽为孔子言,然儒家之哲学精神,确尽寓其内。……而大同一说,非但足以代表儒家,且足为我国哲学思想之总汇。"[④]

第二,从主流上看,"大同"理想充满着浓厚的儒家色彩。作为一个

---

① 程树德撰,程俊英、蒋见元点校:《论语集释》,中华书局1990年版,第1065页。
② 〔清〕王先谦撰,沈啸寰、王星贤点校:《荀子集解》,中华书局1988年版,第153页。
③ 〔清〕焦循撰,沈文倬点校:《孟子正义》,中华书局1987年版,第398页。
④ 蔡麟笔:《我国管理哲学与艺术之演进和发展》,"中华企业管理发展中心"1984年版,第551-552页。

理想社会的管理目标，"大同"学说在具体内容中，采纳了先秦儒家诸子对于国家管理目标的设计（如本章上两节所述之"仁政""王制"等），并加以改造和升华。具体来说，所谓"选贤与能"，来自孔子的"举贤才"①，孟子的"尊贤使能"②，荀子的"尚贤使能"③。所谓"讲信修睦"来自孔子的"言而有信"④、"言忠信，行笃敬"⑤。所谓"不独亲其亲，不独子其子"，来自孟子的"老吾老，以及人之老；幼吾幼，以及人之幼"⑥。所谓"皆有所养"，来自孟子的"老者衣帛食肉，黎民不饥不寒"⑦，荀子的"潢然兼覆之，养长之，如保赤子"⑧。所谓"男有分，女有归"，来自孟子的"内无怨女，外无旷夫"⑨，如此等等。

当然，对于上述思想，其他各家也分别有提倡，但总的来看，都不如儒家说得全面而系统。因此，作为对先秦各家思想的综合，"大同"学说主要采自儒家，应该是顺理成章的，实际上，"《礼记》所描绘的大同社会，儒家的色彩是十分鲜明的，道家不提倡'选贤与能，讲信修睦'，墨家的色彩是十分鲜明的，道家不提倡'选贤与能，讲信修睦'墨家和农家也不提倡'男有分，女有归'，而这些正是儒家所一贯强调的"⑩。

《礼运》托名是孔子及其学生子游之间的问答，作者肯定不是孔子，也不一定如元代陈澔所说，"出于子游门人所记"，它同《礼记》的绝大多数篇章一样，乃是汉初儒家的作品。但该篇托名孔门师徒问答这件事本身就表明作者是明白无误地把"大同"思想归于儒家的范畴的。有人说这是"拉大旗作虎皮"。即使是如此，作者为什么不拉道家的"大旗"呢？须知在汉初，黄老道家学说处于显学的地位，是国家管理的指导思想，算得上真正的大旗啊。《礼运》的作者在这个时候公开打出儒家的大旗，只能表明他是自觉而坚定地站在儒家阵营之中的。由此看来，"大同"学说

---

① 程树德撰，程俊英、蒋见元点校：《论语集释》，中华书局1990年版，第882页。
② 〔清〕焦循撰，沈文倬点校：《孟子正义》，中华书局1987年版，第226页。
③ 〔清〕王先谦撰，沈啸寰、王星贤点校：《荀子集解》，中华书局1988年版，第153页。
④ 程树德撰，程俊英、蒋见元点校：《论语集释》，中华书局1990年版，第30页。
⑤ 程树德撰，程俊英、蒋见元点校：《论语集释》，中华书局1990年版，第1065页。
⑥ 〔清〕焦循撰，沈文倬点校：《孟子正义》，中华书局1987年版，第86页。
⑦ 〔宋〕朱熹：《四书章句集注》，中华书局2012年版，第202－203页。
⑧ 〔清〕王先谦撰，沈啸寰、王星贤点校：《荀子集解》，中华书局1988年版，第224页。
⑨ 〔清〕焦循撰，沈文倬点校：《孟子正义》，中华书局1987年版，第139页。
⑩ 任继愈主编：《中国哲学发展史（秦汉）》，人民出版社1985年版，第171页。

充满着浓厚的儒家色彩也就不难理解了。

第三,从背景上看,"大同"理想反映了汉初的"时代精神"。经过战国纷争、秦朝暴政之后,汉初人们普遍关心社会的稳定。《礼运》作者借孔子之口说:"大道之行也,与三代之英,丘未之逮也,而有志焉。"意思是说,大道流行,以及夏、商、周三代成功的国家管理,我是看不到了,却心向往之。这个"志"字,反映了当时人们对于美好社会的憧憬。对于统治者来说,是希望有一个稳定的统治秩序;对于被统治者来说,是希望有一个安定的生活环境。《礼运》"大同"理想曲折地反映汉初的这一"时代精神"。

不过,这一"时代精神"却是透过远古的外衣而折射出来的。在我们今天看来,《礼运》所描绘的"大同"世界,其实是原始共产主义社会的写照,不过作者把它大大美化了。这就引出一个如何看待托古的问题。"托古言制",即借古人的形象而寄托自己的政治思想和理论主张,恐怕是古代思想家的一个共性。正如侯外庐先生指出的:"中国古代哲人的空想是顺着神话传说的方向来描绘的。大体来说,最初'发现'的远古理想世界是所谓尧舜的时代,这在孔子和墨子的思想中表现得最为突出;接着又'发现'了前尧舜的所谓黄帝时代,以道家为代表;继而'发现'了前于神农的时代,以农家许行为代表;最后更'发现'了前于神农的美妙世界,以晚期儒家的'大同'理想为代表。"[1] 当代西方学者白瑞德则指出:"古典学者中的人文传统把古人理想化了,同时虚构了事实,这是一切理想主义观点无可避免的。"[2] 白瑞德的话是以欧洲传统为背景而说的,但其基本精神同样适用于中国古代,包括汉初《礼运·大同》的作者们。

现在让我们来看看《礼运·大同》所描述的社会管理的具体目标。总的来说,《礼运·大同》虽然只有短短一百零七个字,但其内容却十分丰富。它提纲挈领地向我们描绘了一幅以公有制为基础的理想社会的美丽画卷。这幅画卷包含以下九个部分。

(1)天下为公,这是大同社会的根本制度。大同社会的基础就是"天下为公"的公有制,这是派生出其他制度的根源和出发点。

(2)财产公有,这是大同社会的经济制度。"货恶其弃于地也,不必

---

[1] 侯外庐主编:《中国历代大同理想》,科学出版社1959年版,第2页。
[2] 转引自韦政通《儒家与现代中国》,上海人民出版社1990年版,第2页。

藏于己。"这里的"货"即财产,人们只担心它被丢弃在地上不用,而不是一定要据为己有。这既说明大同社会里的人们对于社会财富的关心和爱护,同时又表明所有这些财富都为全体社会成员所公有。

(3) 各尽其力,这是大同社会的劳动制度。"力恶其不出于身也。"这句话的重点在于"恶"字。人们所厌恶的只是不能充分贡献自己的力量,这说明在大同社会里,劳动带有高度的自觉性,它已经成为人们生活上的一种需要。

(4) 男分女归,这是大同社会的分工制度。在大同社会里,人们按照性别、年龄和社会需要进行分工。任何一个社会成员特别是已经成年的劳动力,都有用武之地,"壮有所用",正反映了这种情况。

(5) 选贤与能,这是大同社会的管理制度。任何社会都需要管理,大同社会自然也不例外。只是在大同社会里,社会的管理者是被全体成员选举出来的,他们是社会的"公仆",为大家办事。这些社会管理者自身的素质相当高,既要有道德修养("贤"),又要有工作能力("能")。

(6) 讲信修睦,这是大同社会的人际关系。在大同社会里,全体成员团结友爱,诚实无欺。人与人之间的关系由在公有制基础上形成的"信""睦"观念来调节,根本不需要法律上的强制。

(7) 皆有所养,这是大同社会的福利制度。在大同社会里,因为大家都为社会尽力,所以都有得到社会供养和照顾的权利,特别是对于那些尚未具有或者已经丧失劳动能力的人,社会担负起他们全部的生活,使老有所终,幼有所长,鳏寡、孤独、废疾者皆有所养。

(8) 不必为己,这是大同社会的价值观念。既然社会的根本制度是"天下为公",经济基础是财产公有,这就决定了人们在思想意识上的公有观念。人们都很自然地把自己融合在社会集体之中,个体一旦脱离集体就无法生存,不依靠集体的力量,也就一事无成。因此,人们头脑中没有私有观念,"不必为己""不必藏于己","不独亲其亲,不独子其子"。

(9) 安定和平,这是大同社会的生存环境。在大同社会里,没有盗贼,没有战争,全社会都过着太平的生活。人们用不着搞阴谋诡计,尔虞我诈。大家共同劳动,平等享受,衣食丰裕,社会安定。一切在私有制条件下发生的社会问题在这里都不会发生。这就是所谓"谋闭而不兴,盗窃乱贼而不作,故外户而不闭"。

五、"安人"
——管理的根本目标

"安人"的观念是孔子提出来的。本来,在孔子之前,《尚书·皋陶谟》就曾经把"知人"和"安民"作为国家管理的基本任务,指出:"知人则哲,能官人。安民则惠,黎民怀之。"沿着这一思路,孔子进一步提出"修己以安人""修己以安百姓"[1]。本来,这里的"人"只限于统治阶层内部。大概在孔子那个时期,"人"与"民"的称谓还有区别。"人"指上层人物,即社会的统治阶层;"民"则指老百姓,即社会的被统治阶层。但这种区别在孔子那里本来就不十分明显,后来更是逐渐泯灭了。因此,我们可以笼而统之,把"安人"和"安百姓"合称为孔子的"安人"思想。

细加分析,孔子所谓"安人"的对象不仅包括统治阶层内部,而且也包括被统治者。而在被统治者中,不仅包括一般的百姓,而且也包括鳏寡、孤独老幼病残这些需要特别照顾的民众;不仅包括境内的"化内之民",而且包括境外的"化外之民"。"均无贫,和无寡,安无倾"[2],这是针对一般百姓而言的;"老者安之……少者怀之"[3],这是针对特殊民众而言的;"远人不服,则修文德以来之。既来之,则安之"[4],这是针对境外之民而言的。由此可见,孔子所谓"安人"的对象是非常广泛的。

在孔子看来,"安人"作为国家管理的最高目标,不但是一般的管理者,就是像尧舜那样的圣王也不一定做得到,"修己以安百姓,尧舜其犹病诸"[5]《论语·雍也》篇也记载:"子贡曰:'如有博施于民而能济众,何如?可谓仁乎?'子曰:'何事于仁!必也圣乎!尧舜其犹病诸!'"[6] 既然现实中的管理者难以完全做到"安人",那又为什么要将其树立为管理的根本目标呢?这正反映孔子的良苦用心。孔子的目的正是把"安人"作为必须不断朝之努力的方向,对国家管理者予以激励与鞭策。同时,孔子

---

[1] 程树德撰,程俊英、蒋见元点校:《论语集释》,中华书局1990年版,第1041页。
[2] 程树德撰,程俊英、蒋见元点校:《论语集释》,中华书局1990年版,第1137页。
[3] 程树德撰,程俊英、蒋见元点校:《论语集释》,中华书局1990年版,第353–354页。
[4] 程树德撰,程俊英、蒋见元点校:《论语集释》,中华书局1990年版,第1137页。
[5] 程树德撰,程俊英、蒋见元点校:《论语集释》,中华书局1990年版,第1041页。
[6] 程树德撰,程俊英、蒋见元点校:《论语集释》,中华书局1990年版,第427–428页。

也正是以"安人"为基调,并与"修己"相结合,以"修己安人"作为自己治国学说的最终归结点。

孔子的"安人"思想给儒家管理目标的设计带来了深刻的影响。前述孟子的"仁政"目标、荀子的"王制"目标,以及《礼记》中的"大同"目标等,无一不是以"安人"为其核心的。

"安人",是仁政目标的内核。孟子设计的"仁政"目标,其时代背景,是在诸侯争雄、社会动荡、民不聊生的战国中期。当时,从上到下,人们普遍希望国家统一,社会安定。为适应这一需要,孟子以"不忍人之心"推出"不忍人之政"的主张,目的就在于"安人"。据《孟子·梁惠王上》记载,有一次梁惠王问孟子:"天下要怎样才能安定?"孟子回答:"天下归于统一,就会安定。"梁惠王接着问:"谁能统一天下呢?"孟子答:"不嗜好杀人的国君就能统一天下。"

其实,"不嗜杀人"只是对当时国家统治者最起码的要求。孟子的"仁政"学说,要求统治者从"不忍人之心"出发,行"不忍人之政",具体地说,就是保民、爱民、养民、教民、治民,而归根到底,就是安民。他说:"养生丧死无憾,王道之始也。""黎民不饥不寒,然而不王者,未之有也。""老吾老,以及人之老;幼吾幼,以及人之幼:天下可运于掌。"①

孟子还以"一怒而安天下之民"的周文王为典型,具体描述道:从前文王治理岐周的时候,薄赋税,轻刑罚,并关心鳏寡孤独这些社会上穷苦无靠的人,从而得到人民的拥护和归附。"伯夷辟纣,居北海之滨,闻文王作兴,曰:'盍归乎来!吾闻西伯善养老者。'大公辟纣,居东海之滨,闻文王作兴,曰:'盍归乎来!吾闻西伯善养老者。'天下有善养老,则仁人以为己归矣。五亩之宅,树墙下以桑,匹妇蚕之,则老者足以衣帛矣。五母鸡,二母彘,无失其时,老者足以无失肉矣。百亩之田,匹夫耕之,八口之家,足以无饥矣。所谓西伯善养老者,制其田里,教之树畜,导其妻子,使养其老。五十非帛不暖,七十非肉不饱,不暖不饱,谓之冻馁。文王之民无冻馁之老者,此之谓也。"② 由此看来,孟子所有关于"仁政"目标的设计,包括他那著名的"五亩之宅,百亩之田"的养民蓝图,全都

---

① 参见〔清〕焦循撰,沈文倬点校《孟子正义》,中华书局1987年版,第86页。
② 〔清〕焦循撰,沈文倬点校:《孟子正义》,中华书局1987年版,第911页。

是以"安人"为其内核的,正如孟子本人所表明的"中天下而立,定四海之民,君子乐之"①。

"安人",是"王制"目标的基点。如前所述,荀子"王制"目标,是从统治者的角度制定的。因此,他明确认为,在"庶人安政"与"君子安位"之间,存在着一种必然的因果关系。荀子指出:"马骇舆则君子不安舆,庶人骇政则君子不安位。马骇舆则莫若静之,庶人骇政则莫若惠之。选贤良,举笃敬,兴孝弟,收孤寡,补贫穷,如是,则庶人安政矣。庶人安政,然后君子安位。"②另外,荀子还指出,如果统治者广用人才,"则为名者不攻也";发展生产,"则为利者不攻也";讲求礼义,"则忿之者不攻也"。这样,就可以收到国家安定的效果:"为名者否,为利者否,为忿者否,则国安于盘石,寿于旗、翼。人皆乱,我独治;人皆危,我独安;人皆失丧之,我按起而治之。"③在这里,"安民""安君""安国"三者连为一体。

尽管荀子的出发点在于"安君""安国",但其落脚点还是在于"安人"。他看到了"人莫贵乎生,莫乐乎安"④,安宁乃人生最大的幸福与快乐。因此,在荀子所设计的"王制"目标中,就多次呈现出这样的图景:"四海之内若一家,故近者不隐其能,远者不疾其劳,无幽闲隐僻之国莫不趋使而安乐之。"⑤在这个"王道乐土"中,物尽其用,人尽其才,近者尽心,远人归附,真是一幅乐也融融的"安人"画面。

"安人",是"大同"目标的主线,细观"礼运大同"为我们描绘的这样一幅蓝图:在大道实行的时候,天下是公有的,所选拔的是有贤德和有能力的人,所讲求的是信义,所修习的是亲睦。人们不只爱自己的父母,不只爱自己的子女。老年人有所归宿,壮年人发挥用处,幼年人得到抚育,鳏寡孤独和残疾的人都得到赡养。男子有职业分工,女子有好的归宿。人们担心财货被丢弃在地上不用,而不是要据为己有;担心不能贡献自己的力量,而不是要为自己谋利。因此,没有阴谋诡计,也没有盗窃动乱,各家的大门也不用关闭。这就叫作大同。

---

① 〔清〕焦循撰,沈文倬点校:《孟子正义》,中华书局1987年版,第905页。
② 〔清〕王先谦撰,沈啸寰、王星贤点校:《荀子集解》,中华书局1988年版,第152页。
③ 〔清〕王先谦撰,沈啸寰、王星贤点校:《荀子集解》,中华书局1988年版,第196-199页。
④ 〔清〕王先谦撰,沈啸寰、王星贤点校:《荀子集解》,中华书局1988年版,第299页。
⑤ 〔清〕王先谦撰,沈啸寰、王星贤点校:《荀子集解》,中华书局1988年版,第161页。

在这幅蓝图中,"安人"始终是一条突出的主线,人人各得其所,安居乐业;个个讲信修睦,平安相处;社会没有动乱,安定和平。真可谓达到"安人"的极致。

总之,孔子所倡导的"安人"理想,是儒家管理哲学的根本目标。它就像一根红线,贯穿在上述具体目标之中。

从孔子时代到今天,人类已经走过了二十多个世纪的历程。时代进步了,社会变迁了,管理的种类越来越复杂了,"安人"作为一种理想的管理目标,是否还适应于现代管理活动呢?笔者的回答是肯定的。当然,由于时代的进步,"安人"的具体内容会有所不同,或是农业时代的安宁,或是工业时代的安定;由于社会的变迁,"安人"的具体对象会有所不同,或是私有制社会的人,或是公有制社会的人;由于管理种类的差异,"安人"的具体做法会有所不同,或是求得国家组织之安,或是求得企业组织之安。但是,作为一种基本的管理目标,"安人"的理想永远不会消失,"安人"精神永远不会过时。就此而言,"安人"目标具有某种"永恒"的意义。

从现代工业社会来看,当代美国管理大师德鲁克在对于管理目标的探讨中,就特别重视"人"的因素。他认为,企业的目标涉及八个领域:市场地位、创新、生产率、物质和财政资源、可营利性、管理人员的绩效和培养、工人的工作和态度、公众责任心。其中,前五个属于物的因素,容易引起人们的注意;后三个属于人的因素,却往往被某些管理者所忽视。德鲁克强调指出,企业目标的制定,绝不能忽视后三个关于人的关键领域。因为在他看来,"企业是人的群体,企业的活动就是人的活动。人的群体必须建立在共同的信念之上,必须把人聚集在共同原则周围。不然的话,企业就会瘫痪,不能够活动,不能够要求它的成员努力工作"①。如果说,这些涉及人的因素似乎是看不见摸不着的,那么管理者就有责任用自己的行动去把它变成实际的目标。忽视它们就可能造成企业的无能、劳工的动乱,至少会降低工人的生产率,并且会由于不负责任的企业行为而引起公众对于企业的抵制。换句话说,也就是引起企业成员和社会公众的"不安"。因此,德鲁克在自己的"目标管理哲学"中着重论述了现代企业管理如何正确处理人的因素的原则。在这个意义上,德鲁克的管理目标

---

① P. F. Drucker, *The Practice of Management*, Harper & Row, 1954, p. 64.

论也是以"安人"为基本内涵的。

台湾交通大学曾仕强教授依据陈大齐先生关于"安宁为人生根本要求"的推定（按：此一推定即"来自儒家创始人孔子及其继承者孟荀二子的启示"），提出现代管理亦以"安宁"为其最终目标。他指出："一般组织的目标，无论其为法定的、机能的、技术的、盈利的、个人的、或公共的，由于缺乏更高的最终目标，以资统领，所以常有不能协调甚至严重冲突的现象。……假若在这些目标之上，悬一'安宁'作为普遍而究竟的目标，则每项目标力求达成之际，有了一个共同的理想，自然易于协调而趋于一致。"①

香港徐伟先生批驳了所谓"安人不适用于现代管理"的说法。他指出："怀疑论者，每以安人是农业社会的做法，工业社会众人心态大不相同，哪里还能一成不变地讲求安人？即使人安了，而竞争不过别人，又有何用？管理者应付千变万变的环境，已属不易，如果专心安人，岂不误了大事？至少安人并非单一的目标，利润、绩效、安全、使命难道不重要？何况单一目标往往是相当危险的！"针对这些疑问，徐伟先生指出：

（1）工业社会造成不同的心态，乃是必然的。但是，如果说农业的心态全部改变，则显然言过其实。时代虽然改变，人生的根本要求并未变易，即使是工业社会，其管理的最终目的，仍在安人。

（2）当然不能一成不变地讲求安人。工业社会安人的条件，既然与农业社会有所不同，就应该随之变换安人的方法，以求切合时宜。一成不变，不足以获得安人的效果；因为安人的目的不变，而安人的方法，绝不可以一成不变。

（3）人安了，却竞争不过别人，这是不好的现象。但不理会安人，人更不安，生产力随之降低，势必更加竞争不过别人。竞争不过别人，员工必定不安，管理者更加不安，怎能称为安人？所以不能消除竞争，不能应付竞争，乃至不敢面对竞争，都不算安人。

（4）管理应付千变万化的内外环境，确属不易。但如不知安人，或不专心安人，岂非更增困难？事实上，管理者专心因应环境变化所产生的压力，即应以安人为其中心思想，也就是拿安人作为因应的衡量标准：因应的结果，人更安，这才是上策；因应的结果，人更不安，那就是下策。管

---

① 曾仕强：《中国管理哲学》，东大图书有限公司1981年版，第276－277页。

理者时时记住安人,才有妥善应付变化的可能。

(5) 单一目标是相当危险的,因为有顾此失彼之虞。但是,安人作为最高的目标,却涵盖了人们通常所希望的所有具体目标。在"安人"这一最高层次下,尚可能包含"进步"与"稳定"第二层次,以及"绩效""利润""使命"和"安全"第三层次,乃至其他更具体的层次。彼此在安人的大前提下,尽可以放心去追求,而无单一目标时所可能引发的弊害。①

以上两位港台学者的论述,涉及"安人"作为管理目标的"时代性"问题。在不同时代、不同社会的管理组织中,"安人"的具体内容和做法不尽相同,但"求其所安"的基本精神却是一致的。这些论述,当然有其道理。但笔者认为,仅此还是不够的。因为"安人"作为一种抽象的管理原则,不仅存在着"时代性"的问题,而且还存在着"阶段性"的问题,"安人"目标是否适合于任何阶级的管理活动? 要回答这个问题,就不仅要对安人中的"安"(内容)做出必要的探讨,而且要对安人中的"人"(对象)进行具体的分析。

我们知道,"人"不仅是自然意义上的物种分类,而且也是一个社会意义上的历史范畴。不同时代、不同社会、不同阶级的管理活动,所求之"安"和所安之"人"都是不同的。在剥削制度存在的条件下,安人者与被安者之间,不仅存在着管理和被管理的关系,而且也存在着压迫与被压迫、剥削与被剥削的关系。二者所理解、所追求的"安",既有作为同一社会成员的共同利益的一面,又有反映各自阶级的特殊利益的一面。——就后一层面而言,此者之"安"往往是彼者之"不安"。统治者要求人民群众"安"分守己,人民群众则"不安"于现状——这种矛盾和斗争,贯穿了几千年阶级社会的历史。

资本主义社会是人类历史上一大进步,它粉碎了封建等级制度对于人的种种束缚,把人放到一个相对"自由"的契约关系网络之中,从而在一定程度上解放了生产力。但是,它依然无法从根本上改变上述阶级社会中"安"与"不安"之间的矛盾。现代西方的管理理论,包括上述德鲁克等人的努力,其重要目的之一,就是消除这些"不安",从而使管理活动产生出更大的经济效益和社会效益。

---

① 参见徐伟编《中国式管理的现代化》,星联出版社1987年版,第165-167页。

社会主义社会消灭了剥削，这就使得管理者和被管理者之间的利益有可能达到完全一致，社会的管理活动有可能真正形成"安定"的基础。"代替那存在着阶级和阶级对立的资产阶级旧社会的，将是这样一个联合体，在那里，每个人的自由发展是一切人的自由发展的条件。"[①] 在这样的社会里，人真正成为管理的目的而不是手段，人们各尽所能，各得其所，个人与个人、个人与集体、个人与社会之间得到充分的理解与和谐，从而真诚合作，自由发展。当代社会主义国家面临的迫切问题，则是大力发展生产力，满足人民群众日益增长的物质文化需要，从而使公平与效益得到统一，使社会获得真正意义上的"安定"。

在承认上述"安人"的具体内容、对象、做法，依时代、社会、阶级、管理组织的不同而千差万别的同时，我们可以肯定的是："安人"作为一种抽象的管理目标，具有某种普遍性，它的基本精神适用于不同时代（包括农业时代和工业时代）、不同社会（包括私有制社会和公有制社会），以及不同组织形式（包括国家组织、行政组织、经济组织、企业组织）的管理活动，反映着人类社会管理实践的某些共性。正因为如此，"安人"目标才以其永恒的魅力，激励着一代又一代管理者去思索、去追求、去奋斗！

---

① 中共中央马克思恩格斯列宁斯大林著作编译局编：《马克思恩格斯选集》第1卷，人民出版社1972年版，第273页。

余论

儒家管理哲学的历史命运

诞生在我国春秋战国乃至秦汉之际的儒家管理哲学,一方面深刻反映了中国农业宗法血缘社会国家管理的个性,另一方面又内在地包含着人类一般管理活动的共性。在此后两千多年的漫长岁月中,人们依据不同历史时期管理活动的实际需要,对儒家管理哲学进行了必要的选择、补充和阐发,使之分别成为农业社会的"治国之道"(例如古代中国)、工业社会的"企管精神"(例如近代日本)、后工业社会的"救世药方"(例如现代新加坡)。在当代中国,只要我们遵循马克思主义关于"管理二重性"的教导,以及对待历史文化遗产要"取其精华,去其糟粕"的原则,对儒家管理哲学进行认真的分析、批判、清理和改造,就一定能够把它转化成社会主义现代化管理的宝贵财富。

一、农业社会的"治国之道":古代中国的回顾

如上所述,儒家管理哲学深刻反映了中国古代农业宗法血缘社会的现实,为维护这一社会正常运转,设计了一整套完整的路线、方针、政策。但是,这一哲学的奠基者——先秦儒家诸子孔、孟、荀生前始终未真正得到当政者的青睐。在他们活动的春秋战国时期,周室衰微,礼崩乐坏,群雄争霸,天下大乱。当时的为政者所热衷的是急功近利的治国方案,而对儒家这套比较温和而又一时难以见效的治国之道,自然不屑一顾。据《史记·孔子世家》记载,孔子周游列国,"斥乎齐,逐乎宋、卫。困于陈、蔡之间",均没有受到诸侯的重用。至于孟子,司马迁《史记·孟轲荀卿列传》评论道:"当是之时,秦用商君,富国强兵,楚、魏用吴起,战胜弱敌;齐威王、宣王用孙子、田忌之徒,而诸侯东面朝齐。天下方务于合从(纵)连衡(横),以攻伐为贤,而孟轲乃述唐、虞、三代之德,是以所如者不合。"大概荀子的命运好一些,毕竟他的某些思想经过其学生韩非、李斯的发挥,而为秦始皇统一中国提供了理论依据。但这同时也意味

着荀子本人的失败，因为他一贯坚持的"礼义之治"却始终被秦朝君臣弃之如屣。总之，终孔、孟、荀一生，儒家管理哲学在其奠基人那里的命运是很不佳的。于是才有孔子的"道不行，乘桴浮于海"①的感叹。

春秋战国的混乱局面以秦始皇的统一而宣告结束。但不过十余年工夫，秦朝灭亡了。秦亡汉兴，摆在新一代统治者面前的课题，就是要有真正能够长治久安的治国方略，以避免重蹈前人的覆辙。只有在这个时候，儒家管理哲学才开始进入封建社会国家最高管理者的视野。

《史记·郦生陆贾列传》记载："陆生时时前说称《诗》《书》。高帝骂之曰：'乃公居马上而得之，安事《诗》《书》！'陆生曰：'居马上得之，宁可以马上治之乎？且汤武逆取而顺守之，文武并用，长久之术也。昔者吴王夫差、智伯极武而亡；秦任刑法不变，卒灭赵氏。乡使秦已并天下，行仁义，法先圣，陛下安得而有之？'高帝不怿而有惭色，乃谓陆生曰：'试为我著秦所以失天下，吾所以得之者何，及古成败之国。'陆生乃粗述存亡之征，凡著十二篇。每奏一篇，高帝未尝不称善，左右呼万岁，号其书曰《新语》。"

陆贾《新语》的中心思想是"仁义之治"。他在《新语·道基》中论述道："故圣人怀仁义，分明纤微，忖度天地，危而不倾，佚而不乱者，仁义之所治也。"他列举了历史上虞舜、伯夷、姜太公等仁义的正面例子，也指出了智伯等人的不行仁义的反面教训，从而得出结论："握道而治，据德而行，席仁而坐，仗义而强。""仁义之治"对于维系社会关系，巩固封建王朝的统治秩序，的确是十分有利的："仁者以治亲，义者以利尊，万世不乱，仁义之所治也。"怪不得汉高祖要连声叫好了。

必须指出，陆贾向汉高祖建议的"仁义之治"，虽然本质上是儒家思想，但并未直接点明。此外，在《新语》中同时也掺杂着道、法、阴阳等其他各家的思想。这反映出汉初统治者对管理思想的确定有一个选择和甄别的过程。明确把儒家管理哲学作为皇朝的统治思想，是从汉武帝开始的。元光元年（公元前134），董仲舒采取"对策"的形式，向武帝建议道："《春秋》大一统者，天地之常经，古今之通谊也。今师异道，人异论，百家殊方，指意不同，是以上亡以持一统；法制数变，下不知所守。臣愚以为诸不在六艺之科，孔子之术者，皆绝其道，勿使并进。邪辟之说

---

① 程树德撰，程俊英、蒋见元点校：《论语集释》，中华书局1990年版，第299页。

灭息,然后统纪可一而法度可明,民知所从矣。"武帝采纳了董仲舒的建议,"罢黜百家,独尊儒术"。从此,儒家管理哲学正式成为中国封建社会几千年正统的管理思想。历代封建统治者,不管他们个人有什么偏好,或尊法,或好佛,或崇道,但在治国的指导思想上,基本上都是以儒家管理哲学为主流的。

三国魏武帝曹操,以"尊法"而著称。他主张擢用"不仁不孝而有治国用兵之术"(《举贤勿拘品行令》)的管理人才,这与儒家"修身治国"的思维模式正好相反,而与《韩非子》中《用人》《忠孝》诸篇的思想一致。但是,这只是一种具体的管理措施,而从总体上看,曹操的管理思想还是以儒家管理哲学为主流的。他在汉建安八年(196)颁布的《修学令》中说:"丧乱以来,十有五年,后生者不见仁礼让之风,吾甚伤之。其令郡国各修文学,县满五百户置校官,选其乡之俊造而教学之,庶几先王道不废,而以益于天下。"由此可见,曹操的治国之道正是以推行仁义教化的儒家"先王之道"为基础的。

南朝梁武帝萧衍,以"好佛"而闻名。他三次舍身同泰寺,不当皇帝当和尚。但是,既然坐在最高管理者的位置上,其治国方略就只能是以儒家思想为主导,他坚决实行"王制",奖励"孝悌力田为父后者",躬劳政事,下诏求贤,无一不贯穿儒家的基本精神。就是在舍身同泰寺的时候,也是一面"为四部众说《大般若涅槃经》义",一面注释儒家经典《孝经》。此外,还著有《周易讲疏》《毛诗答问》《春秋答问》《尚书大义》《中庸讲疏》《孔子正言》《老子讲疏》等多种著作。史书称他"正先儒之迷,开古圣之旨"(《梁书·武帝本纪》),一语道破了他以儒学治国的真相。

唐朝皇帝姓李,故以老子为尊,极力抬高道教的地位,同时也尊奉佛教,但却以儒家的君父之义约束二教,使之纳入"周孔之教"的范围。唐高祖李渊说:"父子君臣之际,长幼仁义之序,与夫周孔之教,异辙同归。弃礼悖德,朕所不取。"(《唐会要》卷四七)唐太宗李世民也说:"朕今所好者,惟在尧舜之道,周孔之教,以为如鸟有翼,如鱼依水,失之必死,不可暂无耳。"(《贞观政要》卷六)正因为唐初统治者把是否贯彻儒家思想看作生死攸关的大事,所以在具体的治国实践中他们才不遗余力地身体力行。历史上著名的"贞观之治",固然有道家"无为而治"的痕迹,但从更本质上说,当是合乎儒家理想的"德教之治",或者用唐太宗

本人的话来说："专以仁义诚信为治。"(《贞观政要》卷五)

我们肯定儒家管理哲学在中国封建社会管理实践中的主导地位，并不意味着排斥其他各家管理思想的影响。恰恰相反，从以上的例子中我们也可以看出，大凡有所作为的统治者，在坚持以儒学治国的同时，也广泛吸收其他各家管理思想的精华。据《汉书·元帝纪》记载，元帝当太子时曾劝其父宣帝"宜用儒生"，宣帝却正色道："汉家自有制度，本以霸王道杂之，奈何纯任德教，用周政乎！"这里所谓"王道"，即儒家的管理哲学，所谓"霸道"，则指法家的管理精神。其实，封建统治者除儒家之外，其治国之道所"杂之"的何止法家；这样做的，也何止汉代。准确地说，"任德教"而不纯，"用周政"而不专，以儒家管理哲学为主，"杂之"以其他各家（包括道、法、墨、阴阳、兵家乃至外来的佛教等）的管理思想，这正是中国封建社会"治国之道"的基本特色。

据宋人罗大经在《鹤林玉露》中记载，宋朝开国名臣赵普对宋太宗说过这么一句话："臣有《论语》一部，以半部佐太祖定天下，以半部佐陛下致太平。"这里把宋朝的开创之功全部归于《论语》（推而广之，即整个儒家哲学），恐怕有失公允。宋高宗时，名臣吕颐浩曾经检阅史料，发现赵普与太祖论事的记录多达数百条，其中最著名的是关于"强干弱枝"的论述。他认为赵普向太祖献言，对宋初各路藩镇采取"削夺其权，制其钱谷，收其精兵"的方针，是宋朝得以安定的根本。可见，赵普受法家思想影响可谓大矣。《韩非子·扬权》中说："事在四方，要在中央，圣人执要，四方来效。"这种"中央集权""君主专制"的思想，对于宋朝的奠基，具有不可忽视的作用，"杯酒释兵权"之类的故事就是最好的例证。

当然，就赵普个人来说，他对《论语》和儒学或许有某种特殊的嗜好，《宋史》记载："（普）晚年手不释卷，每归和私第，阖户启箧取书，读之竟日，及次日临政，处决如流，既薨，家人发箧视之，则《论语》篇也。"但是，正如曹操个人尊法，梁武帝个人好佛，却不影响他们在治国的实践中以儒家思想为主导一样，赵普个人的好儒也不妨碍他在实际的管理行为中吸收法家的思想。

以儒家为主，其他各家为辅的"治国之道"的基本特色，反映着深刻的社会历史文化背景。中国封建社会是一个以农业自然经济为基础，以宗法血缘关系为纽带，以中央集权的封建统一国家为标志的社会。"统一性"决定了这一社会必须有相对一致的统治思想；"宗法性"决定了"教以人伦"的儒家哲学在社会管理思想中的主导地位；而农业自然经济所带来的"一治一乱"的基本格局，却决定了社会管理的复杂性。

在自然经济条件下，小农单独户进行生产，"日出而作，日没而息"，对于社会公共事务的管理，只能托付于某一最高层统治者（皇帝）及其统治集团（各级官吏）。这些社会管理者取得统治权力，不外乎三种情况：一是取得胜利的农民起义领袖称皇称帝，二是封建官吏篡夺农民起义的成果而上台，三是因为社会动荡而导致外族入主中原。无论是哪一种情况，在每一个封建王朝开创之初，统治者一般都能励精图治，有所作为，社会进入稳态发展的安定时期，这就是所谓"治世"。而随着时间的推移，后继者耽于享乐，鱼肉百姓，导致民不聊生，揭竿而起，这就是所谓"乱世"。此外，由于封建统治同农民群众之间，除了管理与被管理的关系以外，还存在着剥削与被剥削的一面，阶级对立始终存在，人民的不满时有表露；再加上统治阶级内部的争权夺利，因此，即使是在"治世"，也存在着不同程度不同范围的"乱"。概括起来，就是中国封建社会"一治一乱"基本格局。

在这一格局中，主张"修齐治平""礼义教化"的儒家管理哲学，主要是调整人际关系，稳定社会秩序，在"治世"中发挥着重要的作用。但是，一旦社会陷入"乱世"即非常态运行的时期，"君不君，臣不臣"，管理者和被管理者都不讲"温良恭俭让"，那么，温文尔雅的"圣人之言"对此也就无能为力了。曹操在《论吏士行能令》中说过："治平尚德行，有事赏功能。"他还指出："夫治定之化，以礼为首；拨乱之政，以刑为先。"治世需要"治化"之道，乱世则需要"拨乱"之术。"夫刑罚者，治乱之药石也；德教者，兴平之粱肉也。夫以德教除残，是以粱肉理疾；以刑罚理平，是以药石供养也。"（《汉书·崔骃列传》所附崔寔《政论》）美食佳肴可以养生，却不可以治病；针石汤药可以治病，却不可以养生。"儒家兴平之粱肉，道、法、兵家拯乱之药石"（汪宗沂《太公兵法·逸文》引袁昶书），这就是中国封建社会管理者的共识。

当然，在两千多年的中国封建社会中，从总体上看，还是"治世"多于"乱世"，"稳态"多于"无序"，"常态"多于"变态"。因此，这反映了农业社会常态（稳态）运行规律的"治国之道"。儒家管理哲学，就无可争辩地成为社会管理的主导思想。

二、工业社会的"企管精神":日本的经验

儒家在日本的传播,是从公元285年百济(今韩国)博士王仁东渡扶桑,献讲《论语》开始。604年,日本圣德太子制定《十七条宪法》,把儒学确定为日本封建主义国家管理的指导思想。1868年"明治维新",日本进入资本主义工业化时期,人们开始重新阐发儒家管理哲学,使之适应工业社会企业管理活动的实际需要。

被誉为"日本近代工业化之父"的涩泽荣一(1840—1930),一生经历过江户、明治、大正、昭和四个时代,参与创立或主持过的工商企业达六百多家,他积其成功的经验,提出了著名的"《论语》加算盘说"。在1909年涩泽七十岁生日时,著名儒学大师三岛中洲送了一幅画有《论语》与算盘的祝寿图,图上写道:"青渊涩泽男,少受论语于尾高翁。……一旦慨我国商业不振,辞官而创银行,据《论语》把算盘。四方商社陆续竞兴,皆以男为模范,商业大振。遂应美国招卒绅商而往,巡察诸商社大得款待而还,是皆算盘据论语之效也。……孔子为委吏,料量平,与粟、周急不继富,为政足食、既庶富之,礼与其奢也宁俭,待贾沽之玉:是论语中有算盘也。而其利皆出于义之和,与论语见利思义说合:是算盘中有论语也。算盘与论语一而不二。……"①这里集中体现了"《论语》加算盘说"的基本精神。

涩泽本人在《论语与算盘》一书中指出:《论语》中的一些道理,可以用于现代工商企业的管理。《论语》中讲忠、孝、仁、义,讲"朋友有信","算盘"则要求经商谋利。但忠孝仁义信与经商谋利并不矛盾,比如,孔子说:"富与贵,是人之所欲也;不以其道得之,不处也。贫与贱,是人之所恶也;不以其道得之,不去也。"②涩泽认为,这段话不是说孔子鄙视富贵,而是说孔子主张"富与贵,是人之所欲",但必须"以道得之"。"如果不是合于正当的富贵,则无宁处于贫贱;如果是本着正道而得的富贵,则安之无妨。"③孔子又说:"富而可求也,虽执鞭之士,吾亦为

---

① 转引自廖庆洲《日本企管的儒家精神》,联经出版公司1983年版,第36页。
② 程树德撰,程俊英、蒋见元点校:《论语集释》,中华书局1990年版,第232页。
③ [日]涩泽荣一:《论语与算盘》,允晨文化事业公司1987年版,第117页。

之。如不可求，从吾所好。"① 涩泽认为，这句话代表了孔子主张经商求富的思想。孔子主张为了求富，像执鞭（市场看门人）这样微贱的工作也不排斥，可见，孔子反对的是不正当的富贵和"不合道义""不守信用"的行为，并不反对可贵、可富本身。

涩泽荣一从上述认识出发，提出了"士魂商才"的观点。他认为，过去武士阶级提倡的"和魂汉才"，现在用在商业上，应该改为"士魂商才"。这里的"士魂"指伦理道德方面的要求，是人们经商所必须具备的商业道德。"士魂"的培养固然要以《论语》为本；而"商才"的训练，除了通过实际锻炼之外，也可以从《论语》中学习"富民""富国""利己利人""求富"的基本原则和思想方法，既然商才不能背离道德而存在，"则论道德之《认语》，自当为培养商才之所依"。

涩泽荣一等人的"论语加算盘说"，更抽象地说，就是"经济道德合一论"。它为儒家管理哲学从农业社会的"治国之道"转变为工业社会的"企管精神"奠定了基础。从此以后，儒家管理哲学始终成为日本现代企业管理思想的一个有机组成部分，发挥了相当积极的影响。概括起来，这种影响表现在五个方面。

1. 义利并举的经营方针

儒家管理哲学十分重视"义利之辨"，主张"君子喻于义，小人喻于利"②。对此，历来人们有不同角度的见解。涩泽荣一在《论语与算盘》一书中指出："道德和经济本来是并行不悖的。然而由于人们常常倾向于见利而忘义，所以古代圣贤极力纠正这一弊病，一面积极提倡道德，一面警告非法牟利的人们。后来的学者误解了孔夫子的真正思想……他们忘记了高产乃为善之道。"这就表明，以涩泽荣一为代表的日本企业家，所极力发扬的是儒家义利观的积极面，并以此作为自己的经营方针。

在日本企业家看来，一方面，求利是正当的、必要的；另一方面，求利又只是手段而不是目的。一个有社会责任感的现代企业家，其兴办企业、谋求利润的日常行为，必须服从于国家兴旺、民众幸福这一更高的目标。日本现代企业评论家伊藤肇指出："经营者万万不能只以'追求利润'为至高无上的目标。当然，企业为了生存，非有利润不可；但是，太

---

① 程树德撰，程俊英、蒋见元点校：《论语集释》，中华书局1990年版，第453页。
② 程树德撰，程俊英、蒋见元点校：《论语集释》，中华书局1990年版，第267页。

偏执于财利,到头来心智必被蒙蔽,终至被社会、大众见弃,岂能不慎?"①

企业家吉田忠雄则提出一个"利润三分法"。他说:"我一贯主张办企业必须赚钱,多多益善。但是利润不可独吞。我们将利润分成三部分,三分之一是质量较好的产品以低廉的价格交给消费者大众,三分之一交给销售我们产品的经销商及代理商,三分之一用在自己的工厂。"吉田把自己的做法称为"善的循环",他说:"如果我们散播善的种子,予人以善,那么,善还会循环归给我们。善在我们之间不停地循环运转,使在家都得到善的实惠。"这就是说,从善出发,把好处既留给自己,也交给别人;别人得到了好处,最终也会给自己带来好处;善就是这样循环往复,不断运转,使大家受益。"不为别人的利益着想,就不会有自己的繁荣",这是对义利并举经营方针的最好说明。

2. 以人为中心的经营理念

儒家管理哲学十分重视人在管理活动中的地位和作用,认为"人有气、有生、知,亦且有义,故最为天下贵也"②。"天地之性人为贵",日本企业家深受这一思想影响,提出"人力资本"的观念,把人作为企业经营管理的基础。在他们看来,越是在现代社会,人越显得特别宝贵,在企业的生产经营活动中,人是最重要的资源。著名企业家松下幸之助指出:"经营的基础是人。……在企业经营上,制造、技术、销售方法、资金等固然重要,但人却是这些东西的主宰。尽管有钱,有产品,要是没有一个会利用这些的人才,那么这些东西也产生不了任何作用的。所以不管怎么说,人才是最重要的。"③

日本企业家对于人力因素的重视,不是停留在口头上,而是落实到关心人、培养人、造就人的具体行动上,如"职业生涯发展计划"就说明这一点。推行这一计划的日本企业,把员工的职业生涯分为四个阶段:第一阶段是从进入企业到28岁左右,由于进入社会,有求知欲望;第二阶段是30岁左右,能积极应用学到的技术;第三阶段是从35岁到40岁上下,

---

① [日]伊藤肇:《东方人的经营智慧》,光明日报出版社1986年版,第122页。
② 〔清〕王先谦撰,沈啸寰、王星贤点校《荀子集解》,中华书局1988年版,第164页。
③ [日]松下幸之助:《松下幸之助经营管理全集》,名人出版事业股份有限公司1984年版,第21页。

已经进入成熟时期,能充分发挥所积累的实力,领导若干下属人员一起工作;第四阶段是45岁以上的职工,作为企业管理人员活跃在企业的各个部门。对于这四个阶段的不同对象,分别采用不同的教育方针和教育内容,使之各尽所能,各得其所。

3. 家族主义的组织形式

儒家管理哲学所设计的组织形态,以"君臣、父子、兄弟、夫妇、朋友"这五伦为标志,具有浓厚的家族主义色彩。(参见本书第七章第四节"'伦'与组织的形态")

日本的企业组织,则依据现代社会工业管理的实际需要,对儒家的组织理论进行了必要的改造和补充。正如日本著名社会学家中根千枝所指出的:"在日本,通常被看作重要的和基本的人类情感的血缘关系,似乎已经被工作集团里的人伦关系所取代。这种人伦关系包含了社会生活与经济生活的各重大方面。"①

这种新的人伦关系集中体现在日本人对于"家"的概念的定义上,日语中的"家",有着十分丰富的内涵,它不仅指具有血亲关系的家庭,还指人类居住的组合基础,而且往往指经营管理的组织基础以及在这一基础上建立起来的社会集团。因此,日本人常常以"我家"来称呼自己的工作单位或所属的组织,而以"你家"来称呼对方的工作单位和组织。在这样的"家庭"中,组织负责满足其成员的全部社会需求,同时又对他生活的各个方面都拥有权力,组织成员一心一意地融入这种情谊之中。

这样看来,所谓"亲如一家",在日本企业里不仅具有比喻上的意义,而且具有实际上的意义。尽管人们总是说,家的传统建制已经消亡,但家的观念却仍然萦绕在当今日本的社会关系中。公司就是一个家庭,雇主是家长,雇员是家庭的成员。而且这个大"家庭"保护雇员的个人家庭,使他完全彻底地致力于公司的事务。

由于日本企业组织这种家族主义的特点,就发展出诸如"终身雇佣制""年资序列工资制""企业内工会"乃至"集体决策"这些制度,形成日本独特的企业管理模式。

---

① [日]中根千枝:《日本社会》,许真、宋峻岭译,天津人民出版社1982年版,第7—8页。

4. 以和为贵的人际关系

儒家管理哲学主张"和为贵"①,认为"天时不如地利,地利不如人和"②,十分强调组织内部人际关系亲密性、和谐性。这种"和为贵"的精神,同日本传统文化本身所具有的"大和"精神相结合,就形成了日本企业组织内部"和谐高于一切"的人际关系。

按照西方社会的进程,工业化时期的人际关系的疏离乃至对抗似乎是不可避免的。但日本在工业化时期的人际关系并非如此。与西方企业推行的是"以人为中心"的管理方式;西方人把企业看作"利益社会",日本人则把企业视为"命运共同体";西方企业把人际关系契约化,日本企业则把人际关系微妙化;西方企业把工作外的私人关系当成"不正当的恋爱"而极力阻止,日本企业则把亲密的人际关系当作"美妙的婚姻"而公开提倡;西方企业只鼓励人与人之间的竞争,日本企业也鼓励人们的相互合作和支持;西方企业存在威严的上下级关系,日本企业的领导者与被领导者之间却类似某种"前辈"与"后辈"、"老师"和"学生"的关系。总之,与西方的个人主义、竞争取向不同,日本企业的人际关系是建立在家族主义、以和为贵的基础之上的。

这种以和为贵的人际关系,给日本企业的管理方式带来了积极的影响。比如,被誉为日本企业管理三大支柱之一的"企业内工会",就反映了"和"的特点。这主要表现在,日本的工会不是以行业工会而是以企业工会方式组织的。这种独特的组织方式,其规模非常小,只限于一个企业的内部,避免通过对抗和冲突方式解决劳资纠纷,以免造成两败俱伤的局面,这种表面上很"温顺"的工会,实际上起了"缓冲器"的作用,日本工业化发展过程中,没有出现过大规模的"工潮",实在是"企业内工会"的一份功劳。

5. 道德导向的领导方式

儒家管理哲学主张"为政以德"③,"修己以安人"④,强调领导者应该提高自己的道德修养,以自己的模范带头行为来实施领导。日本的企业

---

① 程树德撰,程俊英、蒋见元点校:《论语集释》,中华书局1990年版,第46页。
② 〔清〕焦循撰,沈文倬点校:《孟子正义》,中华书局1987年版,第251页。
③ 程树德撰,程俊英、蒋见元点校:《论语集释》,中华书局1990年版,第61页。
④ 程树德撰,程俊英、蒋见元点校:《论语集释》,中华书局1990年版,第1041页

家对此身体力行,富有成效。

如上面所述,日本现代企业管理的先驱涩泽荣一曾经提出"士魂商才"的原则。而据台湾廖庆洲先生在《日本企管的儒家精神》一书中介绍:"日本工商界人士在经商之余,研修经营道德,而奉四书(《大学》《中庸》《论语》《孟子》)五经(《诗》《书》《易》《礼》《春秋》)为教科书者,最早可追溯至1724年在大阪由酱油业、汇兑业、放贷业、财阀鸿池家……等商界人士设立的'怀德堂'。该学堂第一代主持人三宅石庵为一精通阳明学之学者,讲课特色则旁及陆象山、朱子各学说,但重点不在于阐扬,而针对当时工商环境所需的教养,探求儒家经典活用于现实生活之道,以提高事业经营的境界。"①

以个别企业而言,把儒家先哲名言奉为圭臬者比比皆是。如著名的丰田集团祖孙三代领导人的座右铭就是一例。第一代丰田佐吉的座右铭是"天、地、人",取自孟子的"天时不如地利,地利不如人和";以此为指导,奠定了丰田家族企业的根基——丰田纺织公司。第二代丰田喜一郎在"天、地、人"的基础上加进了"知、仁"二字,取自《礼记·中庸》的"好学近乎知,力行近乎仁";以此为指导,开创了丰田的汽车王国。第三代丰田章一郎在"天、地、人、知、仁"的基础上再加进一个"勇"字,同样取自《礼记·中庸》的"知耻近乎勇";以此为指导,努力开拓丰田事业的新局面。"天、地、人、知、仁、勇",这一浸透着儒家思想的精华的座右铭,成为丰田家族企业三代领导人道德修养和经营管理活动的内在依据。

日本企业家之所以如此重视自己的道德修养,是为了感化、影响和带动被领导者,以取得上行下效的管理效果。如松下幸之助自述道:"我打电话时,员工们就在旁边听。年轻的员工常看到我打电话,当他们自己打电话时,无意中用同样的方法应对。如此一来,我的员工打电话的方式逐渐统一,形成一个模式。社会上自然有所评价,称赞本公司电话礼节非常好,或非常周到。这并非我教他们做的。我虽然没有教,但他们都学会了。"

管理者只有管理好自己,才能够管理好别人。为此,一个真正的管理者就应该充分注意自己的个人修养,以身作则。在这方面,日本企业家可

---

① 廖庆洲:《日本企管的儒家精神》,联经出版公司1983年版,第93-94页。

以说是深得儒家"为政以德""正己正人"思想的真谛。

三、后工业社会的"救世药方":新加坡的实验

新加坡作为一个独立的国家,是1965年以后的事。而儒家在新加坡的传播,则可以追溯到19世纪初。当时,华人从中国的福建、广东等省移民南来,马六甲等邻近地区的华人居民也不断迁入,他们的思想文化、生活习俗充满着浓厚的儒家精神和色彩。后来,通过华文学校、华文报纸、文化会社等各个方面各种形式的倡导,儒家思想在新加坡植根发展,一直在占总人口76%的华人社会中兴盛流传。

儒家思想对于新加坡的潜在影响,正如美国耶鲁大学余英时教授所分析的:"在我看来,新加坡早已被浓厚的儒家思想所浸润,至少每一个40岁(甚至于30岁)以上的华人身上都有儒家的精神因素,不过不一定人人皆有此自觉而已。"[1]

但是,国家管理当局对于儒家思想的积极提倡,却是在新加坡实现工业化以后的20世纪70年代末80年代初。新加坡从1960年开始推行工业化政策,一方面创造工作机会以解决就业问题,另一方面增加生产,提高国民所得。1960年到1980年这20年之间,新加坡维持了8%以上的经济增长率,到1970年末期已经跻身"新兴工业国"之列,平均国民所得在亚洲位居第二,仅次于日本。"70年代后期的新加坡社会,一方面在经济和社会发展方面已经有了足以自傲的成就,已经达到'庶之富之'的国家建设目标;另一方面,都市化和工业化的冲击,威胁到社会组织的健全。若干社会问题的萌现,激起政治领袖和有心人士的反省和关怀,乃有道德危机意识的产生。这不仅是某些个人孤立的感觉,而是一种(潜在的)群体的意识,在适当的条件下——特别是在政治领导人士的引导之下——便成为推动社会运动的力量。"[2]

据概括,当时新加坡的当政者关于道德危机的谈话,大致可以归纳为以下"逻辑"。

首先,新加坡为了谋求社会和经济发展,不得不依赖西方科技。而既

---

[1] 余英时:《新加坡推行儒家思想教育的我见》,载新加坡《星岛日报》1982年6月7日。
[2] [新加坡]郭振羽:《新加坡推广儒家伦理的社会背景和社会条件》,见中国孔子基金会、新加坡东亚哲学研究所编《儒学国际学术讨论会论文集》,齐鲁书社1987年版。

然要引入西方科技，便得面对西方（腐化与颓废）价值观和风尚的入侵。新的社会问题——如犯罪、嗜毒、色情、嬉皮士、离婚、堕胎等——随之而产生，且日趋严重，造成道德危机。

根据新加坡当政者的看法，当时的道德危机，反映了两大根本问题。第一个根本问题是东方优良传统及其价值观的失落使得现代新加坡人成为没有根，也即没有文化的人。这种道德危机，是认同危机所造成的。换句话说，如果保留东方的优秀价值观，便可以建立信心，足以抗拒西方（败坏部分）文明的侵蚀。

第二个根本问题，也是造成东方传统价值没落的一个因素，它便是大家庭的解体（为核心家庭所取代），削弱了东方传统中最根本的孝道精神。家庭是社会的基本单位，三代同堂大家庭的消逝，动摇了社会稳定的基础。

由政治领导人所表达的上述道德危机意识，经过传播媒介以及舆论领袖的广泛宣传，便为相当部分的民众所接受，很快便形成了一场席卷新加坡的"文化再生运动"。其内容有"礼貌运动""敬老周运动""推广华语运动""儒家伦理教育课程"，等等。

经过政府的倡导，社会的认同，新加坡朝野上下对于儒家思想在新加坡后工业社会的作用，形成了四点共识。①

（1）个人方面：儒家注重修己爱人，强调设身处地，讲求自省，目的是要人人做堂堂正正的自尊、尊人的君子。新加坡青年通过儒家伦理教育，可以把上代坚强不屈、谦和通达、自力更生的精神继承下来，以免走上极端个人主义、物质主义以及颓废消沉的道路。

（2）经济方面：搞好经济主要有两个因素，即人事管理与工作态度。在人事管理方面，儒家以礼待人，主张上司对下属应宽厚谦和，而下属则应忠于职守，这种强调上下合作的精神，合乎现代企业管理原则。同时，儒家思想注重学习、敬业乐群、遵守纪律的精神也有助于良好的工作态度的培养。

（3）政治方面：儒家所谓"选贤与能""天下为公""子帅以下，孰敢不正"都可以理解为人民有参政的权利，既平等而又有竞争性。为政者必须是正人君子，廉正公平，尽心尽力地为人民利益与社会安定做出

---

① ［新加坡］王永炳：《新加坡的儒家伦理教育》，载《孔子研究》1990年第1期。

贡献。

(4) 文化方面：新加坡政府希望建立一个有文化修养的高度文明社会。儒家负有继往开来的任务，重视精神生活与艺术修养，孔子以"六艺"授人便是证明，这些对新加坡文化的发展肯定有正面的促进作用。

上述共识，集中反映在 1991 年新春伊始，新加坡政府就向国会提出，并经国会同意通过的《共同价值观念白皮书》中。该白皮书建议以五组核心价值观作为发展新加坡国民共同价值观念体系的基础。包括：国家至上，社会为先；家庭为根，社会为本；关怀扶助，同舟共济；求同存异，协商共识；种族和谐，宗教宽容。

不难看出，上述核心价值观，处处体现着儒家思想的基本精神，正如该"白皮书"所明确指出的：儒家学说中的许多思想观念，例如重视家庭结构、人际关系、群体利益，强调政府有责任为人民谋求福利，等等，都可以"通过共同价值观加以发扬"。

"白皮书"还指出，儒家传统价值观中的道德、义务的观念，过去曾经支撑并引导着新加坡人，但是现在已经逐渐消失。因此，有必要强调保存新加坡各族人民的文化遗产，并维护代表新加坡人精神的优秀传统价值观念。

如此看来，新加坡国家管理当局之所以不遗余力地推广传统的儒家价值观念，最根本的目的是抵制西方（腐朽的）价值观念的影响，保持民族特性，以使国家沿着民族文化与现代化相结合的道路健康发展。新加坡第一任总理李光耀先生公开宣称，推广儒家伦理的主要目的，就在于加强（华族的）文化认同，建立民族信心，并恢复传统价值观。他以早期华文学校学生为例，赞扬他们"有献身精神，且关怀同胞，负社会责任感，具有信心拒斥西方歪风"[①]。新加坡第二任总理吴作栋先生则点明："新加坡人越来越西化，人民的价值观也从儒家理论的克俭和为群体牺牲的精神转为自我中心的个人主义。这种价值观的改变，将会削弱我们的国际竞争能力，从而影响国家的繁荣和生存。"[②] 这里，儒家价值观念的恢复发扬与否，被提到关系国家生死存亡的高度。

---

① ［新加坡］李光耀：《1982 年春节献辞》，载新加坡《南洋商报》1982 年 2 月 4 日。
② ［新加坡］吴作栋：《儒家基本价值观应升华为国家意识》，载新加坡《联合早报》1988 年 10 月 19 日。

新加坡国立大学林徐典教授指出，儒家思想在现代化过程中，或者在"后现代化"阶段，对现代所带来的"污泥浊水"，可以产生荡涤的作用。他具体分析道，正在加速现代化步伐的新加坡，由于西方风气的传入，越来越多的青少年们，不断受"洋化"思想的侵蚀，个人主义过分伸张，家庭结构逐渐解体，物质主义、功利主义思想普遍流行，金钱挂帅，唯利是图观念四处泛滥，人际关系冷却到最低点。这不但是新加坡目前所面对的社会问题，而且可以预见，随着科技继续高度发展，个人在电脑和机器面前越来越显得渺小，在不久的将来，必定会形成严重的精神危机。"其实，这种精神危机，已经在西方许多工业大国中出现，为防患于未然，向东方文明或传统文化复归，是一种非常自然的趋势。"①

吾师李锦全教授也有同样的见解。他分析道："新加坡当局所以推行儒家思想教育，是在西方利己主义价值观严重泛滥的情况下，作为挽救资本主义道德危机的治世良方。根据他们的国情，这样做是可以理解的。这里说明，亚洲一些已走向现代化的资本主义乞灵于儒家思想……因此，我认为：在后工业化社会中，儒家的道德理性及其价值观念，对社会精神危机是可以起到一些补偏救弊的作用，亦可能收到一些成效。现在西方有些较为成熟的资本主义国家，亦有人对研究儒家感兴趣，其中也不无道理。"②

关于西方国家情况，这里有一个材料：1986年1月，美国哈佛大学部分学者举行了一个题为"思想意识与经济发展"的小型研讨会，与会学者揭露和列举了美国社会存在的种种弊病，如个人主义造成人们目标混乱、互不信任、权威丧失、人人追逐财利、伦理道德沦丧、社会纷争不已；贫者愈贫、富者愈富、不幸者推动照顾、劳资关系对立以及由此引起的投资不振、竞争力削弱，等等。如何整治这些社会弊病呢？哈佛大学管理学教授乔治·洛奇的看法很有代表性，他主张应该向日本等东方国家学习"团体主义精神"。用台湾《天下杂志》的说法，这次研讨会所得出的一个共同的结论，就是"'美国病'需要东方药"③。

笔者认为，新加坡国家管理当局对儒家价值观念的重视，实际上是在

---

① [新加坡]林徐典：《儒家思想与现代化——新加坡的经验》载《孔子研究》1991年第3期。
② 李锦全：《当代海外新儒学思潮的历史评价》，载《法言》1990年10月号。
③ 《世界经济科技》1986年5月第1期。

现代化条件下，推行儒家管理哲学的一场颇具规模的"社会管理实验"。由于文化背景的关系，西方国家恐怕不可能像新加坡那样由国家管理当局出面，大规模地推广儒家伦理，以医治现代社会发展所带来的种种弊病。正因为如此，新加坡的实验就更加具有典型的意义。它不仅是对新加坡社会和国家管理当局的考验，而且也是对儒家管理哲学在现代社会适用性的考验，值得引起世人的注意。

四、现代化管理的宝贵财富：当代中国的展望

在现代中国，1911年的辛亥革命推翻了中国历史上最后一个封建王朝，同时也就标志着儒家管理哲学作为国家统治思想地位的终结。从1919年的五四运动到1980年的"文化讨论"，人们对以儒家为主体的中国传统文化进行了深刻的批判和检讨，从而也就为儒家管理哲学在当代中国的吸收和运用奠定了科学的前提。

儒家管理哲学能否运用于当代中国的管理实践？[①] 答案是肯定的。首先，当代中国的指导思想是马克思主义、毛泽东思想。而"马克思主义这一革命无产阶级的思想体系赢得了世界历史性的意义，是因为它并没有抛弃资产阶级时代最宝贵的成就，相反地却吸收和改造了两千多年来人类思想和文化发展中一切有价值的东西"[②]。

至于马克思主义者对待中国传统文化的态度，毛泽东曾经指出："我们这个民族有数千年的历史，有它的特点，有它的许多珍贵品。对于这些，我们还是小学生。今天的中国是历史的中国的一个发展；我们是马克思主义的历史主义者，我们不应当割断历史。从孔夫子到孙中山，我们应当加以总结，承继这一份珍贵的遗产。这对于指导当前的伟大运动，是有重要的帮助的。"[③] 按毛泽东这里所讲的"伟大运动"，具体指的是当时如火如荼的抗日战争；而当代中国正在轰轰烈烈地进行的社会主义现代化事业，同样需要承继"从孔夫子到孙中山"的珍贵遗产，用以指导"当前的伟大运动"。

[①] 由于当时资料所限，这里的"当代中国"只涉及我国内地，不包括我国港澳台地区。
[②] ［俄］列宁：《论无产阶级文化》，见中共中央马恩列斯著作编译局编《列宁选集》第4卷，人民出版社1972年版，第362页。
[③] 毛泽东：《毛泽东选集》（合订本），人民出版社1966年版，第499页。

即使是专从管理文化的角度来看,马克思主义也主张对于历史上剥削阶级的管理思想应该加以吸收和改造。马克思指出:"在直接生产过程具有社会结合过程的形式,而不是当作独立生产者的孤立的劳动出现的地方,到处都必然会有监督和指挥的劳动发生。不过它具有两重的性质。"①这里的"监督劳动"反映了剥削阶级的管理活动具有两重性,剥削阶级的管理理论同样具有两重性。

正是依据马克思关于"管理二重性"的思想,列宁具体阐明了马克思主义者对现代资产阶级管理理论的杰出代表"泰罗制"(即"科学管理原理")的态度。他说:"资本主义在这方面的最新发明——泰罗制——也同资本主义其他一切进步的东西一样,有两个方面,一方面是资产阶级剥削的最巧妙的残酷手段,另一方面是一系列的最丰富的科学成就……社会主义实现得如何,取决于我们苏维埃政权和苏维埃管理机构同资本主义最新的进步的东西结合的好坏。应该在俄国研究与传授泰罗制,有系统地试行这种制度,并且使它适应下来。"②

毛泽东也十分强调学习资本主义的管理方法。他说:"外国资产阶级的一切腐败制度和思想作风,我们要坚决抵制和批判。但是,这并不妨碍我们去学习资本主义国家的先进的科学技术和企业管理方法中合乎科学的方面。"③

马克思、列宁、毛泽东的上述论点,虽然是针对资产阶级的管理理论而发的,但其基本精神却同样适用于历史上一切剥削阶级的管理思想。就儒家管理哲学而论,毛泽东本人就有许多具体的言论。例如,关于孔子的"正名"思想,毛泽东指出:"'名不正则言不顺,言不顺则事不成……',作为哲学的整个纲领来说是观念论……但如果作为哲学的部分,即作为实践论来说则是对的,这和'没有正确理论就没有正确实践'的意思差不多。……一切观念论都有其片面真理,孔子也是一样。……正名的工作,不但孔子,我们也在做,孔子正封建秩序之名,我们是正革命秩序之名,孔子是名为主,我们则实为主,分别就在这里。"④

---

① [德]马克思:《资本论》第 3 卷,人民出版社 1966 年版,第 437 页。
② 中共中央马恩列斯著作编译局编:《列宁选集》第 3 卷,人民出版社 1972 年版,第 362 页。
③ 毛泽东:《论十大关系》,见中共中央文献编辑委员会编《毛泽东著作选读》,人民出版社 1986 年版,第 742 页。
④ 毛泽东:《毛泽东书信选集》,人民出版社 1983 年版,第 144 - 145 页。

又如，关于儒家的"知仁勇"观念，毛泽东指出："知仁勇被称为'三达德'，是历来的糊涂观念。知是理论，是思想，是计划、方案、政策，仁勇是拿理论、政策等见之实践时候应取的一二种态度。仁像现在说的'亲爱团结'，勇像现在说的'克服困难'（现在我们说亲爱团结，克服困难，都是唯物论的，而孔子的知仁勇则一概是主观的）……孔子的这类道德范畴，应予以历史的唯物论的批判，将其放在恰当的位置"①。

新中国成立以后，毛泽东在国家管理的具体实践中，也经常灵活地运用儒家的管理哲学思想。例如，他在谈到社会主义与小农经济的关系时，曾经引用儒家的"义利之辨"而加以发挥。他说："要搞社会主义。'确保私有'是资产阶级观念。'群居终日，言不及义，好行小惠，难矣哉'。'言不及义'就是言不及社会主义，不搞社会主义。搞农贷，发救济粮……等等，这些都是好事。但是不靠社会主义，只在小农经济基础上搞这一套，那就是对农民行小惠。这些好事跟总路线、社会主义联系起来，那就不同了，就不是小惠了。必须搞社会主义，使这些好事与社会主义联系起来。"②

事实证明，儒家管理哲学对于当代中国的管理实践，不是能不能运用的问题，而是如何运用的问题。北京大学经济学院赵靖教授在谈到孔子的管理思想和现代经营管理的关系时指出："一定的思想、理论一旦形成历史遗产，它对后代人就成了一种客观存在；不论它所包含的积极内容或消极内容、精华或糟粕，都可能对后人发生影响。但是，后代人从历史遗产中接受什么，那是能够由后代人选择的。不论是对孔子的管理思想本身，还是对后代人研究和运用孔子管理思想的资料和经验，我们都不应该一概拒绝或兼容并蓄，而是要在历史唯物主义的指导下，依据我们社会主义现代经营管理的实践进行检验，科学地分辨什么是其中的积极的、体现着管理过程的基本原理的东西，什么是消极的、违反管理过程的客观规律的东西和过时的东西。只有这样，才能谈得上从历史遗产中获得真正有益的借鉴。"③ 我认为，赵靖先生讲得很中肯，对于经济领域的管理活动是这样，对于其他领域的管理活动也同样如此。

---

① 毛泽东：《毛泽东书信选集》，人民出版社1983年版，第147-148页。
② 毛泽东：《毛泽东选集》第5卷，人民出版社1977年版，第12页。
③ 赵靖：《孔子的管理思想和现代经营管理》，载《孔子研究》1989年第1期。

笔者认为，对于已经成为历史遗产的儒家管理哲学，在坚持马克思主义关于"管理两重性"以及对待历史文化遗产应该"取其精华，去其糟粕"等基本原则的前提下，要真正把握儒家管理哲学的基本精神，从总体上予以分析、批判、消化和吸收，只有这样才能充分发挥它在当代中国社会主义现代化管理活动中的积极作用。

所谓"儒家管理哲学的基本精神"，就是"以人为中心，以道德教化为导向，以正己正人为途径"（参见本书导论第三节"中国管理哲学概述"）。笔者认为，经过分析和批判，这一基本精神对于当代中国的社会主义现代化管理（包括政治管理、行政管理、经济管理和企业管理等），依然具有重要的借鉴作用。

"以人为中心"，说的是管理的载体问题，从管理者的角度看，儒家主张"择人""得人""使人"；从被管理者的角度看，儒家主张"爱人""教人""安人"。而在社会主义现代化管理中，人的问题依然是一切管理活动的中心。从管理者的角度看，"得人"是搞好管理工作的先决条件，不论是管理一个国家、一个地区、一个部门或者一个企业，首先都要解决这个问题。在这方面，儒家关于管理人才的识别、考核、选拔、使用等一系列方法可以提供有益的启示。从被管理者的角度看，只有在社会主义制度下，人才真正成为管理活动的目的而不是手段，社会主义提倡关心人、爱护人、培养人，促进人的全面发展。在这个意义上，儒家的"安人"理想只有在社会主义社会才有可能变成现实。

"道德教化"说的是管理的手段问题。儒家管理哲学论及多种管理手段："使民以惠"说的是经济手段，"道之以政"说的是政治手段，"齐之以刑"说的是法律手段，"道之以德"说的是道德手段，"齐之以礼"则介乎法律手段和道德手段之间。总的来说，儒家主张以道德手段为主，而以其他手段为辅。在社会主义现代化管理中，我们不可能沿袭儒家的"道德中心论"，但儒家所提倡的宽严并济、松紧结合的管理手段却依然值得借鉴。我们的国家既要建设社会主义物质文明，又要建设社会主义精神文明；在社会治理中既要强调经济效益，又要强调社会效益……这些"两手抓"的做法正是对儒家上述思想的积极发挥。

"正己正人"，说的是管理的途径问题。管理者如何实施自己的领导，儒家认为主要依靠领导者自身的模范带头作用："苟正其身矣，于从政者乎何有？不能正其身，如正人何？"① 领导者自身的品行和作风会对被领导者产生重要影响，这是一个普遍性的现象，古今中外，概莫能外。而在中国恐怕要比任何别的国家、别的民族都表现得更为突出，更为明显。老百姓说："村看村，户看户，群众看干部。"这都表明，在社会主义现代化管理中，领导者的品质依然是决定管理工作成败乃至整个事业兴衰的重要条件。在这方面，儒家的"正己正人"思想具有十分重要的现实意义。

对于上述儒家管理哲学的基本精神，在社会主义现代化管理的实践中要采取批判继承的态度，具体情况具体分析，立足现实，古为今用。至于对儒家管理哲学的具体内容，也应作如是观。笔者在本书中所列举的有关儒家管理哲学的十个方面，都有不少可供今人借鉴的内容，具体如下：①在管理本体论中，关于管理的客观规律性与管理者的主体能动性关系；②在管理认识论中，关于修身与治国，关于管理认识与管理实践的关系，以及言行一致的识人、用人思想；③在管理方法论中，关于因人制宜、因地制宜、因时制宜的管理方法；④在管理价值论中，关于见利思义、取之有义、先义后利、义利并举的思想；⑤在管理本质观中，关于以人为管理对象，进行管理分工，强调"和为贵"的协调功能；⑥在管理人性观中，关于塑造人、培养人的观点；⑦在管理组织中，关于保持亲密型人际关系的主张；⑧在管理行为观中，关于领导者要抓大事的"无为而治"思想；⑨在管理控制观中，关于内在控制与外在控制相结合的思想；⑩在管理目标观中，关于以"安人"为管理的根本目标的思想……凡此种种，经过认真的清理、分析、批判和改造，都可以在当代中国的管理实践中发挥积极作用，从而成为社会主义现代化管理的宝贵财富。

儒家管理哲学在农业社会、工业社会、后工业社会和社会主义社会的不同际遇表明，任何对人类社会组织的管理活动有所贡献的思想理论，总是一般与个别、共性与个性、普遍性与特殊性的统一。一方面，它反映了人类社会管理的某些共同规律，就此而言，可以说是"放之四海而皆准，俟之万世而不衰"的。另一方面，它又只是某个具体社会管理经验的结晶，打上了特定时间和空间的烙印。因此，在人类社会不同历史时期的管

---

① 程树德撰，程俊英、蒋见元点校：《论语集释》，中华书局1990年版，第911页。

理实践中,对传统的管理理论就有必要进行认真的清理、分析、改造和阐发;而传统的管理理论本身也由此而得到不断的更新和发展——这就是所谓"创造性的转化"。儒家管理哲学在历史上的命运就是如此,其未来的命运也必然如此。

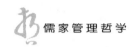

附录

儒家管理哲学研究概况

对于儒家管理哲学（管理思想）的专门研究，无论是在国内还是在国外，都是近年的事（日本则稍早一些）。现将有关情况介绍如下：

1. 欧美

欧美对于中国儒家管理思想的介绍，主要散见在各种管理思想史的研究著作中。美国管理思想史专家小乔治（C. S. George, Jr.）在其《管理思想史》（The History of Management Thought, 1972）一书中指出："中国人早就以其智慧著名，但对他们的管理思想却很少有人进行研究。可是，《孟子》和《周礼》等古籍却表明中国古人已经了解组织、计划、指挥和控制的某些原则。"他依据吴国桢《中国古代政治理论》一书中的材料，引用儒家经典《周礼》中关于宰相职责的一段话，指出，这表明"中国人在三千年以前的一些概念已经带有当代管理的声调：组织、职能、协作、提高效率的程序以及各种控制技术"。他又依据陈焕章《孔子及儒家的经济原则》一书中的材料，引用《孟子·滕文公上》的"有大人之事，有小人之事"一段话，说明"中国古人还很强调专业化"即管理分工的原则。

美国管理思想史专家雷恩（D. A. Wren）在其《管理思想的演变》（The Evolution of Management Thought, 1979）一书中指出："孔子流芳百世主要是因为他从事的道德教育，其次才是由于他提倡按才能提升官员的制度。"雷恩根据哈恩和沃特豪斯《孔子论人与组织》（载美国《管理学院杂志》1972 年 9 月号）一文中提供的材料，指出："孔子哲学的确同当时的法家主张有矛盾。法家试图通过法制，利用奖惩的办法保证任务的完成，而孔子则主张培养和提高人民的道德品质，以实现合作。形式主义者和博爱主义者之间，制度和个人之间的斗争由来何等长久！"

英国剑桥大学客座教授、加拿大管理哲学家霍金森（Ch. Hodgkinson）

在其《领导哲学》(*The Philosophy of Leadership*, 1983) 一书中指出, 儒家所主张的领导者"珍视传统的伦理观、文化或秩序。他力图借助组织的工具, 而使得有教养的伦理标准与具有历史连续性的人类尊严永存不朽"。

综上所述, 西方管理学界对于儒家乃至整个中国古代管理思想的了解, 由于语言文字和文化背景的限制, 还谈不上深入系统的研究和整理。

2. 日本

日本是属于"儒家文化圈"的国家, 早在公元604年圣德太子当政时, 在所制定的《十七条宪法》中就已经把儒学作为治国的指导思想。因此, 在日本, 对于儒家治国之道的应用, 应该说是由来已久的。明治维新以后, 为适应日本工业化的需要, 涩泽荣一等人提倡"论语加算盘"即"经济道德合一说"。涩泽荣一本人晚年还亲自讲授《论语讲义》, 笔录出版的成书长达千页。这就开创了从现代管理的角度研究儒家哲学的先河(参见本书余论第二节)。

日本现代管理思想家伊藤肇指出:"日本企业家只要稍有水准的, 无不熟读《论语》, 孔子的教训给他们的激励, 影响至巨, 实例多得不胜枚举。"其实, 有关这方面的研究论著也是不胜枚举。据统计, 自涩泽荣一之后, 从现代经营管理的角度解说《论语》的专著, 在日本就出版了数十部。其中有:《指导者之书: 论语》(作者为日本协和银行董事长色部义明)、《袖珍论语》(作者为日本第一生命保险公司社会长矢野桓太)、《论语处世训》(片山又一郎著, 评言社出版)等。

伊藤肇则在《东方人的经营智慧》一书中列举了日本企业家如何把中国儒家经典中有关"管理国家、百官、人民的要谛"奉为圭臬, 套入"如何管理企业、干部、员工"的事实, 并加以分析和说明。

例如, 该书列举了孔子的"问人不问马", 说明企业经营者要以人为中心, 关心员工, 爱护顾客。列举孔子的"不学诗, 无以言", 说明企业经营者要有"诗心", 如此一来, 器量自生, 不会斤斤于小利, 凡事都着眼于远处, 胸襟自然开阔。列举孔子的"后生可畏", 说明企业领导者要有眼光, 培养年轻人, 发掘他们非凡的本质, 使之成为企业的栋梁。列举子夏弟子的门人李悝的"居视其所亲, 富视其所与, 达视其所举, 穷视其所不为, 贫视其所不取", 说明企业要以此作为识别和选拔管理人才的标准。列举孔子的"其身正, 不令而行; 其身不正, 虽令不从", 说明居高位的企业领导人，务必洁身自爱，取得员工和客户信任，从而带动部属。列举孔子的"修己以安百姓，尧舜其犹病诸"，说明经营者要有足以使部下信服的人格，才能取得其他干才的协助，从而成就事业。列举荀子的"利而不利也，爱而不用者，取天下者也"，说明企业经营者要时刻不忘大众，使利润还原于社会，这才是企业生存的途径。列举《十八史略》所记载的尧舜之治，说明无为而治是经营手法的极致，而要做到这个地步，经营者就必须有崇高的仁德，以德服人，有感化的功夫，如此等等，不一而足。

综上所述，日本对儒家管理思想的研究，着眼于适应现实的需要，各取所需，为我所用，实用性强而理论性弱，比较零碎而缺乏系统性。

3. 我国台湾地区和港澳地区

我国台湾地区学术界对于中国管理哲学的研究，始于20世纪七八十年代之交，提倡者有成中英教授（美国夏威夷大学哲学系）和曾仕强教授（台湾交通大学管理科学研究所）等。由杨国枢和曾仕强主编的《中国人的管理观》汇集了这方面的研究成果。

其中，成中英在《建立中国的管理哲学》一文中探讨了建立中国管理哲学的可能性。他指出："中国哲学包含了丰富的人生与社会智慧。基于其对整体思想的重视与发挥，显然能为管理科学提供一个哲学的基础，把重视技术的科学管理推向灵活的整体思想管理。"他具体论述道：中国哲学重视整体观念，强调整体中个体间相互依存的关系，突出平衡及和谐的观念，重视合一、合德、无碍、圆融等理念，有关宇宙及本体的观念永远与具体的人生实际密切结合，所包含的丰富的哲学理念与命题具备了极宽广的说明性与极深刻的表达力。这些特点表明："以中国哲学为管理科学的哲学基础，并从而建立及发展中国管理哲学，既合乎文化传统的自然需要，又合乎管理思想发展的趋势。今日管理决策所需要的整体性、依存性、调和性、创新性、变通性与实践性也都可以据此发展开来。管理之学不但是技术与知识的领域，也将是智慧的园地了。"作者还特别点明："中国管理哲学的发展，不但显示了中国哲学对管理科学及管理问题的现代贡献，也为中国哲学的内在生命提供了一个发展的良机。"

曾仕强在《中国管理哲学的精义》一文中指出："所谓《大学》之道，实际上就是管理之道"；中国的管理哲学，就是"《大学》以经之，

《中庸》以纬之"。他从中发现中国管理哲学的精义,包括:①管理之道,在修己,在安民,在时常调整;②管理的共同任务,在发扬人类最高的文化,表现人类最高的道德;③决策的过程是,知止而后有定,定而后能静,静而后能安,安而后能虑,虑而后能得;④管理者修己,须合仁与知,而各得其宜;⑤修己、安人,都要日新又新。

谢长宏和方清辉在《论语显示之儒家管理理念》一文中,"尝试以《论语》一书为对象,设计一套研究程序,参考现代管理的概念架构,筛选其中与管理有关的事实与言论,使用'管理语言',经由创造性转换过程赋予其管理上的含义并将之整理分析,使《论语》中的管理理念有系统的具体呈现,而使儒家的管理理念有可能成为现代管理知识的一部分"。他们认为,《论语》所蕴含的管理理念可分为八大领域,包括理想的管理状态、管理者的角色认识、管理者的行为准则、管理者的能力评价、主管或干部的选任原则、指导部属的原则、主管与部属的关系发展、整体组织的发展等,并有列表详细说明。

在专著方面,最有代表性的是首先曾仕强的《中国管理哲学》。

曾著的目的是"在追求新的融合:一方面使中国的道德理想和艺术精神,能充分溶化于现代管理之中;一方面也是希望西方的管理,能够在中国走出一条崭新的道路,表现出真正中国化的特色"。该书分别论述了管理与心灵问题、管理与人性问题、管理与认识问题、管理与道德问题、管理与社会进步问题、管理与艺术问题等方面,每一方面均罗列西方人的观点,我国先哲(包括儒、道、墨、法家)的主张,以及在现代管理上的运用三个部分,在古今中外的比较中展现中国管理哲学的风采。最后,作者提出要以"安人"为中心来建构中国管理哲学:①关于管理本质论,这要根据"天人合一"哲学以及国父"心物合一"哲学来解决"管理究竟是什么"的问题。②关于管理内容论,"这要根据'安宁哲学'来阐明什么才是管理的对象,也就是哪些才是管理的内容"。③关于管理方法论,"这要根据道德与艺术的原则来阐明管理究竟应采取何种方法,才能达成安宁的使命"。④关于管理目的论,"这要根据我国先哲的指引,使管理真正能够达到安宁的目的"。⑤关于管理价值论,"这要依据安宁的是否维护、巩固、增进来判断管理实施的结果,有否价值"。

此后,曾仕强先生还陆续出版了《中国的经权管理》(与刘君政合作)、《中国的经营理念》等。在后一部书中,作者提出中国管理的"M

理念"。"M"取自英文"人"(man)、"中庸"(medium)与"管理"(management)三词的字首。"M理论"的内容可归纳为三项:①人性可塑,员工是可能改变的;②员工如果关心工作,就会适时应变;③管理者和被管理者都是人,彼此都需要了解和同情。而"安人之道""经权之道"和"矩之道"则是"M理论"的三个向度。

其次是蔡麟笔的《我国管理哲学与艺术之演进和发展》。蔡著则认为:"我国管理哲学与艺术,系独立发展而来,自成体系,郁郁焕焕,智慧洋溢。亦间有与西说合者,盖理事治人,智者所见偶同耳。我国以管理军政所得之学说、原则等,用之于'治生'谋利……西人率以谋利为先,其所归纳而有效诸说,反为军政等机构所援摭。然就管理体系言,一切原理原则,盖可推之四海而皆准也。组织之性质纵异,而管理原理则一也。"该书把《易经》作为中国管理创造性观念的源流,进而分列儒、道、墨、法、兵、纵横各家的管理观,而以"大同"目标作为各家管理哲学的共同归宿。作者指出:"就所述六家言,概略论之,儒、道、墨重在哲理,法、兵、纵横偏于艺术,其间绝对分野则无,然各有所长,班生所云'得其折中'尚恐不足,似一视环境而决之为妙,且须综合用之,似未可拘泥偏执也。"

蔡著附有同一作者的一篇长文《成功领导的不渝原则——儒家哲学与近代行政理论》。该文认为:"儒家中若干言论,实较近代行政理论,尤为精邃。儒学虽不能为我们摧敌致果,亦不能为我们制造坚船利炮,更不能教我们生产氢弹,登陆月球,但能使我们团结上下,振作士气,建立健全的组织气候,为行政领导所必须。欲富国强兵,维护人人努力向上的情绪;欲人人奋发扬厉,任重道远,实非儒学莫办。"甚至推广之,"此一内圣外王,天人合一的文化,确足以弥补西方当前之大弊,而解决人类文化之严重危机。如此,则儒家哲学非但为行政领导上所不可缺,且为拯救世人的精神上彷徨迷惑之心灵的宝贵药石了"。这就把儒学在现代管理中的作用抬高到无以复加的地步。

但是,也有些作者对此持冷静分析的态度。香港中文大学施达郎先生在《儒家伦理与权威管理》(收入《中国式企业管理的探讨》一书,经济管理出版社1985年版)一文中指出:"权威管理有利有弊,端视组织结构、环境条件及领导与被领导类型而定。不过,长远而观,由于儒家思想只从人的善性方面去设想和要求自律,而没有预防和惩治不合伦理规范行为之强制办法，权威管理乃易流于从心所欲而逾矩。"作者认为，儒家管理思想的缺陷，就在于法治精神之匮乏，"伦理只有在法治的前提下维持，始有意义，伦理与事理平行，权威才有民主的平衡；将伦理扩及至对人、财、物、环境的规范，权威始有管理的意义"。

综上所述，中国台湾地区和港澳地区学者对于儒家管理哲学的研究，既比较系统，又具有强烈的实用性。对于个别学者不恰当地抬高儒家在现代管理中的作用，则不足取。

4. 中国大陆

20 世纪 70 年代以前，中国大陆学者对于儒家管理思想的研究，散见在各种政治思想史、经济思想史、哲学思想史、法律思想史、社会思想史的论著中。20 世纪 80 年代以来，为适应改革开放的新形势和现代化管理的需要，关于包括儒家管理思想在内的"中国管理思想史"的研究，引起人们的重视，逐渐作为一门独立的学科而分化出来。

1984 年 12 月，在北京召开了第一次中国古代管理思想讨论会，此后这种讨论会每隔二三年举行一次。前两次讨论会的论文分别结集为《中国古代思想与管理现代化》《中国传统管理思想的新探索》，其中有不少涉及儒家管理思想及其哲学基础的研究。

1986 年，企业管理出版社出版了由全国几十名专家学者共同编写的《中国古代管理思想》一书，其中涉及儒家诸子的管理思想。沈祖炜在《孔子以礼义治国的思想》一文中指出："孔子的管理思想有一部分涉及经济管理，而大部分却是和治理国家或管理社会的主张紧密联系在一起的。由于孔子特别主张用'礼'和'义'这些儒家的道德规范来协调统治者上下左右的关系，来调节统治者与被统治者的关系，因此孔子的管理思想同他的伦理思想交织在一起，是一种主张按照伦理原则进行管理的思想。"作者在文中具体论述了孔子"以礼为核心的管理目标""以义为特征的管理方法"和"以礼义为原则的经济管理思想"等。

程麟荪在《孟子的仁政治国思想》一文中指出，孟子"提出了一系列管理国家的方法。这些思想是孟子整个思想的一个重要组成部分，对后世影响甚大"。作者在文中具体论述了孟子关于"得民心者得天下""以佚道使民""任贤使能，安富尊荣""居安思危，未雨绸缪""重根本救治之道，轻小恩小惠之赐"等管理思想的内容。

刘枫在《荀子礼法结合的管理思想》一文中指出，荀子总结前人的理论，"在管理国家政治和经济事务的方法上提出了近乎法家、刑名家的主张。不过，荀况在讲法治时并不排斥礼治，也没有把赏罚作为治理国家的唯一手段。他认为礼、法结合比单纯的礼治或法治有更多的优越性。"作者具体论述了荀子"以性恶论为基础的行为理论和以礼节欲，以求为准的分配原则""劳动创造财富和制天命而用之的管理思想""以群和分为特点的社会生产组织原则""发展农业，保护自然资源""发展工商业的措施，禁止私自制造奢侈品的原则""生产和消费的平衡原则""上下俱富以政裕民的思想"等。

中国经济管理思想史专家、北京大学赵靖教授除了在他的专著《中国古代经济管理思想概论》和《中国历史上优秀的经济管理思想》涉及儒家的管理思想之外，还专门发表了《孔子的管理思想和现代经营管理》一文（载《孔子研究》1989年第1期）。文中指出："从政治管理和经济管理的共性来研究孔子的管理思想，可以说孔子的管理思想中最有特征的内容，是重视人的因素，重视教育手段，重视领导的作用和重视长期战略目标。而孔子的管理思想中对后代消极影响最深、最严重的是，轻视经济工作，反对改革和把家族宗法制度引进国家事务的管理中。孔子的管理思想对经济管理的影响，主要发生在近、现代。孔子的管理思想以及近现代资本主义企业家运用孔子管理思想的经验，对我们当前的管理工作都不同程度地具有参考、借鉴的意义。"

张鸿翼在其博士学位论文《儒家经济伦理》（湖南教育出版社1989年版）一书中指出："儒家是主张'伦理'治国的，在他们看来不仅任何社会问题都和伦理道德有关，而且任何社会问题的最终解决都有赖于人伦道德关系的协调。因此，只要理顺人伦道德关系，其他如经济关系、政治关系、甚至国家间的外交、军事关系等社会关系似乎都可以自然和谐了。对于社会经济问题，儒家尤为强调伦理道德的至关重要。儒家把实现人伦道德之和谐视作社会经济发展的崇高价值目标，由此出发，他们为人们的社会经济生活确立了一系列道德原则和道德规范。而这一整套伦理经济思想观念，千百年来对我国人民的社会经济心态以及对社会经济的实际发展都产生了极其深刻的文化影响。"该书依儒家经济伦理的形成、内容、命运分为上中下三部分，其中有一节专门论及了"儒家的人性论及其管理哲学"，指出："儒家的经济管理思想及其全部治国治民学说，都是建立在其人性哲学的基础之上并直接从中引申出来的。"最后,作者用"无可奈何花落去,似曾相识燕归来"这一名句来比喻儒家思想在现代社会的命运。他说:"儒家经济伦理固然具有许多'美好'之处,然而在中国社会由传统社会向现代社会转变的历史阶段,它必须也必然会难以挽回地'落去';但是,我们也不必对其命运过分伤感,也许为期不会很久,当我国社会也步入'后工业社会'的时候,传统的儒家文化这'燕'也许会再次'归来'的。到那时,它一定会一扫当年之陈腐老气而换上一身充满生气之翎羽,并将引导人类奔向社会文明的又一个明媚的春天。"

杨宗兰在《文韬武略——博大精深的中国古代管理思想》一书中认为,中国古代管理思想作为一种早熟的文化,"形成了对社会管理全部领域(除主要的政治领域外有军事、经济、意识形态、科技等各领域的管理)的探索和多方位视野(除宏观管理哲学外有人性心理、伦理道德、法律制度、决策方法、组织构架、措施手段等各个层面)的考察,从而共同构成了一个多元化的博大精深、完整系统的思想文化体系","其涉猎管理领域之广博,构成的总体系之完整,也不是现代西方哪一个民族所能比拟的。可以这样说,我们今天所碰到的重大管理问题,中国古代管理思想家们或直接或间接、或整体或局部、或明确或隐约、或深刻或浮浅、或抽象或具体、或实质或表面,或理性或直觉地提出来过"。作者在书中论述了儒家"以人为核心的管理哲学""发达的人性理论""尊贤使能的用人之道""科学的论断——劳心者治人"等。作者最后提出,要对中国古代管理思想进行"创造性转化","使之在中国管理现代化过程中不断发挥作用,提供营养,以'中式管理'为世界文明做出贡献。"

刘云柏在《中国儒家管理思想》一书中指出:"中国儒家管理思想在我国的管理史、哲学史、社会史、教育史和文化史中占有特殊地位。研究中国儒家管理思想既不是为了尊崇它,也不是为了贬斥它,而是把这个学说及其影响作为科学研究的对象,实事求是地做出科学的评价。并在建设具有中国特色的社会主义管理理论体系时从中汲取丰富的营养。"作者还指出:"儒家管理思想的核心是'仁'、'礼'、'中庸'。孔子指出'为政以德',孟子提出仁政学说,《大学》提出'修齐治平',《礼记·礼运》提出'天下为公',这些都是儒家管理的基本思想。"作者认为,儒家管理思想的优点是:积极的入世精神、强烈的道德色彩、顽强的再生能力,以及注重"中""和"的思想方法。儒家管理思想的缺点则是:在管理价值上，重视主体道德的扶植，忽视力量的培养、知识的研讨和功利的追求，造成德力分离、德智分离和义利分离的不良倾向。在管理决策上，重视"形而上"的研讨，而忽视"形而下"的探求，造成"重道轻艺"的不良倾向。在主体管理思维方式上，强调"尊经""征圣""法古"，而忽视个性的培植、创造性的发挥和多样性的追求，造成死板僵化的管理格局。该书所研究的"儒家"上起先秦下到"现代新儒学"，但不包括荀子和其他儒家别派。

综上所述，我国大陆学术界对于儒家管理思想的研究，适应新时期"以经济建设为中心"的需要，大多是从经济管理入手，至于儒家行政管理思想的研究刚刚开始，而对于儒家管理哲学的研究更是一个需要开拓的课题。

参考文献

一、中文文献

《十三经注疏》整理委员会. 春秋公羊传注疏. 北京：北京大学出版社，2014.

《十三经注疏》整理委员会. 礼记正义. 北京：北京大学出版社，2000.

《十三经注疏》整理委员会. 论语注疏. 北京：北京大学出版社，2000.

《十三经注疏》整理委员会. 毛诗正义. 北京：北京大学出版社，2000.

《十三经注疏》整理委员会. 周礼注疏. 北京：北京大学出版社，2000.

班固，颜师古. 汉书. 北京：中华书局，1962.

蔡仁厚. 孔孟荀哲学. 台北：学生书局，1984.

曾仕强. 中国的经营理念. 台北：联经出版公司，1985.

曾仕强. 中国管理哲学. 台北：东大图书公司，1981.

陈定闳. 中国社会思想史. 北京：北京大学出版社，1990.

陈立. 白虎通疏证. 北京：中华书局，1994.

陈寿，裴松之，卢弼. 三国志集解. 上海：上海古籍出版社，2009.

陈天祥. 四书辨疑//景印文渊阁四库全书第202册. 台北：商务印书馆，1982-1986.

陈正炎，林其锬. 中国古代大同思想研究. 上海：上海人民出版社，1986.

成中英. 文化·伦理与管理. 贵阳：贵州人民出版社，1991.

成中英. 中国文化的现代化与世界化. 北京：中国和平出版社，1988.

程颢，程颐. 二程集. 北京：中华书局，1981.

程树德，程俊英，蒋见元. 论语集释. 北京：中华书局，1990.

戴侗. 六书故//景印文渊阁四库全书第226册. 台北：商务印书馆，1982-1986.

杜维明. 新加坡的挑战：新儒家伦理与企业精神. 高专诚，译. 北京：生活·读书·新知三联书店，1989.

方克立. 中国哲学史上的知行观. 北京：人民出版社，1982.

冯禹. 天与人：中国历史上的天人关系. 重庆：重庆出版社，1990.

冯友兰. 中国哲学史新编（第一册）. 北京：人民出版社，1982.

冯友兰. 中国哲学史新编（第二册）. 北京：人民出版社，1984.

伏生，郑玄. 尚书大传（附序录辨讹）. 北京：中华书局，2012.

傅云龙. 中国哲学史上的人性问题. 北京：求实出版社，1982.

傅云龙. 中国知行学说述评. 北京：求实出版社，1988.

高明. 帛书老子校注. 北京：中华书局，1996.

葛荣晋. 中国哲学范畴史. 哈尔滨：黑龙江人民出版社，1987.

国家经委经济管理研究所. 中国古代思想与管理现代化. 昆明：云南人民出版社，1985.

何奇，杨道南，伍子杰. 中国古代管理思想. 北京：企业管理出版社，1986.

何征，严映镕. 管理思想演进与现代企业管理. 成都：四川科技出版社，1989.

河北省文物研究所定州汉墓竹简整理小组. 定州汉墓竹简：论语. 北京：文物出版社，1997.

侯外庐，赵纪彬，杜国庠. 中国思想通史（第一卷）. 北京：人民出版社，1957.

侯外庐. 中国历代大同理想. 北京：科学出版社，1959.

胡寄窗. 中国经济思想史（上），上海：上海人民出版社，1962.

皇侃. 论语义疏. 北京：中华书局，2013.

黄晖. 论衡校释（附刘盼遂集解）. 北京：中华书局，1990.

黄式三. 论语后案//续修四库全书编委会. 续修四库全书第155册. 上海：上海古籍出版社，1996-2003.

黄寿祺，张善文. 周易译注（修订本）. 上海：上海古籍出版社，2001.

惠栋. 九经古义//景印文渊阁四库全书第191册. 台北：商务印书馆，1982-1986.

姜国柱，朱葵菊. 中国历史上的人性论. 北京：中国社会科学出版社，1989.

姜国柱. 中国认识论史. 郑州：河南人民出版社，1989.

蒋一苇，闵建蜀，等. 中国式企业管理的探讨. 北京：经济管理出版社，1985.

焦循. 论语补疏//陈建华, 曹淳亮. 广州大典第十五辑：经部总类第19册. 广州：广州出版社, 2008.

焦循. 孟子正义. 北京：中华书局, 1987.

金日坤. 儒教文化圈的伦理秩序与经济. 刑东田, 等译. 北京：中国人民大学出版社, 1991.

柯尚迁. 周礼全经释原//景印文渊阁四库全书第96册. 台北：商务印书馆, 1982–1986.

孔安国, 孔颖达. 尚书正义. 上海：上海古籍出版社, 2007.

雷恩. 管理思想的演变. 孙耀君, 等译. 北京：中国社会科学出版社, 1986.

雷祯孝. 中国人才思想史（第一卷）. 北京：中国展望出版社, 1987.

黎靖德. 朱子语类. 北京：中华书局, 1986.

黎翔凤. 管子校注. 北京：中华书局, 2004.

李安松, 刘应时. 中国古代管理文选. 长沙：湖南文艺出版社, 1987.

李零. 郭店楚简校读记（增订本）. 北京：中国人民大学出版社, 2007.

李守奎, 曲冰, 孙伟龙. 上海博物馆藏战国楚竹书（一—五）：文字编. 北京：作家出版社, 2007.

梁启超. 先秦政治思想史. 北京：中华书局, 1936.

廖庆洲. 日本企管的儒家精神. 台北：联经出版公司, 1984.

林毓生. 中国传统的创造性转化. 北京：生活·读书·新知三联书店, 1988.

刘宝楠. 论语正义. 高流水点校. 北京：中华书局, 1990.

刘逢禄. 论语述何//陈建华, 曹淳亮. 广州大典第十五辑：经部总类第21册. 广州：广州出版社, 2008.

刘含若, 汤照连, 等. 中国经济管理思想史. 哈尔滨：黑龙江人民出版社, 1988.

刘茂才, 冯乔云. 马克思主义管理思想研究. 成都：四川社会科学院出版社, 1989.

刘向, 向宗鲁. 说苑校证. 北京：中华书局, 1987.

刘勋. 春秋左传精读. 北京：新世界出版社, 2014.

刘云柏. 管理哲学导论. 天津：南开大学出版社, 1988.

刘云柏. 中国儒家管理思想. 上海：上海人民出版社，1990.

刘泽华. 先秦政治思想史. 天津：南开大学出版社，1984.

马衡. 汉石经集存. 上海：上海书店出版社. 2014.

毛奇龄. 论语稽求篇//景印文渊阁四库全书第210册. 台北：商务印书馆，1982－1986.

名和太郎. 经济与文化. 高增杰，郝玉珍，译. 北京：中国经济出版社，1987.

皮锡瑞，周予同注. 经学历史. 北京：中华书局，2011.

皮尤，等. 组织管理学名家思想荟萃. 唐亮，等译. 北京：中国社会科学出版社，1986.

蒲坚. 中国古代行政立法. 北京：北京大学出版社，1990.

齐振海. 管理哲学. 北京：中国社会科学出版社，1988.

钱坫. 论语后录//续修四库全书编委会. 续修四库全书第154册. 上海：上海古籍出版社，1996－2003.

屈守元. 韩诗外传笺疏. 成都：巴蜀书社，1996.

任继愈. 中国哲学发展史（先秦）. 北京：人民出版社，1983.

任继愈. 中国哲学发展史（秦汉）. 北京：人民出版社，1985.

阮元. 十三经注疏（附校勘记）. 北京：中华书局，1980.

阮元. 揅经室集//续修四库全书编委会. 续修四库全书第1478册. 上海：上海古籍出版社，1996－2003.

涩泽荣一. 论语与算盘. 台北：允晨文化事业公司，1987.

施湘兴. 儒家天人合一思想之研究. 台北：正中书局，1980.

史浩. 鄮峰真隐漫录//景印文渊阁四库全书第1141册. 台北：商务印书馆，1982－1986.

守屋洋. 帝王学中的管理韬略. 王子今，马振智，译. 北京：科学技术文献出版社，1989.

司马迁，裴骃，司马贞，等. 史记. 北京：中华书局，1959.

松下幸之助. 实践经营哲学. 滕颖，编译. 北京：中国社会科学出版社，1989.

宋翔凤. 四书释地辨证//续修四库全书编委会. 续修四库全书第170册. 上海：上海古籍出版社，1996－2003.

苏舆. 春秋繁露义证. 北京：中华书局，1992.

孙星衍，王通. 孔子集语·文中子中说. 上海：上海古籍出版社，1989.

孙耀君. 西方管理思想史. 太原：山西人民出版社，1987.

孙诒让. 墨子间诂. 北京：中华书局，2001.

谭嗣同. 仁学：谭嗣同集. 沈阳：辽宁人民出版社，1994.

脱脱，等. 宋史. 北京：中华书局，1985.

王夫之. 读鉴通论. 北京：中华书局，1975.

王国轩. 大学·中庸. 北京：中华书局，2007.

王海粟. 中国古代领导艺术. 合肥：安徽人民出版社，1988.

王钧林，周海生. 孔丛子. 北京：中华书局，2009.

王闿运. 论语训·春秋公羊传笺. 长沙：岳麓书社，2009.

王利器. 文子疏义. 北京：中华书局，2000.

王聘珍，王文锦. 大戴礼记解诂. 北京：中华书局，1983.

王先谦. 荀子集解. 北京：中华书局，1988.

王先慎. 韩非子集解. 北京：中华书局，2003.

王应麟. 困学纪闻. 上海：上海古籍出版社，2008.

王志长. 周礼注疏删翼//景印文渊阁四库全书第97册. 台北：商务印书馆，1982-1986.

韦政通. 儒家与现代中国. 上海：上海人民出版社，1990.

夏书章. 行政管理学. 太原：山西人民出版社，1985.

肖明等. 管理哲学纲要. 北京：红旗出版社，1987.

萧萐父，李锦全. 中国哲学史. 北京：人民出版社，1982.

小乔治. 管理思想史. 孙耀君，译. 北京：商务印书馆，1985.

徐伟编. 中国式管理的现代化. 香港：星联出版社，1987.

徐元诰. 国语集解（修订本）. 北京：中华书局，2002.

许宁宁. 管理科学概览. 西安：陕西人民教育出版社，1988.

许慎，段玉裁. 说文解字注. 上海：上海古籍出版社，1981.

杨朝明，宋立林. 孔子家语通解. 济南：齐鲁书社，2013.

杨国枢，曾仕强. 中国人的管理观. 台北：桂冠图书公司，1988.

杨海涛. 比较管理学. 南昌：江西人民出版社，1988.

杨景凡，俞荣根. 孔子的法律思想. 北京：群众出版社，1984.

杨敏. 儒家思想与东方型经营管理. 长沙：湖北人民出版社，1990.

杨时. 龟山集//景印文渊阁四库全书第1125册. 台北：商务印书馆，1982-1986.

杨时. 龟山集//景印文渊阁四库全书第1125册. 台北：商务印书馆，1982-1986.

杨宗兰. 文韬武略：博大精深的中国古代管理思想. 北京：国际文化出版公司，1989.

叶钟灵. 孙子兵法，论语管理思想选辑. 太原：山西人民出版社，1986.

伊藤肇. 东方人的经营智慧. 琪辉，编译. 北京：光明日报出版社，1986.

尹文. 尹文子. 上海：世界书局，1935.

余胜椿. 治国之道：中国历代治国思想精华. 北京：求实出版社，1988.

翟灏. 四书考异//续修四库全书编委会. 续修四库全书第167册. 上海：上海古籍出版社，1996-2003.

张岱年. 中国哲学大纲. 北京：中国社会科学出版社，1982.

张国华，饶鑫贤. 中国法律思想史纲（上）. 兰州，甘肃人民出版社，1984.

张鸿翼. 儒家经济伦理. 长沙：湖南教育出版社，1989.

张晋藩. 中国古代行政管理体制研究. 北京：光明日报出版社，1988.

张立文. 中国哲学范畴发展史（天道篇）. 北京：中国人民大学出版社，1988.

张隆高. 西方企业管理思想的发展. 北京：人民出版社，1985.

张尚仁. 管理·管理学与管理哲学. 昆明：云南人民出版社，1987.

张长法. 治策通览. 郑州，中州古籍出版社，1990.

章学诚. 文史通义. 上海：上海书店出版社，1988.

赵靖. 中国古代经济管理思想概论. 南宁：广西人民出版社，1986.

赵在翰，钟肇鹏，萧文郁. 七纬（附论语谶）. 北京：中华书局，2012.

郑彝元. 儒家思想导论. 曼谷：时中出版社，1984

中国古代管理思想研究会编. 中国传统管理思想的新探索. 北京：企业管理出版社，1988.

朱熹. 四书章句集注. 北京：中华书局，1983.

朱熹. 朱子全书. 上海：上海古籍出版社，合肥：安徽教育出版社，2002.

左言东，徐诚. 中国古代行政管理概要. 杭州：浙江古籍出版社，1990.

佐佐克明. 企业帝王学. 钟文训，译. 台北：大展出版社，1984.

二、外文文献

BARNARD C I. The functions of executive. Cambridge: Harvard University Press, 1938.

BLAKE R, MOUTON J. S. The new managerial grid. Houston: Gulf Publishing Co. , 1978.

DEAL T L, KENNEDY A A. Corporate cultures, reading. Mass: Addison-Wesley, 1982.

DRUCKER P F. The effective executive. New York: Harper & Row, 1985.

DRUCKER P F. The practice of management. New York: Harper & Row, 1954.

FAYOL H. General and industrial management. London: Pitman, 1949.

HODGKINSON C. The philosophy of leadership. Oxford: Basil Blackwell, 1983.

KAST F E, ROSENZWEIG J E. Organization and management. New York: McGraw-Hill, 1979.

KOONTZ H, DONNELL C O, WEIHRICH H. Manangement. New York: McGraw-Hill, 1980.

LIKERT P. The human organization: its management and value. New York: McGraw-Hill, 1967.

Maslow A H. Motivation and personality. New York: Harper &Row, 1954.

MAYO E. The human problems of an industrial civilization. New York: Macmillan, 1933.

MCGREGOR D. The human side of enterprise. New York: McGraw-Hill, 1960.

MORSE J, LORSCH J W. Beyond theory Y. Harvard business review, May-June 1970.

OUCHI W G. Theory Z. New York: Avon Books, 1982.

PASCALE. R T, ATHORS A G. The art of japanese management. New York: Simon and Shuster, 1981.

PETERS T J, WATERMAN JR. R H. In search of excellence. New York: Harper & Row, 1982.

SHEIN E H. Organizational psychology. Englewood: Prentice-Hall, 1965.

SHELDON O. The philosophy of management. London: Pitman & Sons, 1923.

TANNENBAUM R, SCHIMIDT W H. How to choose a leadership patten. Harvard Business Review, 1958, March-April.

TAYLOR F W. The principles of scientific management. New York: W. W. Norton & Company, 1967.

WEBER M. The theory of social and economic organization. New York: The Free Press, 1947.

后 记

本书是在笔者博士学位论文的基础上修改而成的，在写作和修改的过程中，得到各位专家学者的帮助，谨致谢意。

感谢我的博士生导师李锦全教授，本书从选题、构思、收集资料到具体写作，整个过程无不浸透着李师的心血，李师对于传统儒学和现代新儒学的诸多见解，被吸收在本书的内容之中。

感谢中山大学哲学系袁伟时教授、广西大学哲学系张军夫教授，他们分别是我在硕士研究生和大学本科生阶段的导师，在本课题的研究中，他们一如既往，继续给予我指导。

感谢美国夏威夷大学哲学系成中英教授、台湾交通大学管理科学研究所曾仕强教授，他们分别审阅了本书的大纲，提出了宝贵的意见。

感谢北京大学经济学院博士生导师赵靖教授，南开大学管理学系博士生导师陈炳富教授，武汉大学哲学系博士生导师萧萐父教授，复旦大学哲学系博士生导师潘富恩教授，中山大学哲学系博士生导师刘嵘教授、政治学与行政管理学系夏书章教授、管理学院傅介声教授、经济系汤照连教授、哲学系吴熙钊教授和冯达文教授，华南师范大学哲学和管理学研究所张尚仁教授，他们审阅了本书的大纲或全文，并分别从哲学与管理的不同角度提出了宝贵的意见。

学术界老前辈张岱年先生为本书题写书名，成中英教授、赵靖教授和李锦全教授分别为本书作序。对于前辈学者提携后进的丝丝情意，笔者深深铭刻在心。

中山大学图书馆及哲学系、经济系、管理学院资料室为笔者提供了诸多方便，特别是管理学院资料室提供了本书所需要参考的绝大部分英文原著，使我直接阅读到现代西方管理理论的第一手资料。

我的妻子王正承担了部分书稿的誊清与校对工作，她是电子专业的教师，在完成本职工作之余，承担了家务，并默默无闻地为我做了大量的事情，数十年如一日，的确不容易。

本书出版于1993年，这次收入"中山大学哲学精品教程"丛书，以庆祝中山大学哲学系复办 60 周年。借此机会，感谢中山大学哲学系对笔者的培养，感谢中山大学出版社对本书的投入，感谢各位编辑对本书的付出，感谢广大读者对本书的厚爱！

黎红雷
2020 年元旦于中山大学上下斋